U0154529

擬制刑事司法書類

一刑事案例研究

● 吳光陸 著

五南圖書出版公司 印行

作者簡介

學歷：國立中興大學法律學系畢業（現改為台北大學法律學系）
　　　文化大學法律學研究所碩士畢業
　　　司法官訓練所司法官班結業

經歷：台灣彰化、台中、台北地方法院法官、台南地方法院庭長、台灣
　　　高等法院台南、台中分院法官
　　　中華民國仲裁協會仲裁人
　　　中興大學、嶺東商專、台中商專、靜宜大學兼任講師
　　　金融人員訓練中心講座
　　　基層金融研究訓練中心講座

著作：　1. 論強制執行法拍賣之性質（碩士論文）
　　　　2. 金錢債權之確保與實現（自行出版）
　　　　3. 民刑事訴訟法大意（五南出版）
　　　　4. 強制執行法精粹（五南出版）
　　　　5. 不動產抵押權之理論與實務（自行出版）
　　　　6. 民事官司怎麼打（書泉出版）
　　　　7. 刑事官司怎麼打（書泉出版）
　　　　8. 強制執行法拍賣性質之研究（五南出版）
　　　　9. 強制執行法學說與判解研究（自行出版）
　　　10. 如何辦理強制執行工作（自行出版）
　　　11. 審檢六法全書（五南出版）
　　　12. 環保罰款催繳手冊（環保署出版）
　　　13. 擬制民事司法書類（民事案例研究）（五南出版）
　　　14. 大陸地區強制執行法、破產法（陸委會出版大陸地區民事訴訟
　　　　　法之研究）

15. 強制執行法（三民出版）
16. 保全程序等文二百餘篇

現任：精誠法律事務所主持律師
　　　台北大學兼任講師
　　　律師職前訓練講座

自　序

　　司法實務工作繫於二事，一為寫，一為説，「寫」即係撰寫書狀（包括檢察官製作之起訴書、不起訴處分書、法官製作之裁判書及當事人、律師製作之狀紙），「説」即係法庭之辯論，二者重要程度雖相近，但仍以前者為重要。蓋法庭辯論時間終究有限，欲將自己之意思完全呈現，仍須靠書狀。

　　關於書狀撰寫，除司法官訓練所有較完整之訓練，律師職前訓練有點綴式之書狀撰寫課程外，大學則視各校開課情形，或有或無，即或有之，亦不重視，迨至從事律師工作，因工作需要，始參考坊間書狀格式範例。然此等範例多著重在格式，少有注重實體法律關係，更無就一案件自始至終完整之書狀，有體系之説明。憶昔筆者在大學時上「擬制司法書類」，老師即以此等書狀範例教學，似中小學之作文課，雖囑同學習作，均僅係片斷，實不知為何要如此撰寫。事實上，撰寫書狀，不僅須兼顧程式，即合乎程序，更重要須知悉為何如此撰寫，撰寫之目的。即每一書狀之撰寫，要達到撰寫之目的，使閱讀者了解並接受吾人所主張者。按司法實務工作在於認定事實，適用法律，即「認事用法」四字，亦即要能釐清事實，以正確適用法律。故書狀之撰寫，其目的即係表現此四字，説明認定之事實為何，如何適用法律。前者於説明事實之外，尚須輔以證據説明何以如此認定，後者基於認定之事實，説明適用何一法律，甚至更須闡明法律見解，以説明何以如此適用。是撰寫書狀並非易事，須長時間之訓練及經驗累積。記得當初在司法官訓練受訓派到法院實習時，有一位指導法官即告知多看最高法院裁判，因為最高法院法官經驗累積最

多，所寫之裁判書，其用字之精美，法理之說明，均可為典範。

　　個人從事司法審判工作十年又一個月（自民國68年10月1日起至民國78年10月底止），擔任律師迄今亦有十八年多（自民國78年11月起），從事書狀撰寫多年，在臺北大學（原中興大學）除教授強制執行法、破產法外，另在夜間部教授「擬制司法書類」，為使課程不至淪為作文課，均以案例研究型態教學，即以一案件自開始至結束，雙方之書狀、法院之裁判書為教材，一方面使學生了解實務處理之程序、書狀撰寫之格式，另一方面加強學生思考，法律之適用。尤其在認定事實，如何提出證據、如何判斷證據之證明力，就一案例能有一完整之說明。依刑事訴訟法第154條第1項規定「被告未經審判證明有罪確定前，推定其為無罪。」及第155條第1項規定「證據之證明力，由法院本於確信自由判斷。但不得違背經驗法則及論理法則。」，但此自由心證之形成，經驗法則、論理法則如何適用，刑事訴訟法課程均少有涉及，然均可藉此「擬制司法書類」課程而體現。又目前刑事訴訟法採改良式當事人進行主義，注重證人之交互詰問，本書亦就此有完整之案例，可供參考。

　　茲以教學之案例編為本書，其目的亦在於提供一完整之訓練，撰寫本書是多年願望，然因工作繁忙，再因一些文稿撰寫，至今始能完成。本人雖從事實務工作多年，略有經驗，但秉於不進則退之古訓，仍須學習，故如對本書有指正者，歡迎賜教。

　　本書中個人之見解，僅供參考，並非真理。法院之裁判書雖未採個人意見，亦非表示其一定有誤，讀者可本於自己見解判斷。又各件案例書狀中引用之法條，均係當時者，現令法律更動頻繁，故請勿以現今法律條文認各該書狀、裁判書之條文有誤。

　　又本書稿之完成，有賴本所助理涂淑蘋小姐、蔡維娜小姐繕打，本所律師簡祥紋律師校對，提供意見，在此一併致謝。

吳光陸

民國98年1月

於精誠法律事務所

目　錄

第一章　緒論

第一節　前言

　　所謂司法書類即法律工作者，就某一法律個案表達意思所製作之文書，包括契約書、訴訟書狀、起訴書、裁判書等，亦可稱為法律文書或司法文書，其中與刑事有關者，為刑事司法書類。

　　上開文書或因法律規定有一定之程式，撰寫時必須符合，或因為必須表達一定之意思，足以服人，撰寫之內容必須妥適，故如何撰寫，實為習法者，尤其是從事法律工作者——法官、律師、法務助理所應研習之課程，此一研習，即「擬制」之謂，以便正式製作文書時，得心應手。

　　法律文書之製作除須合乎程式，必須將事實釐清，再闡明法律之適用，故藉由案例，針對具體案件研究有關文書，不僅為一便捷方法，且有完整之概念，既了解程序又了解實體。又法律文書之適用法律，必須結合實務及法學理論，彰顯所欲表示之見解，惟因實務案例並不完全相同，各有不同背景，如何應用，並非易事。法律大體可分程序法與實體法，一件案例所涉及者，往往並非單純某一法律，常常是實體法與程序法交錯，故如何應用，經驗之累積亦為重要。

　　當今社會除理論研究外，多重實用性，故有所謂之應用數學、應用語文，法律亦然，坊間雖有書狀格式書籍，各種法律實例問題，但鮮有就具體案件，結合實體與程序，以書狀、裁判書自始完整說明，以為完整學習，並為啟發。子曰：「學而不思則罔，思而不學則殆。」故能一方面思考法學理論，另一方面展現在具體案例，必有助於個人能力之增進。筆者於臺北大學進修部（原中興大學夜間部）法律學系講授擬制司法書類，為使學生有一整體性了解，皆以筆者經手辦理之案例為教材，講解其中雙方之書狀及法院之裁判，俾學生了解每一案例自始至終之進

行程序、雙方攻擊防禦方法，法院裁判，以免有見樹不見林之遺憾。茲將此等教材，再輔以其他有價值但因時間關係未能講解之案例、書狀範例編著為本書，希有助於刑事法律文書之製作及案例研究。

第二節　如何撰寫

成功的司法書類，必須能正確地表達製作者所欲表達之意思，讓他人能了解，故不僅在程序上應符合法定程式，且在實體上，內容必須認事用法無訛，用詞妥適，始能表達正確。如何撰寫，即應顧及程序與實體方面。

第一款　程序方面

法律就司法書類有規定一定之程式者，撰寫之際即應符合，以免因程式不合，不生效力。此等程式，因製作人不同而有不同，茲分別說明之。

第一目　檢察官製作者

檢察官製作者有起訴書，不起訴處分書、緩起訴處分書。

壹、起訴書

依刑事訴訟法第264條第2項：起訴書，應記載下列事項：

一、被告之姓名、性別、年齡、籍貫、職業、住所或居所或其他足資辨別之特徵。

二、犯罪事實及證據並所犯法條。

貳、不起訴處分書及緩起訴處分書

依刑事訴訟法第255條第1項：檢察官依第252條、第253條、第253條之1、第253條之3、第254條規定為不起訴、緩起訴或撤銷緩起訴或因其他法定理由為不起訴處分者，應製作處分書敘述其處分之理由。但處分前經告訴人或告發人同意者，處分書得僅記載處分之要旨。至此處分書記載之格式，法律未明文規定，但應記載一、告訴（發）人姓名、年

籍、住所。二、被告姓名、年籍、住所。三、告訴（發）意旨。四、處分之理由。

第二目　法院製作者

壹、判決書

依刑事訴訟法第51條第1項規定「裁判書除依特別規定外，應記載受裁判人之姓名、性別、年齡、職業、住所或居所；如係判決書，並應記載檢察官或自訴人並代理人、辯護人之姓名」、第308條規定「判決書應分別記載其裁判之主文與理由；有罪之判決書並應記載犯罪事實，且得與理由合併記載。」，是應記載上開事項。至於無罪判決，既非犯罪，則無事實可記載，一般皆於理由援用公（自）訴意旨，以明指訴之犯罪事實。至此主文及有罪判決理由之記載，刑事訴訟法第309條至第310條之1均有規定。

另簡式有罪判決書及簡易判決書之記載，刑事訴訟法第310條之2及第454條另有規定。

貳、裁定書

依上開刑事訴訟法規定，除須記載受裁判人姓名等外，其他只須記載理由。

第三目　當事人、律師製作者

凡向法院陳述，除法律別有規定者，應用司法狀紙。司法狀紙除法院服務處有出售外，個人亦可依規定之格式使用（參見司法狀紙規則）。至於委任代理人、辯護人之委任狀，目前法院服務中心均有印妥之制式委任狀，可供索取使用。

狀紙首頁稱謂欄，依書狀性質為：告訴人、告發人、被告、上訴人、代理人、辯護人等。如因人數過多，不敷填寫，可在次頁劃線使用，亦可以附表方式。

狀紙之書寫，可以打字，電腦列印，亦可手寫。為方便閱讀，以打字、電腦列印為宜，書寫方式為橫式，自左向右。

　　當事人（包括代理人、辯護人）製作之書狀，有告訴狀、告發狀、辯論狀、辯護狀、準備書狀、上訴狀、上訴理由狀、聲請狀、陳報狀，各有不同之目的，除法律另有特別規定應記載事項，亦有一般應記事項，茲分述如下：

甲　一般應記載事項

　　刑事訴訟法就當事人書狀應記載事項雖未如民事訴訟法第116條設有規定，但一般言之應記載下列事項：

　　一、當事人及住所或居所，當事人為法人或其他團體或機關者，其名稱及公務所、事務所或營業所。

　　二、有代表人[1]、法定代理人、代理人、辯護人者，其姓名、住所或居所，如代理人、辯護人為律師者，因委任狀已記載事務所地址，故可不記住所或居所。

　　三、供證明用之證據：即為陳述所提出證據，如係人證，應載明證人姓名、住居所，以便通知到場訊問。如請求鑑定，可載明鑑定人名稱、住居所（按：鑑定人為政府機關者，可不記載），以便囑託其鑑定。如請求勘驗，只須於狀紙中陳明即可。

　　四、附屬文件及其件數：即提出之文件，例如書證、測量圖等。一般狀紙所附者為文書影本，原本於開庭時庭呈核對，無誤即發還原本。

　　五、法院或檢察署：即受理此狀之法院或檢察署。

　　六、年、月、日：即撰妥此狀欲交法院或檢察署之日期。

　　狀末具狀人處，應由具狀人簽名或蓋章。又依刑事訴訟法第53條規定「文書由非公務員製作者，應記載年、月、日並簽名。其非自作者，應由本人簽名，不能簽名者，應使他人代書姓名，由本人蓋章或按指印。但代書之人，應附記其事由並簽名。」，故依刑事訴訟法第319條第2項規定，自訴雖應委託律師為代理人提起，但自訴狀仍應由自訴人

---

[1] 關於法人之代表人，民事書狀皆稱法定代理人，刑事書狀則稱代表人。

簽名或蓋章，否則自訴不合法[2]，上訴狀亦同。其他書狀如係由代理人或辯護人撰狀者，由代理人或辯護人簽名或蓋章。一般狀紙用打字者，此處當事人或代理人姓名亦用打字時，因此打字並非簽名，仍應另為簽名或蓋章。

關於告訴狀、告發狀記載之被告，應有姓名、住居所，如不知出生年、月、日、性別，不載明亦可。又此住居所一般皆為戶籍地，但如不知，亦可以其通訊或工作處所代之。

乙　特別應記載事項

刑事訴訟法就特定之書狀，規定應記載事項，即屬特別應記載事項，茲分別說明如後：

一、自訴狀

依刑事訴訟法第320條第2項、第3項規定，自訴狀應記載下列事項：

㈠被告之姓名、性別、年齡、住所或居所，或其他足資辨別之特徵。被告之年齡、性別未記載，實務多予接受，但偶有法院會通知補正，此時再予補正，如不知，可聲請法院在通知書（即傳票）上載明提出被告戶籍謄本，以便向戶政機關查詢而補正。

㈡犯罪事實及證據並所犯法條。至此犯罪事實，應記載構成犯罪之具體事實及其犯罪之日、時、處所、方法。

---

[2] 最高法院70年臺上字第7369號判例：本件自訴上訴人林某侵占一案，雖由自訴人代理人董律師以自訴人佳和事業股份有限公司法定代理人（實為代表人）陳某名義而提起，但該自訴狀上除律師董某簽名蓋章外，該公司及其代表人均未蓋章或簽名，按之刑事訴訟法第53條之規定，顯有未合。雖該公司及其代表人陳某對於律師董某有為第一審之自訴人代理人之委任，有委任狀附卷可按，惟此僅在訴訟合法成立後委任其為訴訟行為，要不能謂該受任人有代理自訴之權。同院76年臺上字第743號判例：刑事訴訟法第319條第1項規定，犯罪之被害人得提起自訴，但無行為能力或限制行為能力或死亡者，得由其法定代理人、直系血親或配偶為之。同法第37條僅規定自訴人得委任代理人到場，但並無許自訴人委任代理人代為提起自訴之規定，此與民事訴訟得由訴訟代理人起訴之情形有異。

二、反訴狀

依刑事訴訟法第339條準用自訴。

至於其他告訴狀、告發狀、上訴狀等均未規定特別應記載事項。

第二款　實體方面

法律文書之內容必須符合下列原則，即：

一、文理順

法律文書必須扼要、平順、易讀，不要用生澀文字，尤不可有錯別字，目前並未要求一定要用文言文，但用白話文有拉雜之嫌，故參考法院之裁判，尤其最高法院之裁判，其文字精簡、易讀，可供參考。

二、事理明

訴訟係認事用法，即認定事實適用法律，前者尤為重要，如不能釐清事實，自無法正確適用法律，故須將事理說明白，讓人了解，必要時可用附表、時程表，以明瞭事實經過。

至此事實，須有證據證明，故在撰寫時，應注意證據之取捨、說明與待證事實何以相符或不符，至此取捨說明，參照刑事訴訟法第155條第1項「證據之證明力，由法院本於確信自由判斷。但不得違背經驗法則及論理法則。」，應注意依經驗法則、論理法則是否可信，例如文書上之簽名，其簽名人當時在國外，依經驗法則即不可能同時在國內簽名於該文書。

三、法理通

法律之適用必須妥適，而妥適之適用，自須法理精通，否則無法正確闡明，即不能獲得所欲結果，至於法律除指條文本身，包括判例，最高法院裁判、決議、法律座談會，類似案例之他法院判決，學者論著。又刑事因受限於罪刑法定主義，故撰寫之際，如認有罪應就合乎法律規定犯罪構成要件敘明，反之，則應就不合乎法律規定犯罪構成要件說明。

　　綜合言之，法律文書係一推理之論理文，非抒情文，以三段論法，將事實釐清，再套上正確之法律自可獲得滿意之結果，簡言之，係以證據說明認定之事實，再適用法律以得一定結論。

第二章　書狀範例

第一節　告訴狀

㈠恐嚇罪

刑事告訴狀

告訴人　林○欲　住臺中市西區○○路○○號

被　告　蘇○雄　住彰化縣彰化市○○路○○號

為被告恐嚇罪，依法告訴事：

一、按以加害生命、身體、自由、名譽、財產之事、恐嚇他人致生
　　危害於安全者為恐嚇罪，刑法第305條定有明文，參照最高法院
　　26年渝非字第15號判例：「刑法第305條所謂致生危害於安全，
　　係指受惡害之通知者，因其恐嚇，生安全上之危險與實害而
　　言。……」、最高法院民國27年4月17日民刑庭決議：「刑法第
　　305條之罪，僅以受惡害之通知者心生畏懼而有不安全之感覺為
　　已足，不以發生客觀上之危害為要件。」，是凡有加害生命等之
　　惡害通知，即足成立該條犯罪。

二、告訴人任職於億○建設股份有限公司並擔任總經理職務，告訴人
　　之妻李○芬因於民國80年6月1日將公司所屬之裕隆牌1597cc紅色
　　轎式自用小客車駛至被告家中，告訴人以電話通知被告欲將上開
　　汽車開回公司，未料竟遭被告以「讓你直的進來，橫的出去」惡
　　言恐嚇（如錄音帶譯文），並穢言辱罵。不但使告訴人心生畏懼
　　恐生命遭不測，且令告訴人不敢至被告家中將上開汽車開回公司。

三、核諸被告上開犯行，顯係觸犯刑法第305條之恐嚇罪。爰請　鈞

　　　長偵查追訴被告上開之不法惡行，以維法治。

　　　謹　狀

臺灣臺中地方法院檢察署　　公鑒

證人：

　　　林○舜：住○○縣○○鎮○○號

證據：

　　　證物一：錄音帶。

　　　證物二：錄音譯文。

中　　華　　民　　國　　80　　年　　7　　月　　5　　日

　　　　　　　具狀人　林○欲　[印]

　　　㈡過失傷害罪

刑事告訴狀

告　訴　人　張○培　　　住臺中縣新社鄉○○街○○號

　　　　　　張○○○　　　住同上

共同代理人　李○○律師

被　　　告　羅○龍　　　住臺中市○○路○○號

為被告涉嫌過失傷害罪，依法提出告訴事：

一、緣被告於民國81年1月30日晚間8時20分許，駕駛車號○○○號之自用小客車，在臺中市東山路往東山樂園方向行駛，於加油站前欲左轉駛入該加油站加油時，竟未遵守道路交通安全規則第94條第3項「汽車行駛時，駕駛人應注意車前狀況……」、第91條第2款「左轉彎時，應先顯示車輛前後之左邊方向燈光……」、第102條第1項第2款「車輛行至無號誌之交岔路口，……轉彎車應

暫停讓直行車先行……」、第4款「左轉彎時，應距交岔路口30公尺前顯示方向燈……。」諸規定，疏於注意，致由東山樂園往臺中市方向（即對向行駛）駕駛機車之告訴人張○培（後載其妻即告訴人張○○○）閃避不及，與告訴人張○培所駕駛車號○○○號機車擦撞，致告訴人張○培右脛骨、腓骨開放性骨折、右膝骨韌帶、右膝前十字韌帶、後十字韌帶斷裂成傷，致告訴人張○○○右膝、右踝挫傷，此有中國醫藥學院附設醫院之診斷證明書影本二紙可稽（告證一），告訴人張○培至今骨折尚未癒合，仍須作韌帶重建手術。

二、核被告駕駛汽車，欲左轉彎，竟疏於注意，撞傷告訴人等，顯已觸犯刑法第284條第1項之過失傷害罪，為此特檢同診斷證明書影本一件及車禍現場圖影本一件（告證二），提出告訴，請　鈞長鑒核，依法偵辦，提起公訴。

　　謹　狀

臺灣臺中地方法院檢察署　　公鑒

證據：

　　告證一：中國醫藥學院附設醫院之診斷證明書影本二件。

　　告證二：車禍現場圖影本一件。

中　　華　　民　　國　　81　　年　　5　　月　　5　　日

　　　　　　　　具　狀　人　　張○○　　㊞

　　　　　　　　　　　　　　　張○○○　　㊞

　　　　　　　　共同代理人　　李○○律師

㈢詐欺罪

刑事告訴狀

告訴人　　　連○○　住臺中市○○路○○號
被　告　　　施○○　住彰化縣○○鎮○○路○○號
　　　　　　男42.04.12

為被告涉嫌詐欺罪嫌，依法告訴事：

　　被告意圖為自己不法所有，於民國79年3月間在臺中市三民路二段十九號木頭咖啡店詐稱召民間互助會，每會新臺幣（以下同）二萬元，連會首共十二人，告訴人不疑有詐，應邀參加入會，按月繳納會款，至末會本應由告訴人取得會款二十二萬元，詎被告交付之支票退票，始知受騙，受損二十二萬元，請依法偵查起訴，以懲不法。

　　謹　呈

臺灣臺中地方法院檢察署　　公鑒

證據：會簿影本一件、支票及退票理由影本各一件。

中　　華　　民　　國　　81　年　　4　月　　22　　日

　　　　　具狀人　連○○　印

㈣詐欺罪

刑事告訴狀

告訴人　楊○○　女　住臺中市○○街○○號

　　　　徐○○　男　住臺中縣○○鄉○○路○○號

被　　告　詹○○　男　○年○月○日生住南投縣○○鎮○○路○○號

　　　　李○○　男　住南投縣○鎮○路○號

為被告涉嫌詐欺罪嫌，依法告訴事：

　　被告詹○○係設於草屯鎮之總○汽車股份有限公司（以下簡稱總○公司）之負責人，李○○係該公司法務課長，辦理催收款項業務。二人明知徐○○邀楊○○為保證人於民國78年間向該公司分期付款所購買○○○號小客車價款已付清（按：一部分係簽發分期之支票支付，一部分係因支票拒絕往來，而以現金十三萬元支付）（證一），二人竟共同意圖為總○公司不法所有，持告訴人於購車時所簽發之保證本票面額新臺幣（以下同）三十二萬元（證二），向臺灣臺中地方法院聲請裁定，獲80年度票字第02573號裁定（證三），再向該院民事執行處聲請強制執行，查封拍賣楊○○坐落太平鄉○○路○○巷○弄○號之房地（證四）。

　　按總○公司對告訴人就購買上開汽車之價款已無債權存在，縱徐○○另欠該公司其他款項，皆與該三十二萬元之本票無關，詎被告詹○○為負責人，李○○為收款並辦理聲請裁定及執行之人，明知上情，二人共同意圖為總○公司所有，以詐欺騙法院及告訴人，使告訴人受損，核其所為，應成立刑法第339條之詐欺罪，請依法偵處，以懲不法。

　　　　謹　呈

臺灣臺中地方法院檢察署　　公鑒

證據：

證一：支票證明及收據影本各一紙。

證二：本票影本一紙。

證三：民事裁定影本一件。

證四：臺灣臺中地方法院囑託查封函及該院民事執行處通知影本一件。

中　華　民　國　81　年　5　月　15　日

具狀人　楊○○　㊞
徐○○　㊞

第二節　告發狀

刑事告發狀

告發人　黃○輝　住臺中市○○街○○號

被　告　周○昇　住臺北市○○路二段○○號

　　　　潘○成　住臺北縣永和市○○路○○巷○○弄○○號

為被告等涉嫌偽造文書案件，依法提出告發事：

一、被告周○昇乃怡○股份有限公司（以下簡稱怡○公司）之負責人，原怡○公司所有坐落南投縣埔里鎮水頭段九七七一五九三、九七七一三五八、九七七一三八一及上述地號上建物（建號八九），分別設定抵押權給滕○等八人，抵押之金額為新臺幣七千三百萬元（證一），民國（以下同）79年9月間，被告周○昇因怡○公司所欠他人之債權，即將到期，而怡○公司之財產尚不足清償其債務，為避免前揭房地經拍賣後，致喪失對該房地之

占有，竟與被告潘○成基於共同之犯意連絡，明知兩者間並未成立租賃關係，卻虛偽製作租賃契約書（證二），並持此不實之事項向法院公證（證三），致生損害公證之正確性。

二、告發人於80年6月6日經由臺中地院拍得前開土地及地上建物，於6月26日因周○昇拒絕交出權利證明文件，乃由法院領取權利移轉證書，然自告發人買受該土地及建物後，被告潘○成均拒不付租金，且無理由要求告發人應給付其八百萬元發遷費，告發人乃於81年1月28日向臺中地方法院民事庭提起給付租金之訴（案號：81年簡字第209號，承辦股別：丙股），在給付租金訴訟之審理中，被告對該工廠之運作、工廠內之財產一問三不知，且81年3月18日法院履勘現場時，發現租賃物仍由出租人即被告周○昇在管理與使用，經告發人再深入探訪，始發現上情，依法告發。

證據及所犯法條

一、被告潘○成自成立虛偽租賃契約後，並未實際使用該廠房、79年10月2日更因未繳電費遭臺灣電力公司拆除電錶、81年8月1日始由怡○公司負責人即被告周鳳昇申請復電（證四），其間停止供電期間表達九個月之久，若被告潘○成真有租賃，何以不使用，而坐令租金之損失，且申請復電者竟是周○昇，足見被告兩人所成立之租賃契約係屬虛偽。

二、80年1月8日債權人洪○龍引導法院書記官及執達員到該處查封時，被告潘○成不在現場，反而係被告周○昇在場，且係在其保管中（證五），按依常情論斷，若真有租賃，則當時係承租人潘○成之承租期間內，應係潘○成在場保管、使用而非出租人周○昇在場。且在81年簡字209號給付租金事件於81年3月18日至該廠勘驗時，被告周○昇亦在現場，租賃物亦在其保管、使用中，潘○成於該案（給付租金事件）81年3月3日陳述稱：「目前房地由當初之出租人周○昇之父管理中。」經告發人之訴訟代理人當庭要求書記官記明筆錄後，惟書記官卻誤載為「原告訴訟代理人

稱」，然此已經告發人之訴訟代理人於81年4月14日庭期時聲明更正（此部分之證據，容後補呈）。益證被告潘○成並未使用租賃物，實由被告周○昇在保管使用，其租賃契約係屬虛偽。

三、被告潘○成既係承租人，卻對工廠內有多少財產，一無所知，又無法提出財產目錄，此與一般生活經驗不符，且亦無法提出自承租後迄今之營業資料，可見其與被告周○昇之間並無租賃關係存在。

四、由於此類犯罪，係屬智慧型犯罪，被告等頗為狡滑，因此懇請鈞長依法隔離訊問下列事項，以查明渠等犯行。

(一)訊問潘○成之事項：

1.租賃契約訂立後，被告周○昇有否將租賃物交付予其使用？

①若有交付，則何人交付其使用？使用情形為何？是否有對外營業？若有營業，則其營業額若干？工廠員工多少？每人每月工資若干？來往廠商名稱？有何憑證可供證明？

②若未使用：則為何租來不使用？目前是誰在使用？是否係周○昇在使用？為何自承租後至目前為止，仍由出租人管理、使用？

2.與周○昇之間之租金如何給付？共給付幾次？分別於何時給付？有否開立收據？有何證明？

3.79年11月間，工廠之電表遭電力公司拆除，是否知情？何時去申請復電？誰去申請復電？

(二)訊問周○昇事項：

1.租賃契約訂立後，是否有將租賃物交付予潘○成使用？為何臺中地院民事庭法官81年3月18日到該工廠履勘時，其仍在現場管理及使用該工廠？

2.租金如何給付？共給付幾次？分別於何時給付？有否開立收據？有何證明？

3.79年11月間，工廠內之電表遭拆除一事，是否知情？80年8月是

　　　否由其出面申請復電？

五、綜上所述，被告等涉嫌有刑法第214條之犯行，洵可認定，且彼此有犯意連絡及行為分擔，均為共同正犯。為此　狀請鈞長鑒核，依法偵辦，以懲不法，並維法紀。

　　　謹　狀

臺灣臺中地方法院檢察署　　公鑒

證據：

　　　證一：臺灣臺中地方法院公告影本一件。

　　　證二：租賃契約書影本一件。

　　　證三：臺灣臺中地方法院公證書影本一件。

　　　證四：臺灣電力公司電表之基本資料影本一件。

　　　證五：查封筆錄影本一件。

中　華　民　國　81　年　4　月　17　日

　　　　　具狀人　黃○輝　印

附記：本件犯行，是否尚有詐欺法院以得利，尚待研究，蓋以不實之租賃關係陳報，使執行法院於定拍賣公告時為不點交，應屬刑法第339條第2項之詐欺得利罪。

第三節　自訴狀

刑事自訴狀

自訴人　林○賢　臺中市○○街○○號

被　告　林○英　臺中市○○路○○號

為被告違反動產擔保交易法，提起自訴事：

　　緣被告曾於82年1月4日與自訴人訂立附條件買賣契約書，約定由自訴人將賓士190E型1991年式，引擎號碼1-10296212137201牌照號碼2-WDB2010241F718868自用小客車乙輛出售予被告，總價款新臺幣（以下同）一百四十八萬八千元，分二十四期繳納，有附條件買賣契約書可稽。惟被告僅繳納十六期，自十七期之後即未再繳納，餘款尚欠四十九萬六千元。被告不僅拒繳餘款且將其占有之上述附條件買賣契約之標的物出售予他人，致生損害於自訴人。被告顯觸犯動產擔保交易法第38條之罪嫌，爰依法提起自訴，敬請依法科以被告應得罪刑，以儆效尤。

　　謹　狀

臺灣臺中地方法院　　公鑒

證據：

　　證物：附條件買賣契約書影本乙件。

中　華　民　國　81　年　4　月　17　日

具狀人　林○賢　㊞

附記：刑事訴訟法第319條第2項「前項自訴之提起，應委任律師行之。」，係民國92年修法時增訂，本件係民國81年，自無適用，如本件係修法後提起，則應由律師提起，除於自訴人欄加註代理

人律師姓名，具狀人處，除自訴人外尚應由代理人簽名或蓋章，並附委任狀，否則自訴不合法。

第四節　聲請調查證據狀

刑事聲請調查證據狀

案號：81年度重訴字第60號

股別：平

被　　　告　涂○○　　年籍在卷

選任辯護人　吳光陸律師

為殺人案件聲請調查證據事：

　　請傳訊本案承辦警員查明何時發覺被告犯罪。

　　待證事實：被告是否自首。

　　按對於未發覺之罪自首而受裁判者，減輕其刑，刑法第62條定有明文。參照最高法院72年臺上字第641號判例「刑法第62條所謂發覺，固非以有偵查犯罪權之機關或人員確知其人犯罪無誤為必要，而於對其發生嫌疑時，即得謂為已發覺；但此項對犯人之嫌疑，仍須有確切之根據得為合理之可疑者，始足當之，若單純主觀上之懷疑，要不得謂已發生嫌疑。」及75年臺上字第1634號判例「刑法第62條之所謂發覺，係指有偵查犯罪職權之公務員已知悉犯罪事實與犯罪之人而言，而所謂知悉，固不以確知其為犯罪之人為必要，但必其犯罪事實，確實存在，且為該管公務員所確知，始屬相當。如犯罪事實並不存在而懷疑其已發生，或雖已發生，而為該管公務員所不知，僅係推測其已發生而與事實巧合，均與已發覺之情形有別。」須警察有確切根據為合理之可疑，認有嫌疑時，始足認已發覺。本件警察尚未認被

告有嫌疑時，被告已自行向警察陳述犯罪事實，應為自首。故請傳訊承辦警員，查明何時、如何知悉被告有嫌疑，以明有無自首。

　　　謹　狀

臺灣臺北地方法院刑事庭　　公鑒

中　華　民　國　81　年　12　月　10　日

　　　　　具狀人　　　涂○○

　　　　　選任辯護人　吳光陸律師　㊞

第五節　撤回告訴狀

刑事撤回告訴狀

案號：81年度偵字第8053號

股別：莊

告訴人　張○培　詳卷
　　　　張○○香

被　告　羅○龍　詳卷

為過失傷害案件，撤回告訴事：

　　告訴人等告訴羅○龍過失傷害一案，經　鈞長偵查在案。茲因雙方已於日前達成和解，故不再追究被告之刑事責任。按刑法第284條第1項之過失傷害罪依同法第287條之規定係屬告訴乃論，而依刑事訴訟法第238條第1項之規定，告訴乃論之罪，告訴人於第一審辯論終結前，得撤回告訴，為此，狀請　鈞長鑒核，准將聲請人告訴撤回，以息訟爭。

　　　謹　狀

臺灣臺中地方法院檢察署　　公鑒

中　華　民　國　　81　　年　　5　　月　　25　　日

　　　　　　　具狀人　張○培　　㊞
　　　　　　　　　　　張○○香　　㊞

附記：

一、目前各院檢服務處均有空白撤回告訴狀，可逕予取用，在空白處填
　　寫相關姓名、案號。偵查中尚未起訴前，呈遞檢察署，如已起訴，
　　則呈遞法院。

二、告訴乃論之罪，告訴人可於第一審辯論終結前撤回告訴，撤回後，
　　不得再行告訴（參照刑事訴訟法第238條第1項、第2項），並非所
　　有案件均可撤回。

三、依刑事訴訟法第325條第1項規定「告訴或請求乃論之罪，自訴人於
　　第一審辯論終結前，得撤回其自訴。」及第2項規定「撤回自訴，
　　應以書狀為之。但於審判期日或受訊問時，得以言詞為之。」，自
　　訴有上開情形，亦可撤回，至撤回自訴狀亦可參酌此狀書寫，呈遞
　　法院。

第六節　聲請易科罰金狀

刑事聲請易科罰金狀

案號：81年度執字第1765號

股別：平

聲請人　王○　住臺中縣沙鹿鎮○○路○○號
即被告

為聲請准易科罰金事：

　　聲請人違反麻醉藥品管理條例乙案，被科處有期徒刑四個月，併諭知得易科罰金之折算標準業經確定在案。　鈞處以81年執字第1765號執行傳票令聲請人於81年4月24日上午9時前往報到執行，惟查，聲請人一家家境非常清寒，並無祖產可恃，須靠勞力而活，家父王萬成為一專業廚師，其工作須人協助，無法個人單獨為之，而聲請人為其助手協助其工作，無法或缺（證一），全家生活均賴家父與聲請人出賣勞力始足換取溫飽，苟聲請人入監服刑無法工作，家父即失一重要助手，廚師工作則無法為繼，家庭生活即將陷入困境，懇請　鈞長明察賜准予易科罰金，以解聲請人一家之困境，至感德便。

　　　謹　狀

臺灣臺中地方法院檢察署　　公鑒

證據：

　　　證物一：戶口名簿影本乙件。

　　　證物二：證明書乙件。

中　華　民　國　81　年　4　月　24　日

　　　　　具狀人　王○　㊞

附記：目前各檢察署服務臺均有空白聲請狀可資填寫使用。

第七節　聲請再議狀

刑事聲請再議狀

案號：92年度偵字第12827、18099、21221號

股別：達

聲　請　人　　戴○○　　住臺中市北區梅川西路○○號

即告訴人

被　　　告　　陳○卿　　臺中縣　大雅鄉二和村○○號

　　　　　　　劉○華　　臺中縣大雅鄉二和村○○號

　　　　　　　陳○旺　　臺中縣大雅鄉二和村○○號

　　　　　　　陳○秝　　臺中市北屯區中清路○○號

　　　　　　　　　　　（原名陳○玉）

　　　　　　　廖○池　　臺中市北屯區青島路○○號

為誣告等案件不服臺灣臺中地方法院檢察署檢察官不起訴處分書（92年度偵字第12827號、18099號、21221號），聲請再議事：

　　本件告訴，檢察官以無積極證據足證被告陳○卿、劉○華、陳○旺、陳○秝、廖○池有誣告、損害債權、偽造文書犯行，處分不起訴。惟查：

一、依臺灣臺中地方法院檢察署87年度偵字第2296號不起訴處分書（參見告訴狀附證一）所載，被告陳○卿係以聲請人與吳莊○惠要求伊提供不動產設定抵押權為擔保，伊乃提供妻子劉○華所有坐落臺中縣大雅鄉神林南路二七二巷○○號三樓房屋之相關證件交付聲請人及吳莊○惠辦理抵押設定手續，惟辦理設定時，竟偽造印章蓋於抵押權申請書為債務人，又變造伊交付之一百萬元支票發票日，認有偽造印章、偽造文書、詐欺罪嫌，然此部分既經被告陳○卿於庭訊時供稱伊的印章有交付給對方，伊是債務人，

顯無偽造印章一事，至於指稱變造之支票發票日，不僅與原書寫日期筆跡相同，且因聲請人與吳莊○惠未同意被告陳○卿請求延期一事，足見並無偽造，檢察官遂為不起訴處分，就此親身經歷之事，被告陳○卿竟以不實之事告訴，自應成立誣告罪，並無證據不足。

二、被告陳○卿與被告廖○池並無債權債務，竟設定抵押權，當屬虛偽不實，應有偽造文書及損害債權，而是否有無證據足以證明，不僅應就聲請人提出證據詳查，檢察官亦應主動偵查，豈可以他案已不起訴，遽認有債權債務，即認定本件無證據證明。

三、按債務人於將受強制執行之際，意圖損害債權人之債權，而毀壞、處分或隱匿其財產者，處二年以下有期徒刑、拘役或五百元以下罰金，刑法第356條定有明文，本件聲請人既已對被告陳○卿、劉○華取得執行名義，並於民國92年3月31日聲請強制執行，渠二人即係將受強制執行之際，然被告陳○卿、劉○華竟於該日後之同年5月30日移轉所有之汽車給被告陳○秣，陳○卿並委託被告陳○旺領回聯信股票藏匿，依上開規定，應共犯損害債權罪。

為此聲請再議，其他理由容後再補。

　　謹　　狀

臺灣臺中地方法院檢察署　　轉呈

臺灣高等法院臺中分院檢察署檢察長　　公鑒

中　華　民　國　　93　年　　7　月　　23　　日

　　　　　具狀人　戴○聰　印

附記：依刑事訴訟法第256條第1項，告訴人始可聲請再議。又此聲請，應經原檢察官向上級檢察長或檢察總長，但實務上仍有記載書之呈上級檢察署者，不影響再議之合法。

第八節　答辯狀

刑事答辯狀

案號：79年度偵字第12422號

股別：法

被　告　雍○○　年籍詳卷

為被告貪瀆案件，依法答辯事：

一、刑法上之侵占罪，以行為人就自己持有他人之物，變易其持有之意為不法所有之意思為其構成要件。經查被告原任職新莊郵局職員，承辦櫃臺存儲金業務。民國79年11月上旬，被告基於為父親籌措醫藥費之動機，利用代辦客戶蔡○○（帳戶號碼：110000號）自動提款卡之機會，連續於民國79年11月8日、79年11月10日兩天，擅自領取蔡○○設於郵局該帳戶內之存款各六萬元，隨即為蔡○○所發覺，被告乃於同年11月21日歸還該筆款項，並於同年11月23日向法務部調查局板橋調查站自首。核被告之行為乃係利用代辦客戶提款卡之機會，竊領客戶存款，主觀上並無侵占該提款卡之意圖與行為。縱認有侵占該提存卡本身，該提存卡價值無幾，僅值新臺幣二、三十元而已，尚未超過新臺幣九千元。又客戶在郵局之存款，客觀上並非被告持有之物，是被告之提款行為僅為單純操作機器而已，縱認有罪，亦僅係竊盜行為，與貪瀆無涉，並非刑法或貪污治罪條例上侵占罪。

二、次按被告行為之動機，全係為父親籌措醫藥費，乃出於不得已之行為，事後並已歸還該筆款項，並向調查單位自首，表明其認真負責，面對問題之態度。茲被告現已受失去工作之懲罰，就其行為之結果，已足令被告終生警惕不致再犯，基於刑法鼓勵自新之旨，懇請鈞署鑒核詳查，予以自新之機會，實為德便。

　　謹　狀

臺灣板橋地方法院檢察署　　公鑒

中　華　民　國　79　年　12　月　18　日

　　　　　　　具狀人　雍○○　印

第九節　辯護狀

㈠詐欺罪

刑事辯護狀

案號：82年度偵字第5461號

股別：嚴

被　　告　林○○

　　　　　薛○均　詳卷

共同選任　吳光陸律師

辯　護　人

為被訴詐欺案件，謹具辯護意旨事：

一、刑法第339條第1項詐欺罪之成立，以意圖為自己或第三人不法所
　　有，以詐術使人將本人或第三人之物交付為要件。所謂以詐術使
　　人交付，必須被詐欺人因其詐術而陷於錯誤，若其所用方法，不
　　能認為詐術，亦不使人陷於錯誤，即不構成該罪，最高法院46年
　　臺上字第260號判例著有明文（被證一），換言之，若無不法所
　　有之意圖且未施以詐術，自無由構成該罪。本件告訴人主張被告
　　向其借款新臺幣（以下同）五百八十五萬元未還，姑不論其所述

並非實情（詳後述），縱依告訴人所主張之事實為借款而論，本件亦僅民事之債務糾紛而已，與刑事責任無涉。

二、告訴人雖於82年2月20日借款三十萬元給被告林○○，同年3月5日告訴人因被告林○○再向其借三十萬元而授權其職員陳○生攜其第一商業銀行之支票及印章乙只，告知被告林○○謂：董事長（即告訴人）已授權，可直接填寫金額三十萬元，並蓋印章，以供當日借三十萬元之用。被告林○炘遂接下支票（票號N09290013），於同日下午委託會計林○珠前往銀行兌領，因銀行發現印鑑不符，經銀行吳襄理以電話求證無誤後，始行撥款，此有證人林○珠、吳襄理、趙○斌可證，設被告填寫該支票未經告訴人同意，則告訴人自可在銀行查證時，予以否認，銀行即不會付款，且會與警察機關聯繫後，依現行犯規定予以逮捕，然銀行在查證後即付款，足見被告林○○填寫支票，係受告訴人之授權，並無任何犯罪行為。上開二筆借款共六十萬元，被告林○○業於同年3月15日返還給告訴人，此有證人徐○○、薛○○可證，是此部分之債務，既經被告林○○清償，何有不法所有之意圖？自無詐欺可言。

三、告訴人交付由其妻自新加坡寄來之美國銀行現金本票，票號8005995522，票面金額十萬之票據一紙予被告林○○，要求持之至熟識之銀樓兌換，被告林○○前往瑞○銀樓兌現，於2月25日下午兌領二百五十六萬元，且於當日下午8時30分許在告訴人住處，全數交付告訴人，因當時被告乃告訴人之職員，故未另立任何收據，此舉或有疏失，但衡諸情理並無不當，蓋一般公司職員對主管所交辦之事務，只求盡力辦妥，孰會料及主管另有他圖，故於交付二百五十六萬元未要求告訴人書立收據。詎告訴人竟偽稱未收到任何款項，誣指被告林○○詐欺，令人寒心。苟被告林○○確予侵占，未交付告訴人，何以告訴人迄未向被告林○○索

取？尤其更於3月5日再借被告林○○三十萬元，3月2日應允為被告林○○調借三百萬元（如有侵占，追討尚有不及，何以會借錢），足見其指訴不實。

四、再被告林○○於82年3月2日雖曾有意向告訴人調借三百萬元，而告訴人亦予應允，遂應告訴人要求簽立票面金額一百萬元未填寫到期日之本票三紙交付告訴人，然事後告訴人一再敷衍被告林○○，迄今被告林○○未收到任何款項，揆諸消費借貸為要物契約，依民法第475條規定：「消費借貸，因金錢或其他代替物之交付，而生效力。」，故告訴人應就金錢交付一事負舉證之責，苟不能證明有交付三百萬元，被告林○○自無任何犯行可言。至於交付本票係應告訴人要求，苟交付本票時確有付款，何以未填到期日。是此本票不足為借款之證明。況是否有借款及是否已償還，乃屬民事糾紛，應循民事訴訟程序解決，與刑事無關，茲不贅言。

五、按刑法上共同正犯之成立，須具有犯意之聯絡及行為之分擔，有最高法院34年上字第862號判例可資參照，本件被告薛○對前開告訴人與被告林○○間之債務糾紛，並不知情亦未參與其事，參酌前揭判例意旨，既無犯意聯絡，復無行為分擔，自無共同正犯之問題，況如前所述，上揭糾紛均屬民事問題，自更不生共同正犯可言。

綜上所述被告等確屬無辜，本件純係民事糾紛，且目前並未積欠告訴人任何債務，懇請　鈞長明察，賜予不起訴處分，以還清白。

　　謹　狀
臺灣臺中地方法院檢察署　　公鑒
證人：
　　　林○珠：臺中市○○號
　　　吳○貞：臺中市○○號
　　　趙○斌：彰化縣員林鎮○○街○○號

中　華　民　國　82　年　4　月　1　日

　　　　　　具　狀　人　　林○○
　　　　　　　　　　　　　薛○
　　　　　　共同選任　吳光陸律師　　印
　　　　　　辯　護　人

㈡違反公司法

刑事辯護狀

案號：83年度偵字第497號

股別：愛

被　　　　　告　王○○　年籍在卷

選任辯護人　何○○律師

為被訴違反公司法，謹具辯護事：

　　按公司資產顯有不足抵償其負債務時，除得依第282條辦理者外，董事會應即聲請宣告破產。代表公司之董事違反前二項規定時，處二萬元以下罰金。公司法第211條第2項、第3項定有明文。又按追訴權因下列期間內不行使而消滅：……拘役或罰金者一年，刑法第80條第1項第5款定有明文。本件被告固於81年12月31日之資產負債表顯示負債超過資產，涉有公司法第211條第2項「資產不足抵償負債」之情事，由經濟部於83年2月23日以經(83)商203257號函移請　鈞署偵辦，惟揆諸首開條文規定，違反公司法第211條第2項乃係罰金刑，而其追訴權時效係一年。故縱認被告於81年12月31日有資產顯不足清償債務未依公司法上開規定處理，而有違反公司法上開規定欲追訴其刑責時，亦應於82年12月31日前為之，否則其時效即已完成。本件經濟部係於83年2月23日始函請　鈞署偵辦，顯逾追訴權時效，應依刑事

訴訟法第252條第2款規定為不起訴處分。

　　謹　呈

臺灣臺中地方法院檢察署　　公鑒

中　華　民　國　83　年　5　月　4　日

　　　　　　　具　狀　人　王○○

　　　　　　　選任辯護人　何○○律師　印

附記：公司法第211條第3項民國90年修正為行政罰鍰。

㈢妨害公務罪

刑事辯護狀

案號：83年度偵字第3687號

股別：直

被　　告　陳○○

　　　　　武○○　均年籍在卷

　　　　　陳○虎

　　　　　羅○盛

共同選任　吳光陸律師

辯　護　人

為被訴妨害公務案件，依法提出辯護事：

　　本件告訴意旨略以：被告等於民國82年6月5日上午向協和派出所冒稱檢察官來臺中榮總工地，請警員到場，羅○盛並扶吳○虎律師稱檢察官來了，指吳律師為檢察官，因認被告有妨害公務罪嫌。

　　經查本件係因武○○負責之源○工程股份有限公司（以下簡稱源○公司），民國81年間承包臺中榮民總醫院工程後，因與告訴人負

責之民○有限公司（以下簡稱民○公司）訂立工程合作契約（被證一），將上開工程交民○公司承辦，嗣因民○公司未經源○公司同意，於民國82年3月21日擅自向業主臺中榮總申報停工，臺中榮總迭次催請源○公司復工，因民○公司不僅未應源○公司請求復工，且與臺中榮民總醫院發生爭執、衝突，不准臺中榮民總醫院人員入內放樣，經臺中榮民總醫院發文給源○公司要求處理（被證二），源○公司一方面為恐違約，一方面依工程合作契約書第9條第2款「乙方（即民○公司）及其工作如……對業主或監造人惡意冒犯或侮辱威脅等非法行為所引起之糾葛，概由乙方負完全責任。」、第3款「乙方所派工地負責人，……如業主或監造人員認為該工地負責人不稱職時，乙方應更換之。」、第13條「凡與本契約工程有關之其他工程及臨時設施，如業主交由其他承辦單位辦理時，乙方與其他承辦單位有互相協助合作之義務，……。」，不得已欲派工自行施工。為復工準備，估算民○公司完成部分以便計價，乃先發函給有關機關（被證三），訂於民國82年6月5日由源○公司負責人武○○帶保全人員、工人，並委請律師（請蒞場見證），中華企業技術鑑定委員會人員到場（按：蒞場統計材料、列冊、評估，以為雙方計算之依據），另亦請警方派員協助維持治安，其目的即係為和平處理。

該日警員共有三批到場，惟無論如何，決無人冒充檢察官請警員到場情事，此由上開函件已抄送臺中市警察局、第四分局、管區派出所可明。蓋既有此函，警方不僅已知悉何事，如何能冒充？且警方為維持治安秩序，本亦應循源○公司請求到場，源○公司實無必要派人再冒稱有檢察官到場。苟確有人冒充檢察官，則於三批警員到場，何以告訴人未檢舉？警方何以未處理？參照警員李○明在臺中地方法院82年自字第510號所稱「他（即告訴人）說受傷了，有拉衣服給我看，並說要告武○○。」（被證四）、警員廖○智所述「我到現場時已打過架了，我至他們辦公室，他們雙方均受傷，我說他們如要報案，請他們到派出所，他們均未去。」（被證五）及告訴人在該案提

出之照片，請警員廖○智查明施暴者（參見上開刑事卷第67頁照片）暨告訴人於臺中地方法院83年度易字第457號陳稱「我當時有問律師是何人，我問他是否檢察官，警員聽到他不是檢察官時，警員就走了……。」（被證六），其員工馬○京於上開自訴案中稱「……現場有一位老老的警員說，你們是屬民事糾紛，等了一、二十分鐘，檢察官又不來，那位警員就走了……。」（參見被證五）、告訴人所提狀紙（被證七），告訴人均曾在現場對警員說要告武○○傷害，則被告等人苟有冒充檢察官，告訴人焉有不於當場向警方檢舉、告訴。況依告訴人在另案所提陳明狀所載『羅○盛首先率領五、六人由側門進入，協和派出所警員李○明隨後踵至……被告（即本件告訴人）當即向李警員報告請其處理，……警員遂問羅某道：「不是有檢察官要來嗎？你去請檢察官來處理之」，羅某未予答話，隨即退至大門外側，另有一位上衣結領帶者走近與保全人員低語一陣，聲言：「這樣做是法律允許的」，被告乃請其表明身分，原來他非檢察官而是律師（後知為吳○虎律師）……協和派出所警網一組四名警員係於12時30分來到工地，其中僅知李○明、廖○智二位，被告先即口頭提出告訴請求保護就醫，廖警員就問我是誰傷害的……。』（參見被證七），羅○盛既未講話，不僅足見告訴人所指羅○盛扶著吳○虎律師稱檢察官來為不實，且由告訴人自承吳○虎律師表明自己非檢察官，足見無人冒稱檢察官。事實上該日皆有警員在場，羅○盛焉有可能敢扶著吳○虎律師稱檢察官來？而吳○虎律師非不知法律，亦不可能當著警員面如此自稱。

雖警員李○明於臺中地方法院82年自字第510號證稱「有自訴人的警衛有至協和派出所報案，說檢察官要去執行，報案後我就和他們一起過去。」（參見被證四），在　鈞署82年偵字第11004號證稱「……保全人員到派出所來說檢察官要到他們工地現場民事執行，請我們去配合執行。所以我就到場去，約10點10分到現場。我去時，說請檢察官出來，看不到檢察官……」（被證八），似有保全人員以檢

察官來為由，請警員到場，但此段陳述是否實在，實有問題，請調協和派出所該日報案記錄以明事實。蓋果係如此，何以警員李○明未即當場處理該保全人員偽稱之事？甚至第二次仍到現場。退一步言，果有如此陳稱，亦可能係為恐警員不到場，無法防止事故發生之不得已方法（按：事實上由嗣後發生推扯，即知確有爭執，但未造成大難，幸賴有警員在場），因警員多為怕事，不願到場。事實上，依李○明所稱，保全人員既稱「民事執行」，警員應知檢察官不處理民事執行，故李○明應知此陳述不對，但其仍到場，當係因其他事由。況無論如何，此項陳述，亦無何違法。另由此段陳述，亦知應無人冒稱檢察官。

　　陳○○雖為源發公司股東兼監察人，但一方面其未在場，對此突發事件完全不知悉，一方面其未管理源○公司事務，不可能有何犯行。

　　本件既無人冒稱檢察官，自無違法。苟因為請求警員到場，而陳稱有檢察官來，方法縱有可議，亦無違法情事。告訴人誣指，其目的無非藉刑事訴訟逼迫源○公司給付工程款，但因工程結算尚有問題，無法給付，告訴人不循正途，藉端提起刑事訴訟，實屬非是。又告妨害自由等，已經判決無罪（被證九），足見告訴人告訴不實。請　鈞長明察，為不起訴處分，以免冤抑。

　　謹　呈

臺灣臺中地方法院檢察署　　公鑒

證據：

　　　　被證一：契約書影本一件。

　　　　被證二：臺中榮民總醫院函影本一件。

　　　　被證三：源○公司函影本一件。

　　　　被證四：筆錄影本一件。

　　　　被證五：筆錄影本一件。

　　　　被證六：筆錄影本一件。

被證七：陳明狀影本一件。

被證八：筆錄影本一件。

被證九：判決影本一件。

中　華　民　國　83　年　4　月　14　日

　　　　　　　具狀人　　陳○○　　武○○

　　　　　　　　　　　　陳○虎　　羅○盛

　　　　　　　共同選任　吳光陸律師　　印

　　　　　　　辯　護　人

㈣煙毒罪

刑事辯護狀

案號：81年度上訴字第294號

股別：蟠

上　訴　人　陳○○　在押

即　被　告

選任辯護人　李○○律師

為煙毒案件，依法提出辯護意旨事：

一、民國80年4月24日下午，上訴人與林○財、林○清等三人，所以
　　一同前往徐○騫家，係因農曆4月12日是蘇府王爺生日，為討論
　　廟宇活動之事而一同前往，並非要去販賣嗎啡，至警訊筆錄所
　　載：「我與林○財、林○清三人，要將嗎啡賣給徐○騫。」一節
　　並非實情，上訴人並未說過此語，亦經當時製作筆錄之警員黃○
　　松民國81年3月17日於　鈞院結證屬實，是上訴人應不成立勘亂
　　時期肅清煙毒條例第5條第1項之罪嫌。

二、退萬步言，本件縱如原審所認係徐○騫需要毒品而轉叫上訴人向林○財購買，上訴人亦不負販賣毒品罪嫌。按所謂販賣毒品，係指意圖販賣而有販入與賣出二種行為，如僅販入而未賣出，依罪刑法定主義之精神，不得遽以販賣罪相繩，此有臺灣澎湖地方法院73年度春季法律座談會記錄及司法院73年6月8日(73)廳刑一字第506號函在卷（參見上證一）可稽。本案從上訴人之警訊筆錄中之記載：「我們如果一次購買，價格比較便宜，所以我們就和林○渭、徐○騫三人合起買這次嗎啡，三人平分，我的部分是自己吸食，沒有再販賣。」（見80年4月20日下午17時清水分警訊筆錄），亦只表明上訴人因自己吸食而有意購買嗎啡而已；並非要販賣嗎啡而購買，參酌上開實務見解，應不構成販賣毒品罪，原審判決遽爾認定上訴人販賣嗎啡，自屬不當。

三、次按被告之自白，非出於強暴、脅迫、引誘、詐欺，違法羈押或其他不正之方法，且與事實相符者，得為證據，刑事訴訟法第156條第1項定有明文。換言之，被告之自白若與事實不符即不得採為證據，本案上訴人於警訊時雖曾自白吸食毒品，姑不論其係出於刑求所致，已不得採為證據外，縱係出於自由意志，因與事實不符，亦不得採為證據。查本案上訴人為警方查獲時所採之尿液，送驗結果，並未驗出有「嗎啡」、「潘他唑新」、「甲基安非他命」等反應，此有內政部警政署刑事警察局80年5月29日刑鑑字第38947號鑑驗通知書在卷可稽，而依自白所稱吸食之期間及分量，若屬實情，理論上可在尿中檢出嗎啡反應，亦有內政部警政署刑事警察局81年4月9日刑鑑字第38650號函可憑。是未驗出有毒品反應之結果，足見上訴人在警訊中之自白與事實不符，該自白不得採為不利於上訴人之證據，況且又無其他證據足以證上訴人確有吸食毒品，依刑事訴訟法第156條第2項，不得以此為唯一證據，茲既無其他證據可供佐證，自應為無罪之諭知，原審判決徒以「陳○○為警方查獲時所採取之尿液，送驗結果，雖未

檢出嗎啡、海洛英成分，惟因渠吸食微量之海洛英，自難檢出嗎啡、海洛英」為由，認定上訴人有罪，實有違證據法則，為屬不當。

四、綜上述，原審判決其認事用法均有所違誤，為此，狀請 鈞院鑒核，撤銷原判決，改諭知上訴人無罪之判決，以免冤抑，而維公道。

　　謹　狀

臺灣高等法院臺中分院刑事庭　　公鑒

中　華　民　國　81　年　4　月　30　日

　　　　具　狀　人　陳○○
　　　　選任辯護人　李○○律師　　印

（五）詐欺罪

刑事辯護狀

案號：81年度上易字第786號

股別：聲

被　　　告　　顧○梧　均詳卷
　　　　　　　顧○華

共同選任　李○○律師

辯　護　人

上　訴　人　　即遲○○　詳卷

自　訴　人

為被訴詐欺案件，依法提出辯護意旨事：

一、按刑法第339條第1項詐欺罪之成立，以意圖為自己或第三人不法所有，以詐術使人將本人或第三人之物交付為要件，因此，若無

不法所有之意圖且未使用詐術，即不構成該罪（最高法院46年臺上字26號判例參照）。

二、查辦理加拿大之移民方式有多種之別，商業移民係屬移民種類之一，而商業移民又可分為投資移民、企業移民及自僱移民三種，上述三種商業移民均係以投資加拿大為其前提，惟不論係以何種方式辦理移民，均須投資加拿大多倫多五湖學院（以下稱五湖學院）成為該校之學校董事，該校始為之找律師代辦移民手續（按五湖學院係依據加拿大國之公法所成立之社團法人，且在合約上亦表明學校董事並無參與董事會之表決權，因此所謂之學校董事，其原文為，DirectorShareHolders，翻成中文即為「股份持有者」，實相當於我國公司法中之股東，稱自訴人為學校董事係一種尊稱），蓋五湖學院並非專辦移民以賺取佣金之移民公司，若非基於五湖學院股東之地位，五湖學院自不會替其代辦移民、居留事宜，因此，欲投資五湖學院以辦理移民當然均須有實際之投資，自訴人所指，不須預先投資一節，顯有誤會。

三、本件於兩造簽約時，被告顧○華即告知自訴人，投資五湖學院成為該校之學校董事，而由五湖學院代辦加拿大國之移民、居留事宜，經自訴人同意而簽約，書面契約內容亦如此書寫（見自訴人起訴狀所附之契約書），而自訴人究適合申請辦理何種方式之移民，被告等將一切均委由訴外人加拿大之盧登堡律師代為審查自訴人所提之一切資料，然後再由盧登堡律師根據所提資料建議自訴人申請適合之移民種類，而由自訴人自由決定再由被告代辦，此由自訴人與盧登堡律師往來之信函可證（被證一、二、三參照），因此自訴人指稱簽約時被告顧○華告訴其所申請之移民種類為「投資移民」一節，顯非實情，被告完全遵守雙方合約之約定及精神來替自訴人處理委託事務，其間並無任何詐騙行為，自不構成詐欺罪。

四、被告與自訴人簽約後，即積極為自訴人辦理移民、居留事宜，此

點自訴人亦不否認，被告等替自訴人所提之申請案，雖曾遭加拿大駐美國達拉斯辦事處駁回，卻也替自訴人爭取到加拿大駐義大利羅馬辦事處之面談機會（被證四、五參照），嗣因自訴人拒絕前往面談，而無法辦成，而自訴人之子遲○簡就讀五湖學院期間，被告亦依學校董事之優待規定給予學費減半之優待（被證六參照），益見被告並無任何不法所有之意圖，且未施任何詐術，本件純屬民事糾紛而已。

五、五湖學院代辦移民、居留事宜，均本乎合約之約定及精神，至目前為止已有十二位投資者，辦理移民成功且已報到（被證七、十七參照），到期後並獲退款（被證十二、十三、十四、十五參照），足見被告確實遵守合約之約定，並無任何詐欺行為可言。

六、其餘援引前所提書狀及陳述。

七、綜上所述，被告確係一殷實之商人，與自訴人簽約後，即秉持遵守合約之精神，費一切心力為自訴人辦理移民、居留事宜，並無任何詐欺之情事，但任何人均不敢保證辦理移民之程序一定事事順遂，不能一有曲折即毀約，置被告所付出之心力於不顧。本件實係被告正努力為自訴人辦理移民之過程中，自訴人反悔違約不欲繼續辦理所致，其主要目的無非係在要求退款。而被告是否應退款，係屬民事問題，與本件無關，自訴人不思循民事訴訟解決，卻任意自訴被告詐欺，實無理由，被告並無任何詐欺情事，自不構成刑法第339條第1項之詐欺罪，原審判決認事用法，均無違誤，自訴人仍執陳詞上訴為無理由，為此，狀請　鈞院鑒核，駁回自訴人之上訴，實感德便。

　　謹　狀

臺灣高等法院臺中分院刑事庭　　公鑒

中　　華　　民　　國　　81　年　　7　月　　2　日

```
　　　　　　　具　狀　人　　顧○梧
　　　　　　　　　　　　　　顧○華
　　　　　　　共同選任　　　李○○律師　印
　　　　　　　辯　護　人
```

(六)殺人罪

刑事辯護狀

案號：81年度重訴字第60號

股別：平

被　　　　告　　　涂○○　年籍在卷

選任辯護人　　　吳光陸律師

為殺人案件提出辯護意旨事：

　　按殺人與傷害人致死之區別，應以有無殺人犯意為斷，其受傷位置之多寡，及是否為致命部位，有時雖可藉為認定有無殺人犯意之心證，究不能據為絕對標準。又殺人與傷害致死之區別，即在下手加害時有無死亡之預見為斷。至受傷處所是否致命部位，及傷痕之多寡、輕重如何，僅足供認定有無殺人犯意之參考，原不能為區別殺人與傷害致死之絕對標準，最高法院18年上字第1309號判例及19年上字第718號判例著有明文，可資參考。

　　本件被告固曾持剪刀刺劉○珍，惟審酌下列事實，應認無殺人犯意，僅係傷害之意。公訴人認被告於爭吵後，竟萌殺意，而以殺人罪起訴，似有未洽：

一、被告在警訊及偵查中供稱，其與劉○珍交往三年多，發生過性關係多次，雙方均以論及婚嫁，被告有時即住在劉宅，核與劉○珍之母劉吳○○於警訊中所述二人有論及婚嫁相符，並有被告寄給劉○珍之信函附於偵查卷可稽，是以如此親密關係觀之，被告實

無殺死劉○珍之犯意。

二、被告係因劉○珍至美國受訓回來，對其態度冷漠，欲與之分手，為圖挽回乃於民國81年9月20日上午到劉宅欲與劉○珍商談，到達之前，先用電話聯絡，到達由劉○珍帶五樓臥房。茲被告與劉○珍商談之目的，既在挽回雙方之感情，被告實無殺死劉○珍之必要，否則如何挽回。再參酌被告於警訊及偵查中自承當日晚上11時30分許，因雨淋醒，即想到劉○珍之傷勢，回到住處即問室友朱○興，劉○珍傷勢情形，核與證人朱○興所述相符，顯見被告無殺死之意，否則何以還惦念傷勢如何？

三、被告於民國81年9月24日警訊筆錄所載，係因劉○珍要趕被告出去，被告不理她，劉○珍順手拿起剪刀要刺殺被告，被告即撲過去，壓在劉○珍身上，二人拉扯時，被告右手背被刺傷，被告搶下剪刀而刺劉○珍。就此情形觀之，實係劉○珍先拿剪刀，被告搶下後才回刺劉○珍，並非被告頓萌殺意。

綜上所述，被告既無殺人動機，且因深愛劉○珍，在情感上更不可能欲置之於死地，而劉○珍當場並未死亡，在送醫急救數小時死亡，苟被告確有殺意，欲置之於死地，當場即會殺死，不致僅因流血過多始死亡。雖被告刺其胸部十一處，其中一處，深及內臟，但查當時因被告壓在劉○珍身上，其持剪刀揮動所及範圍，僅係胸部，故所刺之處自為胸部，並非刻意特別刺其致命之心臟，而當時被告對此突發狀況，腦筋一片空白，隨手亂刺，故亦非刻意刺十一刀，是不能僅憑此認定被告有殺人犯意，參照首揭判例，並綜上各情以觀，應認被告非殺人，應屬傷害致死。

本件不幸事故，肇因被告對愛情過於執著、眷顧三年之感情，不欲隨便分手，極欲挽回，對劉○珍一再趕其出門，並持刀相向，未能冷靜、理性處理，遂生此非被告所願之結果，誠屬愛情悲劇。茲被告對其死亡，既非所願，且亦甚後悔，被告之兄亦與劉○珍之兄和解，賠償一百三十五萬元，有和解書可證。而被告係農家子弟，父母

省吃儉用，送其至臺北市完成大學教育，在臺電公司服務，前途一片看好，本欲與劉○珍結婚，在父兄親人祝福下，攜手共度人生，詎料因一時糊塗，犯此大錯，請　鈞院體卹各情及被告坦承事實，自始即表示願受法律制裁，請　鈞院從輕處，並能適用刑法第59條，予以酌減，以啓自新。

　　謹　呈
臺灣臺北地方法院刑事庭　　公鑒
證據：
　　　　和解書影本一件。

中　華　民　國　　81　年　　12　月　　21　日

　　　　　具　狀　人　涂○○
　　　　　選任辯護人　吳光陸律師　㊞

第十節　上訴狀

刑事上訴狀

案號：81年度重訴字第60號
股別：平
上　訴　人　涂○○　年籍在卷
即　被　告
選任辯護人　吳光陸律師
為不服臺灣臺北地方81重訴字第60號判決，依刑事訴訟法第346條，為被告利益上訴。

```
    謹　呈
臺灣臺北地方法院　　轉呈
臺灣高等法院　　公鑒

中　華　民　國　82　年　1　月　14　日
　　　　具　狀　人　涂○○　㊞
　　　　選任辯護人　吳光陸律師　㊞
```

第十一節　上訴理由狀

刑事上訴理由狀

原審案號：83年度上易字第2056號

股別：晟

上　訴　人　孫○○　年籍在卷
即　被　告
選任辯護人　吳光陸律師

為偽造文書案件不服臺灣高等法院民國83年5月28日83年度上易字第2056號刑事判決，已依法上訴，提出上訴理由事：

　　本件原審判決撤銷第一審所為被告之詐欺罪刑判決，認定被告有偽造文書犯行，改依為偽造文書論罪科刑，其判決有違背法令情事，茲陳明如後：

　　按判決不適用法則或適用不當者，為違背法令，刑事訴訟法第378條定有明文。而刑法第210條之偽造文書罪，須偽造他人名義製作文書始克成立，苟無偽造他人名義，即無偽造文書可言，此觀最高法院19年非字第113號判例：「刑法第124條偽造文書罪，係指偽造他人

之文書。……」、24年上字第5458號判例：「刑法第210條之偽造文書罪，以無製作權之人冒用他人名義而製作該文書為必要……。」可明。本件被告於偵審中自始即供稱「開標之方式，係由各欲投標者，以不記名方式書寫標金，以最高金額得標。」（參見偵查卷第3頁正面）、「因我們每次開標均以標金最高額得標，而我每次盜標時，均只將標金寫在紙上，並未註明是何人，而這些參與投標者，亦不會問是何人得標，所以我並未用特定人名義，即可盜標……」（參見偵查卷第4頁正面），核與嗣後檢察官問「投標時有無寫姓名？」被告答「沒有，標單只寫金額，會員標會時，標單也只寫金額，無寫姓名或簽名」及檢察官問告訴人胡○彥有何意見所稱「他標會時，每次均說外面的人標，……」（參見偵查卷第29頁背面）暨於第一審稱「沒有特定用誰的名義去標……」（參見第一審卷第10頁正面）相符，是其標單，顯未使用他人名義，僅係嗣後對會員說有他人得標，茲既未使用他人名義，亦未說係何人得標，依上開說明，自無偽造文書可言。至冒稱他人標得，僅是否成立詐欺罪，與偽造文書無關，第一審法院亦如斯認定。是原審判決，認定被告尚有偽造文書犯行，應有適用刑法第210條不當之違法。

　　又犯罪事實，應依證據認定之，無證據不得推定其犯罪事實，刑事訴訟法第154條定有明文。原審認定被告有偽造文書，其依據為何？究於何時何地偽造何人文書，均未載明，即予推測為偽造他人名義製作文書，應有不適用刑事訴訟法第154條規定之違背法令。

　　再詐欺罪之成立，須有不法所有之意圖，苟無此意圖，應不成立犯罪，僅係民事債務糾紛。茲被告一方面係他人倒會，一方面本身週轉不靈始停會，惟停會後，已予處理，並分別與活會會員和解，此有證人鍾○英於調查站中稱被告已還四十萬元（參見偵查卷第17頁正面）、告訴人胡○彥於第一審稱已和解（參見第一審卷第16頁正面）及調解筆錄二件附於第一審卷可稽，苟被告確有不法所有意圖，應不致如此，是被告應無不法所有意圖，原審適用刑法第339條第1項亦有

不當，應為違背法令。本件原審判決既有上開違背法令情事，請撤銷改判無罪或發回原法院更為審理，以免冤抑。

　　退一步言，如　鈞院認被告仍有偽造文書等犯行，亦請斟酌其無前科，且已和解（證一），正陸續清償中，如令入監服刑，無法工作，勢必無法履行和解，損及告訴人及被告，請仍諭知緩刑，以啓自新，俾可工作賺錢以履行和解而為清償，減輕損害。

　　謹　呈

臺灣高等法院　　轉呈

最高法院　　公鑒

證據：

　　證一：調解筆錄影本十三紙。

中　華　民　國　83　年　6　月　15　日

　　　　　具　狀　人　孫○○

　　　　　選任辯護人　吳光陸律師　㊞

第十二節　聲請檢察官上訴狀

刑事聲請上訴狀

原審案號：78年度偵字第10577號

案號：79年度偵續㈠字第51號

股別：昃

告訴人　孫○○　在卷

被　告　黃○○

　　廖○○　均在卷
　　詹○○

為被告因偽造文書案件，提起公訴，經臺灣臺中地方法院民國81年5月29日81年度易字第706、707號刑事判決處無罪，告訴人不服，聲請檢察官提起上訴事：

　　按告訴人對於下級法院之判決有不服者，亦得具備理由，請求檢察官上訴，除顯無理由者外，檢察官不得拒絕，刑事訴訟法第344條第2項定有明文。本件雖經判決被告無罪，但其判決理由顯有不當及違法，茲分述如下：

(1)被告廖○○係被告黃○○太太黃廖○之姪子，被告黃○○與被告詹○○又係同居關係，被告之間之關係密切無庸贅言，且被告間之多筆土地及股份出售，時間甚為密接，當時被告黃○○因出售房地已向告訴人取得巨款，實無出售土地及股份之必要。雖土地與股權之移轉均藉買賣之名，然其實際上關係親密，不可能有買賣，被告廖○○在偵查中曾辯稱：77年3月間黃○○說欠錢用，才把涉案土地以三百多萬元賣伊，有買賣契約，錢已付清云云，黃○○則辯稱：因生意做不好缺錢用，才將土地賣給廖○○並轉讓秀○園股份云云，嗣廖○○又改稱：黃○○自76年7月29日至8月9日陸續向伊借九百萬元，後來沒還，才在77年4月間將土地讓給伊，沒有訂契約書云云，被告二人供詞先後矛盾，出入甚大，且究係以土地抵九百萬元債務或確有將土地以三百萬元成交買賣，此乃親自經歷之事，又係鉅額之款項，被告二人應心知肚明，實無可能記憶模糊可言，縱認被告間有買賣契約書及支票付款之紀錄，然查若有意成立虛偽買賣，支票付款紀錄可事先作假，亦即表面上之支票付款紀錄並不能證明有真實之買賣，買賣契約書亦可臨訟偽造（按：在檢察官偵查中，被告均無法提出買賣契約書）。原審置上開被告間之矛盾供詞不顧，僅以買賣契約及支票而認被告無偽造文書，顯有可議。

(2)又被告詹○○與黃○○同居達二十餘年，居住於臺中市華美西街，

其感情至為甚篤，何以黃○○向伊拿私房錢二十多萬元即須保障，如此果須保障，其為同居人地位，何以不保障，事實上，僅過戶土地所有權百分之一，如何保障？不僅如此，該地上之房屋（即建號594，門牌為臺中市○○街一段○○號）亦於民國77年5月16日因買賣登記給詹○○，有土地及建築物登記簿謄本在卷可稽。茲房屋已移轉，何以又須移轉土地1%？又僅二十多萬元，何以又移轉房屋？且房屋經鑑價為四十四萬五千三百二十四元，遠遠超過二十萬元，為保障此二十萬元而移轉超額之房屋所有權，殊不合理。再土地果須移轉，何以不全部為之，足見其間之虛偽。民國79年6月19日偵查時，被告詹○○稱「那房子黃○○買下就我住已二十三年了，二年前他才過房子給我，拿了我二十萬元」，苟係如此親密關係，黃○○買後即供詹○○居住已二十三年之久，何以還須於此時與告訴人有糾紛時過戶？尤其詹○○原未付分文代價即住居二十三年之久，竟會僅因借二十萬元而過戶？極不合常理。況同日詹○○復稱「不是買房子錢，只是他急用錢向我調二十萬元，自己過房子給我」，顯見被告間無買賣事實。黃○○於民國78年12月26日曾具狀稱買賣契約於登記後已撕毀，現找不到，但於民國81年3月20日卻庭呈買賣契約書，且辯稱契約書放在保險箱。苟係如此重要放置保險箱，焉有不知之理，然在偵查中未提，且稱已撕毀，足見其虛偽，臨訟製假契約書，以掩耳盜鈴。

　　基上所述，原審未予詳查即遽判被告等無罪，實有不當，告訴人實難甘服，請　鈞長依法提起上訴嚴懲不法而維民權益，至感德便。

　　謹　狀

臺灣臺中地方法院檢察署　　公鑒

| 中 | 華 | 民 | 國 | 81 | 年 | 6 | 月 | 22 | 日 |

　　　　具狀人　孫○○　印

第三章　案例

　　以下就不同案例自開始至終結完整說明，並於結尾檢討。由於刑事訴訟在民國92年大幅度修正，改採改良式當事人進行主義，即在審判期間前，依刑事訴訟法第273條先由受命法官一人進行準備程序，處理下列事項：

一、起訴效力所及之範圍與有無應變更檢察官所引應適用法條之情形。

二、訊問被告、代理人及辯護人對檢察官起訴事實是否為認罪之答辯，及決定可否適用簡式審判程序或簡易程序。

三、案件及證據之重要爭點。

四、有關證據能力之意見。

五、曉諭為證據調查之聲請。

六、證據調查之範圍、次序及方法。

七、命提出證物或可為證據之文書。

八、其他與審判有關之事項。

　　準備程序終結後，進入審判，除被告認罪，法院可進行簡式審判程序外，採合議制（參照刑事訴訟法第273條之1、第284條之1）。審判程序中，為調查證據，對證人進行交互詰問。新舊制度最大不同，在於證人之詰問，其他並無太大差異，故以下案例，有係新制者，亦有舊制但有參考價值者，閱讀時，應予注意。

　　各節案例，有係公訴者，並未附偵查筆錄。又證據部分除有特殊而附者外，亦多從略未附，以免增加篇幅，惟此未附，應不影響閱讀。

第一節　業務侵占罪（自訴）

壹、背景說明

　　本件係一經銷香煙公司，其業務員於領取香煙後，經公司盤點，發現交回公司之貨款，與領取香煙不符，在業務員承諾賠償，簽發本票後未兌現，公司履催不理，始追究刑責。因事實明確，毋庸多為調查，筆者採用自訴，以免提起告訴須經偵查始可提起公訴，不僅浪費時間，且若檢察官不起訴時，增加困擾。又提起自訴可直接進入審判，易促使被告還錢，有利於自訴人。

　　本件案情單純，雖有交互詰問，但因被告不懂程序，詰問順利，可由此對交互詰問迅速了解。

貳、審判程序、書狀及裁判（依時間順序，以下各節均同）

刑事自訴狀

自訴人　南○菸酒有限公司　　設彰化縣埔心鄉○○路○段○號
代表人　王○○　　　　　　　住同上
代理人　吳光陸律師
被　告　洪○富　　　　　　　住彰化縣埔鹽鄉○○路○○號
為侵占案件依法自訴事：

　　緣被告為自訴人業務員，訂有工作契約書（自證一），負責銷售香煙給各商店，收取貨款。其本應盡責將收取貨款交給自訴人，詎竟基於為自己不法所有意圖，在領取自訴人之七星硬盒香煙等貨品銷售後，竟然短交貨款給自訴人，經自訴人於民國93年8月2日清查發現其取貨銷售，共應交付貨款新臺幣（以下同）三十萬二千三百五十五元，扣除交付之現金六萬七千六百六十四元、支票六千八百九十元，尚有二十二萬七千八百零一元未能交付（302,355-67,664-6,890=227,801）（自證二），經向被告查明，坦承已花用無著，雖當場簽發二十二

萬七千八百元本票乙紙給自訴人，允諾於於同年月10日返還（自證三），然屆期仍未返還，自訴人不得已再委請代理人通知被告及其保證人（自證四），仍未獲置理，是其侵占上開款項，應極明顯。

　　核被告所為，應犯刑法第336條第2項業務侵占罪，請依法審判，判處應得之刑。

　　謹　狀

臺灣彰化地方法院　　公鑒

證據：

　　　　自證一：工作契約書影本乙件。

　　　　自證二：銷貨日報表及交易分析影本各乙件。

　　　　自證三：本票影本乙件。

　　　　自證四：精誠法律事務所函及回執影本各乙件。

中　華　民　國　　93　　年　　8　　月　　20　　日

　　　　　　　　具狀人　南○菸酒有限司　㊞

　　　　　　　　代表人　王○○　　　　　㊞

　　　　　　　　代理人　吳光陸律師　　　㊞

刑事聲請請假狀

自訴人　南○菸酒有限公司　　在卷
代表人　王○○　　　　　　　住同上
代理人　吳光陸律師
被　告　洪○富　　　　　　　在卷

為侵占案件聲請請假事：

　　頃接訂於民國93年9月7日上午9時40分開庭通知，但因自訴代理人吳光陸律師於9月7日至9月10日受邀至大陸參加上海市法學會之研討會，致不克到庭，為此特向　鈞院請假，至感德誼。

　　謹　狀
臺灣彰化地方法院　　公鑒

中　華　民　國　　93　　年　　8　　月　　31　　日

　　　　　　　　具狀人　南○菸酒有限公司
　　　　　　　　代表人　王○○
　　　　　　　　代理人　吳光陸律師　印

刑事補充理由㈠狀

案號：93年度自字第30號
股別：寅

聲請人　即　南○菸酒有限公司　　在卷
自訴人
代表人　王○○　　　　　　　　　住同右
代理人　吳光陸律師
被　告　洪○富　　　　　　　　　在卷

為侵占案件補充自訴理由事：

　　檢呈被告戶籍謄本一件（自證五）。

　　茲依刑事訴訟法第320條第2款敘明被告之犯罪事實如下：

　　被告自民國93年3月31日起任職自訴人為業務員，負責在彰化縣銷售自訴人之香煙等貨品（參見自證一），其銷售所得之貨款應繳回自訴人。

　　被告向自訴人提領貨物，即放置其個人使用之倉庫，每日將出售所得貨款繳交自訴人，未售出者，仍暫放於上開倉庫（即為自證二之庫存），如有缺貨，則再向自訴人提領。民國93年8月2日自訴人清查，發見依當日之庫存、提貨，再扣除未售出之退貨（即退還自訴人），其銷貨七星硬盒等貨款共為三十萬二千三百五十五元，扣除當日交付之現金、支票，尚有二十二萬七千八百零一元之貨款為其花用，詳如自證二（按：即自證二之銷貨），始知其侵占犯行。

　　是其犯罪日應為該日（如被告承認早已陸續侵占，則此日應提前，且為連續犯），犯罪處所在彰化縣。犯罪方法為將應收貨款花用。

　謹　狀

臺灣彰化地方法院　　公鑒

證據：

　　自證五：戶籍謄本一件。

中　　華　　民　　國　　93　　年　　9　　月　　2　　日

　　　　　　具狀人　南○菸酒有限公司

　　　　　　代表人　王○○

　　　　　　代理人　吳光陸律師　印

準備程序筆錄

公訴人　臺灣彰化地方法院檢察署檢察官

被　告　洪○富

　　右被告因93年度自字第30號侵占一案，於中華民國93年9月7日上午9時40分在本院刑事庭第十一法庭公開行準備程序，出席人員如下：

　　法　官　李雅俐

　　書記官　陳秀娟

　　通　譯　蕭榮元

　　到庭被告與訴訟關係人如後：

　　詳報到單所載。

　　自訴人及自訴代理人吳光陸律師均未到庭

　　被告到庭身體未受拘束。

　　法官問被告姓名年齡出生地職業住居所等項

被告答

　　　　洪○富　民國59年○月○○日生

　　　　　　　住　彰化縣埔鹽鄉○○路○○號

　　　　　　　身分證統一編號：○○○○○○○○○○號

　　　　　　　待業中

　　法官對被告告知其犯罪之嫌疑及所犯罪名（詳如自訴狀所載）。

　　並告知被告下列事項：

一、得保持緘默、無須違背自己之意思而為陳述。

二、得選任辯護人。

三、得請求調查有利之證據。

法　官

　　本院認為適當時，將僅於筆錄記載與本案有關之要旨，有何意見？

被　告

　　同意。

法　官

　　有無收到自訴狀？

被　告

　　我有收到。

　　（法官當庭交付被告補充理由狀繕本壹份。）

法　官

　　有何意見？

被告答

　　我不承認犯罪。

　　我原本是南○菸酒公司的業務員，我的工作是負責銷售香煙給各商店，收取貨款。我有向自訴人領取七星硬盒香煙等貨品銷售後，短交貨款給南○菸酒有限公司。因為我送貨期間煙被偷了，當天是下午，我忘記確實的時間，我被偷十來箱的香煙，我是在埤頭鄉的車上被偷，東西丟了我沒有報警。因為之前同事告訴我，報警也沒有用。我被偷的十多箱的香煙價值約十多萬元，車上還剩散的香煙，我不知道數量多少。我沒有侵占貨款，我也告訴公司，我會賠給公司損失。沒有人知道我東西被偷這件事。我底薪約壹萬七千元，另外有業績獎金，但是我不知道如何算，我是向公司領煙，由小姐點貨給我，我自己有一個公司給我的小倉庫，我就把貨放在倉庫，當天賣出去的貨款就要交給公司，沒有賣出去的貨就放在我自己的小倉庫，不用退還給公司的小姐，但是小姐會在我將沒有賣出去的貨放進去小倉庫之前會先清點，我丟掉的貨是在我於93年7、8月間送貨去給彰化縣埤頭鄉與竹塘鄉交界的彰水路的江永興的雜貨店，送完出來我就發現我車子的貨整箱都不見了。我當天沒有告訴自訴人我丟掉貨，因為我同事之前跟我一樣丟掉貨，他也沒有報警。小姐是每天點貨，在我貨物被偷那天點貨時，我告訴公司的『玉琳』（譯音）小姐，點的只剩車上零散

的那些，不見就算是我賣掉的，當時我有把我賣出去的貨款繳回去，被偷的部分貨款沒有交回去，隔天就不讓我領貨。

法　官

　　宣示本件改於93年9月21日上午9時30分在本院刑事第十一法庭續行準備程序，通知自訴人與自訴代理人，被告應自行到庭不另通知，如無正當理由無故不到庭得命拘提，被告請回。

法官諭本案候核辦，期日另定，被告請回。

右筆錄經交到庭之人閱覽後認無訛始簽名如後

　　　　　　　　到庭之人　洪○富（簽名）

中　華　民　國　93　年　9　月　7　日

　　　　　　　臺灣彰化地方法院刑事刑三庭

　　　　　　　　　書記官　陳秀娟（簽名）

　　　　　　　　　法　官　李雅俐（簽名）

準備程序筆錄

公訴人　臺灣彰化地方法院檢察署檢察官

被　告　洪○富

右被告因93年度自字第30號侵占一案，於中華民國93年9月21日上午9時30分在本院刑事庭第十一法庭公開行準備程序，出席人員如下：

　　法　官　李雅俐

　　書記官　陳秀娟

　　通　譯　蕭榮元

到庭被告與訴訟關係人如後：

詳報到單所載。

自訴代理人吳光陸律師到庭

被告到庭身體未受拘束。

法官問被告姓名年齡出生地職業住居所等項

被告答

　　　洪○富　男34歲　民國59年○月○○生

　　　　　　　　　住彰化縣埔鹽鄉○○路○○號

　　　　　　　　　身分證統一編號：○○○○○○○○○○號

法官請自訴人代理人陳述自訴概要。

代理人陳述自訴概要詳如自訴狀及補充理由㈠狀所載。

法官對被告告知犯罪之嫌疑及所犯罪名（詳如自訴狀所載）。

並告知被告下列事項：

一、得保持緘默、無須違背自己之意思而為陳述。

二、得選任辯護人。

三、得請求調查有利之證據。

法　官

　　本院認為適當時，將僅於筆錄記載與本案有關之要旨，有何意

見？

自訴代理人

　　同意。

被　告

　　同意。

法　官

　　本件被告侵占貨款的時間？

自訴代理人

　　不確定。是在93年8月2日才發現的，所以從被告任職到發現這段

時間。侵占的時間，是在彰化縣境內，因為被告經銷的地點是在彰化

縣境內。侵占的方法是被告向公司領貨銷售，依照規定必須每日將貨

款交回，但是被告沒有將貨款交回。

法官問

　　對於自訴人自訴事實有何意見？（提示並告以要旨）

被告答

　　我不承認犯罪。同我前次準備程序所述。我印象中沒有將貨款繳回自訴人的二十二萬多元的貨是在93年7月底的同一天一起向公司領的。

　　（法官讓自訴代理人閱覽被告前次準備程序所述，並告以要旨）法官諭請自訴代理人陳述用以證明被告有自訴狀所載犯罪事實之各項證據及各項證據之待證事實。

自訴代理人起稱

　　本件被告有自訴狀所載之犯罪事實有以下之證據可之證明：

　　書證方面：工作契約書、銷貨日報表及交易分析、本票影本、精誠法律事務所函及回執。由我們的證二，清點資料，在清點時，被告並沒有說到貨品被偷這件事，而且被告承認是他自己用掉的，公司是何人跟被告清點貨品，再查報，證三用來計算被告侵占的貨品價格。

法官問

　　對於自訴人所提出之前開犯罪事實之證據方法，有何意見？（提示告以要旨）

被告答

　　沒有意見，同意作為證據。證三的本票是我開的沒有錯。

　　法官諭請被告提出證明答辯要旨內容之證據方法及其待證事實。

被告起稱

　　答辯同前，93年8月2日清點當天我有告訴經理林○雅，我的煙丟掉了，本票也是林○雅叫我開立的，我沒有承認我有侵占。實際與我清點自訴狀證物的報表的人是玉琳（譯音）。我請求傳喚證人林○雅到庭，證明清點當時我有告訴他我領出來要銷售的貨，是被偷的。被偷當天我並沒有告訴點貨的玉琳，貨是被偷的。

法官問

　　對被告所提出之前開答辯要旨之證據方法，有何意見？（提示並告以要旨）

自訴代理人

　　否認被告的答辯。對於被告聲請傳喚林○雅沒有意見。另再陳報與被告清點自訴狀日報表的人員。

法官諭

　　本件兩造不爭執之事項為：

一、被告曾經是自訴人公司的業務員。是從93年3月31日任職，負責幫自訴人銷售香煙，收取貨款並將貨款繳回自訴人。

二、被告曾經向自訴人領取二十二萬七千八百零一元價值的貨品，（至於是一次提款或是陸續提領的時間，請自訴代理人陳報。）

三、自訴人公司曾經於93年8月2日與被告清點短少二十二萬七千八百零一元的貨品或是貨款。

本件主要爭點為：

一、本件被告二十二萬七千八百零一元的貨品是被偷竊還是被告銷售後將貨款侵占？

二、被告侵占的行為是連續或是一次侵占？

法官問

　　有何意見？

自訴代理人

　　沒有意見。

被　　告

　　沒有意見。

法官問

　　對於上開爭點有無其他證據提出？

自訴代理人

　　有關被告是向何人承認貨款已經花用，再查報。

被　告

　　沒有。

法　官

　　有關被告辯稱貨被偷當天，與○琳小姐點貨的情形，本院將依職權傳喚到庭有何意見？

自訴代理人

　　沒有意見。

被　告

　　沒有意見。

　　法官向自訴代理人、被告表示，二造均已提出各項於審判期間應予調查之證據，請就各項證據於審判期日調查之範圍、次序及方法，表示意見。

自訴代理人

　　沒有意見。

被　告

　　沒有意見。

法官諭知本件審理日期調查證據之次序如下：

一、先調查證人次序為：○琳、林○雅、與被告清點自訴狀證2日報表的自訴人公司人員、聽聞被告承認侵占犯行的自訴人公司人員如前開三證人有共同之人的單一證人，請自訴代理人陳報該證人，以節省審理庭的時間。

二、提示本案具有證據能力之證據進行調查。

法　官

　　請問自訴代理人、被告有何意見？

自訴代理人

　　沒有意見。

被　告

　　沒有意見。

法官諭本案候核辦，期日另定，被告等請回。

右筆錄經交到庭之人閱覽後無訛始簽名如後

到庭之人　洪○富　　　（簽名）

吳光陸律師（簽名）

中　華　民　國　93　年　9　月　21　日

臺灣彰化地方法院刑三庭

書記官　陳秀娟　　（簽名）

法　官　李雅俐　　（簽名）

刑事陳報狀

案號：93年自字第30號

股別：寅股

自訴人　南○菸酒有限公司　在卷

代表人　王○○住　　　　同右

代理人　吳光陸律師

被　告　洪○富　　　　　在卷

為侵占案件陳報證人住所事：

　　證人蕭○琳為自訴人之倉管、會計，與被告清點貨品。又證人林○雅為自訴人經理，與被告洽談、查證，並要求被告開立本票。上開證人住所均同自訴人。

　　又本件已經被告與自訴人和解，被告已清償在案，有和解書一件可證（自證六）。

　　謹　狀

臺灣彰化地方法院　　公鑒

中	華	民	國	93	年	9	月	23	日

具狀人　南○菸酒有限公司

代表人　王○○

代理人　吳光陸律師　印

審判筆錄

自訴人　南○菸酒有限公司

被　告　洪○富

右被告因93年度自字第30號等一案，於中華民國93年12月22日上午10時，在本院刑事第十一法庭公開審判，出席人員如下：

　　　　　　　　審判長法　官　李水源

　　　　　　　　　法　官　廖政勝

　　　　　　　　　法　官　李雅俐

　　　　　　　　　書記官　陳秀娟

　　　　　　　　　通　譯　李進成

當事人及訴訟關係人如後

餘詳如報到單之記載

被告到庭身體未受拘束。

朗讀案由。

審判長問被告姓名年齡出生地職業住居所等項

被告答

　　洪○富　　男34歲　民國○○年○月○日生

　　　　　　住彰化縣埔鹽鄉埔○○路○○號

　　　　　　身分證統一編號：○○○○○○○○○○

審判長請自訴人陳述自訴要旨。

自訴代理人陳述自訴要旨如下：

緣被告為自訴人業務員，訂有工作契約書，負責銷售香煙給各商店，收取貨款，其本應盡責將收取貨款交給自訴人，詎竟基於意圖為自己不法所有，在領取自訴人之七星硬盒香煙等貨品銷售後，竟然短交貨款給自訴人，經自訴人於93年8月2日清查發現其取貨銷售，共應交付貨款三十萬二千三百五十五元，扣除交付之現金六萬七千六百六十四元、支票六千八百九十元，尚有二十二萬七千八百零一元未能交付，經向被告查明，坦承已花用無著，雖當場簽發二十二萬七千八百元本票乙紙給自訴人允諾於93年8月10日返還，然屆期仍未返還，自訴人不得已再委請代理人通知被告及其保證人，仍未獲置理，是其侵占上開款項，應極明顯。核被告所為，應犯刑法第336條第2項業務侵占罪，請依法審判。被告事後已經與自訴人和解，已經清償侵占的貨款。

審判長

　　被告犯罪的時間？

自訴代理人

　　93年7月底到8月2日之間。

審判長對被告告知其犯罪之嫌疑及所犯罪名（詳如自訴狀所載）。並告知被告下列事項：

一、得保持緘默、無須違背自己之意思而為陳述。

二、得選任辯護人。

三、得請求調查有利之證據。

審判長

　　是否選任辯護人？

被　　告

　　我不用選任辯護人。

審判長問

　　本院就刑事訴訟法第41條第1項第1款（對於受訊問人之訊問及

其陳述）及第2款（證人、鑑定人或通譯如未具結者，其事由）等事項，於認為適當時，將僅於審判筆錄記載其要旨，有何意見？

自訴代理人

　　同意。

被　告

　　同意。

　　審判長諭知證據調查之範圍、次序及方法（如準備程序筆錄所載）。並說明雙方不爭執之被告以外之人之陳述之項目，及詢問當事人之意見。

自訴代理人

　　沒有意見。本件已經和解，而且還錢了。

被　告

　　本件雖然已經和解，但是我真的沒有侵占貨款，貨是掉了。對於準備程序沒有意見。

審判長

　　對於證人調查的順序有何意見？

自訴代理人

　　證人蕭○琳先行調查，因為是他先點貨。再調查證人林○雅。

被　告

　　證人林○雅，我只要詢問即可。

審判長諭知

　　證人蕭○琳部分由自訴代理人進行主詰問，之後由被告反詰問，證人林○雅部分由被告先行詢問。

審判長諭知本件行隔離訊問，命證人林○雅暫出庭。

點呼證人蕭○琳入庭訊問。

審判長問證人姓名、年齡、籍貫、職業、住所等事項。

證人答

　　蕭○琳　　民國69年○月○○日生

　　　　　住彰化縣社頭鄉○○○○

　　　　　居彰化縣埔心鄉員○○○○（公司）

　　　　　身分證統一編號：○○○○

審判長問

　　與本案被告洪○富有何親屬、僱傭、業務、利害等關係？

證人答

　　沒有。

審判長

　　諭知證人具結之義務及偽證之處罰後命朗讀結文由證人具結附卷。

　　審判長諭知開始調查證人蕭○琳，由自訴代理人先行主詰問。

自訴代理人

　　在自訴人公司擔任何職務？

證　人

　　倉管。

自訴代理人

　　平常業務員領貨賣貨的經過？

證　人

　　早上領貨，下午回來我要點貨。

自訴代理人

　　沒有賣完的貨，如何處理？

證　人

　　他們早上是在大倉庫領貨，沒有賣完的貨就存在他們自己的小倉庫。

自訴代理人

　　被告是公司的業務員，你是否認識？

證　人

　　是。

自訴代理人

　　93年8月2日你有無與他清點貨物，發現貨物有少？

證　　人

　　他回來將貨物放在外面，我去點，發現香煙少很多。我就跟經理說，我有問被告貨物為何少那麼多，他說是被偷，後來我就交給經理林○雅處理。

自訴代理人

　　沒有其他問題。

　　審判長請被告反詰問。

被　　告

　　沒有其他問題。證人所述實在。

　　審判長諭知交互程序詰問完畢，本院依職權補充訊問證人。

審判長

　　你剛才稱被告說貨物被偷，是否知道貨物被偷的經過？

證　　人

　　不知道，被告只說被偷。

審判長

　　93年8月2日當天為何要清點被告的貨物？

證　　人

　　我看他小倉庫庫存的貨物剩那麼多，每天卻還來領貨。小倉庫有庫存單，是由公司保管。8月2日當天因為我覺得很奇怪，被告明明貨物剩很多，為何還來領那麼多，所以才會清點。

審判長

　　小倉庫的庫存單是幾聯，何人填載？

證　　人

　　就只有一張，是我用電腦輸入的。我是根據被告每天沒有賣完的貨物逐一輸入的。

審判長

　　每天如何繳交賣出的貨款？

證　人

　　根據當天領貨的與小倉庫的庫存，算他們的銷貨，將銷貨金額給他們看。他們就將錢放到公司裡，是交給公司會計。

審判長

　　（提示編號304953號本票）被告為何會簽這張本票？

證　人

　　7月底到8月2日之間被告所領的貨物不見了。

審判長

　　既然每天核對貨款，而且大倉庫、小倉庫都是你清點貨物，為何7月底沒有發現被告領貨沒有將銷出去的貨款繳回？

證　人

　　7月底時被告銷售的貨物及所交回的貨款都有一致。

審判長

　　8月2日之前有無發現被告小倉庫的庫存與你填載的庫存單不一致的情形？

證　人

　　我問被告為何庫存有那麼多貨，為何還要領貨，被告說那是受潮的香煙。8月2日之前並沒有發現有不一致的情形。我不知道貨物是幾號不見的。但是8月2日點貨時，我發現貨少很多，8月2日之前我有注意，到8月2日我就跟被告說全部的貨要拿出來清點。

審判長

　　公司清點貨物是否每天，範圍是否包括大、小倉庫？

證　人

　　每天都有清點小倉庫的庫存。

審判長

　　93年8月2日當天是何時清點貨物？

證　人

　　大概傍晚五點多。

受命法官

　　最早明確發現貨物短少是否是在8月2日傍晚五點清點後？

證　人

　　是的。

受命法官

　　8月2日當天，你與被告清點貨物時，是否於被告貨車時，就發現有問題？

證　人

　　因為之前我覺得有疑問，所以8月2日當天我要被告就車子及小倉庫部分一起清點。是把車上及小倉庫的全部的貨物拿出來混在一起點。

受命法官

　　當天被告是何時主動告訴你貨物被偷？

證　人

　　當天被告銷售貨物回來，將他車上的箱子放在小倉庫前面，我去清點，發現箱子都是空的，這些是從被告車上拿下來的，我就問被告怎麼都是空箱子，被告說貨物被偷。被告並沒有告訴我被偷的時間、地點等相關情形。

受命法官

　　清點箱子時，被告是否站在你旁邊？

證　人

　　是的。

受命法官

　　在你清點之前，被告有無主動告訴你今天有香煙被偷？

證　人

　　沒有。

受命法官

何時告訴被告8月2日要連同車上及小倉庫的貨一起點？

證 人

8月2日早上。

受命法官

是否等到被告將全部貨物搬出來，才與被告見面？

證 人

是的。

受命法官

被告站在你旁邊看你檢查到你問他為何是空箱子，他告訴你被偷，這之間的時間有多久？

證 人

約三十秒。

受命法官

你們公司在小倉庫還有貨物的情形下，為何還會讓業務員每天領貨？

證 人

要看業務需要的貨物的量。

受命法官

8月2日依據你們公司的資料，被告小倉庫的庫存量約多少？

證 人

約二十幾萬左右的香煙，8月2日當天早上我忘記被告又領了多少價額的香煙。

受命法官

事後清點香煙，香煙是否有受潮？

證 人

沒有。

受命法官

　　被告一天銷售香煙的數量平均有多少？

證　人

　　不一定，約七萬元到十萬元之間。

受命法官

　　8月2日當天被告賣多少？

證　人

　　包括不見的部分就是二十二萬七千八百零一元，被告當天繳回的貨款有多少，我忘記了。當天被告確實有繳回貨款的事情。如果扣掉不見的部分，我就不清楚。

受命法官

　　當天你點的空箱子裡面原本所裝香煙的價值是否就是二十二萬七千八百零一元？

證　人

　　當天是被告先將車上的貨及小倉庫內的貨物全部被搬出來，放在小倉庫前面，我才出來清點，所以我不清楚，空箱子是被告從車上搬下來的，還是原本就放在小倉庫那裡的。我當天點到的空箱子約五、六個，一箱可以裝五十條香煙，壹條價值四百五十元，但是清點時發現還有剩半箱的情形，而且半箱裡面還發現條煙裡面只剩二、三包的情形，而且這些條煙是放在插放在箱子的下方，從上面看不出來有被拆封的情形，我在清點時，被告在旁邊但是並沒有告訴我，下面有壹條只剩二、三包的情形，是因為我覺得很輕，用手戳戳看，才發現有缺少的情形，我覺得是被告刻意這樣放的。

受命法官

　　（提示自訴狀證二）銷售日報表是否是你填載的？

證　人

　　是的，是在8月2日當天製作的。

受命法官

公司是否有保動產流動保險？

證 人

我不清楚。

受命法官

你或是公司其他人員是否曾經被告有坦承侵占的情形？

證 人

沒有。

受命法官

是否知道彰化縣埤頭鄉與竹塘鄉交界的彰水路江永興的雜貨店是你們的客戶？

證 人

不知道，我們都是打編號的。

審判長

被告是負責彰化縣哪個區域？

證 人

埤頭鄉。

自訴代理人

請求補充詢問。

審判長

請自訴代理人詢問證人。

自訴代理人

之前每天清點小倉庫時，是否只有看箱子並沒有詳細檢閱每箱裡面香煙實際的數量？

證 人

是的，因為相信業務員他們。

自訴代理人

是否每天業務員回來都要製作銷貨日報表？

證　人

　　是的。

自訴代理人

　　銷貨日報表是否要記載庫存及銷售量？

證　人

　　是的。

自訴代理人

　　是否因為從日報表的庫存量及銷售量覺得奇怪才會要檢查？

證　人

　　是的，因為我看銷售日報表所載，庫存還很多，為何被告還要再領貨。

自訴代理人

　　自訴狀證二是否是8月2日當天清點完後才製作的？

證　人

　　是的。

自訴代理人

　　銷售日報表是否確實？

證　人

　　是的，是與被告核對後才製作的。

自訴代理人

　　沒有其他問題詢問。

審判長

　　銷貨日報表退貨欄是何意？

證　人

　　指業務員回來當天剩下的，庫存是指前一天所剩的貨物，提貨是指當天早上的提貨。

審判長問

　　對證人蕭○琳之證言有何意見？（提示並告以要旨）

自訴代理人

　　沒有意見。

被　　告

　　條煙內部有缺少包數的情形，是因為上游七星及大衛公司每月都有例行性的檢查客戶，因為要發獎金給我們業務員，有些客戶庫存不夠，我們會補給客戶寄放，發獎金的依據是上游公司派人到你的區域檢查，比如七星，公司派員檢查，他們公司的香煙數量，最少幾包以上才會通過，才會有很多條煙當時零散只剩幾包。

審判長

　　有何意見？

證　　人

　　清點條煙短少的情形，國產煙也有這種情形。獎金的事情問經理比較清楚。我清點時，發現條煙數量不完整的情形，數量約有數十條。裡面的數量有剩一、二包也有八包的。

審判長

　　對於證人蕭○琳所述有何意見？（提示並告以要旨）

自訴代理人

　　沒有意見。

被　　告

　　條煙的情形就如同我剛才所述。

點呼證人林○雅入庭訊問。

審判長問證人姓名、年齡、籍貫、職業、住居所等事項。

證人答

　　林○雅　　　民國○○年○月18日生

　　　　　　　　住臺中縣大里市○○○○

　　　　　　　　居彰化縣埔心鄉○○○○

　　　　　　　　身分證統一編號：○○○○

審判長問

　　與本案被告洪○富有何親屬、僱傭、業務、利害等關係？

證人答

　　沒有。我與被告是同事。

審判長

　　諭知證人具結之義務及偽證之處罰後命朗讀結文由證人具結附
卷。

審判長諭知開始調查證人林○雅，請被告先行詢問。

被　　告

　　我不會問。

審判長

　　有何意見？

自訴代理人

　　由我進行主詰問。

被　　告

　　沒有意見。

審判長請自訴代理人詢問證人。

自訴代理人

　　是否是自訴人公司的經理？

證　　人

　　是的，負責管理業務。

自訴代理人

　　平常業務員每天領貨、銷售、結帳等的情形？

證　　人

　　業務員每天早上去總倉提貨、銷售，傍晚回來，由會計點貨，業
務員要交今日收的貨款交回給公司就可以離開。

自訴代理人

　　是否需要製作表格？

證　人

　　須製作銷售日報表。

自訴代理人

　　業務員的庫存是否以銷貨日報表所載的銷貨庫存來核對？

證　人

　　是的。

證　人

　　庫存放哪裡？

證　人

　　業務員自己的小倉庫。

自訴代理人

　　是否可以放在業務員的車上？

證　人

　　規定是要放在小倉庫，如果業務員自己放在車上，我們並不知
道。

自訴代理人

　　8月2日為何要清點被告的庫存量？

證　人

　　因為被告8月2日上午領貨時，庫存還很多。覺得奇怪才會清點。

自訴代理人

　　你稱庫存很多是否指前一天的庫存？

證　人

　　是的，被告小倉庫8月1日的庫存還很多，但是被告8月2日早上還
領貨。

自訴代理人

　　何人負責與被告點貨？

證　人

　　會計蕭○琳。

自訴代理人

　　8月2日清點的結果是否如同自訴狀證二的銷貨日報表，請審判長提示（提示）？

證　人

　　是的。

自訴代理人

　　蕭○琳清點發現有少，是否請你處理？

證　人

　　是的。

自訴代理人

　　你如何處理？

證　人

　　我說你短少的貨款部分，應該由你負責繳出來。被告說他要拿出來，結果隔天他說印章遺失，沒有辦法領錢。被告就遲延給付錢給我。清點庫存完，被告有告訴我東西不見。

自訴代理人

　　被告說東西不見，有無說為何不見？

證　人

　　被告於當天查庫存後，告訴我東西是被偷。

自訴代理人

　　被告有無告訴你如何被偷？

證　人

　　被告說是埤頭鄉的江永興雜貨店。

自訴代理人

　　是否有去江永興雜貨店查證？

證　人

　　有的，我問店家說業務員說卸貨時在這裡失竊香煙，但是店家說不了解。

自訴代理人

　　公司是否有蘇黎世保險公司投保商業動產流動綜合保險？

證　　人

　　有的，被告與全公司的人員都知道公司有保這個險。

自訴代理人

　　你們有無告訴被告失竊一定要報警？

證　　人

　　有的，我們跟所有的業務員都有說，甚至於開會時也有提及失竊一定要報警。

自訴代理人

　　被告有無報警？

證　　人

　　沒有。被告稱之前有業務失竊貨品也要賠，所以沒有報警。

自訴代理人

　　後來被告有無承認不見香煙的錢其實是他自己花用掉了？

證　　人

　　被告說既然貨不見，就會還你，就算是我自己用掉，錢也會還。這是被告在清點貨物完過了三天才說的。

自訴代理人

　　沒有其他問題詢問。

審判長

　　請被告詢問證人。

被　　告

　　沒有其他問題詢問。

　　審判長諭知本院依職權補充訊問證人。

審判長

　　為何大衛杜夫或是七星公司會有發獎金給業務員的情形？

證　人

　　那是大衛、七星要給業務員的鋪貨獎金。標準是以區域裡面抽查十個定點，如果發現四個有缺失就不發獎金。是否核發獎金的標準是包括庫存數量等項目。

審判長

　　8月2日當天清點，被告是否有條煙裡面只剩二、三包的情形？

證　人

　　清點是由會計清點。我不了解。

受命法官

　　今年7、8月間國產香煙是否有如同七星、大衛公司的獎金制度？

證　人

　　有的。

受命法官

　　公司是否規定銷售出去的香煙空箱子如何處理，有無規定要放回小倉庫？

證　人

　　沒有，不需要放回小倉庫。一般業務員都是在外面銷售完就隨地丟掉，不會放回小倉庫。

受命法官

　　被告任職期間使用的車輛是否是車號PG-9893號？

證　人

　　是的。

受命法官

　　該車是否有保商業動產流動綜合保險？

證　人

　　有的。

受命法官

　　告訴被告有這個保險是否於任職開始就告訴他？

證　人

　　是的。

受命法官

　　這個險是否包括車子及香煙全部失竊才會理賠？如果只失竊香煙
是否會賠？

證　人

　　車子裡面東西丟掉就會理賠，公司還沒發現車子裡只失竊部分香
煙的情形。有的話都是車子及香煙一起失竊，之前有發現一件，是被
告任職之後、8月2日清點之前的事情。

受命法官

　　是否已經與被告和解？

證　人

　　是的，和解金已經拿到。

受命法官

　　尚有何意見？

證　人

　　意願給被告一個機會。

審判長問

　　對證人林○雅之證言，有何意見？

自訴代理人

　　沒有意見。

被告答

　　沒有意見。

審判長

　　對於自訴狀及後附之工作契約書、銷貨日報表、業務多產品交易
分析、本票、精誠法律事務所函及回執有何意見？（逐一提示並告以
要旨）

自訴代理人

　　沒有意見。

被　告

　　沒有意見。本票是我簽發的。

審判長

　　對於自訴代理人於本院準備程序所述有何意見？（提示並告以要旨）

自訴代理人

　　沒有意見。

被　告

　　沒有意見。

審判長

　　對於南○菸酒有限公司之公司基本資料查詢有何意見？（提示並告以要旨）

自訴代理人

　　沒有意見。

被　告

　　沒有意見。

審判長

　　對於和解書一份有何意見？（提示並告以要旨）

自訴代理人

　　沒有意見。

被　告

　　沒有意見。

審判長

　　對於93年10月4日刑事補充理由狀後附之蘇黎世產物保險股份有限公司商業動產流動綜合保險單（含後附車號明細）有何意見？（提示並告以要旨）

自訴代理人

　　沒有意見。被告使用的車輛有投保。

被　告

　　我沒有印象，公司有這個險，至於公司的人有無告訴我，我不知道。

審判長

　　對於被告於準備程序所述有何意見？（提示並告以要旨）

自訴代理人

　　被告所述不實在。

被　告

　　沒有意見。都實在。

審判長問

　　尚有證據請求調查？

自訴代理人

　　沒有。

被告答

　　沒有。當時我不知道要報警，我只知道東西丟掉或是客戶少算都要自己負責賠錢。

　　審判長請自訴代理人開始詢問被告。

自訴代理人

　　沒有其他問題詢問。

　　（審判長就被訴事實訊問被告）。

審判長問

　　是否為自訴人公司的業務員，訂有工作契約書，負責銷售香煙給各商店，收取貨款？

被　告

　　是的。我負責的區域是埤頭鄉。

審判長

　　是否本應盡責將收取貨款交給自訴人，詎竟基於意圖為自己不法所有，在領取自訴人之七星硬盒香煙等貨品銷售後，竟然短交貨款給自訴人？

被　告

　　沒有。

審判長

　　是否經自訴人於93年8月2日清查發現你取貨銷售，共應交付貨款三十萬二千三百五十五元，扣除交付之現金六萬七千六百六十四元、支票六千八百九十元，尚有二十二萬七千八百零一元未能交付？

被　告

　　這個數目沒有錯。

審判長

　　經向被告查明，坦承已花用無著，雖當場簽發二十二萬七千八百元本票乙紙給自訴人允諾於93年8月10日返還？

被　告

　　我沒有承認是我花掉的。本票是我簽的。當時經理問我多久清償。

審判長

　　是否屆期仍未返還，自訴人不得已再委請代理人通知被告及其保證人，仍未獲置理？

被　告

　　存證信函，我在開庭前一天我才看到，我母親不認識字，不知道存證信函要拿給我看。

審判長

　　丟掉的貨是否是在今年7月底到8月2日之間丟的？

被　告

　　是的。哪一天失竊，我已經忘記了，不是清點當天。

審判長

　　為何每天的清查庫存，會計沒有查到你有貨物短缺的情形？

被　　告

　　我如果有少，就會拿我自己的錢補。

審判長

　　有無以空箱放在小倉庫內偽裝庫存？

被　　告

　　沒有。那些空箱是當天銷售完帶回來的。二十二萬七千八百零一元是當天就所有的包數清點後短少的，丟掉的貨物數量多少我不知道。

受命法官

　　開始任職時你的小倉庫是否是空的？

被　　告

　　不是，但是我開始任職時有接前手，但是我在接手時，有去清點過，數額沒有錯。

受命法官

　　點到的空箱是怎麼回事？

被　　告

　　是我當天從我的車上拿下來的。

受命法官

　　當天賣的數額是否有五、六箱的空箱數額？

被　　告

　　沒有。清點時只有三箱的空箱，裡面也有香煙只是沒有滿。

受命法官

　　你不見的香煙是否在今年7月底領的？

被　　告

　　是的。

受命法官

　　香煙不見是否是一次不見的？

被　告

　　是的。

受命法官

　　為何庫存那麼多，還要每天領貨？

被　告

　　因為我的客戶，上午會打電話來說要整箱的，不要拆封的。

受命法官

　　於準備程序時稱，丟掉數額約有十多萬元，清點完卻有二十二萬七千八百零一元，除了丟掉的以外，缺少的部分在哪裡？

被　告

　　我也不知道。

受命法官

　　今年7月底到8月2日間是否都在彰化縣境內？

被　告

　　是的，我都在彰化縣境內，都沒有離開。

審判長問

　　對被告的全國前案紀錄表有何意見？（提示並告以要旨）有無改過姓名或是身分證號碼？

自訴代理人

　　沒有意見。

被　告

　　沒有意見。我沒有改過姓名或是身分證號碼。

審判長

　　前科？

被　告

　　偽造文書，判有期徒刑2月，緩刑。

審判長諭知調查證據完畢，開始辯論，請自訴代理人、被告就事實及法律辯論。

自訴代理人起稱

　　被告事證明確，請依法判決。

審判長問被告

　　有何辯解？

被告答

　　同之前所述。我沒有侵占，如果我是侵占，自訴人公司應該一開始就告我，不會先後要我與經理或是律師協調。

　　審判長請自訴代理人對科刑範圍表示意見。

自訴代理人

　　本件已經和解，請求依法論科。

審判長問被告

　　對科刑範圍有何意見？

被告答

　　沒有意見。

審判長問被告

　　最後陳述？

被告答

　　我沒有侵占貨款。請求從輕量刑，我有跟老闆道歉。

　　諭知本案辯論終結，定93年12月31日下午4時宣判，可自行到庭聆判，被告、證人等均請回。

中　華　民　國　　93　年　　12　月　　22　日

臺灣彰化地方法院刑事刑二庭

書記官　陳秀娟

審判長法　官　李水源

臺灣彰化地方法院刑事判決

93年度自字第30號

自　訴　人　南○菸酒有限公司　設彰化縣埔心鄉○○路○○號

代　表　人　王○○　　　　　　住同右

自訴代理人　吳光陸律師

被　　告　　洪○富　　　　　　男34歲（民國○○年○月○日生）

　　　　　　　　　　　　　　　住彰化縣埔鹽鄉○○號

　　　　　　　　　　　　　　　身分證統一編號：○○○○

右列被告因侵占案件，經自訴人提起自訴，本院判決如下：

主　文

洪○富意圖為自己不法之所有，而侵占對於業務上所持有之物，處有期徒刑陸月，如易科罰金，以參佰元折算壹日。

事　實

一、洪○富原係址設彰化縣埔心鄉○○路○○號「南○菸酒有限公司」（以下簡稱南○公司）之業務人員，以向南○公司領取香煙貨物代為銷售，並將所收貨款繳回，及代南○公司保管其所領尚未及銷售之香煙貨品等為其業務，詎因缺款，竟基於為自己不法所有之意圖，於自93年7月底起至同年8月2日下午5時餘許止之期間內某時，在彰化縣境內之不詳地點，將其向南○公司取領供銷售所用、因業務關係而持有之香煙貨物【價值約新臺幣（下同）二十二萬七千八百零一元】，一次加以侵占入己（自訴狀誤載為侵占銷售上開貨品之貨款）。嗣因南○公司會計蕭○琳查覺有異，於93年8月2日會同洪○富清點其代南○公司保管尚未出售之香煙貨品後發現短少，乃查知上情。

二、案經南○公司提起自訴。

理　由

一、訊據被告洪○富固坦承伊前受僱於自訴人南○公司擔任業務人

員，並以向自訴人領取香煙貨物代為銷售，並將所收貨款繳回，及代自訴人保管其所領尚未銷售之香煙貨品等為其業務，又伊有於93年8月2日會同自訴人會計蕭○琳清點其自訴人保管尚未出售之香煙貨品，清點結果確短少價值約二十二萬七千八百零一元之香煙貨物等情不諱，然矢口否認有何右揭業務侵占犯行，辯稱：前開短少之香煙貨物係伊於93年7月底某日向自訴人領取，前開短少之香煙係伊前往客戶即位於彰化縣埤頭鄉○○路上之「江永興雜貨店」銷售香煙時，放在車上失竊的，並未侵占自訴人之香煙貨品云云。惟查：(一)右揭事實，業據自訴代理人於本院準備程序及審理時指訴歷歷，且經證人即自訴人公司經理林○雅及於93年8月2日會同被告清點香煙貨物之會計蕭○琳於本院審理時證述綦詳。而自訴人投保有商業動產流動保險綜合保險，且於被告任職之初即已告知如有失竊貨品務必報警一節，亦據證人林○雅於本院審理時證述屬實，並有蘇黎世產物保險股份有限公司商業動產流動綜合保險單一件在卷可稽，然被告於本院準備程序時陳稱：伊於上開香煙貨物失竊時，並未報案，失竊香煙之價值約有十餘萬元，並無其他證據可以證明上開貨品係失竊等語，復於本院審理時供稱：「（問：你於準備程序時稱，失竊數額約有十多萬元，清點完卻短少二十二萬七千八百零一元的香煙，除了失竊的以外，其餘短少的部分在哪裡？）我也不知道。」，是被告於失竊高額價值之貨品時，竟未向警方報案，以圖追回上開失竊之貨物，顯已與常情有違；且依被告上開供述，失竊之香煙價值約為十餘萬元，與事後清點係短少價值約二十二萬七千八百零一元之香煙貨品數額亦不相符，被告復無法交代除其所辯失竊以外之香煙何在，堪認被告辯稱香煙有失竊，並未侵占云云，顯係事後卸責之詞，無可採信。(二)又被告於本院審理時供稱：伊自93年7月底起至同年8月2日止都在彰化縣境內，沒有離開過，且短少的香煙是一次不見的等語，堪認被告侵占之犯罪地點係在彰化縣境

內，且因被告否認侵占犯行，復查無被告係連續侵占之對被告不利之事證，依罪疑微輕之原則，自宜認被告係一次侵占，附為敘明。(三)此外，復有自訴人之公司基本資料、工作契約書、銷貨日報表各一份在卷可稽，本件事證明確，被告犯行洵堪認定。

二、核被告所為，係犯刑法第336條第2項之業務侵占罪。爰審酌被告之素行、犯罪之動機、目的係為圖得一己之私利、利用業務上持有自訴人所有貨品之機會而為侵占之手段、侵占次數為一次、所侵占貨物之價值、所生危害及犯罪後雖已賠償自訴人而與自訴人達成和解（有和解契約書一份在卷可憑），惟犯罪後未能坦白犯行，態度難認良好等一切情狀，量處如主文所示之刑，並諭知易科罰金之折算標準，以示懲儆。

據上論斷，應依刑事訴訟法第343條、第299條第1項前段，刑法第336條第2項、第41條第1項前段，罰金罰鍰提高標準條例第1條前段、第2項，判決如主文。

中　華　民　國　　93　年　　12　月　　31　日

臺灣彰化地方法院刑事第二庭
審判長法官　李水源
法　　官　廖政勝
法　　官　李雅俐

右正本證明與原本無異。

如不服本判決，應於判決送達後10日內，向本院提出上訴狀（須附繕本）。

法院書記官　陳秀娟

中　華　民　國　　94　年　　1　月　　5　日

附錄本案論罪科刑法條：

刑法第336條第2項：

對於業務上所持有之物，犯前條第1項之罪者，處6月以上5年以下有期徒刑，得併科三千元以下罰金。

參、檢討與分析

一、第一審判決因兩造均未上訴而確定。

二、本件事實之盲點有二，一係被告究竟侵占香煙抑或貨款？即被告係將香煙出售後之貨款侵占入己抑或私自將香煙侵占挪為他用不明。二係一次侵占抑或數次侵占？即一次之侵占行為，抑或連續多次侵占不明。凡此只有被告自己清楚，法院判決雖指明一次，但亦未指明係何日侵占。

三、本件事證明確，被告確有其事，故在詰問處，並無精彩動人之處。

甚至因此詰問，審判時間約二個小時，庭後，被告竟對我稱早知如此費時，認罪算了。

第二節　公共危險罪

壹、背景說明

本件被告涉嫌放火燒自己居住房屋，在偵查前，雖曾自首，但第一審開庭時未到庭，經通緝到案，法院認不合自首要件，未予減輕刑罰。又其居住房屋，是否屬刑法第170條第1項之住宅，亦有爭執。本件筆者係於第一審判決後，經法律扶助基金會臺中分會指定為第二審扶助律師，為被告辯護，就上開事項進行證人交互詰問，因案情單純，易於了解詰問程序進行，特選用之。

貳、審判程序、書狀及裁判

一、檢察官起訴書（略，可參考判決書）

二、第一審判決書

臺灣彰化地方法院刑事判決

95年度訴字第375號

公　訴　人　臺灣彰化地方法院檢察署檢察官

被　　　告　江○○　　男　33歲　○○○○

指定辯護人　汪紹銘律師

上列被告因公共危險案件，經檢察官提起公訴（95年度偵字第208號），本院判決如下：

主　文

江○○放火燒燬現供人使用之住宅，處有期徒刑柒年拾月。

事　實

一、江○○前曾於民國81年間，因公共危險放火案件，經臺灣臺中地方法院以81年度訴字第676號，判處有期徒刑一年十月，緩刑五年確定，嗣後因於緩刑期間內再犯妨害自由案件，經法院判處有期徒刑八月確定；前開二罪入監接續執行，並於84年5月20日執行完畢（此部分不構成累犯）。其平日均與母親共住在彰化縣員林鎮○○里○○巷○號住處。其因失業且遭鄰居訕笑心情不佳，明知自家住宅為現供人使用之住宅，竟基於放火燒燬現供人使用住宅之犯意，於民國94年12月19日下午4時30分許，在其上址二樓原即堆放有衣物、草蓆之房間內，以其所有之打火機（業已丟棄，未扣案）點燃日曆紙後，再引燃房內之衣物、草蓆等現供人使用住宅內之物品火勢即瞬間延燒，致該址屋內物品及二樓屋頂橫樑屬該住宅房屋構成重要部分，遭火勢嚴重燒燬，已無遮蔽功能。而江○○於縱火後，即自行離去。嗣因江○○主動向司法警察自承前開放火行為，始查知上情，惟江○○於本院審理時，並無接受審判之意，於本院依其住所合法送達傳票，且由其親自收受後，仍拒不到庭，復經本院囑警拘提無著，始於95年4月21日

發布通緝，並於95年5月27日緝獲到案。

二、案經彰化縣警察局員林分局報告臺灣彰化地方法院檢察署檢察官
　　偵查起訴。

理　由

壹、證據能力部分：

　　本案全部卷證所涵括之供述證據及非供述證據，經本院為被告指
定之辯護人閱卷後，公訴人、被告及辯護人均同意全部證據之證據能
力，是後述所引用證據之證據能力均無疑義，合先敘明。

貳、實體部分：

一、上揭犯罪事實，業據被告江○○於偵訊及本院審理時均坦承不
　　諱，且有彰化縣消防局火災原因調查報告書一份在卷可稽，是被
　　告自白在現供人使用之住宅內放火等情，應可採信。又被告點火
　　之現場即彰化縣員林鎮○○里○○巷○號內，現場二樓雜物間內
　　靠西南側屋頂橫樑部分受火勢延燒後嚴重燒失情形等情，有前開
　　彰化縣消防局火災原因調查報告書內之火災現場勘查紀錄及原因
　　研判一、（十二），及火災現場原因照片編號12、13、14、20共
　　4紙附卷可稽，按放火罪既未遂之區別標準，係以目的物獨立燃
　　燒，且足以變更其形體致喪失其效能為依據，是放火燒燬現供人
　　使用之住宅罪，如僅室內家具燒燬，其房屋構成部分及門窗均未
　　喪失效用者，應成立刑法第173條第1項、第3項之放火燒燬現供
　　人使用住宅未遂罪；換言之，刑法第173條第1項之放火既遂罪，
　　須房屋構成之重要部分已燒燬，如僅房屋內之家具、物件燒燬，
　　房屋本身尚未達喪失其效用之程度，即不能依該條項論罪（最高
　　法院73年臺上字第2238號判決參照）。經查，依上揭所述彰化縣
　　員林鎮○○里○○巷○號房屋現場燒燬之狀況，該址原有瓦片且
　　足供遮風避雨之屋頂，業因被告前開放火行為，已燒燬而不復存
　　在，該顯屬房屋重要構成部分之屋頂既已燒燬，即喪失房屋本身
　　之效用，當應成立放火燒燬現供人使用之住宅既遂罪。指定辯護

人為被告辯護：本案被告放火僅燒燬室內之裝潢物、木板牆、天花板、隔間、木門框、鐵櫃、鐵床等物品，並不影響整體建築結構，尚未達喪失或變更該房屋效用之程度，尚與卷附之照片及勘查紀錄有違，亦難憑此為被告有利之認定。綜上所述，本案事證明確，被告犯行已堪認定，應予依法論科。

二、按刑法第173條第1項所稱現供人使用之住宅，並不以放火當時果有人在內為必要，而應以案發時段該住宅於平時有人在內使用為已足；而該條項所稱之燒燬，係指燃燒毀損之義，亦即標的物已因燃燒結果喪失其效用而言，如燃燒行為已使房屋構成之重要部分燒燬，即應論以既遂；且刑法上之放火罪，其直接被害法益為一般社會之公共安全，雖私人之財產法益亦同時受其侵害，但本罪所保護之客體係社會公安之法益，故其以一個放火行為燒燬上述住宅及財物，仍祇論以刑法第173條一罪，而不以其所焚之建物數或財物所有人數，分別定其罪名及罪數。是被告於其個人及母親所居住之前開住宅內故意放火，並造成該住宅之構成重要部分即屋頂燒燬，而喪失其效用，核被告所為，係犯刑法第173條第1項之放火燒燬現供人使用之住宅既遂罪。且本件被告前揭放火行為後，雖造成屋內之其他雜物損壞，仍應僅成立一刑法第173條第1項之放火燒燬現供人使用之住宅既遂罪，而不另論犯刑法第175條第1項之罪。又按刑法第62條前段所規定之自首，係以對於未發覺之犯罪自首而受裁判為要件，故犯罪行為人應於有偵查犯罪職權之公務員未發覺犯罪事實或犯罪人之前自首犯罪，且接受裁判，兩項要件兼備，始得依刑法第62條前段自首之規定減輕其刑（最高法院86年度臺上字第1951號判決、76年度臺上字第2039號判決意旨可資參照）；且自首之要件，除須行為人所申告之內容須為自己所犯之罪，及申告之時機為刑事追訴機關發覺犯罪前申告之外，尚須行為人申告後必須自動接受裁判，否則，雖有自願接受裁判之意思表示，但事後復拒不到案，或逃逸無蹤，

則此行為人顯無悔罪投誠之意,而與自首之要旨不符,不能成立自首(最高法院93年度臺上字第550號刑事判決意旨參照)。本件被告於本院審理中,經依其戶籍址即彰化縣員林鎮○○里○○巷○號送達,且由被告本人於95年3月6日親自收受傳票,告以須於95年3月20日下午4時準時到庭應訊後,無正當理由未到庭,經本院囑託員警至前開戶籍址拘提未果後,即於95年4月21日發布通緝,直至95年5月27日始緝獲歸案,此有本院送達證書、本院95年3月20日刑事報到單、彰化縣警察局員林分局95年4月12日員警分偵字第0950009141號函附拘提報告書、本院95年4月21日95年彰院鳴緝字第160號通緝書、本院95年6月2日95年彰院鳴緝銷字第253號撤銷通緝書各一份在卷可參(見本院卷第11頁、第13頁、第20頁至第23頁、第28頁、第52頁),是被告在本院審理時既已逃匿,即無接受裁判之意思,核與刑法第62條前段所規定自首之要件不合。至辯護人雖為被告辯護:被告未能到庭應訊,可能係遺忘開庭時間,不當然係無接受審判之意等語。惟查,本案被告係於95年3月6日本人親自收受傳票,距本院通知應到庭之日期即95年3月20日,僅相隔14日,尚難認有何時間太久,遺忘開庭時間之情,況被告於本院審理時,經審判長訊之為何不來開庭時,被告沈默不語之情,亦有審判筆錄可稽,從而,辯護人前開辯解,應僅係辯護人之臆測之詞,尚難為被告有利之認定。辯護人另為被告辯護稱:本件被告放火時,已先在伊住處飲酒,意識尚未完全回復,身心顯已處於精神耗弱之狀態,且依火災調查報告記載,被告於搶救人員到達時,神色慌張,滿身酒味,可證被告於放火當時,已因飲酒處於精神耗弱之狀態等語。惟查,本案被告於放火後,尚得自行前往警局自承係伊獨自放火,且就其放火時之情狀,自警詢至本院審理時,均仍能詳細描述等情,應可認被告於放火後,精神狀況尚無特別較常人低落之處,雖被告當日確曾飲酒,然既無何酒精濃度測試結果足資本院認定被告當時之精神狀況,且乏積極證據足以證明被告於放火當時,已因飲酒

導致其意思決定及控制行為之能力,顯較常人為低,而達到精神耗弱之程度,尚難僅以被告於當日曾飲酒,身上有酒味等情,即認被告於放火時,已達精神耗弱之程度。爰審酌被告僅因心情不佳,即在自家現供人使用之住宅放火,無視他人之生命、財產安全,已嚴重破壞社會秩序及安全,況水火無情,如引燃大火將波及四鄰,影響公共安全甚鉅,其前亦曾有放火之前科紀錄,此有臺灣高等法院被告前案紀錄表存卷可參,惟其放火之標的,係伊自家住宅,尚非在公眾出入之商業大樓,且因即時撲滅而未延燒他人住宅釀成災禍,並造成財產鉅額損害,被告犯後復坦承犯行等一切情狀,核情量處如主文所示之刑。至被告縱火所用之打火機一個,未經扣案,且非違禁物,被告復陳稱該打火機業已丟棄等語,是為避免執行困難,本院自不為沒收之諭知,併此敘明。

據上論斷,應依刑事訴訟法第299條第1項前段,刑法第173條第1項,判決如主文。

本案經檢察官江孟芝到庭執行職務。

中　華　民　國　　95　　年　　8　　月　　15　　日

　　　　　　刑事第二庭　審判長法　官　　許旭聖

　　　　　　　　　　　　　法　　官　　黃玉齡

　　　　　　　　　　　　　法　　官　　簡婉倫

以上正本證明與原本無異。

如不服本判決,應於收受送達後10日內向本院提出上訴書狀(應附繕本)。

中　華　民　國　　95　　年　　8　　月　　15　　日

　　　　　　　　　　　　書記官　　林盛輝

中華民國刑法第173條第1項

放火燒燬現供人使用之住宅或現有人所在之建築物、礦坑、火車、電車或其他供水、陸、空公眾運輸之舟、車、航空機者，處無期徒刑或7年以上有期徒刑。

三、上訴狀

刑事聲請上訴狀

案號：95年訴字第375號

股別：理股

上訴人　江○○　　現羈押在彰化看守所
即被告

為公共危險事件聲請上訴事：

一、被告因不服彰化地方法院判決，依法提起上訴。

二、理由後補。

　　謹　呈

　　　　　臺灣彰化地方法院　轉呈
　　　　　臺灣高等法院臺中分院

中　華　民　國　95　年　8　月　21　日

　　　　具狀人　江○○　（簽名）

四、上訴後移審至臺中高分院，由值日法官訊問，決定是否繼續羈押

訊問筆錄

被　告　江○○

上列被告因公共危險一案，於中華民國95年9月11日下午3時整，在本院臨時法庭訊問，出席職員如下：

值日法　官　余仕明

書記官　林玉惠

通　譯　李英堯

到庭被告及訴訟關係人如報到單。

被告在庭身體未受拘束。

法官問被告姓名、年齡、職業、住居所等事項。

被告答

江○○　男、民國61年○月○○日生

身分證統一編號：N○○○○

住彰化縣員林鎮○○號

法官先對被告告知其犯罪之嫌疑及所犯所有罪名（詳如起訴書、原審判決所載），

並告知被告下列事項：

一、得保持緘默，無須違背自己之意思而為陳述。

二、得選任辯護人。

三、得請求調查有利之證據。

法官問

本件係強制辯護案件，是否選任辯護人？

被告答

沒有。

法官問

　　上訴要旨？

被告答

　　判太重。

法官問

　　對原審判決所認定之犯罪事實有何意見？（朗讀並告以要旨）

被告答

　　有承認，我那時是喝醉酒，我到派出所沒有做酒測，第二天才去做筆錄。

法官問

　　有何證據請求調查？

被告答

　　目前沒有。

法官問

　　法院通知開庭為何都沒有出庭？

被告答

　　處理事情完，才回派出所報到。

法官問

　　押票通知之親友姓名及住址。

被告答

　　不用通知。

諭知被告犯罪嫌疑重大，具有刑事訴訟法第101條第1項第1款、第3款情形，非予羈押顯難進行審判、執行，應予羈押。

上列筆錄經交閱認無誤後簽名。

　　　　　受訊問人　江○○

中　華　民　國　　95　年　　9　月　　11　日

臺灣高等法院臺中分院刑事值日股

書　記　官　林玉惠

值日法官　余仕明

五、第二審程序進行之筆錄及書狀

準備程序筆錄

被　告　江○○

上列被告因95年度上訴字第2172號公共危險一案，於中華民國95年9月28日下午2時30分在本院刑事第23法庭公開行準備程序，出席職員如下：

法　官　林宜民

書記官　林桂鳳

通　譯　呂嘉峰

當事人及訴訟關係人如後：

檢察官　劉翼謀

餘詳如報到單所載。

被告在庭身體未受拘束。

法官問被告姓名、年齡、職業、住居所等事項。

被告答

江○○　男、民國61年○月○○日生

身分證統一編號：N○○○○

住彰化縣員林鎮○○號

現於臺灣臺中看守所　羈押中

法官對被告告知其犯罪之嫌疑及所犯所有罪名（詳如起訴書、原審判決所載），並所犯公共危險罪名。

法官並告知被告下列事項：

一、得保持緘默，無須違背自己之意思而為陳述。

二、得選任辯護人。

三、得請求調查有利之證據。

法官問

上訴理由？

被告答

判太重。

法官問

尚有何證據請求調查？

被告答

請求傳訊人江○村及我妹妹江○丹住臺北，詳細住址不清楚，可證明我長久以來精神不好。

檢察官問

沒有。

法官諭本案候核辦，審理期日另定，被告還押、退庭。

上列筆錄經當庭給閱予到庭之人，認為無誤始簽名於後

受訊問人　江○○（簽名）

劉翼謀（簽名）

中　華　民　國　95　年　9　月　28　日

臺灣高等法院臺中分院刑十一庭

書記官　林桂鳳（簽名）

法　官　林宜民（簽名）

準備程序筆錄

被　告　江○○

上列被告因95年度上訴字第2172號公共危險一案，於中華民國95年10月27日下午2時40分在本院刑事第二十三法庭公開行準備程序，出席職員如下：

$$法　　　官　何志通$$

$$書　記　官　林桂鳳$$

$$通　　　譯　張一夫$$

當事人及訴訟關係人如後：

$$檢　察　官　劉翼謀$$

$$選任辯護人　吳光陸律師$$

餘詳如報到單所載。

被告在庭身體未受拘束。

法官問被告姓名、年齡、職業、住居所等事項。

被告答

　　江○○　　男、民國61年○月○○日生

　　　　　　　身分證統一編號：N○○○○

　　　　　　　住彰化縣員林鎮○○號

　　　　　　　現於臺灣臺中看守所　羈押中

法官對被告告知其犯罪之嫌疑及所犯所有罪名（詳如起訴書、原審判決所載），並所犯公共危險罪名。

法官並告知被告下列事項：

一、得保持緘默，無須違背自己之意思而為陳述。

二、得選任辯護人。

三、得請求調查有利之證據。

法官問

　　對以上權利是否清楚？

被告答

　　知道。

法官問

　　上訴理由？

被告答

　　判太重。

法官問

　　檢察官有何意見？

檢察官答

　　沒有。

法官問

　　對放火現場採證照片8幀、彰化縣消防局火災原因調查報告書等
證物有何意見？（逐一提示並告以要旨）

被告答

　　沒有。

檢察官答

　　沒有。

選任辯護人吳光陸律師答

　　容後陳報。

法官問

　　對被告在警訊、偵查、原審筆錄之供述有何意見？（提示告以要
旨）

被告答

　　沒有。

檢察官答

　　沒有。

選任辯護人吳光陸律師答

　　筆錄形式上沒有意見，對被告點火之真意為何請求究明。

法官問

　　尚有何證據請求調查？

被告答

　　請律師陳述。

檢察官答

　　沒有。

選任辯護人吳光陸律師答

　　請求傳訊證人江○村、江○丹。

　　法官諭本案候核辦，審理期日另定，被告還押、退庭。

　　上列筆錄經當庭給閱予到庭之人，認為無誤始簽名於後。

　　　　　　　　　受訊問人　江○○

　　　　　　　　　　　　　　劉翼謀

　　　　　　　　　　　　　　吳光陸律師　　（均簽名）

中　華　民　國　95　年　10　月　27　日

　　　　　臺灣高等法院臺中分院刑十一庭

　　　　　書記官　林桂鳳（簽名）

　　　　　法　官　何志通（簽名）

刑事上訴理由暨聲請調查證據狀

案號：95年上訴字第2172號

股別：崎

被　　　告　江○○　年籍在卷（在押）

選任辯護人　吳光陸律師

為公共危險案件提出上訴理由暨聲請調查證據事：

　　原審判決認定被告平日均與母親共住在彰化縣員林鎮○○里○○巷○號住處。其因失業且遭鄰居訕笑心情不佳，明知自家住宅為現供人使用之住宅，竟基於放火燒燬現供人使用住宅之犯意，於民國94年12月19日下午4時30分許，在其上址2樓原即堆放有衣物、草蓆之房間內，以其所有之打火機（業已丟棄，未扣案）點燃日曆紙後，再引燃房內之衣物、草蓆等現供人使用住宅內之物品，火勢即瞬間延燒，致該址屋內物品及二樓屋頂橫樑屬該住宅房屋構成重要部分，遭火勢嚴重燒燬，已無遮蔽功能。而江○達於縱火後，即自行離去。嗣因江○達主動向司法警察自承前開放火行為，始查知上情，惟江○達於本院審理時，並無接受審判之意，於本院依其住所合法送達傳票，且由其親自收受後，仍拒不到庭，復經本院囑警拘提無著，始於95年4月21日發布通緝，並於95年5月27日緝獲到案。因認犯刑法第173條第1項之罪，並認不符合自首，未予減輕其刑。

　　惟查：

一、被告固於偵查中承認在房屋2樓用打火機點燃日曆紙放在地板上就離開，但該屋係供其居住，如燒毀即無處可住，按諸情理，不可能故意放火，陷自己於不利。尤其自承當時有喝酒，消防人員到場時，滿身酒味，則其是否明知並有意為放火行為，尚非無疑。

二、發生事故時，該屋係被告一人住居，其母親在花壇龍慶療養院療養，是此情形，參照最高法院28年上字第3218號(1)判例「刑法第173條第1項之放火罪，係以放火燒燬之住宅或建築物等現既供人使用或有人所在，依通常情形往往因放火結果遭受意外之危害，為保護公共安全起見，特為加重處刑之規定。故該條項所稱之人，當然係指放火人犯以外之人而言，如果前項住宅或建築物，即為放火人犯自行使用或祇有該犯在內，則其使用或所在之人，已明知放火行為並不致遭受何種意外危害，自不能適用該條項處斷，上訴人教唆某甲、某乙放火燒燬某處店房，該屋之住戶某丙，即為上訴人事前串商之共犯，此外並無不知情之他人在內，

顯與刑法第173條第1項所載之客體不符。」，被告縱屬放火，亦不成立刑法第173條第1項犯罪。

三、依彰化縣消防局火災原因調查報告書，上開房屋一樓無損，二樓多為內部設施燒毀，其雜物間屋頂橫樑嚴重燒失，不僅並無原審判決所指燒毀有失遮蔽功能，且非該屋全部之橫樑受損，核此情形，應非既遂，至多為未遂犯。

四、被告既在偵查中坦承犯罪事實，事後在原審法院通知開庭時，收到傳票後，因暫居西螺，並在該處工作，以致忘了到庭，事後仍主動到案，並非警察緝獲，應仍合自首要件。

為查明事實，請調查下列證據：

一、訊問證人江○村（住員林鎮○○路○○巷）

待證事實：事發之日中午時與江○村喝酒到下午4時30分，始返回上開處所，應已喝醉。

二、證人江○丹（住臺北縣板橋市中正路○○號）

待證事實：

　　㈠原法院開庭時，被告暫居西螺，並有工作

　　㈡其母未居住該處，而在龍慶療養院療養。

三、向彰化縣消防局員林分隊查明屋頂是否全部燒毀？

　　謹　狀

臺灣高等法院臺中分院　　公鑒

中　華　民　國　95　年　10　月　27　日

　　　　　具　狀　人　江○○

　　　　　選任辯護人　吳光陸律師　㊞

刑事聲請調查證據狀

案號：95年上訴字第2172號

股別：峙

被　　　告　江○○　　年籍在卷（在押）

選任辯護人　吳光陸律師

為公共危險案件聲請調查證據事：

　　為查明事實，請調查下列證據：

一、訊問證人江○村（住員林鎮浮圳路○○號）。

待證事實：事發之日中午時與江○村喝酒到下午4時30分，始返回上開處所，應已喝醉。

二、證人江○丹（住臺北縣板橋市中正路○○號）。

待證事實：

　　㈠原審法院開庭時，被告暫居西螺，並有工作。

　　㈡其母未居住該處，而在龍慶療養院療養。

三、證人員林分局東山派出所民國95年5月27日逮捕被告之警員。

待證事實：依第一審卷第35頁之解送人犯報告書及第39頁調查筆錄，被告係民國95年5月27日9時30分在員林鎮山腳路四段○○號前，為警查獲逮捕，惟此處為東山派出所，是被告顯係自行到派出所報到，從而被告並無不接受裁判之意，應符合自首要件，為此請警員說明當日如何逮捕？至於被告在第一審第一次開庭未到，並無不接受審判之意，併此敘明。

　　謹　狀

臺灣高等法院臺中分院　　公鑒

中　華　民　國　95　年　11　月　9　日

　　　　　　具　狀　人　江○○

　　　　　　選任辯護人　吳光陸律師　㊞

刑事聲請具保停止羈押狀

案號：95年上訴字第2172號

股別：崎

被　　　告　江○○　　年籍在卷（在押）

選任辯護人　吳光陸律師

為公共危險案件聲請具保停止羈押事：

　　依刑事訴訟法第110條第1項「被告及得為其輔佐人之人或辯護人，得隨時具保，向法院聲請停止羈押。」，本件被告因95年上訴字第2172案件號經　鈞院准許羈押，而被告雖經通緝，但係主動至派出所投案並無逃亡，實無羈押必要，又因母親住院尚須照顧，為此聲請具保停止羈押。

　　謹　狀

臺灣高等法院臺中分院　　公鑒

中　華　民　國　95　年　11　月　15　日

　　　　　　　具　狀　人　江○○

　　　　　　　選任辯護人　吳光陸律師　印

訊問筆錄

被　　告　江○○

上列被告因95年度上訴字第2172號公共危險一案，於中華民國95年12月1日下午3時10分，在本院第23法庭，出席職員如下：

　　　　　　　受命法官　何志通

　　　　　　　書記官　林桂鳳

　　　　　　　通　譯　黃豫立

到庭被告及訴訟關係人如報到單。

法官問被告姓名、年籍、住居所等項。

被告答

　　江○○　　男、民國61年○月○○日生

　　　　　　　身分證統一編號：N○○○○

　　　　　　　住彰化縣員林鎮○○號

　　　　　　　現於臺灣臺中看守所羈押中

法官先對被告告知其犯罪之嫌疑及所犯所有罪名（詳如起訴書、原審判決所載），

並告知被告下列事項：

一、得保持緘默，無須違背自己之意思而為陳述。

二、得選任辯護人。

三、得請求調查有利之證據。

法官問

　　對以上權利是否知道？

被告答

　　知道。

法官問

　　告以本次羈押期間將於95年12月10日屆滿，本院合議庭認有繼續羈押之必要，並自95年12月11日起延長貳月，問就延長羈押有何意見陳述？

被告答

　　沒有。

選任辯護人吳光陸律師起稱

　　我們之前已有具狀聲請具保，請求能具保，因被告母親生病需人照顧。

法官問

　　尚有何證據請求調查？

選任辯護人吳光陸律師答

　　詳如11月9日聲請狀。

法官諭本案候核辦。被告還押。

上列筆錄經交閱（朗讀）認無誤後簽名。

　　　　　　　　　受訊問人　江○○　　　　（簽名）

　　　　　　　　　　　　　　吳光陸律師　　（簽名）

中　華　民　國　95　年　12　月　1　日

　　　　　　臺灣高等法院臺中分院刑十一庭

　　　　　　書　記　官　林桂鳳

　　　　　　受命法官　何志通

臺灣高等法院臺中分院刑事裁定

95年聲字第1489號

聲　請　人　江○○　男　34歲（民國61年○月○○日生）
即　被　告　　　　　身分證字號：N○○○○
　　　　　　　　　　住彰化縣員林鎮○○號
　　　　　　　　　　（在押）

選任辯護人　吳光陸律師

上列被告因本院95年度上訴字第2172號公共危險案件經本院羈押，被告聲請具保停止羈押，本院裁定如下：

　　主　文

聲請駁回。

　　理　由

一、查被告江○○因涉犯公共危險案件，犯罪嫌疑重大，有刑事訴訟

　　法第101條第1項第1款情形，非予羈押，顯難進行追訴、審判、或執行，認有羈押之必要，而執行羈押。

二、聲請意旨略以：被告江○○係主動至派出所投案並無逃亡，實無羈押之必要，又因母親住院尚須照顧，為此聲請具保停止羈押云云。

三、經查：本件被告江○○明知自家住宅為現供人使用之住宅，竟基於放火燒燬現供人使用住宅之犯意，於民國94年12月19日下午4時30分許，在其自用住宅二樓以其所有之打火機點燃日曆紙後，再引燃房內之衣物、草蓆等物品，致該屋內物品及二樓屋頂橫樑屬該住宅房屋構成重要部分，遭火勢嚴重燒燬。上揭犯罪事實，除有被告自白外，並有彰化縣消防局火災原因調查報告書一份在卷可稽，足認被告涉犯放火罪嫌重大，所犯為最輕本刑五年以上之重罪。被告雖以其係主動到並無逃亡云云，主張並無羈押之必要，惟被告於原審審理中，卻因合法傳喚而未到庭應訊，而由原審法院囑託員警拘提未果，嗣於95年4月21日發布通緝，直至95年5月27日始緝獲歸案，被告所辯無逃亡之虞，顯無可採。又羈押之目的，在於確保刑事訴訟程序順利進行及將來刑罰之執行，僅就被告是否犯罪嫌疑重大，有無刑事訴訟法第101條、第101條之1所定情形，及有羈押必要為審酌，至被告之家庭、學業、事業等其他情形，則非在斟酌之列。是聲請意旨所謂被告母親住院需其照顧乙情，亦不影響被告受羈押之原因及必要。

　　綜上，本件羈押原因尚未消滅，所請具保停止羈押，自難准許，應予駁回。

四、據上論斷，應依刑事訴訟法第121條第1項，裁定如主文。

中　華　民　國　　95　年　　11　月　　30　日

　　　　　刑事第十一庭　審判長法　官　陳朱貴

　　　　　　　　　　　　　　　法　官　郭同奇

　　　　　　　　　　　　　　　法　官　何志通

上列正本證明與原本無異。

如不服本裁定，應於裁定送達後5日內向本院提出抗告狀。

　　　　　　　書記官　林桂鳳　印

中　華　民　國　95　年　12　月　1　日

刑事陳報狀

案號：95年上訴字第2172號

股別：峙

被　　　告　江○○　年籍在卷（在押）

選任辯護人　吳光陸律師

為公共危險案件，陳報事：

　　被告江○○之母親所居住療養之彰化縣私立○○老人養護中心，住址為彰化縣花壇鄉三春村○○號，電話04-0000000。

　　謹　狀

臺灣高等法院臺中分院　　公鑒

中　華　民　國　95　年　11　月　9　日

　　　　　　具　狀　人　江○○

　　　　　　選任辯護人　吳光陸律師　印

訊問筆錄

被　告　江○○

上列被告因95年度上訴字第2172號公共危險一案，於中華民國96年2月2日下午2時30分，在本院第24法庭訊問，出席職員如下：

　　　受命法　官　何志通

　　　　書記官　林桂鳳

　　　　通　譯　趙項

到庭被告及訴訟關係人如報到單。

法官問被告姓名、年齡、職業、住居所等事項。

被告答

　　　江○○　　男、民國61年○月○○日生

　　　　　　　　身分證統一編號：N○○○○

　　　　　　　　住彰化縣員林鎮○○號

　　　　　　　　現於臺灣臺中看守所　羈押中

法官先對被告告知其犯罪之嫌疑及所犯所有罪名（詳如起訴書、原審判決所載），並告知被告下列事項：

一、得保持緘默，無須違背自己之意思而為陳述。

二、得選任辯護人。

三、得請求調查有利之證據。

法官問

　　　對以上權利清楚否？

被告答

　　　清楚。

法官問

　　　告以本次羈押期間將於96年2月10日屆滿，本院合議庭認有繼續羈押之必要，並自96年2月11日起延長貳月，問就延長羈押有何意見陳述？

被告答

　　沒有。

諭知本件候核辦。被告還押。

上列筆錄經交閱（朗讀）認無誤後簽名。

　　　　　　　　　受訊問人　江○○　（簽名）

中　華　民　國　95　年　2　月　2　日

　　　　　臺灣高等法院臺中分院刑十一庭

　　　　　書記官　林桂鳳　（簽名）

　　　　　受命法官　何志通　（簽名）

臺灣高等法院臺中分院刑事裁定

95年聲字第1489號

上　訴　人　江○○　男　34歲（民國61年○月○○日生）

即　被　告　　　　身分證字號：N○○○○

　　　　　　　　　住彰化縣員林鎮○○號

　　　　　　　　　（在押）

選任辯護人　吳光陸律師

上列被告因公共危險上訴案件，本院裁定如下：

　　主　文

江○○羈押期間，自中華民國96年2月11日起，延長二月。

　　理　由

一、上訴人即被告江○○前經本院認為犯罪嫌疑重大，有刑事訴訟法
　　第101條第1項第1款、第3款情形，非予羈押，顯難進行審判，於
　　中華民國95年9月11日執行羈押，嗣經第一次延長羈押，至中華

民國96年2月10日延長羈押期間即將屆滿。

二、茲本院以前項原因依然存在，認有繼續羈押之必要，應自中華民
　　國96年2月11日起，第二次延長羈押貳月，爰依刑事訴訟法第108
　　條第1項、第5項，裁定如主文。

中　　華　　民　　國　　96　　年　　2　　月　　2　　日

　　　　　　　　刑事第十一庭　　審判長法　官　　陳朱貴
　　　　　　　　　　　　　　　　法　官　　郭同奇
　　　　　　　　　　　　　　　　法　官　　何志通

上列正本證明與原本無異。

如不服本裁定，應於裁定送達後5日內向本院提出抗告狀。

　　　　　　　　書記官　林桂鳳　印

中　　華　　民　　國　　96　　年　　2　　月　　2　　日

臺灣高等法院臺中分院　函

地　　址：40246　臺中市南區五權南路99號

傳　　真：(04)2260-1695

承 辦 人：書記官林桂鳳

聯絡電話：(04)2260-0600轉7103

受 文 者：如行文單位

發文日期：中華民國玖拾陸年參月拾參日發文

發文字號：96中分通刑崝95上訴2172字第3431號

速　　別：

密等及解密條件或保密期限：

附件：函影本乙件。

主旨：請速將查明結果及資料檢送過院參辦。

說明：本院96年1月10日中分通刑峰95上訴2172字第00477號函諒達。

正本：彰化縣私立龍慶老人養護中心

　　　（彰化縣花壇鄉三春村後厝2巷41弄3號）

副本：

院長　黃○○

庭長　陳○○決行

彰化縣私立龍慶老人養護中心　函

地　　址：彰化縣花壇鄉三春村後厝二巷41弄3號

電　　話：04-7878407　　傳　　真：04-7872759

受 文 者：臺灣高等法院臺中分院

發文日期：民國96年3月15日

發文字號：96龍慶養字第960010號

速　　別：普通件

密等及解密條件：普通

主　　旨：檢送處理身分不明者案件通報單乙份、異動單乙份領回切結書乙份請查收。

說　　明：(一)依臺灣高等法院臺中分院96中分通刑峰95上訴2172字第3431號函辦理。

　　　　　(二)94年11月1日員林派出所送來身分不明者經查明為廖○琴45.8.30生，身分證字號（P○○○○○○○）期間其子江○達要帶她回家她不肯。

　　　　　(三)爾後社會局評估本中心不適合收容此精神障礙者。

正　　本：臺灣高等法院臺中分院

副　　本：本中心
負　責　人：郭月娥
家屬領回迷失路人回條　94年12月2日
查　派出所載回之迷失路人已查明身分。
姓　　名：廖○琴　性別：女　出生日期：45.8.3
　　　　　　身分證字號：P○○○○○○○○○○
住　　址：
電　　話：
已由家屬領回。
家屬簽名　廖○琴
私立龍慶老人養護中心　郭月娥

刑事辯護狀

案號：95年上訴字第2172號
股別：峙
被　　　告　江○○　年籍在卷（在押）
選任辯護人　吳光陸律師
為公共危險案件提出辯護事：

　　原審判決認定被告平日均與母親共住在彰化縣員林鎮○○號住處。其因失業且遭鄰居訕笑心情不佳，明知自家住宅為現供人使用之住宅，竟基於放火燒燬現供人使用住宅之犯意，於民國94年12月19日下午4時30分許，在其上址二樓原即堆放有衣物、草蓆之房間內，以其所有之打火機（業已丟棄，未扣案）點燃日曆紙後，再引燃房內之衣物、草蓆等現供人使用住宅內之物品，火勢即瞬間延燒，致該址屋內物品及二樓屋頂橫樑屬該住宅房屋構成重要部分，遭火勢嚴重燒燬，已無遮蔽功能。而江○達於縱火後，即自行離去。嗣因江○○主

動向司法警察自承前開放火行為，始查知上情，惟江○○於本院審理時，並無接受審判之意，於本院依其住所合法送達傳票，且由其親自收受後，仍拒不到庭，復經本院囑警拘提無著，始於95年4月21日發布通緝，並於95年5月27日緝獲到案。因認犯刑法第173條第1項之罪，並認不符合自首，未予減輕其刑。

惟查：

一、被告固於偵查中承認在房屋二樓用打火機點燃日曆紙放在地板上就離開，但該屋係供其居住，如燒毀即無處可住，按諸情理，不可能故意放火，陷自己於不利。尤其自承當時有喝酒，消防人員到場時，滿身酒味，則其是否明知並有意為放火行為，尚非無疑，應屬過失行為。

二、發生事故時，該屋係被告一人住居，其母親未住居於此，此有花壇龍慶療養中心函稱民國94年11月1日員林派出所送廖○琴到該中心，期間其子江○○要帶她回家她不肯可明，雖廖○琴於同年12月2日自行離去，但其並未回到上開房屋，是此情形，參照最高法院28年上字第3218號(1)判例「刑法第173條第1項之放火罪，係以放火燒燬之住宅或建築物等現既供人使用或有人所在，依通常情形往往因放火結果遭受意外之危害，為保護公共安全起見，特為加重處刑之規定。故該條項所稱之人，當然係指放火人犯以外之人而言，如果前項住宅或建築物，即為放火人犯自行使用或祇有該犯在內，則其使用或所在之人，已明知放火行為並不致遭受何種意外危害，自不能適用該條項處斷，上訴人教唆某甲、某乙放火燒燬某處店房，該屋之住戶某丙，即為上訴人事前串商之共犯，此外並無不知情之他人在內，顯與刑法第173條第1項所載之客體不符。」，被告縱屬放火，亦不成立刑法第173條第1項犯罪。

三、依彰化縣消防局火災原因調查報告書，上開房屋一樓無損，二樓多為內部設施燒毀，其雜物間屋頂橫樑嚴重燒失，不僅並無原審

判決所指燒毀有失遮蔽功能，且非該屋全部之橫樑受損，核此情形，應非既遂，至多為未遂犯。

四、被告既在偵查中坦承犯罪事實，事後在原審法院通知開庭收到傳票後，因暫居西螺，並在該處工作，以致忘了到庭，但事後仍主動與警連絡到派出所報到，並非警察緝獲，應仍合自首要件。蓋依第一審卷第35頁之解送人犯報告書及第39頁調查筆錄，被告係95年5月27日9時30分在員林鎮山腳路○○號前，為警查獲逮捕，惟此處為東山派出所，是被告顯係自行到派出所報到，從而被告並無不接受裁判之意，應符合自首要件。

是原審判決有誤，請撤銷改判。

謹　狀

臺灣高等法院臺中分院　　公鑒

中　華　民　國　　96　　年　　4　　月　　11　　日

具　狀　人　　江○○

選任辯護人　　吳光陸律師　　印

審判筆錄

上訴人　　江○○

即被告

上列被告因95年度上訴字第2172號公共危險一案，於中華民國96年4月11日上午10時35分，在本院刑事第24法庭公開審判，出席職員如下：

審判長法　官　　陳朱貴

法　官　　郭同奇

法　官　何志通

書記官　高麗淇

通　譯　張一夫

當事人及訴訟關係人如後：

檢　察　官　劉翼謀

選任辯護人　吳光陸律師

餘詳如報到單所載。

被告在庭身體未受拘束。

朗讀案由。

審判長問被告姓名、年齡、職業、住居所等事項。

被告答

江○○　男、民國61年○月○○日生

身分證統一編號：N○○○○

住彰化縣員林鎮○○號

現於臺灣臺中看守所　羈押中

審判長對被告告知其犯罪之嫌疑及所犯所有罪名（詳如起訴書及原審判決所載，認你涉犯刑法第173條第1項，原審亦認你涉犯同罪，你可併為防禦及辯護）。

審判長告知被告下列事項：

一、得保持緘默，無須違背自己之意思而為陳述。

二、得選任辯護人。

三、得請求調查有利之證據。

審判長問

對以上權利是否清楚？

被告答

清楚。

審判長問

上訴理由？

被告答

　　判太重。

審判長諭知本件就刑事訴訟法第41條第1項第1款（對於受訊問人之訊問及其陳述）及第2款（證人、鑑定人或通譯如未具結者，其事由）等事項，於認為適當時，將僅於審判筆錄記載其要旨，以利程序之順利進行。

本件證人江○丹、證人黃○雄係選任辯護人吳光陸律師申請傳喚，請選任辯護人吳光陸律師先行主詰問，再由檢察官行反詰問。

點呼證人江○丹、證人黃○雄入庭訊問。

證人答

　　江○丹　65年○○年○○日生

　　　　　　身分證統一編號：N○○○○

　　　　　　住臺北市板橋市○○號

證人答

　　黃○雄　67年○○年○○日生

　　　　　　身分證統一編號：E○○○○

　　　　　　住彰化縣警察局員林分局東山派出所

審判長問

　　與被告有無親屬或特別身分利害關係？

證人江○丹答

　　我是被告妹妹。

證人黃○雄答

　　無。

審判長告知證人江○丹恐因陳述致自己或其有刑事訴訟法第180條關係之人受刑事追求或處罰者，得拒絕證言。

審判長問

　　是否願意作證？

證人江○丹答

　　願意。

審判長諭知證人具結之義務及偽證之處罰，朗讀結文後請具結。

審判長法官請選任辯護人吳光陸律師開始為主詰問。

選任辯護人吳光陸律師問

　　第一審卷38頁筆錄訊問人是否就是證人黃○雄？

證人黃○雄答

　　是。

選任辯護人吳光陸律師問

　　當時被告江○○是自己去派出所還是你們打電話叫他過去？

證人黃○雄答

　　是另一個警員的勤區另外一個承辦人洪○淡，因為他之前有公文要找被告江○○，但找不到被告江○○所以請他親人代為聯絡，當時被告江○○沒有來，過了很久被告江○○才來，被告江○○來當天找我們同仁洪○淡，到了之後我們查電腦資料才發現被告江○○已經通緝中，才逮捕他，查獲的地址就是派出所的地址。

選任辯護人吳光陸律師問

　　被告江○○是自己到派出所之前不知道自己被通緝？

證人黃○雄答

　　我不知道他自己是否知道被通緝。

選任辯護人吳光陸律師問

　　你們通知他時，知道被告江○○被通緝？

證人黃○雄答

　　那是另一個警員通知他的。

　　審判長法官請檢察官開始為反詰問。

檢察官問

　　被告江○○到派出所有無說他被通緝要來做筆錄？

證人黃○雄答

那是洪警員通知他來之後發現他被通緝，逮捕被告江○○後做的筆錄，那是洪警員第一時間做的筆錄，所以我並不清楚。

檢察官問

在何種情形下要查資料？

證人黃○雄答

因被告之前就有這個案子，我同仁說他之前好像有被拘提，但沒有拘提到，好像有案子，我們有懷疑被告有被通緝，所以要查一下。

審判長法官請辯護人開始覆主詰問。

選任辯護人吳光陸律師答

不用。

審判長問

有無事項詰問證人？

被告江○○答

沒有。

審判長問

對證人黃○雄剛才所為證述有無意見？

被告江○○答

沒有。

檢察官答

沒有。

選任辯護人吳光陸律師答

沒有。

審判長法官請選任辯護人吳光陸律師開始為主詰問。

選任辯護人吳光陸律師問

跟被告江○○是兄妹，94年12月19日失火的事是否知道？

證人江○丹答

事後才知道失火的事。

選任辯護人吳光陸律師問

失火當時你母親是否住在這裡？

證人江○丹答

不清楚，我是過年才知道，我母親她說她在龍慶療養院。

選任辯護人吳光陸律師問

第一審95年3月間有無介紹被告江○○去西螺工作？

證人江○丹答

有。

選任辯護人吳光陸律師問

住在哪裡？

證人江○丹答

住在西螺果菜市場工寮。

審判長法官請檢察官開始為反詰問。

檢察官答

不用。

審判長問

是否要訊問證人江○丹？

被告江○○答

不用。

證人江○丹答

洪警員請我聯絡我哥哥時，我哥哥已經去西螺工作，但不好聯絡他，而且他也沒有手機，我兒子在那邊打工，但我兒子只是國中生，沒有責任感，跟我哥哥也不好碰面，過了一星期後我通知到哥哥，我跟他說要去報到，不然要被通緝。

審判長問

案發前有無去療養院看過你母親？

證人江○丹答

沒有。

審判長問

　　何時第一次去？

證人江○丹答

　　我母親在敦倫療養院時去看過。

　　在龍慶寮養院時我都沒有去看過。

審判長問

　　對於證人江○丹之證述有何意見？

被告江○○答

　　沒有。

選任辯護人吳光陸律師問

　　沒有。

檢察官答

　　沒有。

審判長問

　　對於證人江○村經合法傳訊未到庭有何意見？

選任辯護人吳光陸律師答

　　捨棄傳訊證人江○村。

被告江○○答

　　同意捨棄證人江○村。

諭本案改訂96年5月9日上午9時40分在本法庭續行審理，被告還押。

中　　華　　民　　國　　96　　年　　4　　月　　11　　日

　　　　　　　臺灣高等法院臺中分院刑十一庭

　　　　　　　　書記官　張麗淇

　　　　　　　審判長法　官　陳朱貴

審判筆錄

被　告　江○○

上列被告因95年度上訴字第2172號公共危險一案，於中華民國96年5月9日上午9時40分，在本院刑事第24法庭公開審判，出席職員如下：

　　　　　　　審判長法　官　陳朱貴
　　　　　　　　　法　官　郭同奇
　　　　　　　　　法　官　何志通
　　　　　　　　　書記官　高麗淇
　　　　　　　　　通　譯　許秀麗

當事人及訴訟關係人如後：

　　　　　　　檢　察　官　劉翼謀
　　　　　　　選任辯護人　吳光陸律師

餘詳如報到單所載。

被告在庭身體未受拘束。

朗讀案由。

審判長問被告姓名、年齡、職業、住居所等事項。

被告答

　　江○○　　男、民國61年○月○○日生
　　　　　　　身分證統一編號：N○○○○
　　　　　　　住彰化縣員林鎮○○號
　　　　　　　現於臺灣臺中看守所　羈押中

審判長諭知本件更新審理程序。

審判長對被告告知其犯罪之嫌疑及所犯所有罪名（詳如起訴書及原審判決所載，認你涉犯刑法第173條第1項，原審亦認你涉犯同罪，你可併為防禦及辯護）。

審判長告知被告下列事項：

一、得保持緘默，無須違背自己之意思而為陳述。

二、得選任辯護人。

三、得請求調查有利之證據。

審判長問

　　對以上權利是否清楚？

被告答

　　清楚。

審判長問

　　上訴理由？

被告答

　　判太重。

審判長諭知本件就刑事訴訟法第41條第1項第1款（對於受訊問人之訊問及其陳述）及第2款（證人、鑑定人或通譯如未具結者，其事由）等事項，於認為適當時，將僅於審判筆錄記載其要旨，以利程序之順利進行。

本件證人洪○淡係選任辯護人吳光陸律師申請傳喚，請選任辯護人吳光陸律師先行主詰問，再由檢察官行反詰問。

點呼證人洪○淡入庭訊問。

證人答

　　洪○淡　58年○○年○○日生

　　　　　　身分證統一編：N○○○○

　　　　　　住彰化縣警察局員林分局東山派出所

審判長問

　　與被告有無親屬或特別身分利害關係？

證人洪○淡答

　　無。

審判長諭知證人具結之義務及偽證之處罰，朗讀結文後請具結。

審判長諭知本件開始交互詰問，請選任辯護人吳光陸律師為主詰問。

選任辯護人吳光陸律師問

是否被告江○○的管區？

證人洪○淡答

是。

選任辯護人吳光陸律師問

95年5月27日上午9時30分如何逮捕被告江○○？

證人洪○淡答

是他自己過來派出所。

選任辯護人吳光陸律師問

被告江○○為何自己過去？

證人洪○淡答

因為之前被告江○○有打電話過來派出所，說他如果有文件的話請通知他，他有留電話給我。

選任辯護人吳光陸律師問

是你打電話通知被告江○○過去的？

證人洪○淡答

對。

選任辯護人吳光陸律師問

那你為何要通知他過去？

證人洪○淡答

因為他打電話給我那時候法院的傳票已經過期，我說如果下次有傳票再通知他，他有留電話給我，說下次有傳票要通知他。

選任辯護人吳光陸律師問

你打電話通知他時，被告江○○是否有被通緝？

證人洪○淡答

還沒有，我們收到法院的文件是拘票。

選任辯護人吳光陸律師問

所以你們逮捕他是依據拘票？

證人洪○淡答

　　我打電話給被告江○○說有法院文件，結果他隔二、三個星期才來，他來的時候我們輸入電腦資料才發現他被通緝。

選任辯護人吳光陸律師起稱

　　詰問完畢。

審判長請檢察官行反詰問。

檢察官問

　　被告江○○95年5月27日那天到你們派出所時被告江○○有無對你們說是被通緝的，要來自首？

證人洪○淡答

　　沒有。

檢察官問

　　被告江○○去派出所是要拿文件？

證人洪○淡答

　　應該是。

審判長法官請辯護人開始為覆主詰問。

選任辯護人吳光陸律師答

　　你打電話通知被告江○○拿文件是拿什麼文件？

證人洪○淡答

　　拘票。

審判長法官請檢察官開始為覆反詰問。

檢察官問

　　你本來打電話給被告江○○是要拿什麼文件？你說被告江○○隔二、三個星期才來，你說叫他拿文件應該是傳票？還是拘票？

證人洪○淡答

　　我打電話給他的時候是要他拿拘票沒錯。

檢察官問

　　你打幾次電話？

證人洪○淡答

一次。

檢察官問

有無告訴他拿的文件是拘票？

證人洪○淡答

沒有。

檢察官問

如何告訴他文件的名稱？

證人洪○淡答

我說是法院的文書。

檢察官問

法院的傳票來的時候有無打電話給被告○○？

證人洪○淡答

我那時不知道他的電話。

審判長問

有無事項詰問證人？

被告江○○答

沒有。

法官問

被告江○○打電話給你時，是否沒有住在你的管區內？

證人洪○淡答

對，我找不到他，也不是他本人接的，是另外一個女的接的。

法官問

被告江○○去哪裡，有無跟你說？

證人洪○淡答

他是說他在西螺附近一帶工作沒有住在家裡。

希望我用電話聯絡他。

審判長問

　　是否被告江○○打電話給你，說他的傳票過期，是要留電話給你說如以後有法院的文件打電話通知他，後來拘票過來，你打電話給被告江○○說有法院文件，後來被告江○○隔二、三星期才過去派出所拿文件，但當時拘票已經過期被你退回法院，被告江○○到派出所時你們查電腦才知道他被通緝，你所謂的二、三星期被告江○○才來派出所拿文件是否指你打電話給他以後的二、三星期？

證人洪○淡答

　　是。

選任辯護人吳光陸律師問

　　原審第14頁，法院只有發一次傳票，一次拘票。

審判長問

　　對證人洪○淡剛才所為證述有無意見？

被告江○○答

　　沒有。

檢察官答

　　沒有。

選任辯護人吳光陸律師答

　　沒有。

審判長問

　　對江○丹、黃○雄之證述有何意見？（逐一提示並告以要旨）

被告江○○答

　　沒有。

選任辯護人吳光陸律師答

　　沒有。

檢察官答

　　沒有。

審判長問

　　對放火現場採證照片8幀、彰化縣消防局火災原因調查報告書、彰化縣私立龍慶老人養護中心96年3月15日函文、彰化縣警察局員林分局95年11月7日函、彰化縣員林戶政事務所95年12月22日函等證物有何意見？（逐一提示並告以要旨）

被告江○○答

　　沒有。

選任辯護人吳光陸律師答

　　沒有。

檢察官答

　　沒有。

審判長問

　　對被告在警訊、偵查、原審、本院歷次筆錄之供述有何意見？（提示並告以要旨）

被告江○○答

　　沒有。

檢察官答

　　沒有。

選任辯護人吳光陸律師答

　　沒有。

審判長問

　　尚有證據請求調查？

被告江○○答

　　沒有。

檢察官答

　　沒有。

選任辯護人吳光陸律師答

　　沒有。

審判長問

　　有無事項詢問被告？

檢察官答

　　沒有。

選任辯護人吳光陸律師答

　　沒有。

審判長問

　　你江○○是否平日均與母親共住在彰化縣員林鎮○○號住處。其因失業且遭鄰居訕笑心情不佳，明知自家住宅為現供人使用之住宅，竟基於放火燒燬現供人使用住宅之犯意。於民國94年12月19日下午4時30分許，其上址樓原即堆放有衣物、草蓆之房間內，以其所有之打火機（業已丟棄，未扣案）點燃日曆紙後，再引燃房內之衣物、草蓆等現供人使用住宅內之物品，火勢即瞬間延燒，致該址屋內物品及二樓屋頂橫樑屬該住宅房屋構成重要部分，遭火勢嚴重燒燬，已無遮蔽功能。而江○○於縱火後，即自行離去。嗣因江○○主動向司法警察自承前開放火行為，始查知上情。對此事實有無意見？

被告江○○答

　　沒有。

審判長問

　　江○○前曾於民國81年間，因公共危險放火案件，經臺灣臺中地方法院以81年度訴字第676號，判處有期徒刑一年十月，緩刑五年確定，嗣後因於緩刑期間內再犯妨害自由案件，經法院判處有期徒刑八月確定；前開二罪入監接續執行，並於84年5月20日執行完畢（此部分不構成累犯）。

　　對被告的全國前案紀錄表有何意見？（提示並告以要旨）

被告江○○答

　　沒有。

選任辯護人吳光陸律師答

　　　沒有。

檢察官答

　　　沒有。

諭知本案調查證據完畢開始辯論，請檢察官論告。

檢察官起稱

　　　請依法判決。

審判長問

　　　對檢察官起訴你涉犯如起訴書及原審判決書所載，認你涉犯刑法
第173條第1項之罪嫌有何辯解？

被告江○○答

　　　沒有。

選任辯護人吳光陸律師起稱

　　　詳如96年4月11日刑事辯護狀所載。

並補充：被告無故意行為。而且被告母親不住在那裡，不是有人居住
　　　　的住宅，應當未達燒燬的程度。本件應符合自首的要件。

審判長問

　　　就被告之科刑範圍有無意見？

被告江○○答

　　　請從輕量刑。

檢察官答

　　　沒有。

選任辯護人吳光陸律師答

　　　請從輕量刑。

審判長問

　　　有何最後陳述？

被告江○○答

　　　沒有。

審判長法官問

　　是否聆判？

被告江○○答

　　我要聆判。

諭知本案辯論終結，訂96年5月23日上午11時宣判，被告還押，退庭。

中　　華　・民　　國　　96　　年　　5　　月　　9　　日

　　　　　　　臺灣高等法院臺中分院刑十一庭

　　　　　　　　　書記官　高麗淇（簽名）

　　　　　　　　　審判長法　官　陳朱貴（簽名）

六、第二審判決

臺灣高等法院臺中分院刑事判決

95年上訴字第2172號

上　訴　人　　江○○　男　34歲（民國61年○月○○日生）

即　被　告　　　　　　身分證字號：N○○○○

　　　　　　　　　　　住彰化縣員林鎮○○號

　　　　　　　　　　　（在押）

選任辯護人　吳光陸律師

上列被告因公共危險案件，不服臺灣彰化地方法院95年度訴字第375號中華民國95年8月15日第一審判決（起訴案號：臺灣彰化地方法院檢察署95年度偵字第208號），提起上訴，本院判決如下：

　　主　文

原判決撤銷。

江○○放火燒燬現供人使用之住宅，處有期徒刑陸年。

　　事　實

一、江○○前曾於民國（下同）81年間，因公共危險放火案件，經臺灣臺中地方法院以81年度訴字第676號，判處有期徒刑一年十月，嗣再犯妨害自由案件，經法院判處有期徒刑八月確定；前開二罪入監接續執行，並於84年5月20日執行完畢（此部分不構成累犯）。其平日均與母親共住在彰化縣員林鎮○○號住處。其因失業且遭鄰居訕笑心情不佳，明知其前開自家住宅為現供人使用之住宅，竟基於放火燒燬現供人使用住宅之犯意，於94年12月19日下午4時30分許，在其上址二樓原即堆放有衣物、草蓆之房間內，以其所有之打火機（業已丟棄，未扣案）點燃日曆紙後，再引燃房內之衣物、草蓆等現供人使用住宅內之物品，火勢即瞬間延燒，致該址屋內物品及二樓屋頂橫樑屬該住宅房屋構成重要部分，遭火勢嚴重燒燬，已無遮蔽功能。而江○○於縱火後，即自行離去。嗣因江○○於前開放火行為未被發覺前，即主動向司法警察自首前開放火行為，始查知上情。

二、案經彰化縣警察局員林分局報告臺灣彰化地方法院檢察署檢察官偵查起訴。

　　理　由

一、上揭犯罪事實，業據上訴人即被告江○○（下稱被告）於警、偵訊、原審及本院審理時均坦承不諱，且有彰化縣消防局火災原因調查報告書一份在卷可稽，是被告自白在現供人使用之住宅內放火等情，應可採信。至被告之選任辯護人稱：(1)被告於放火之時，自稱有喝酒之情形，於消防人員到場之際，仍滿身酒味，則其是否明知放火行為，尚非無疑，本件應屬過失行為；(2)發生事故之時，該屋係被告一人居住使用，被告之母親廖○琴並未一同居住，自與刑法第173條第1項規定之住宅之定義不符，尚難以該條相繩；(3)本件尚未達燒毀之程度，至多僅應論以未遂犯而已。經查：

(1)被告於警訊中供稱：我因為喝酒後心情不好，才放火燒住宅房屋。我中午到朋友江○村家有朋友共三人喝五瓶米酒，喝到15時左右，就走路回家睡一下，起來有一點酒醉頭暈意識不是很清楚，我就拿起打火機燒日曆紙燃燒後放在地板，我就外出坐到浮圳里社區活動中心坐（著）發呆。該住處平時住我跟我母親廖○琴，放火當時只有我一人，我母親於12月3日外出就未返家；當時火警發生時我有返回現場觀看，因怕被鄰居毆打，不敢承認犯案云云。依被告前開所述之內容以觀，被告當時縱有喝酒之情形，然其對當時如何縱火之細節，尚能於事後描繪清楚，且於縱火之後又返回現場，因怕被鄰居毆打，當時不敢承認係伊縱火，應可認被告於放火後，精神狀況尚無特別較常人低落之處，否則豈能記憶如此清晰？雖被告當日確曾飲酒，然既無何酒精濃度測試結果足資本院認定被告當時之精神狀況，且乏積極證據足以證明被告於放火當時，已因飲酒導致其意思決定及控制行為之能力，顯較常人為低，而達到精神耗弱之程度，尚難僅以被告於當日曾飲酒，身上有酒味等情，即認被告於放火時，已達精神耗弱之程度。且其對縱火燒毀自己房屋之事實，於縱火之時既有認識並有意為之，則其行為自屬故意無疑。故辯護人稱被告非基於故意放火云云，並不足採。

(2)按刑法第173條第1項規定所謂之現供人使用之住宅，係指有人使用之狀態，但不必以放火之當時有人在裡面為必要。次按：「刑法第173條第1之放火罪，係以放火燒毀之住宅或建築物等現供人使用或有人所在，依通常情形往往因放火結果遭受意外之危害，為保護公共安全起見，特為加重處刑之規定，故該條項所稱之人，當然係指放火人犯以外之人而言，如果前項住宅或建築物，即為放火人犯自行使用或祇有該人犯在內，則其使用或所在之人，已明知放火行為並不致遭受何種意外危害，自不能適用該條項處斷。」（最高法院28年上字第3218號判例參照）；又「本院28年上字第3218號判例要旨，其前段已闡明刑法第173條第1項之放火罪，係以放火燒燬之住宅或建築物等

現既供人使用或有人所住，依通常情形往往因放火結果遭受意外之危害，為保護公共安全起見，特為加重處罰之規定。後段又說明因放火人犯已明知放火行為並不致遭受何種意外危害，自不能適用該條項處斷。易言之，如放火人犯明知其放火行為具有公共危險，基於保護公共安全之立法本旨，自仍有該條項之適用。況當今房屋，無論為大廈或公寓式，俱屬整體建築，自己與他人擁有之住宅，就公共安全言，具有不可分性，與昔日房屋之獨棟式建築，不能相提並論。故在自己使用之住宅內放火，實與對整棟公寓或大廈放火無異，其行為既與刑法第174條第2項之罪，以放火燒燬現非供人使用之自己所有住宅或現未有人所在之自己所有建築物等，為其構成要件者不符，而第173條第1項，又未如第174條第1項就住宅建築物標明以「他人所有」為其構成要件內容，自仍應依第173條第1項論處。」，最高法院81年臺上字第2734號亦著有判決。查：(1)位於彰化縣員林鎮○○號之房屋，平時供被告與其母親廖○琴居住使用，惟放火當時被告母親廖○琴並未在該屋內之事實，此業據被告供述在卷（詳如前述）；(2)前開房屋現有被告及其母親廖○琴二人設籍之資料，又廖○琴於94年11月1日經彰化縣警察局員林分局員林派出所以有精神障礙及身分不明之原因，送至位於彰化縣花壇鄉之彰化縣私立龍慶老人養護中心收容安置，期間被告至該中心欲帶其母親廖○琴回家，但廖○琴不肯，至94年11月28日廖○琴私自離開彰化縣私立龍慶老人養護中心之事實，亦有被告全戶之戶籍謄本一件、彰化縣私立龍慶老人養護中心96年3月15日96龍慶養字第960010號函及所附之收容彰化縣政府委託遊民異動報告單、處理身分不明者案件通報單等附卷可稽；依此所述，被告之母親廖○琴於被告放火之時仍設籍在彰化縣員林鎮○○號之房屋，其雖曾有走失被收容安置之情形，然該房屋一直仍是供被告及其母親廖○琴使用中無疑；再彰化縣員林鎮○○號之房屋，為二樓加強磚造住宅，北側為道路，東西兩側為住宅，南側為巷道，此觀彰化縣消防局火災原因調查報告書第4頁及所附之照片自明。因此，雖被告縱火之

時其母親廖○琴未在屋內，然依前開說明，被告所放火燒毀之住宅，東西兩側既與其他建築物相連接，而在公共安全上有不可分性，被告如對自己使用或所在之住宅放火，應認為係對整個連接之建築物放火無異，自仍依刑法第173條第1項處斷。至被告之選任辯護人所稱之最高法院28年上字第3218號判例中所指之住宅或建築物與本件房屋（連棟）之情形不同，且該判例應指放火人犯知其放火行為不會引發公共危險者而言，始有適用，故該判例所指之情形與本件不同，本件自無前開判例之適用。

(3)本件房屋起火後，於消防隊到達時發現有大量黑色濃煙及紅色火焰自二樓窗口竄出，屋頂瓦片已掉落，二樓一片火海。又被告點火之現場即彰化縣員林鎮○○號內，現場二樓雜物間內靠西南側屋頂橫樑部分受火勢延燒後嚴重燒失情形等情，有前開彰化縣消防局火災原因調查報告書內之火災現場勘查紀錄及原因研判一、(十二)、出動觀察記錄到達時狀況(二)，及火災現場原因照片編號12、13、14、20共4紙附卷可稽。按放火罪既未遂之區別標準，係以目的物獨立燃燒，且足以變更其形體致喪失其效能為依據，是放火燒燬現供人使用之住宅罪，如僅室內家具燒燬，其房屋構成部分及門窗均未喪失效用者，應成立刑法第173條第3項、第1項之放火燒燬現供人使用住宅未遂罪；換言之，刑法第173條第1項之放火既遂罪，須房屋構成之重要部分已燒燬，如僅房屋內之家具、物件燒燬，房屋本身尚未達喪失其效用之程度，即不能依該條項論罪（最高法院73年臺上字第2238號判決參照）。

經查，依上揭所述彰化縣員林鎮○○號房屋現場燒燬之狀況，該址原有瓦片且足供遮風避雨之屋頂，業因被告前開放火行為，已燒燬而不復存在，該顯屬房屋重要構成部分之屋頂既已燒燬，即喪失房屋本身之效用，當應成立放火燒燬現供人使用之住宅既遂罪。因此選任辯護人稱本件尚未達既遂之程度云云，尚無足採。

二、綜上所述，本案事證明確，被告犯行已堪認定，應予依法論科。

三、按刑法第173條第1項所稱之燒燬，係指燃燒毀損之義，亦即標的物已因燃燒結果喪失其效用而言，如燃燒行為已使房屋構成之重要部分燒燬，即應論以既遂；且刑法上之放火罪，其直接被害法益為一般社會之公共安全，雖私人之財產法益亦同時受其侵害，但本罪所保護之客體係社會公安之法益，故其以一個放火行為燒燬上述住宅及財物，仍祇論以刑法第173條一罪，而不以其所焚之建物數或財物所有人數，分別定其罪名及罪數。是被告於其個人及母親所居住之前開住宅內故意放火，並造成該住宅之構成重要部分即屋頂燒燬，而喪失其效用，核被告所為，係犯刑法第173條第1項之放火燒燬現供人使用之住宅既遂罪。且本件被告前揭放火行為後，雖造成屋內之其他雜物損壞，仍應僅成立一刑法第173條第1項之放火燒燬現供人使用之住宅既遂罪，而不另論犯刑法第175條第1項之罪。又按刑法第62條前段所規定之自首，係以對於未發覺之犯罪自首而受裁判為要件，故犯罪行為人應於有偵查犯罪職權之公務員未發覺犯罪事實或犯罪人之前自首犯罪，且接受裁判，兩項要件兼備，始得依刑法第62條前段自首之規定減輕其刑（最高法院86年度臺上字第1951號判決、76年度臺上字第2039號判決意旨可資參照）；本件被告於本件放火行為後，犯罪被發覺前，即主動向轄區之東山派出所自首犯罪，此有彰化縣警察局員林分局刑事案件報告書之記載自明；又被告於原審法院第一次通知到庭，而未能依期出庭後，乃打電話給東山派出所之警員洪○讚，說他的傳票過期，要留電話給洪○讚，說如以後有法院的文件請打電話通知他，後來拘票送過來派出所，洪○讚則打電話給被告，說有法院文件，後來被告隔二、三個星期才過去派出所拿文件，但當時拘票已經過期被退回法院，被告到派出所時查電腦才知道他被通緝，並將被告以緝獲為原因，將被告移送法院，此業據證人洪○讚於本院審理中證述明確，故被告係為領取法院之公文書，而自行前往派出所報到，並非逃亡而被緝獲，

尚難認被告無接受裁判之意思。所以，本件被告之行為仍符合自
首之要件，應依修正前刑法62條前段之規定減輕其刑（按被告行
為後，刑法業於94年1月7日修正，於同年2月2日公布，並於95年
7月1日施行。按行為後法律有變更者，適用行為時之法律，但行
為後之法律有利於行為人者，適用最有利於行為人之法律，修正
後即現行刑法第2條第1項定有明文。查刑法第62條有關自首之規
定，修正前之舊法規定為「必減」其刑，修正後改為「得減」其
刑，因修正前舊法規定為「必減」其刑，較有利於被告行為人，
從而，應適用較有利於被告之修正前刑法第62條之規定。）

四、原審以被告罪證明確，予以論罪科刑，固非無據，惟原審認定被
告不成立自首，尚有未洽。被告提起上訴雖無理由，但原審判決
既有上開可議之處，即屬無可維持，自應由本院將原審判決予以
撤銷改判。爰審酌被告僅因心情不佳，即在自家現供人使用之住
宅放火，無視他人之生命、財產安全，已嚴重破壞社會秩序及安
全，況水火無情，如引燃大火將波及四鄰，影響公共安全甚鉅，
其前亦曾有放火之前科紀錄，此有臺灣高等法院被告前案紀錄表
存卷可參，惟其放火之標的，係伊自家住宅，尚非在公眾出入之
商業大樓，且因即時撲滅而未延燒他人住宅釀成災禍，並造成財
產鉅額損害，被告犯後復坦承犯行等一切情狀，量處如主文第二
項所示之刑。

　　至被告縱火所用之打火機一個，未經扣案，且非違禁物，被告復
陳稱該打火機業已丟棄等語，是為避免執行困難，本院自不為沒收之
諭知，併此敘明。

據上論結，應依刑事訴訟法第369條第1項前段、第364條、第299條第
1項前段，刑法第2第1項前段、第173條第1項、（修正前）第63條前
段，判決如主文。

本案經檢察官劉翼謀到庭執行職務。

```
中　華　民　國　96　年　5　月　23　日

　　　　　刑事第十一庭審判長法　官　陳朱貴
　　　　　　　　　　　　　法　官　郭同奇
　　　　　　　　　　　　　法　官　何志通
上列正本證明與原本無異。
如不服本判決應於收受送達後10日內向本院提出上訴書狀，其未敘述
上訴之理由者並得於提起上訴後10日內向本院補提理由書（均須按他
造當事人之人數附繕本）。
　　　　　書記官　高麗淇　印

中　華　民　國　96　年　5　月　24　日
```

參、檢討與分析

一、本件因被告早已自首承認放火，但又因第一審開庭時未到，通緝到案，是否仍有自首可以減輕刑度有爭執。又該屋現僅被告一人居住，是否仍適用刑法第173條1項有爭。即前者因本與其同住之母親已到療養院居住，該房屋是否現供人使用之住宅或現有人所在之建築物，非無疑問，第一審未爭執，第二審始爭執，並無不可，第二審法院認仍有適用，其說明仍待商榷，蓋其母親僅戶籍設在該處，實未居住，能否為此肯認？至於所引用之最高法院81年臺上字第2734號判決係指集合式住宅，與本件房屋尚有不同。

二、關於自首部分，第二審已查明認有自首適用，當屬無訛。

三、第一審判決參照最高法院93年臺上字第550號判決「按自首者，係行為人自行申告自己尚未被發覺之犯罪行為，而自願接受法院之裁判。是自首之要件，除須行為人所申告之內容需為自己所犯之罪，及申告之時機為刑事追訴機關發覺犯罪前申告之外，尚須行為人申

告後必須自動接受裁判。否則，雖有自願接受裁判之意思表示，但事後復拒不到案，或逃逸無蹤，則此行為人顯無悔罪投誠之意，而與自首之本旨不符，不能成立自首。」，亦認自首須「悔罪投誠」似有誤會。按自首並不一定須悔罪，此由民國94年修正第62條之理由已指明自首之動機不一而已可明，自首在於坦承犯行，與有無悔罪、投誠無涉，尤其投誠多指政治，實引喻失義。

四、第一審判決就被告為何第一次開庭未到，查明原因時，指被告「沈默不語」，認辯護人辯稱遺忘不可採，似有欠妥，蓋依刑事訴訟法第95條第1項第2項，被告本可保持緘默，何以因此認為辯護人所辯不可採？

第三節　業務侵占（公訴）

壹、背景說明

本件被告為兄妹，均在一家藥商工作，兄長為業務員，負責與藥局連絡、銷售，妹妹為會計，負責銷貨單等。在二人離職後，雇主以二人在職期間勾串，由妹妹以銷售單供其兄向倉管人員領貨，領貨後未交藥局予以侵占，妹妹再在電腦刪除銷售資料，以為配合，偵查結果，檢察官認有犯罪嫌疑提起公訴。

筆者係在起訴後受委任處理第一、二審。在偵查中，兄長承認領貨，但以藥局未收而退貨答辯，雇主以未收到退貨，且退貨程序不合，另由電腦工程師查明電腦檔案中有刪除若干銷貨單，故檢察官以被告未能證明確有退貨，認有侵占罪嫌。

告訴人委任之何志揚律師在審判程序及聲請檢察官上訴所撰書狀，內容精采，具有參考價值。在徵得其同意後，附錄於本書，特此感謝。

貳、審判程序、書狀及裁判

一、檢察官起訴書

臺灣臺中地方法院檢察署檢察官起訴書

94年偵字第5847號

被	告	林○澤	男○○歲（民國○○年○○月○○日）

　　　　　　　　　　籍設南投縣埔里鎮○○號

　　　　　　　　　　現居臺中市西屯區○○號

　　　　　　　　　　國民身分證統一編號：M○○○○

選任辯護人　　朱逸群律師

被　　　　告　　林○珊　　女○○歲（民國○○年○○月○○日）

　　　　　　　　　　籍設南投縣埔里鎮○○號

　　　　　　　　　　現居臺中市北屯區○○號

　　　　　　　　　　國民身分證統一編號：M○○○○

共　　　　同　　許盟志律師

選任辯護人

上列被告因業務侵占等案件，已經偵查終結，認應提起公訴，茲將犯罪事實及證據並所犯法條分敘如下：

　　犯罪事實

一、林○澤原擔任臺中市南屯工業二十一路○○號張○倖為負責人之賜○○企業社業務員，負責招攬客戶及送貨業務：其妹林○珊為該企業社會計人員，負責登錄進、出貨、退貨之電腦紀錄。渠二人基於意圖為自己不法所有之概括犯意聯絡，連續於民國92年10月23日、同年月27日、31日、同年11月7日、12月1日、12月4日、12月9日及12月12日，以客戶欲訂購貨物為由，由林○珊於電腦上虛偽註記如附表之出貨紀錄，列印出貨單，再由林○澤持該出貨單以業務自送貨物之方式向倉管人員提領貨物，變易持有

為所有之意思，將該貨物侵占入己，嗣後再由林○珊將該等出貨之電腦紀錄刪除。嗣賜○○企業社之電腦資料重整回復，始發現有上開出貨紀錄卻未入帳，經向客戶詢問始發現上情。

二、案經張○倖委任何志揚律師為告訴代理人告訴偵辦。

證據並所犯法條

一、訊據被告林○澤固不否認曾提領附表所示之貨物，惟均矢口否認涉有上開犯罪事實，林○澤辯稱：「當時我擔任主管，要帶新進人員去跑業務，本來有要送貨，後來因帶新進人員沒有送貨，再將提領之貨物退回倉庫，我都是口頭告知倉管人員並將貨物退還，其他的是倉管人員及會計之間的事。」；林○珊辯稱：「退貨部分我無收管，倉管部門收到退貨後，核對出貨單，簽收後再交給我，若是整筆貨退回時，倉管人員通知我後，我不會再製作退貨單，而是將整筆出貨單在電腦上刪除，倉管人員直接將單據銷毀。」云云。惟查：賜○○企業社之出貨流程分為二種，其一為請貨運公司送貨。另一為業務送貨，提領貨物核對貨品，業務須在自送本（即託運單）上簽名，自送本上有出貨單號，出貨前，會計會在出貨單上簽名，出貨單共四聯，一張留底，業務員送達貨品後要請客取回交給倉管人員，倉管人員會在託運單上註明「OK」，但不會與客戶確認貨品是否收到；退貨時業務員將貨物載回，送交倉管人員清點，如為全數退貨，倉管人員會在託運單註明全數退回並簽名，如為部分退貨，倉管人員會在託運單註明全數退回並簽名，如為部分退貨，業務員須填寫退貨單，將貨物交倉管人員清點，並由倉管人員在退貨單上簽名，業務員即將該退貨單交給會計，由倉管人員收受退貨品。」等情，業據賜○○企業社之倉管王○來、會計洪○美、陳○真、業務員王○如到庭證述明確，是依證人等所證述之退貨流程，並無被告林○澤所辯稱之全數退貨時不另行填寫退貨單之情形。且如附表所示之貨品託運單並無證人王○來之簽名，顯示該等貨物出貨後未有

退貨情形。再依賜○○公司客戶即證人張○彰、陳○銘、潘○任等人證述,其等並未訂購及收受如附表所示之貨物。是被告林○澤既自認有提領如附表所示貨物之事實,上開貨物既未經客戶收受,復無退貨紀錄,足認被告林○澤、林○珊確有侵占附表貨物之事實,此外,復有託運單原本二本、出貨單影本等在卷可資證明,被告二人侵占罪嫌堪予認定。

二、核被告林○澤、林○珊所為,係犯刑法第336條第2項之業務侵占、第215條、第216條之行使業務登載不實文書罪嫌,渠等多次行使、業務侵占犯行,均時間緊接、犯罪構成要件相同,顯係基於概括之犯意為之,為連續犯,請依法加重其刑。所犯上開二罪間,有方法、目的之牽連關係,請從一重之連續業務侵占罪論處。

三、依刑事訴訟法第251條第1項提起公訴。

　　此　致

臺灣臺中地方法院

中　　華　　民　　國　　95　　年　　4　　月　　14　　日

　　　　　　　　檢察官　鄭仙杏

本件正本證明與原本無異。

中　　華　　民　　國　　95　　年　　5　　月　　1　　日

　　　　　　　　書記官　江椿杰　印

中華民國刑法第336條

對於公務上或因公益所持有之物,犯前條第1項之罪者,處一年以上七年以下有期徒刑,得併科五千元以下罰金。

對於業務上所持有之，犯前條第1項之罪者，處六月以上五年以下有期徒刑，得併科三千元以下罰金。

前二項之未遂犯罰之。

中華民國刑法第215條

從事業務之人，明知為不實之事項，而登載於其業務上作成之文書，足以生損害於公眾或他人者，處三年以下有期徒刑、拘役或五百元以下罰金。

中華民國刑法第216條

行使第210條至第215條之文書者，依偽造、變造文書或登載不實事項或使登載不實事項之規定處斷。

二、第一審程序

刑事辯護暨聲請調查證據狀

案號：95年易字第1113號

股別：蕭

被　　　告　林○澤　均年籍在卷

　　　　　　林○珊

共　　　同　吳光陸律師

選任辯護人

為業務侵占等案件提出辯論暨事調查證據狀：

　　本件公訴意旨略以：林○澤原擔任臺中市南屯區工業二十一路○○號張○倖為負責人之賜○○企業社業務員，負責招攬客戶及送貨業務；其妹林○珊為該企業社會計人員，負責登錄進、出貨、退貨之電腦紀錄。渠二人基於意圖為自己不法所有之概括犯意聯絡，連續於民國92年10月23日、同年月27日、31日、同年11月7日、12月1日、12月4日、12月9日及12月12日，以客戶欲訂購貨物為由，由林○珊於電腦上虛偽註記如附表之出貨紀錄，列印出貨單，再由林○澤持該出

貨單以業務自送貨物之方式向倉管人員提領貨物，變易持有為所有之意思，將該貨物侵占入己，嗣後再由林○珊將該等出貨之電腦紀錄刪除。嗣賜○○企業社之電腦資料重整回復，始發現有上開出貨紀錄卻未入帳，經向客戶詢問始發現上情。

惟查：起訴書所列附表九紙之出貨單，其中一紙託運單編號2494720014無被告林○澤簽名，該筆客戶為埔里○○藥局，託運單之簽名為洪○美所為，業據洪○美承認（參見偵查卷第60頁），被告否認有領取該筆貨物，其他八紙雖有領貨，但因故未送給客戶，均已退回告訴人，並無侵占。

公訴人以被告有侵占犯行，係以：賜○○企業社之出貨流程為為二種，其一為請貨運公司送貨。另一為業務送貨，提領貨物核對貨品，業務須在自送本（即託運單）上簽名，自送本上有出貨單號，出貨前，會計會在出貨單上簽名，出貨單共四聯，一張留底，業務員送達貨品後要請客戶在其餘三聯之出貨單上簽名，其中一張客戶自留，另二張再取回交給倉管人員，倉管人員會在託運單上註明『OK』，但不會與客戶確認貨品是否收到；退貨時業務員將貨物載回，送交倉管人員清點，如為全數退貨，倉管人員會在託運單註明全數退回並簽名，如為部分退貨，業務員須填寫退貨單，將貨物交倉管人員清點，並由倉管人員在退貨單上簽名，業務員即將該退貨單交給會計，由倉管人員收受退貨品等情，業據賜○○企業社之倉管王○來、會計洪○美、陳○真、業務員王○如到庭證述明確，是依證人等所證述之退貨流程，並無被告林○澤所辯稱之全數退貨時不另行填寫退貨單之情形。且如附表所示之貨品託運單並無證人王○來之簽名，顯示該等貨物出貨後未有退貨情形。再依賜○○公司客戶即證人張○彰、陳○銘、潘○任等人證述，其等未訂購及收受如附表所示之貨。是被告林○澤既自認有提領如附表所示貨物之事實，上開貨物既未經客戶收受，復無退貨紀錄，足認被告林○澤、林○珊確有侵占附表貨物之事實。

惟查：

一、苟如上開所述，既尚有二張出貨單交倉管人員，一張留底，縱如告訴人指稱被告林○珊刪除電腦出貨單資料，告訴人仍有上開三聯，尤其尚有託運單在告訴人處可供查核，何以告訴人未於被告林○澤離職前發現此情，延至一年後之民國93年始藉電腦資料重整回復而發現？足見告訴內容不合情理，應有不實。

二、證人黃○明在偵查中稱，其在軟體資源回收筒找到三張刪除之單據，刪除有可能是打錯刪掉，也可能電腦當機，聽會計說被告林○澤居多（參見偵查卷第152頁），核與證人陳○真（即告訴人會計）稱發見十幾筆，不見的都是被告林○澤的單子不符（參見偵查卷第159頁），更與告訴人告訴之初主張為十二張，嗣又更正為九張不合，則此電腦回復一節，是否真正，非無疑問。苟非真正，足見此為告訴人推托之詞，不足採信。

三、告訴人每月均有盤點庫存，苟如上開指訴，何以自民國92年11月起均未發見。

為查明事實，請調查下列證據：

一、訊問證人潘○美（住臺中市○○路○○號）
待證事實：退貨情形及每月盤點情形，以證明被告無侵占。

二、訊問證人張○雲（住臺中市成都路○○號）
待證事實：被告匯款給告訴人之理由，並非有侵占而賠償。

三、訊問證人王○來（住臺中縣沙鹿鎮○○路○○號）
訊問證人洪○美（住臺中縣大肚鄉○○路○○號）
待證事實：託運單之處理情形及退貨情形。

四、訊問證人陳○真（住臺中市南屯區工業○○路○○號）
待證事實：告訴人會計處理及盤點情形。

五、請令告訴人提出本件之託運單原本。

　　謹　狀
臺灣臺中地方法院　　公鑒

中　華　民　國　95　年　5　月　29　日

　　　　　　　　具　　狀　　人　　林○澤
　　　　　　　　　　　　　　　　林○珊
　　　　　　　共同選任辯護人　吳光陸律師　印

準備程序筆錄

公訴人　臺灣臺中地方法院檢察署檢察官

被　告　林○澤等

上被告因95年易字第1113號業務侵占等一案，於中華民國95年5月29日下午3時15分在本院刑事第八法庭公開行準備程序，出席職員如下：

　　　　　　　　法　官　鍾堯航
　　　　　　　　書記官　葉泰濃
　　　　　　　　通　譯　魏信得

到庭被告與訴訟關係人如後

詳報到單所載。

檢察官　黃雅楓　到庭

辯護人吳光陸律師到庭

被告到庭身體未受拘束。

法官問被告姓名年齡出生地職業住居所等項

被告答

　　林○澤　男○○歲（民國○○年○○月○○日）

　　　　　　身分證統一編號：M○○○○

　　　　　　住南投縣埔里鎮○○號

　　　　　　居臺中市西屯區○○號

被告答

　　林○珊　女○○歲（民國○○年○○月○○日）

身分證統一編號：M○○○○

住臺中市北屯區○○號

法官請檢察官陳述起訴概要

檢察官陳述起訴概要。

法官對被告告知其犯罪之嫌疑及所犯罪名（詳如起訴書所載）。

並告知被告下列事項：

一、得保持緘默、無須違背自己之意思而為陳述。

二、得選任辯護人。

三、得請求調查有利之證據。

法官問

對於檢察官起訴事實有何意見及答辯要旨？是否認罪？

被告澤答

我從90年5、6月間起擔任臺中市南屯區工業二十一路○○號賜○○企業社（現更名為賜○○生技股份有限公司）業務員，負責招攬客戶、送貨服務。起訴書所載的九筆貨品，除了託運單編號2494720014號所載92年12月12日之貨品不是我領的，其他八筆都是我領取的，但該八筆貨品我領取以後並沒有送給客戶，直接整批退給倉庫。我是將出貨單及貨品拿給倉管小姐，由倉管小姐處理，後續我就不管了。

被告珊答

我從92年4月份起擔任臺中市南屯區工業二十一路○○號賜○○企業社會計人員，負責登錄進出貨、退貨的電腦資料，一般整批退貨的流程，是由業務員將貨品及出貨單，退給倉管人員，倉管人員核對無誤後，再通知我把電腦的出貨單資料消除即所謂的消單，如果部分退貨，業務員要製作退貨單，將退貨單及貨品交給倉管人員核對無誤後，再將退貨單交給我，我再依業務員製作的退貨單，另外再製作一張商品退貨憑據。公司大部分的進出貨、退貨都是由我處理電腦資料，如果我很忙，另外兩名會計也會幫忙，林○澤所說的該八筆退貨資料是否我處理的，我忘記了。

法官問

　　請陳述關於本件之辯護要旨。

辯護人起稱

　　如今日提出之辯護狀所載。

法官諭請檢察官陳述用以證明被告有起訴書所載犯罪事實之各項證據及各項證據之待證事實。

檢察官起稱

　　本件被告有起訴書所載之犯罪事實有以下之證據可之證明：

　　書　證　方　面：託運單原本二本、出貨單影本。

　　人的證據方面：被告之供述、證人王○來、洪○美、陳○真、

　　　　　　　　　　王○如、張○彰、陳○銘、潘○任之證述

法官問

　　對於檢察官所提出之前開犯罪事實之證據方法，有何意見？（提示並告以要旨）

被告均答

　　無。

辯護人起稱

　　除2494720014號託運單否認有證據能力，其他沒有意見。

　　法官諭請被告、辯護人提出證明答辯要旨內容之證據方法及其待證事實。

被告均答

　　無。

辯護人起稱

　　如聲請調查證據狀所載，並請告訴人提出託運單原本。

法官問

　　對辯護人所提出之前開答辯要旨之證據方法，有何意見？（提示並告以要旨）

檢察官起稱

證人王○來、洪○美、陳○真於偵查中已經證述甚明，無傳訊必要，證人張○雲與本案無關亦無傳訊必要。

法官諭

本件兩造不爭執之事項為：

一、被告林○澤承認曾擔任賜○○企業社業務員，負責招攬客戶及送貨業務。

二、被告林○澤承認起訴書所載的九筆貨品除其中2494720014號託運單所載的貨品非其領取外，其餘八筆貨品均由其領取。

三、被告林○珊承認曾擔任賜○○企業社的會計，負責登錄進出貨及退貨之電腦資料。

本件主要爭點為：

一、被告二人均否認有業務侵占及登載不實犯行，答辯如上。

法官問

有何意見？

檢察官起稱

無。

被告均答

無。

辯護人起稱

無。

法官問

對於上開爭點有無其他證據提出？

檢察官起稱

無。

法官問

對於上開爭點有無其他證據提出？

被告均答

無。

辯護人起稱

　　　同前所述。

法官問

　　　對於辯護人有關上開證人傳喚之聲請及證據之調查，有何意見？

檢察官起稱

　　　同前所述。

法官向檢察官、被告、辯護人表示，二造均已提出各項於審判期日應予調查之證據，請就各項證據於審判期日調查之範圍、次序及方法，表示意見。

檢察官起稱

　　　無。

被告均答

　　　無。

辯護人起稱

　　　無。

法官諭知本件審理日期調查證據之次序如下：

一、本院如認有傳訊證人潘○美、張○雲、王○來、陳○貞之必要，
　　　由辯護人行主詰問，檢察官行反詰問。

二、書證、物證提示並告以要旨。

請問檢察官、被告、辯護人有何意見？

檢察官起稱

　　　無。

被告均答

　　　無。

辯護人起稱

　　　無。

法官諭本案候核辦，被告請回。

上筆錄經當庭給閱朗讀到庭之人認為無誤簽名於後

被　　　告　林○珊（簽名）

被　　　告　林○澤（簽名）

選任辯護人　吳光陸律師（簽名）

檢　察　官　黃雅楓（簽名）

中　華　民　國　95　年　5　月　29　日

臺灣臺中地方法院刑事第八庭

書記官　葉泰濃（簽名）

法　官　鍾堯航（簽名）

審判筆錄

公訴人　臺灣臺中地方法院檢察署檢察官

被　　告　林○澤等

上被告因95年易字第1113號業務侵占等一案，於中華民國95年7月11日上午9時30分在本院刑事第八法庭公開行準備程序，出席職員如下：

審判長法　官　朱光國

法　　官　洪俊誠

法　　官　鍾堯航

書記官　葉泰濃

通　譯　王繼恩

到庭被告與訴訟關係人如後

詳報到單所載。

檢察官　江貞諭　到庭

辯護人吳光陸律師到庭

被告到庭身體未受拘束。

朗讀案由

審判長問被告姓名、年齡、籍貫、職業、住居所等項

被告答

    林○澤   男○○歲（民國○○年○○月○○日）

              身分證統一編號：M○○○○

              住南投縣埔里鎮○○號

              居臺中市西屯區○○號

被告答

    林○珊   女○○歲（民國○○年○○月○○日）

              身分證統一編號：M○○○○

              住臺中市北屯區○○號

告訴人代理人答

    何志揚律師

審判長請檢察官陳述起訴要旨。

檢察官起稱：本案之犯罪事項（詳如起訴書犯罪事實）

審判長對被告告知其犯罪之嫌疑及其所犯罪名（詳如起訴書所載）。

並告知被告下列事項：

一、得保持緘默、無須違背自己之意思而為陳述。

二、得選任辯護人。

三、得請求調查有利之證據。

審判長徵詢全體到庭之人之意見後，認為本審判期日對於受訊人之訊問及其陳述，僅記載其要旨，以利程序之順利進行。（審判長先處理準備程序時，經雙方當事人爭執證據能力之證據）

審判長諭知證據調查之範圍、次序及方法（如準備程序筆錄所載）。

並說明雙方不爭執之被告以外之人之陳述之項目，及詢問當事人及辯護人之意見。

被告均答

    無。

辯護人起稱

　　　無。

檢察官起稱

　　　無。

審判長問

　　　證人王○來、洪○美、陳○真未到庭有何意見？

辯護人起稱

　　　請求再傳訊。

點呼證人入庭訊問。

審判長問證人姓名、年齡、籍貫、職業、住所等事項。

證人答

　　　潘○美　　民國○○年○○月○○日生

　　　　　　　　住臺中市南屯區文心一路○○號

　　　　　　　　居臺中市西屯區○○號

　　　　　　　　身分證統一編號：N○○○○

證人答

　　　張○雲　　民國○○年○○月○○日生

　　　　　　　　住南投縣埔里鎮○○號

　　　　　　　　居臺中市西屯區○○號

　　　　　　　　身分證統一編號：N○○○○

審判長問證人

　　　與被告有無親屬利害關係？

證人美答

　　　無。

證人雲答

　　　林○澤是我先生。

諭知證人具結義務及偽證處罰命朗讀結文後令具結結文附卷。

審判長諭知開始進行交互詰問，請辯護人行主詰問。

辯護人問

　　你是否知道你先生林○澤與賜○○公司之間有糾紛，並曾經匯款給該公司？

證人雲答

　　知道，93年底我因為待產沒有工作，就與我先生一起去跑我先生自己開設的濰○公司的業務，去藥局（客戶）時藥局的人向我們說，我先生因為侵占賜○○公司的產品，被賜○○公司開除。後來賜○○的老闆張○倖打電話給我先生，叫我先生將侵占的款項六萬五千八百四十元匯給公司，公司就給付我先生及小姑（林○珊）未領取的薪水，當時我很害怕，因為我當時待產，且賜○○在業界算很大，所以我就自己從我郵局內領六萬五千八百四十元匯給賜○○公司，我與我先生一起到彰化銀行水湳分行由我先生寫匯款單，匯給賜○○公司。

辯護人問

　　你先生有無告訴你他有侵占賜○○公司的產品？

證人雲答

　　沒有。

辯護人問

　　既然沒有侵占為何要匯款？

證人雲答

　　因為賜○○的老闆說把六萬多元匯給公司，公司就會把我先生及小姑的薪水共五萬多元匯給他們，我想說只差一萬多元，且賜○○的老闆及業務都在外面說六個月就要讓我先生的公司倒下，我聽了很害怕，所以就用我的私房錢匯給該公司。

辯護人問

　　你先生是否同意匯款？

證人雲答

　　不同意。

辯護人問

　　後來為何同意？

證人雲答

　　我硬著要我先生一起到郵局領錢，並到彰化銀行水湳分行去匯款，我看著我先生寫匯款單我才安心。

辯護人問

　　你匯款時有無接到檢察官或警察局的傳喚通知書？

證人雲答

　　沒有。

辯護人問

　　妳匯款後，公司有無將薪水給付被告二人？

證人雲答

　　沒有。

辯護人問

　　（提示偵查卷第24、46、47、48頁）24頁的匯款單是否匯給賜○○公司的錢？另外46、47、48頁的函是否妳及妳先生在藥局看到的黑函？

證人雲答

　　是的。

審判長請檢察官行反詰問。

檢察官問

　　妳剛剛說聽到張○倖與被告林○澤談到業務侵占的糾紛，妳有親自與張○倖講話？

證人雲答

　　沒有，是林○澤與張○倖講完話後告訴我的。

檢察官問

　　妳先生何時離職？

證人雲答

　　93年8、9月間。

檢察官問

公司積欠妳先生的薪水是否為當月的薪資？

證人雲答

是離職當月的薪資。

檢察官問

你在93年9月之後，賜○○公司有積欠妳先生及妳小姑的薪資，賜○○公司在94年初要求妳先生返還侵占的貨款時，你們為何不主張抵銷，反而要一次匯款六萬多元？

證人雲答

因為張老闆堅持要我們先匯才要給付薪水。

檢察官問

為何你在94年1月13日，才向臺中市勞資關係協會聲請公司給付積欠薪資？（提示）

證人雲答

因為我們不知道如何辦，後來是我先生自己去聲請。

檢察官問

既然懂得以法律途徑要求給付薪資，在公司向各大藥局發送妳先生侵占的信函時，如果該公司真的涉及捏造不實的指控，當時為何不循法律途徑救濟？

證人雲答

因為賜○○不給付薪水，我們問了很多人，才知道可以去協調，至於當時我們看到信函時，我們不知道怎麼辦。

檢察官問

妳先生在90年就進入該公司，工作二年多才離職，這期間就妳所知，妳先生與公司相處狀況如何？薪水多少？

證人雲答

狀況我不知道，薪水多少我不知道，當時我還沒有與我先生結婚，我與我先生結婚時，我先生已經離職。

檢察官問

　　妳先生的公司何時設立？

證人雲答

　　何時設立我不清楚，之前我們曾經設立同○企業社，至於濰○股份有限公司是後來才設立。

審判長請辯護人行覆主詰問

辯護人問

　　妳的教育程度？

證人雲答

　　高職畢業。

辯護人問

　　妳生先教育程度？

證人雲答

　　長榮大學，何系我不知道，但不是法律系。

審判長請檢察官行覆反詰問

檢察官起稱

　　無。

審判長諭知交互詰問完畢。

審判長諭知開始進行交互詰問，請辯護人行主詰問。

辯護人問

　　你何時任職賜○○公司？

證人美答

　　91年3月到92年5月中旬，擔任出納、會計，負責上游廠商進貨、退貨及請款，還有下游藥局的出貨、退貨及請款，並會同倉管人員人戶盤點庫存，每個月一定要作盤點庫存，每星期及每天是看情況作盤點庫存。

辯護人問

　　你在工作期間，林○澤是否任職賜○○公司？

證人美答

　　是的。

辯護人問

　　你工作期間你們公司擔任會計除了你還有何人？

證人美答

　　有，我進入公司半年左右，有增加一個會計叫○暖姓什麼我忘記了，跟我作相同工作，○暖比我早幾個月離職。

辯護人問

　　你們公司由業務出貨給藥局時，出貨單是否四聯？

證人美答

　　是的。

辯護人問

　　（提示偵卷第16頁背面出貨單）你所說的出貨單是否與卷附的出貨單相同？

證人美答

　　是的，是從電腦列印出來共有四聯。

辯護人問

　　出貨單的存根聯（白聯）何人保管？

證人美答

　　白聯先由會計簽名，然後集中由會計保管。

辯護人問

　　四聯中是否有其中一聯交由倉管人員保管？

證人美答

　　沒有。

辯護人問

　　業務員領貨後自己送到藥局後，如果被藥局全部退貨如何處理？

證人美答

　　業務員在其餘三聯的出貨單上面寫全部退貨，連同貨品交給倉

管人員，倉管人員清點後會在三聯單上簽名，再將三聯單交給會計人員，會計人員再依據三聯單從電腦上打正式的退貨單一聯，並在正式的退貨單上簽名，連同三聯單一起送給老闆，老闆簽名後由會計歸檔。

辯護人問

　　全部退貨是否都有打正式退貨單？

證人美答

　　我剛開始任職的時候因為不會使用公司電腦，如果整筆退貨，老闆曾經要我將整筆的出貨資料刪除，這樣就可以不用打正式退貨單，約有一個多月的時間，後來因為發現如此盤點庫存及藥局詢問上次出貨、退貨的品名，我會找不到資料，所以後來都有打正式退貨單。

辯護人問

　　你離職後是否知道公司全部退貨有無打正式退貨單？

證人美答

　　我不知道。

辯護人問

　　如果沒有退貨時，業務員將其中二聯拿回公司做何用？

證人美答

　　交給會計放在客戶的卷宗夾，業務要去請款時，就會直接到客戶的卷宗夾拿該二聯的出貨單去向客戶請款。

辯護人問

　　你們公司每月盤點是否就全部的存貨盤點？

證人美答

　　不是，只是針對有出貨或退貨的部分盤點，沒有出貨或退貨的貨品就不用盤點，我任職時從來沒有就全部的貨品盤點，我說的出貨及進貨，包括上游廠商的進貨、退貨，及下游廠商的出貨、退貨。

辯護人問

　　你們如何盤點？

證人美答

　　盤點的前一天先針對有進貨、出貨、退貨的貨品，從電腦列印庫存表，隔天早上會同倉管人員一一盤點。

辯護人問

　　在你任職期間有無發現盤點與庫存不符？

證人美答

　　有，會先跟老闆報告，多的部分就直接在電腦上更改，少的部分老闆會請倉管先找看看，倉管如果找不到就算了，直接在電腦上更改數量。

辯護人問

　　就你所了解有無可能因為業務員退貨時，你們登載錯誤或手續不全，所以數量不符？

證人美答

　　不可能沒有打退貨單，如果數目打錯，隔天盤點就會發現。

辯護人問

　　為何還會有數量不符的情形？

證人美答

　　有可能倉管人員點貨時出錯，情況有很多。

審判長請檢察官行反詰問

檢察官問

　　公司的盤點情形？

證人美答

　　由會計及倉管負責。

檢察官問

　　業務員向公司倉管人員取貨流程？

證人美答

　　出貨情形分二個部分，第一個部分是由業務員直接告訴會計，出貨的對象、品名及數量，由會計打出貨單，並在上面簽名交給倉管人

員，倉管人員依照出貨單點貨，並在出貨單上簽名，如果由業務員親自送貨，就將貨物及出貨單交給業務員，如果是讓貨運公司送，倉管人員會填寫託運單，交由貨運公司送貨。第二部分是藥局自己打電話來向會計訂貨，後面的流程就與之前相同。

檢察官問

　　（提示卷附託運單）託運單在業務員親自送貨時，倉管人員及會計人員是否會在上面作註記？

證人美答

　　我不知道。

檢察官問

　　在退貨時你們打的出貨退回單，是否如同偵卷第162頁？（提示）

證人美答

　　是的。

檢察官問

　　是否在整筆或部分貨物退貨時，一定會製作出貨退回單？

證人美答

　　是的。

檢察官問

　　在盤點時是否會就已經出貨的部分是否已經請款一併了解？

證人美答

　　不會。

審判長請辯護人行覆主詰問

辯護人起稱

　　無。

審判長諭知交互詰問完畢。

審判長問

　　對證人之證言有何意見？（提示並告以要旨）

被告澤答

　　無意見。

被告珊答

　　出貨單沒有固定人保管，只是裝箱放在公司有空間的地方，其他沒有意見。

告訴代理人答

　　對潘○美所言無意見，張○雲所言不實在，張○雲既然匯款給告訴人公司，為何不主張將薪水抵銷，餘款匯給公司。

　　諭本案定8月8日上午9時30分在本院續行審理程序，屆時應準時到庭不另傳喚，無故不到得命拘提之，被告、證人等均請回，再傳未到證人王○來、洪○美、陳○真。

中　　華　　民　　國　　95　　年　　7　　月　　11　　日

臺灣臺中地方法院刑事第八庭

書記官　葉泰濃

審判長法　官　朱光國

刑事辯護㈡狀

案號：95年易字第1113號

股別：蕭

被　　　　告　林○澤　均年籍在卷

　　　　　　　林○珊

共　　　　同　吳光陸律師

選任辯護人

為業務侵占等案件提出辯論狀：

　　本件不爭執者係起訴書附表九紙之出貨單，除其中一紙託運單編

號2494720014外，其他八紙貨物係被告林〇澤領取，告訴人以被告林〇澤領取後未交給客戶，認有侵占，被告林〇澤辯稱確已退貨，但為告訴人否認，以無退貨，是本件爭執點在於是否有退貨？公訴人認被告無退貨，退貨時應另填退貨單，本件並無被告林〇澤之退貨單，認有侵占。

惟查

一、依證人王〇來在偵查中稱「如果全數退貨，我即在出貨單上註明全數退回並簽上我的名字，如果是部分退回，業務員會填退貨單，再由我清點」（參見偵查卷第58頁），「我負責進貨點收及退貨點收。全部退貨就是在出貨單寫全部退還，部分退貨就是由業務將貨物拿回來，寫退貨的三聯單，點收無誤，我就打勾簽名。」「我不知道，我就只有在出貨單上面寫全數退回。」（參見偵查卷第151頁），是在全部退貨時，並非一定須填退貨單，核與被告所述相符，證人王〇如亦稱不一定有退貨單，客戶不收，將貨及出貨單一起交回到倉庫，就沒有退貨單（參見偵查卷第143頁），故不能以無退貨單即認一定無退貨。

二、依上所述，被告林〇澤辯稱確已全數退貨是否屬實，即應以當時之出貨單上有無王〇來之記載為考，而此出貨單係存於告訴人處，但告訴人故不提出，即可陷被告二人有罪。告訴人以出貨單電腦資料已遭刪除，由電腦工程師黃〇明挽救找回，其目的即在逃避提出責任。依告訴人之作業，出貨單一式四聯，其中一聯告訴人留底（按白聯），其他三聯由業務員連同貨物一併交給客戶，客戶收貨在其他三聯簽名後，除客戶留存一聯，其他二聯交給告訴人之倉管人員，倉管人員核對無誤，再交會計核單歸檔（參見偵查卷第129頁），核與證人洪〇美證稱以存根聯核與會計核對相符（參見偵查卷第59頁），則在被告林〇澤取貨後，如未能退貨，自必應將另二聯有客戶簽名者交給倉管人員，則在正常情況下，告訴人應有另兩聯出貨單可核對，反之如未交回，倉

管人員亦應可立即發見何以無退回之其他兩聯,何以須待挽救電腦始發見?況參諸:

(一)證人黃○明於民國95年2月6日在偵查中稱,告訴人在兩年前請伊去,當天有三位小姐在場,包括陳○真在內,其在軟體資源回收筒找到3張刪除之單據,刪除有可能是打錯刪掉,也可能電腦當機,聽會計說被告林○澤居多(參見偵查卷第152頁),不僅核與證人陳○真(即告訴人會計)稱發見十幾筆,不見的都是被告林○澤的單子不符(參見偵查卷第159頁),且只有三張刪除之單據,何以告訴時竟為12張?則此電腦回復一節,是否真正,非無疑問。縱屬真正,亦非一定為本件起訴附表之九紙?況此有可能為電腦當機,並非被告林○珊為配合被告林○澤之侵占而刪除。

(二)依告訴人函「因公司年度結算需做進銷存之結轉,發現出貨單號有遺漏,於是從原始單據查起(白單),但白單也都不見,進而由貨運本與自送本上查,故發現短少之單據號碼均在自送本上有登錄,還有自送業務林○澤或會計林○珊之簽名,於是請電腦工程師將進銷存軟體做還原動作,並且查詢刪除短少之單據是由哪個工作站所執行的,於是發現作所有的刪除動作的都是由會計林○珊所使用的工作站所執行的。」(參見偵查卷第87頁),核與證人陳○真於偵查中稱「問:本件如何發現現有電腦刪除的紀錄?答:92年12月,因為電腦當機,剛好老闆出國,所以我們找電腦人員重整,才發現,因為維修人員跟我們說因為資料有不見,所以才當機,當機的原因是操作不當,他怕我們資料有毀損不見,所以要我們去核對資料,因為出貨及退貨的序號都是連續的,所以我們就核對之前所留的四聯單,有發現不見的東西,要電腦公司人員來幫我們還原。」(參見偵查卷第158頁)不符,足見此所謂「發現」,應非真正,目的無非在逃避提出真正之出貨單,可證明被告林○澤確有退貨。

三、告訴人於偵查中提出兩種版本之退貨單(參見偵查卷第130頁及第162頁),足見是否有填寫退貨單一事,非無疑義。

四、被告林○澤係民國91年9月5日任職至民國93年9月1日止，被告林
　　○珊係民國92年3月任職至民國93年8月中旬止，業據告訴人陳明
　　在卷（參見偵查卷第14頁），而被告林○澤離職單，告訴人係8
　　月19日批示「不長進」，則自該日起至9月1日止，告訴人可以查
　　明有無未完成工作。甚至因本件指訴侵占之貨物均係民國92年10
　　月至12月者，則：(一)告訴人在爾後九個多月，均未憑留存之出
　　貨單查對，顯不合理。尤其依證人陳○真證言「問：共差了幾
　　筆？答：十幾筆，但是正確數字不清楚。有留底的單據，但是
　　電腦的紀錄不見。不見的都是林○澤的單子。」（參見偵查卷
　　第159頁），既有留底的單據，則本件早可發見，何須如此大費
　　周章於被告林○澤離職後始主張。(二)依上開告訴人函稱係年度
　　結算，本件係民國92年10月至12月者，何以民國92年年度結算未
　　發見？(三)依上開證人陳○真證言，則在民國92年底即發現，何
　　以至民國93年9月被告林○澤，8月中旬被告林○珊離職前均未向
　　被告二人查明、請求，僅對被告林○澤批示「不長進」而同意
　　離職。(四)依證人黃○明稱約兩年前，則其時間在92年年底至民
　　國93年年初，當時既已發見，被告二人均未離職，何以未質問被
　　告？(五)依證人潘○美證稱告訴人每月均對有出貨之存貨盤點，
　　發現不符者會先報告告訴人負責人，茲既有上開九紙出貨，何以
　　自民國92年10月至民國93年9月歷經多次盤點，均未發見。
五、苟出貨單確如證人黃○明所述，何以挽救回告訴人提出之出貨單
　　上尚有被告林○澤離職日之記載。是此出貨單應非原有之出貨
　　單，參照上情，顯係告訴人有意以此控訴被告而捏造者。
六、在告訴人處可以刪除出貨單者除被告林○珊外，尚有另二名會
　　計，告訴人如何確定其所提出之出貨單均係被告林○珊刪除？
七、退一步言，被告果有未退貨，惟在告訴人通知後已匯款返還，亦
　　應無不法所有意圖，不成立侵占罪，並請　鈞院斟酌金額不大，
　　已予返還，從輕處罰，並諭知緩刑，以啓自新。
　　謹　狀

臺灣臺中地方法院　　公鑒

中　華　民　國　95　年　8　月　8　日

　　　　　　　具　狀　人　林○澤

　　　　　　　　　　　　　林○珊

　　　　　共同選任辯護人　吳光陸律師　㊞

刑事聲請調查證據狀

案號：95年易字第1113號

股別：蕭

被　　　告　林○澤　均年籍在卷

　　　　　　林○珊

共　　　同　吳光陸律師

選任辯護人

為業務侵占等案件提出聲請調查證據狀：

　　請傳訊證人蔡○文（住臺中市漢誠四街○○號崇○藥局）。

　　待證事實：本件爭執之原始出貨單仍存在告訴人處，告訴人以其中一張向蔡○文收款（被證一，即發查字偵查卷宗第10頁之出貨單），並無告訴人所稱出貨單經電腦資料刪除，未持有原始之出貨單，可訊問證人蔡○文，並命其提出該紙出貨單。

　　謹　狀

臺灣臺中地方法院　　公鑒

中　華　民　國　95　年　8　月　8　日

　　　　　　　具　狀　人　林○澤

　　　　　　　　　　　　　林○珊

　　　　　共同選任辯護人　吳光陸律師　㊞

審判筆錄

公訴人　臺灣臺中地方法院檢察署檢察官

被　　告　林○澤等

上被告因95年易字第1113號業務侵占等一案，於中華民國95年8月8日上午9時30分在本院刑事第八法庭公開行準備程序，出席職員如下：

審判長法　官　朱光國

法　　官　洪俊誠

法　　官　鍾堯航

書記官　吳淑願

通　譯　彭勝懋

到庭被告與訴訟關係人如後：

詳報到單所載。

檢察官　江貞諭　到庭

辯護人吳光陸律師到庭

辯護人廖瑞鍠律師未到庭

告訴代理人何志揚律師到庭

被告到庭身體未受拘束。

朗讀案由。

審判長諭本案更新審判程序書記官朗讀前審理筆錄。

審判長問被告姓名、年齡、籍貫、職業、住居所等項

被告答　林○澤　年籍資料詳卷

被告答　林○珊　年籍資料詳卷

審判長請檢察官陳述起訴要旨。

檢察官起稱：本案之犯罪實如下（如起訴書犯罪事實）

審判長對被告告知其犯罪之嫌疑及其所犯罪名（詳如起訴書所載）。

並告知被告下列事項：

一、保持緘默、無須違背自己之意思而為陳述。

二、選任辯護人。

三、得請求調查有利之證據。

審判長徵詢全體到庭之人之意見後,認為本審判期日對於受訊問人之訊問及其陳述,僅記載其要旨,以利程序之順利進行。

被告均答

無。

選任辯護人吳光陸律師起稱

無。

檢察官起稱

無。

點乎證人入庭訊問。

審判長問證人姓名、年齡、籍貫、職業、住所等事項。

證人答

王○來　民國○○年○○月○○日　　L○○○○

住臺中縣沙鹿鎮○○號

證人答

洪○美　民國○○年○○月○○日　　L○○○○

住臺中縣大肚鄉○○號

證人答

陳○真　民國○○年○○月○○日　N○○○○

住臺中市北屯區○○號

審判長問證人

與被告有無親屬利害關係?

證人王○來答

無。

證人洪○美答

無。

證人陳○真答

　　無。

諭知證人具結義務及偽證處罰命朗讀結文後令具結結文附卷。

辯護人起稱

　　請求隔離訊問證人。

諭知本件行隔離訊問，命證人王○來、洪○美暫退庭。

審判長諭知開始進行交互詰問，請辯護人開始為主詰問。

辯護人吳律師問

　　（提示偵查卷87頁）是否你們賜○○企業社寫的？

證人陳○真答

　　我不清楚。

辯護人吳律師問

　　依該函內容公司是否有作年度結算、進銷存的工作？

證人陳○真答

　　有，是在1月到12月年度結束時作的，是在次年的1月份作的。

辯護人吳律師問

　　進銷存的工作內容？

證人陳○真答

　　應收帳款、應付帳款及庫存貨品的結算。

辯護人吳律師問

　　該年度結算是否要會同倉管人員一起做？

證人陳○真答

　　庫存貨品的結算要會同，其餘的不用。

辯護人吳律師問

　　（提示發查卷告訴狀所附出貨單十二張）是否黃○明從賜○○企業社電腦重整修復列印出來的？

證人陳○真答

　　是的，是黃○明列印的，當時我有在場。

辯護人吳律師問

　　列印時還有何人在場？

證人陳○真答

　　業務副理許○萍在場。

辯護人吳律師問

　　當時被告二人在場？

證人陳○真答

　　不在場，當時他們還沒離職。

辯護人吳律師問

　　電腦資料回復後有無向老闆報告？

證人陳○真答

　　當天就以電話報告。

辯護人吳律師問

　　老闆應該知道出貨單被刪掉的問題？

證人陳○真答

　　知道。

辯護人吳律師問

　　這十二張出貨單是否每一筆公司都沒有收到貨款？

證人陳○真答

　　是的，因為客戶都沒有承認有收到貨品。

辯護人吳律師問

　　為何在偵查中只有提出九張客戶的證明？

證人陳○真答

　　我不知道。

辯護人吳律師問

　　為何你說的是十二張，而黃○明在偵查中卻說只有三筆？

證人陳○真答

　　我不清楚。

辯護人吳律師問

　　（提示偵查卷162頁退貨單）為何沒有業務員簽名？

證人陳○真答

　　該退貨單是電腦列印，會計做帳用的，不用業務員簽名。

辯護人吳律師問

　　賜○○企業社92年12月底時是否有電腦當機？

證人陳○真答

　　是的。

辯護人吳律師問

　　92年12月底之前或之後電腦是否也曾經當機？

證人陳○真答

　　都有，時間我忘記了。

辯護人吳律師問

　　賜○○企業社何時盤點？

證人陳○真答

　　正常每個月都會盤點，有時老闆要求也會臨時盤點。

辯護人吳律師問

　　本件出貨單是92年10月到12月間，為何這期間盤點時沒有發現？

證人陳○真答

　　有時盤點發現不符，會由電腦直接修正，因為本件帳款單據不見所以才去追這些貨品跟帳款。

辯護人吳律師問

　　盤點不符會向老闆報告？

證人陳○真答

　　會的。

辯護人吳律師問

　　盤點時如果發現貨品數量不符是否可以知道是某位業務員提領的？

證人陳○真答

　　沒有辦法。

辯護人吳律師問

　　盤點有不符直接修正會追查原因否？

證人陳○真答

　　不會。

辯護人吳律師問

　　盤點時是否要會同倉管人員？

證人陳○真答

　　要。

辯護人吳律師問

　　賜○○企業社會計每個人都有專用電腦？

證人陳○真答

　　有。

辯護人吳律師問

　　林○珊在職時有幾位會計人員？

證人陳○真答

　　三位，我、林○珊、林○嵐。

辯護人吳律師問

　　會計間是否會彼此幫忙？

證人陳○真答

　　會。

辯護人吳律師問

　　幫忙時是否會使用他人電腦？

證人陳○真答

　　不會，因為電腦都有密碼。

審判長請檢察官行反詰問。

檢察官問

　　（提示偵查卷158頁）你在偵查中所言是否實在？

證人陳○真答

　　實在。

檢察官問

　　當時在電腦中所救出被刪除的出貨單紀錄，該出貨單是由哪一位會計所製作，或由哪一位會計所使用的電腦中找出？

證人陳○真答

　　是由林○珊使用的專屬電腦中找出。

檢察官問

　　賜○○企業社退貨流程如何？

證人陳○真答

　　業務會把客戶退貨的物品連同業務員的退貨單三聯（另一聯已交給客戶）與倉管人員核對數量無誤後，倉管人員在退貨單三聯簽名，將退貨單兩聯交給會計做帳，一張業務員自己留存，會計收到退貨單後會在電腦製作銷貨退回單，列印出來後與兩聯退貨單留存，這部分是客戶部分退貨。

　　如果是全部退貨，業務員會在出貨單上書寫全退，與貨品交由倉管人員清點，核對無誤後，由倉管人員在三聯出貨單上簽名，並將該三聯出貨單交給會計，會計在電腦製作銷貨退回單列印出來與該三聯出貨單留存。

檢察官問

　　賜○○企業社有無可能全部退貨時，會計人員不製作銷貨退回單，直接在電腦上將原本的出貨單刪除？

證人陳○真答

　　不可能。

檢察官問

　　託運單部分會計人員是否要經手或簽名？

證人陳○真答

　　都不用。

檢察官問

　　如果會計要將原本的出貨單刪除，是否只有原製作之會計人員叫出原有檔案予以刪除？

證人陳○真答

　　是的，但是如果其他會計人員知道出貨單單號時，也可以用自己的電腦刪除。

檢察官問

　　本件被刪除的出貨單，當初被還原時是否知道是誰的密碼進入刪除？

證人陳○真答

　　知道，是林○珊。

審判長請辯護人行覆主詰問。

辯護人吳律師問

　　你在偵查中說差了十幾筆，但是正確數目不清楚，有留底的單據，但是電腦的紀錄不見，不見的都是林○澤的單子，你所說的有留底的單據，是指何？

證人陳○真答

　　出貨單存根聯（即白聯）。

審判長請檢察官行覆反詰問。

檢察官問

　　當初找到這幾筆資料是否連存根聯都沒有？

證人陳○真答

　　是的。

檢察官問

　　是否是由出貨單序號的不連續而查出本件出貨紀錄？

證人陳○真答

　　是的，因為我們本來的出貨單的序號都是連續的，如果有一張出貨單被刪除，下個號碼的出貨單也無法遞補上，原來被刪除出貨單序號，就會空在那裡。

檢察官問

　　你們是否由空出來的出貨單序號，找出本件出貨單紀錄？

證人陳○真答

　　是的。

審判長諭知交互詰問完畢。

審判長問

　　當初只是電腦當機，為何會找到出貨單的序號那邊去？

證人陳○真答

　　因為請電腦公司人員修理，該人員說不正常當機可能會造成資料流失，因為出貨單最主要的資料，所以才從出貨單去查，查出貨單是否流失。

審判長問

　　對證人所言有何意見？

被告林○澤答

　　無。

被告林○珊答

　　我們公司三位會計都相互知道對方的電腦密碼，其餘無意見。

點呼證人王○來入庭

審判長諭知開始進行交互詰問，請辯護人開始為主詰問。

辯護人吳律師問

　　是否在賜○○企業社擔任倉管人員？

證人王○來答

　　是的。

辯護人吳律師問

　　業務員向倉管人員領貨後，由業務員自己送貨給客戶，客戶在出貨單上簽名後，剩下兩聯業務員是否要交給公司倉管人員？

證人王○來答

　　倉管人員不用在出貨單上簽名，但是要看出貨單（會計聯、請款聯）上有無客戶簽名，如有客戶簽名，再由倉管人員在自送的託運單上寫OK，所以由倉管人員在自送的託運單上寫OK，就表示有出貨給客戶。該兩聯出貨單是由倉管人員於當日或次日交給會計。

辯護人吳律師問

　　業務員剩下兩聯的出貨單，是否當天有拿回公司？

證人王○來答

　　不一定，如果沒有拿回來，倉管人員會向業務員催，隔天就催。

辯護人吳律師問

　　（提示偵查卷87頁）該函上面的章，是否為公司的大、小章？

證人王○來答

　　我不知道。

辯護人吳律師問

　　賜○○企業社有無作年度結算及進銷存工作？

證人王○來答

　　我不知道，我沒有參與。

辯護人吳律師問

　　你在賜○○企業社作幾年？

證人王○來答

　　三年多。

辯護人吳律師問

　　賜○○企業社有無作庫存盤點工作？

證人王○來答

　　有，92、3年時每天盤點，94年後，一個月盤點一次。

　　92、93年每天盤點是會計列印庫存總表交給倉管人員盤點，倉管人員實際點貨，如果發現數量不符時，數量短少時，要先找，找不到原因時，就在庫存總表上註明交給會計，會計報告老闆，如果多時，就直接在庫存總表上註明。

辯護人吳律師問

　　盤點時發現數量不符能否知道是哪個業務員的問題？

證人王○來答

　　沒有辦法。

辯護人吳律師問

　　92年時賜○○企業社有幾位業務員？

證人王○來答

　　共四個。

審判長請檢察官行反詰問。

檢察官問

　　你在偵查中所言是否實在？（提示偵查卷）

證人王○來答

　　實在，我是在託運單是寫OK，不是出退貨單上。

檢察官問

　　業務員拿回出貨單，客戶的簽名你是如何確認？

證人王○來答

　　我是直接審視業務員拿回來的出貨單上，有客戶的簽名或蓋章，就在託運單上寫OK，不會再跟客戶確認。

檢察官問

　　客戶退貨時，若全部退貨，倉管人員如何處理？

證人王○來答

　　倉管人員會在出貨單上寫全部退貨，並簽名，由業務員把該出貨單交給會計。

檢察官問

　　（提示起訴書所附出貨單）你是否曾經在上開原始出貨單上簽名並寫全部退貨？

證人王○來答

　　不記得。

審判長請辯護人行覆主詰問。

辯護人吳律師起稱

　　無。

審判長諭知交互詰問完畢。

審判長問

　　（提示起訴書所附託運單）該九張託運單上的OK是否你寫的？

證人王○來答

　　編號6697、6688、6775打圈部分是我寫的，其餘都不是我寫的，當時倉管人員只有我與洪○美兩位。

審判長問

　　該託運單上你承認記載OK部分是否表示業務員有將該貨品送給客戶？

證人王○來答

　　是的，表示出貨單上有客戶的簽名。

審判長問

　　對證人之證言有何意見？

被告林○澤答

　　全部退回部分，是由倉管人員將出貨單交給會計，不是由業務員交給會計，其餘無意見。

被告林○珊答

　　無。

點呼證人洪○美入庭

　　審判長諭知開始進行交互詰問，請辯護人開始為主詰問。

辯護人吳律師起稱

　　我們捨棄交互詰問證人洪○美。

審判長問

　　對本案有何意見？

告訴代理人答

　　請斟酌被告迄今為止尚無悔意，仍否認犯行，請科以適當之刑。

審判長問

　　（提示偵查卷87頁）該函是否告訴代理人於偵查中所提？

告訴代理人答

　　不確定。

審判長問

　　對於卷附託運單、出貨單、客戶證明書、匯款憑證等，有何意見？（逐一提示並告以要旨）

被告林○澤答

　　其中託運單0014號部分澤字是洪○美代簽，另外託運單6720上的澤是我簽的，其餘無意見。

被告林○珊答

　　無。

辯護人起稱

　　出貨單是後來才列印，應無證據能力，應提出原始出貨單。

檢察官起稱

　　無。

審判長問

　　對於告訴代理人何志揚律師之指訴、證人王○來、洪○美、陳○真、王○如、張○彰、陳○銘、潘○任、黃○明、何○靜、施○芳等人之證述，有何意見？（逐一提示筆錄並告以要旨）

被告林○澤答

　　陳○真、黃○明所言不實在，其餘無意見。

被告林○珊答

　　陳○真、黃○明所言不實在，其餘無意見。

辯護人起稱

　　陳○真、黃○明、王○福、洪○美所言不實在，其餘無意見。

檢察官起稱

　　無。

審判長問

　　對於被告在警訊、偵查時檢察官前及本院準備程序中所言，有何意見？（逐一提示並告以要旨）

被告均答

　　無。

辯護人吳律師起稱

　　無。

檢察官起稱。

　　無。

審判長問

　　尚有證據請求調查？

被告均答

　　請傳訊證人蔡○文。

辯護人起稱

　　請傳訊證人蔡○文。

檢察官起稱

　　沒有。

審判長請檢察官開始詢問被告。

檢察官起稱

　　無。

審判長請辯護人詢問被告。

辯護人起稱

　　無。

審判長問

　　對檢察官起訴之犯罪事實有何意見？（逐一告以起訴書所載犯罪事實）

被告林○澤答

　　貨有領出去，但是全部都退給公司，其餘同前所述。

被告林○珊答

　　原始單據應該還在告訴人處，其餘同前所述。

審判長問

　　對被告的全國前案紀錄表有何意見？（提示並告以要旨）

被告均答

　　沒有。

辯護人答

　　無。

檢察官起稱

　　沒有。

諭知本案調查證據完畢開始辯論，請檢察官論告。

檢察官起稱

　　被告二人雖然否認犯行，但告訴人之所以無法提出出貨單原本，是因為本件純屬內神通外鬼，由被告即會計林○珊製作出貨單，交給業務員即被告林○澤，林○澤以不知名方式製造客戶簽名，而使倉管人員在託運單上簽收，林○澤取回該出貨單後，並沒有交給會計，或者交由林○珊，兩人將該出貨單取走或銷燬，林○珊再由電腦上將原出貨紀錄刪除，這就是為何沒有原始出貨單的原因，不然林○珊為何不另行製作退貨單？而證人即上開客戶也證述根本沒有拿到貨，足證被告二人所言均為狡辯之詞，另有起訴書所附證據可資證明，本件事證明確，請依法判決。

審判長問

　　有何辯解？

被告均答

　　同前所述。

審判長請選任辯護人吳光陸律師為被告辯護。

選任辯護人吳光陸律師起稱

　　證人王○來表示貨已經送到才會在託運單上寫OK，偵查卷一129頁告訴人製作自送流程，可以看出業務員把出貨單交給倉管人員，再由倉管人員交給會計，再斟酌證人陳○真在偵查中所述，公司有留底的單據，可以看出公司是有留底出貨單，本件關鍵在於有無退貨，根據證人王○來表示退貨會在出貨單上註明退貨並簽名，如果告訴人故意要誣陷被告，告訴人即可以不將原始出貨單提出，所以我們認為本件是告訴人誣陷被告，其餘如辯護狀所述。

審判長問

　　就被告之科刑範圍有無意見？

檢察官起稱

　　請斟酌被告二人均無前科，已經匯款返還告訴人上開貨款，但矢口否認犯行，態度不佳，且未獲告訴人原諒，請均科處有期徒刑七月。

被告林○澤答

　　請判無罪。

被告林○珊答

　　請判無罪。

辯護人起稱

　　請判無罪，如認有罪，請從輕量刑。

審判長問

　　有無最後陳述？

被告林○澤答

　　我為公司賺了四千多萬，且營業額上百萬，不用為了這些小錢犯法。

被告林○珊答

　　無。

諭知本案辯論終結，定95年8月22日上午11月時宣判，可自行到庭聆判，被告、證人等均請回，退庭。

中　　華　　民　　國　　95　　年　　8　　月　　8　　日

　　　　　　　　臺灣臺中地方法院刑事第八庭

　　　　　　　　　　書記官　吳淑願

　　　　　　　　　　審判長法　官　朱光國（均簽名）

臺灣臺中地方法院刑事判決

95年度易字第1113號

公　訴　人　臺灣臺中地方法院檢察署檢察官

被　　　告　林○澤　男○○歲（民國○○年○○月○○日）

　　　　　　　　　身分證統一編號：M○○○○

　　　　　　　　　住南投縣埔里鎮○○號

　　　　　　　　　居臺中市西屯區○○號

　　　　　　林○珊　女○○歲（民國○○年○○月○○日）

　　　　　　　　　身分證統一編號：M○○○○

　　　　　　　　　住臺中市北屯區○○號

共　　　　同

選任辯護人　吳光陸律師

上列被告因業務侵占等案件，經檢察官提起公訴（94年度偵字第5847

號），本院判決如下：

　　主　文

林○澤、林○珊均無罪。

　　理　由

一、公訴意旨略以：被告林○澤原擔任臺中市南屯區○○號張○倖為
　　負責人之賜○○企業社業務員，負責招攬客戶及送貨業務；其妹
　　即被告林○珊則擔任該企業社會計人員，負責登錄進出貨、退貨
　　之電腦紀錄。詎二人竟基於意圖為自己不法之所有之概括犯意
　　聯絡，連續於民國92年10月23日、27日、31日、11月7日、12月1
　　日、4日、9日、12日，以客戶欲訂購貨物為由，由被告林○珊在
　　電腦上虛偽註記如附表之出貨紀錄，列印出貨單，而由被告林○
　　澤持出貨單以業務自送貨物之方式，向倉管人員提領貨物，變易持
　　有為所有之意思，將貨物侵占入己，其後被告林○珊再將出貨之電
　　腦紀錄刪除。嗣因賜○○企業社之電腦資料重整回復，發現上開出
　　貨紀錄未入帳，經向客戶詢問，始查悉上情，案經張○倖訴請偵
　　辦，因認被告林○澤、林○珊涉有刑法第216條、第215條之行使
　　業務登載不實文書罪及同法第336條第2項之業務侵占罪嫌等語。

二、按犯罪事實應依證據認定之，無證據不得認定犯罪事實。又不能
　　證明被告犯罪或其行為不罰者，應諭知無罪之判決，刑事訴訟法
　　第154條第2項、第301條第1項分別定有明文。又認定犯罪事實所
　　憑之證據，無論係直接證據或間接證據，其為訴訟上之證明，須
　　於通常一般人均不致有所懷疑，而確信其為真實之程度者，始得
　　據為有罪之認定，倘其證明尚未達到此一程度，而有合理之懷疑
　　存在，復無其他調查途逕可尋，法院即應為無罪之判決，最高
　　法院76年臺上字第4986號著有判例。本件公訴人認被告林○澤、
　　林○珊涉有行使業務登載不實文書及業務侵占罪嫌，無非以卷
　　附託運單原本、出貨單影本及證人王○來、洪○美、陳○愛、
　　王○如、張○彰、陳○銘、潘○任之供述為其主要論據。訊諸

被告林○澤、林○珊均否認行使業務登載不實文書及業務侵占犯行，被告林○澤辯稱伊係自90年5、6月間起擔任賜○○企業社業務員，起訴書所指九筆貨品，除編號2494720014號託運單非伊領取，其餘八筆皆伊領取，伊領取該八筆貨品後未送客戶，而整批退給倉庫，後續伊即不管等語；被告林○珊辯稱伊係自92年4月間起擔任賜○○企業社會計，一般整批退貨的流程，是由業務員將貨品及出貨單退予倉管人員，倉管人員核對無誤，再通知伊將電腦內之出貨資料消除即所謂消單，如部分退貨，業務員要製作退貨單，將退貨單及貨品交予倉管人員核對無誤，將退貨單交予伊，伊再依退貨單製作商品退貨憑據等語。經查(一)告訴人於告訴狀雖指稱本件被告林○澤、林○珊涉嫌業務侵占犯行，係因告訴人商號之電腦資料重整回復，發現曾有12張出貨單之出貨紀錄，卻未曾入帳，而向出貨單上客戶一一詢問，客戶均稱並未訂貨，亦未收受該等貨品，也無支付貨款，告訴人始查悉上情云云；證人陳○真於偵查中亦供稱伊係告訴人之會計，於92年5月間受僱，92年12月間，因電腦當機，找電腦維修人員重整，維修人員表示係因有資料不見才當機，當機原因係操作不當，怕資料不見，要伊等核對資料，伊等核對之前所留四聯單，發現資料不見，要求電腦維修人員還原，有留底的單據，但電腦紀錄不見，共有十幾筆，均係林○澤的單子云云；復在本院審理時供稱告訴狀所附12張出貨單係黃○明自賜○○企業社電腦重整修復列印出來，當時伊在場云云。然證人即明昌資訊公司電腦維修人員黃○明於偵查中卻稱賜○○企業社係於2年前請伊去，因會計說比如1至10號之單據為何缺3、6，要伊檢查軟體有無問題，經伊檢查，確實有打3、6之出貨單，但有刪除，伊不知為何刪除，伊印象中由軟體資源回收筒找出3張刪除單據，會計要伊將資料救回來，伊就將資料救回來，所以對內容沒什麼印象，伊記得救回3張單據，會計是陳○真，聽會計說是林○澤的居多等語。就遭刪除找

回之出貨單據數量及如何發現單據號碼不連續，告訴人及證人陳○真之指述與證人黃○明間之供述已有不一，況證人陳○真於偵查中供稱係核對所留四聯單，發現資料不見，此四聯單應係指出貨單而言，惟告訴人迄未提出該遭刪除之出貨單原本供核，亦有可議。(二)證人陳○真在本院審理時係供稱電腦資料回復當天即以電話向老闆報告，老闆知道出貨單被刪情形，該12張出貨單均未收到貨款，客戶亦皆未承認收到貨品等語，則告訴人既於92年12月間即知被告林○澤、林○珊負責之出貨單存有被刪情形，乃竟未即時向被告林○澤、林○珊查詢質問，且於93年8月19日，被告林○澤以其能力不足，為免成為公司成長絆腳石及擔誤同儕發展為由，提出離職單辭職，亦僅在離職單備註欄註明不長進，未就上揭出貨單被刪一節表示隻字片語意見，迨被告林○珊、林○澤分別93年8月25日、9月1日離職，始於93年12月間，向其中9張出貨單所載客戶取得未收受出貨單所示貨品及交付貨款之證明書，遲至93年12月30日提起本件告訴，而證人即客戶張○彰、陳○銘、潘○任於相隔2年餘之95年1月4日偵查中猶記得未訂購出貨單所載貨品一節，均與一般之經驗法則相悖。(三)證人即告訴人之前業務王○如（92年12月間離職）於偵查中已供稱退貨不一定有退貨單，如果送到客戶那邊，客戶不收，就將貨及出貨單一起交回倉庫等語；另證人即告訴人之前會計潘○美（92年5月中旬離職）在本院審理時亦證稱全部退貨由業務員在其餘三聯出貨單上書寫全部退貨，連同貨品交給倉管人員，倉管人員清點後在三聯單上簽名，將三聯單交給會計，會計依據三聯單，利用電腦製作正式退貨單簽名後，連同三聯單送給老闆，老闆簽名後由會計歸檔，伊剛任職時因不會使用公司電腦，整筆退貨老闆曾要伊將整筆出貨資料刪掉，這樣可以不用打正式退貨單，約有一個多月時間等語，參諸證人即告訴人之倉管洪○美於偵查中供稱告狀所附其中編號2494725070號託運單上所載貨品，應是由貨運公司

運送等語，即該由貨運公司運送之出貨單亦遭刪除等情，益徵賜○○企業社並非不可能以刪除電腦中之出貨資料，處理客戶全部退貨之情形。綜上所述，告訴人之指訴非無瑕疵，尚難僅憑其指訴遽令被告林○澤、林○珊負行使業務登載不實文書及業務侵占罪責。至於告訴狀所附託運單固均註記「OK」，但因該託運單係留存告訴人處，被告林○澤、林○珊迄未經手；另被告林○澤於94年1月6日，依告訴狀所附12張出貨單記載之貨品價格匯款六萬五千八百四十元予告訴人，係因告訴人向被告林○澤表示將該款項匯入，即支付被告林○澤、林○珊未領之薪資五萬餘元，適逢被告林○澤之妻張○雲待產中，且告訴人及其業務在外揚言六個月要讓被告林○澤成立之灘○公司倒下，張○雲害怕，才自郵局提領現金，硬要被告林○澤同至彰化商業銀行水湳分行匯款，業經證人張○雲在本院審理時供明，暨證人即告訴人之倉管王○來、洪○美於偵查及本院審理時所供出、退貨流程，均不能據以作為被告林○澤、林○珊有罪之認定。此外又查無其他積極證據足資證明被告林○澤、林○珊有何行使業務登載不實文書及業務侵占犯行，揆諸前開說明，自應為其等無罪之諭知。

據上論斷，應依刑事訴訟法第301條第1項，判決如主文。

本案經檢察官江貞諭到庭執行職務。

中　華　民　國　　95　　年　　8　　月　　22　　日

臺灣臺中地方法院刑事第八庭
　　　　審判長法　官　朱光國
　　　　　　法　官　洪俊誠
　　　　　　法　官　鍾堯航

上正本證明與原本無異。

如不服本判決，應於送達後10日內向本院提出上訴狀（須附繕本），

上訴於臺灣高等法院臺中分院。

　　　　　　　書記官　吳淑願　㊞

中　華　民　國　95　年　8　月　22　日

三、第二審程序

刑事請求檢察官上訴狀

原審案號：95年易字第1113號

股別：蕭

請　求　人　張○倖　臺中市西屯區○○號
即告訴人

送達代收人　何志揚律師

被　　　告　林○澤　南投縣埔里鎮○○號

　　　　　　林○珊　臺中市北屯區○○號

為被告因業務侵占等案件，不服臺灣臺中地方法院95年8月22日95年
度易字第1113號刑事判決，謹依法具理由請求檢察官上訴事：

一、原判決意旨略以：(1)告訴人及證人陳○真之指述與證人黃○明
　　間之供述已有不一，況證人陳○真於偵查中供稱係核對所留四
　　聯單，發現資料不見，此四聯單應係指出貨單而言，惟告訴人
　　迄未提出該遭刪除之出貨單原本供核，亦有可議。(2)告訴人既
　　於92年12月間即即知被告林○澤、林○珊負責之出貨單存有被刪
　　除情形，竟遲至93年12月30日提起本件告訴，而證人即客戶張○
　　彰、陳○銘、潘○任於相隔2年餘之95年1月4日偵查中猶記得未
　　訂購出貨單所載貨品一節，均與一般之經驗法則相悖。(3)參諸
　　證人即告訴人之倉管洪○美於偵查中供稱告訴狀所附其中編號
　　2494725070號託運單上所載貨品，應是由貨運公司運送等語，即

該由貨運公司運送之出貨單亦遭刪除等情，益徵賜○○企業社並非不可能以刪除電腦中之出貨資料，處理客戶全部退貨之資料。(4)且告訴人及其業務在外揚言六個月要讓被告林○澤成立之灘○公司倒下，張○雲害怕，才自郵局提領現金，硬要被告林○澤同至彰化商業銀行水湳分行匯款，業經證人張○雲在本院審理時供明，暨證人即告訴人之倉管王○來、洪○美於偵查及本院審理時所供出、退貨流程，均不能據以作為被告林○澤、林○珊有罪之認定云云。

二、經查證人陳○真於95年2月20日偵查中所證述：「（公司的出貨及退貨程序？）出貨程序是客戶要貨時，就KEY單，交給倉管檢貨，業務自送，是跟倉管領貨，簽收，隨出貨單交給業務，給客戶簽收。業務會退回兩聯回來。業務自送時，出貨單共四聯四張，一張留底，3張給客戶簽收，一張留客戶，退回來兩聯先給倉庫，倉庫再交給會計，一聯是請款，一聯是會計作帳用，退貨，業務會將退貨拿回來，會拿退貨單共四聯，在以前沒有四聯單時，業務自己會寫單據，一聯給客戶，業務有簽收，表示有拿到貨，白聯業務自己留底，兩聯交回給倉庫點貨，再給會計」、「（本件如何發現電腦有被刪除之紀錄？）92年12月，因為電腦當機，剛好老闆出國，所以我們找電腦人員來重整才發現，因為維修人員跟我們說因為資料有不見所以才會當機，當機的原因是操作不當，他怕我們資料有毀損不見，所以要我們去核對資料，因為出貨及退貨的序號都是連續的，所以我們就核對之前所留四聯單，有發現不見的東西，要電腦公司人員來幫我們還原」、「（差了幾筆？）共差十幾筆，但是正確數字不清楚，有留底的單據，但是電腦的紀錄不見，不見的都是林○澤的單子」、「退貨一定要由倉管確認，貨品有回來，簽收再交給會計，在KEY退貨單，至於珊所述是不可能（按被告林○珊辯稱：全數退貨情形是在出貨單上面寫全數退回，不一定會再製作退貨單，倉管跟

我核對沒有問題，我就直接在電腦內刪除），因為出退貨有時間差距，有沖銷帳款的問題，所以不可能直接由電腦刪除單據的動作」（參偵查卷第158、159頁），於原審95年8月8日審理時證稱：「（賜○○企業社退貨流程如何？）業務會把客戶退貨的物品連同業務員的退貨單三聯（另一聯已交給客戶）與倉管人員核對數量無誤後，倉管人員在退貨單三聯簽名，將退貨單兩聯交給會計做帳，一張業務員自己留底，會計收到退貨單後會在電腦製作銷貨退回單，列印出來後與兩聯退貨單留存，這部分是客戶部分退貨。如果是全部退貨，業務員會在出貨單上書寫全退，與貨品交由倉管人員清點，核對無誤後，由倉管人員在三聯出貨單上簽名，並將該三聯出貨單交給會計，會計在電腦製作銷貨退回單列印出來與該三聯出貨單留存。」、「（賜○○企業社有無可能全部退貨時，會計人員不製作銷貨退回單，直接在電腦上將原本的出貨單刪除？）不可能」、「（本件被刪除的出貨單，當初被還原時是否知道是誰的密碼進入刪除？）知道，是林○珊」、「（當初找到這幾筆資料是否連存根聯都沒有？）是的。」、「（是否是由出貨單序號的不連續而查出本件出貨紀錄？）是的，因為我們本來的出貨單的序號都是連續的，如果有一張出貨單被刪除，下個號碼的出貨單也無法遞補上，原來被刪除出貨單序號，就會空在那裡。」、「（你們是否由空出來的出貨單序號，找出本件出貨紀錄？）是的。」、「（當初只是電腦當機，為何會找到出貨單的序號那邊去？）因為請電腦公司人員修理，該人員說不正常當機可能會造成資料流失，因為出貨單最主要的資料，所以才從出貨單去查，查出貨單是否流失。」，因此可以證明證人陳○真於偵查中所證根據留底的單據（出貨單白聯）查出被刪除的出貨單所指的是除遭被告林○珊刪除的九筆出貨單據以外之其他前後留底之出貨單白聯，蓋所有告訴人公司出貨單之序號均係連續性，且無論有無退貨均絕對不會刪除，故對

照前後留底的白聯出貨單，自可知悉遭被告故意刪除的出貨單到底是那幾筆，原審竟誤認陳○真於偵查中所證者係遭被告刪除之白聯出貨單仍在告訴人公司，且係告訴人公司故意不提出，認事用法自有與卷證資料不相一致之違誤。另證人潘○美係於91年3月到92年5月中旬，擔任告訴人公司出納、會計，故其於原審證述：「我剛開始任職的時候因為不會使用公司電腦，如果整筆退貨，老闆曾經要我將整筆的出貨資料刪掉，這樣就可以不用打正式退貨單，約有一個多月的時間，後來因為發現如此盤點庫存及藥局詢問上次出貨、退貨的品名，我會找不到資料，所以後來都有打正式退貨單」等情僅係告訴人公司初期，然於91年4月以後不管是全部或是部分退貨，均要製作退貨單，已經證人潘○美證述翔實，原審竟片面截取潘○美證詞認為案發當時告訴人公司退貨時亦有不製作退貨單之情形，顯然張冠李戴，自有認定事實與卷證資料不一之違法。

三、次查證人陳○真上開於偵查及原審所為出貨及退貨流程，對照證人王○來、洪○美於偵查中及原審所證述之出貨退貨流程均相符（參偵查卷第58、59頁、第151頁及95年8月8日原審審理時之證詞），且根據該等遭被告故意刪除之出貨單上所列之廠商何○靜、施○方、張○彰、陳○銘、潘○任等五人於偵查中之供述，除何○靜、施○方證述不知有無訂貨外，其餘證人均明確證明並未向告訴人訂貨亦未收到告訴人告訴狀所檢附證明單後附之出貨單上之貨物（參偵查卷第126、127頁），且其中證人張○彰、陳○銘、潘○任更稱因為都是他一人訂貨所以才會知道（參偵查卷第127頁），詎料原審竟未傳訊上開證人究明何以渠等能記得，反而以事隔2年證人不可能知悉違背經驗法則而不採信，自有未盡調查能事及任作主張之違法。又證人黃○明雖於偵查中證稱印象中找出3張刪除單據，但也明確證述刪除的單據所出之貨有聽會計說是林○澤的居多，且對於如何救回電腦遭刪除之資料之過

程亦與陳○真所證內容相符（參偵查卷第152頁），故原審以證
人陳○愛所證述所找回遭刪除單據之張數與證人黃○明所言者不
一致，即遽未採信陳○真之證言，亦有未依證據認定事實之違
誤。

四、又告訴人縱於92年12月間即知被告林○澤、林○珊負責之出貨單
存有被刪除情形，然是要給被告自新的機會才會竟遲至93年12月
30日提起本件告訴，此觀被告於偵查中所提出之離職單上載明
「欲加之罪，何患無詞，欲辭之患，何患無由」等文字（參偵
查卷第45頁），即可知告訴人於案發後隨即警告被告2人不得再
犯，孰料被告2人竟又對外散發不實之黑函（參偵查卷第46、47
頁），更於離職後故意不將所侵占之貨物或貸款返還，等到告訴
人93年12月30日提出告訴後（參偵查卷第3頁），才因東窗事發
自知理虧於94年1月2日將款項匯還告訴人（參偵查卷第50頁），
原審未傳訊告訴人到庭了解經過，更未當庭訊問陳○真何以告訴
人遲至93年12月30日始提出本件告訴，即貿然以告訴人之行舉違
背經驗法則，自有調查未盡及不備理由之違法。

五、再證人即告訴人之倉管洪○美雖於偵查中供稱告訴狀所附其中
編號2494725070號託運單上所載貨品，應是由貨運公司運送等語
（參偵查卷第61頁），但並非所有託運單上所載之貨號貨物均係
屬遭被告刪除之出貨單，且觀諸編號2494725070號託運單對照還
原之電腦列印出貨單上僅有崇文R之「嫣紅膜衣錠30T售700」這
筆貨物可能亦係遭被告刪除（參偵查卷第10頁），然由於託運單
上並無被告林○澤簽名，故公訴人起訴時已將該筆貨物剔除在業
務侵占範圍之內，不能因為告訴人主張該筆貨品遭被告侵占之部
分不足採信，即認為全部遭被告刪除出貨單侵占之貨物即屬無
稽，原審之採證亦難謂無瑕疵。

六、此外，證人張○雲固於原審95年7月11日證稱：「知道，93年底
我因為待產沒有工作，就與我先生一起去跑我先生自己開設的

灘○公司的業務，去藥局（客戶）時藥局的人向我們說，我先生因為侵占賜○○公司的產品，被賜○○公司開除。後來賜○○的老闆張○倖打電話給我先生，叫我先生將侵占的款項六萬五千八百四十元匯給公司，公司就會付我先生及小姑（林○珊）未領取的薪水，當時我很害怕，因為我當時待產，且賜○○在業界算很大，所以我就自己從我郵局帳戶內領六萬五千八百四十元匯給賜○○公司，我與我先生一起到彰化銀行水湳分行由我先生寫匯款單，匯款賜○○公司。」云云，但也證述：「（你在93年9月之後，賜○○有積欠妳先生及妳小姑的薪資，賜○○公司在94年初要求妳先生返還侵占的貨款時，你們為何不主張抵銷，反而要一次匯款六萬多元？）因為張老闆堅持要我們先匯款才要給付薪水」、「（為何你們在94年1月13日，才向臺中市勞資關係協會聲請公司給付積欠薪資？）（提示）因為我們不知道如何辦，後來是我先生自己去聲請。」、「（既然懂得以法律途徑要求給付薪資，在公司向各大藥局發送你先生侵占的信函時，如果該公司真的涉及捏造不實的指控，當時為何不循法律途徑救濟？）因為賜○○不給付薪水，我們問了很多人，才知道可以去協調，至於當時我們看到信函時，我們不知道怎麼辦。」、「（你先生在90年就進入該公司，工作二年多才離職，這期間就你所知，你先生與公司相處狀況如何？薪水多少？）狀況我不知道，薪水多少我不知道，當時我還沒有與我先生結婚，我與我先生結婚時，我先生已經離職。」，故張○雲前後供述顯然不一致，且明知告訴人積欠伊薪資可以主張抵銷竟未抵銷反而將全數款項匯還告訴人，顯然違背一般社會經驗法則，灼然甚明，而證人張○雲又係被告林○澤之配偶，所證內容自有迴護被告之情，自難足採，詎料原審竟採信該等證言，認事用法當然違背經驗法則構成違法。

七、綜上所述，原判決既有前開所述之違背法令之處，且被告犯行事

　　證明確，原審竟誤判處被告無罪，自應請　鈞長代為依法提起上
　　訴，以茲救濟，而符法制，以維權利。
　　　謹　狀
臺灣臺中地方法院檢察署　　公鑒

中　華　民　國　95　年　8　月　31　日

　　　　　　　具狀人　張○倖　印

臺灣臺中地方法院檢察署檢察官上訴書

95年度請上字第313號

被　告　林○澤　男○○歲（民國○○年○○月○○日生）
　　　　　　　身分證統一編號：M○○○○
　　　　　　　住南投縣埔里鎮○○號
　　　　　　　居臺中市西屯區○○號
　　　　　林○珊　女○○歲（民國○○年○○月○○日生）
　　　　　　　身分證統一編號：M○○○○
　　　　　　　住臺中市北屯區○○號

上列被告等因業務侵占等案件，經臺灣臺中地方法院於中華民國95年
8月22日為第一審判決（95年度易字第1113號），本檢察官於95年9月
6日收受判決正本：

一、茲據告訴人張○倖具狀請求上訴，略以：「(一)依證人陳○真於
　　偵查及審理中之證詞，可知陳○真於偵查中所稱根據留底的單據
　　（出貨單白聯）查出被刪除的出貨單所指的是除遭被告林○珊刪
　　除的九筆出貨單據以外之其他前後留底之出貨單白聯，蓋所有告
　　訴人出單之序號均係連續性，且無論有無退貨絕對不會刪除，故
　　對照前後留底的白聯出貨單，自可知悉遭被告故意刪除的出貨單

到底為哪幾筆。原審誤認陳○真於偵查中所證者係指遭被告刪除之出貨單，且誤認該出貨單仍在告訴人公司，係告訴人故意不提出，其認定事實顯與卷證資料不相一致；(二)證人潘○美所述曾經刪除出貨資料之情形，係發生在公司初期，然於91年4月以後不論是全部或部分退貨，均要製作退貨單，此已據證人潘○美證述翔實，原審片面截取上開證詞而認告訴人公司退貨時亦有不製作退貨單之情形，其認定事實顯與卷證資料未合；(三)證人陳○愛證稱之出貨及退貨流程，對照證人王○來、洪○美之證述內容均相符，且證人即廠商張○彰、陳○銘、潘○任於偵查中均明確證稱並未向告訴人訂購出貨單所載貨品，詎料原審竟未傳訊上開證人究明渠等何以能記得未訂貨之情，即逕以事隔二年證人不可能記得，與一般經驗法則相悖為由，遽不採信；自有未盡調查能事之違法；(四)又證人黃○明雖於偵查中證稱印象中找出三張刪除單據，但也明確證述刪除的單據所出的貨有聽會計說是林○澤的居多，且對於如何救回電腦遭刪除資料之過程亦與陳○真所證內容相符，原審以證人陳○真所證述找回遭刪除單據之張數與證人黃○明所言不一致，即遽未採信陳○真之證言，亦有未依證據認定事實之違誤；(五)又告訴人是要給被告二人自新機會，才會遲至93年12月30日始提起本件告訴，且被告於告訴人提出告訴後，才因東窗事發自知理虧，而於94年1月3日將款項匯還告訴人，原審未傳訊告訴人到庭了解經過，即貿然認定告訴人之行舉違背經驗法則，自有未盡調查能事及理由不備之違法；(六)又證人張○雲係被告林○澤的配偶，其前後證述內容不一，且與經驗法則相違背，顯有迴護被告之情，自難足採，詎料原審竟採信該等證言，認事用法顯有違誤」等語，因之請求本檢察官上訴。

二、經查，本件依證人王○來、洪○美、陳○真及王○如等人所證述之退貨流程，並無被告林○澤所辯稱之全數退貨時不另行填寫退貨單之情形。且起訴書附表所示之貨品託運單並無證人王○來之

簽名，顯示該等貨物出貨後未有退貨情形。再證人張○彰、陳○銘、潘○任等人亦明確證稱未曾訂購及收受如起訴書附表所示之貨物。是被告林○澤既自認有提領如起訴書附表所示貨物之事實，上開貨物既未經客戶收受，復無退貨紀錄，足認被告林○澤、林○珊確有侵占如起訴書附表所示貨物甚明。告訴人具狀以前述理由指摘原判決認事用法顯有違誤，請求本檢察官上訴，經核尚非顯無理由，爰引用之，並附送原書狀依刑事訴訟法第344條第2項、第361條提起上訴，謀求救濟。

　　此　　致

臺灣臺中地方法院　　　轉送

臺灣高等法院臺中分院

中　華　民　國　95　年　9　月　7　日

　　　　　　　　檢察官　廖李琪（簽名）

刑事辯護暨聲請調查證據狀

案號：95年上易字第1282號

股別：有

被　　　告　林○澤　均年籍在卷

　　　　　　林○珊

共　　　同　吳光陸律師

選任辯護人

為業務侵占等案件提出辯護暨聲請調查證據狀事：

　　依刑事訴訟法第154條第1項規定「被告未經審判證明有罪確定前，推定其為無罪。」及第2項規定「犯罪事實應依證據認定之，無證據不得認定犯罪事實。」，是被告原則上為無罪，必須有證據證

明其犯罪事實，至此證據必須為積極證據。此觀最高法院30年上字第482號判例「事實審法院對於證據之取捨，依法雖有自由判斷之權，然積極證據不足證明犯罪事實時，被告之抗辯或反證縱屬虛偽，仍不能以此資為積極證據應予採信之理由。」可明。又依同法第155條第1項「證據之證明力，由法院本於確信自由判斷。但不得違背經驗法則及論理法則。」第2項「無證據能力、未經合法調查之證據，不得作為判斷之依據。」，是證據必須有證據能力，且無瑕疵，依經驗法則及論理法則可以證明犯罪，否則仍不可採，此有最高法院30年上字第1152號判例「證據之證明力雖由法院自由判斷，然證據之本身存有瑕疵或對於待證事實不足以供證明之資料，而事實審仍採為判決基礎，則其自由判斷之職權行使，即不得謂非逾越範圍。」、32年上字第657號判例「被害人所述被害情形如無瑕疵可指，而就其他方面調查又與事實相符，則其供述未始不足據為判決之基礎。」、48年臺上字第475號判例「證據之證明力，固屬於法院判斷之自由，但不得違背經驗法則，如證據之本身依照吾人日常生活經驗所得之定則觀察，尚非無疑竇時，則遽難採為判決之基礎。」、52年臺上字第1300號判例「告訴人之告訴，係以使被告受刑事訴追為目的，是其陳述是否與事實相符，仍應調查其他證據以資審認。」可考。

本件公訴意旨以被告二人任職賜○○企業社（按：嗣已變更為公司），於民國92年10月23日至12月12日間以客戶訂貨為由，由被告林○珊在電腦上虛偽註記出貨記錄，列印出貨單九張，由被告林○澤向倉管人員領貨後，將該貨物侵占入己，再由被告林○珊刪除出貨之電腦紀錄，因該社重整回復電腦資料後，發見上情，認有侵占等罪嫌。

惟查：

一、本件告訴人係以電腦出貨資料遭被告林○珊刪除，找黃○明重整回復列印遭刪除之出貨單，始發見被告2人之侵占等犯行，提出告訴。然就此發見一節，依告訴人函「因公司年度結算需做進銷存之結轉，發現出貨單號有遺漏，於是從原始單據查起（白

單），但白單也都不見，進而由貨運本與自送本上查，故發現短少之單據號碼均在自送本上有登錄，還有自送業務林〇澤或會計林〇珊之簽名，於是請電腦工程師將進銷存軟體做還原動作，並且查詢刪除短少之單據是由哪個工作站所執行的，於是發現作所有的刪除動作的都是由會計林〇珊所使用的工作站所執行的。」

（參見偵查卷第87頁），核與證人陳〇真於偵查中稱「問：本件如何發現現有電腦辦刪除的紀錄？答：92年12月間因為電腦當機，剛好老闆出國，所以我們找電腦人員重整，才發現，因為維修人員跟我們說因為資料有不見，所以才當機，當機的原因是操作不當，他怕我們資料有回損不見，所以要我們去核對資料，因為出貨及退貨的序號都是連續的，所以我們就核對之前所留的四聯單，有發現不見的東西，要電腦公司人員來幫我們還原。」

（參見偵查卷第158頁）不符，一稱為年度結算，一稱為電腦當機，足見此所謂「發現」，應非真正。尤其上開告訴人函為告訴人代理人在偵查庭提出，竟然在第一審法院否認為其提出，足見心虛。事實上，由此函上尚印有黃〇明之名片，足見應為告訴人所寫、提出。

二、證人黃〇明於民國95年2月6日在偵查中稱，告訴人在兩年前請伊去，當天有三位小姐在場，包括陳〇真在內，其在軟體資源回收筒找到3張刪除之單據，刪除有可能是打錯刪掉，也可能電腦當機，聽會計說被告林〇澤居多（參見偵查卷第152頁），不僅核與證人陳〇真（即告訴人會計）稱發見十幾筆，不見的都是被告林〇澤的單子不符（參見偵查卷第159頁），且只有3張刪除之單據，何以告訴時竟為12張？則此電腦回復一節，是否真正，非無疑問。縱屬真正，亦非一定為本件起訴附表之九張出貨單？況黃〇明已稱此有可能為電腦當機，亦非全部均為被告林〇澤者，足見並非被告林〇珊為配合被告林〇澤之侵占而刪除。

三、告訴人提出告訴時，陳明有12張出貨單之貨品遭被告侵占，然不

僅嗣後改稱為九張，檢察官即就此九張起訴，然其中一張（即發查字偵查卷第10頁）之崇文藥局者，告訴人實際有向該藥局收款，足見一方面告訴人指訴不實，另一方面並無告訴人所稱出貨單經電腦資料刪除，未持有原始之出貨單或存根聯。

四、依經驗法則及論理法則，凡催主發見受催人有不忠實行為，例如侵占、刪除電腦資料，不可能不予質問，縱未立即訴追，亦會處理，或告誡或令道歉，使其知悉催主已發見而知警惕，尤不可能遲至受催人離職時不予處理。甚至依證人陳○真、王○來在第一審法院稱每個月均有盤點，不符時會向告訴人報告，證人陳○真又稱知悉係以林○珊密碼進入電腦刪除（參見第一審卷第78頁、第80頁、第83頁），果有此事，不可能如上所述告訴人不處理。然本件：

(一)依證人陳○真在第一審證稱，黃○明於電腦重整修復時，即列印上開遭刪除之出貨單，當時被告二人尚未離職，發見當天即向告訴人報告，告訴人知悉出貨單遭刪除（參見第一審卷第76頁、77頁）。

(二)證人陳○真在偵查中稱「問：本件如何發現現有電腦被刪除的紀錄？答：92年12月，因為電腦當機，剛好老闆出國，所以我們找電腦人員重整，才發現，因為維修人員跟我們說因為資料有不見，所以才當機，當機的原因是操作不當，他怕我們資料有毀損不見，所以要我們去核對資料，因為出貨及退貨的序號都是連續的，所以我們就核對之前所留的四聯單，有發現不見的東西，要電腦公司人員來幫我們還原。」（參見偵查卷第158頁），則發見時間為民國92年12月。

(三)證人黃○明於民國95年2月6日偵查中稱係兩年前去做修復（參見偵查卷第152頁），則其修復時間為民國93年初。

(四)依告訴人函「因公司年度結算需做進銷存之結轉，發現出貨單號有遺漏，於是從原始單據查起（白單），但白單也都不見，進而由貨運本與自送本上查，故發現短少之單據號碼均在自送本上有登錄，還有自送業務林○澤或會計林○珊之簽名，於是請電腦工程師將

進銷存軟體做還原動作，並且查詢刪除短少之單據是由哪個工作站所執行的，於是發現作所有的刪除動作的都是由會計林○珊所使用的工作站所執行的。」（參見偵查卷第87頁），而所謂年度結算係就1月至12月在次年1月作，為證人陳○真陳明在卷（參見第一審卷第76頁），則告訴人在民國93年初應已知悉。

本件公訴人所指被告侵占之貨物出貨時間為92年10月至12月，依上所述告訴人早應於民國92年年底或93年初即應知悉，何以竟未於陳○真向其報告時立刻質問被告2人，已不合情理，甚至被告2人相繼於民國93年8、9月離職，仍未處理，僅於8月19日在被告林○澤之辭呈批示「不長進」而同意離職（參見偵查卷第45頁），凡此不合情理，足見指訴不實。雖告訴人聲請檢察官上訴理由為要給被告自新機會，顯不合理，蓋一方面未向被告質問、處理，如何能謂給自新機會？另一方面被告已離職，未追究，既已給自新機會，何以延至12月底又提告訴。

五、告訴人之貨物均有盤點庫存，業據證人潘○美及陳○真在第一審證述甚詳，此一盤點須會同倉管人員，苟被告確有領貨後未辦退貨，客戶亦未收到貨物自無付款，何有可能在上開10月、11月、12月盤點庫存時，未立刻發見？

六、依證人王○來在第一審證稱，業務員領貨後，如果當天未拿剩下兩聯回來，倉管人員隔天就會催（參見第一審卷第82頁），既然會催，則在被告如未辦理退貨時，何以未向被告林○澤催剩下兩聯，足見已辦妥退貨手續。

七、證人陳○真在偵查中證稱「92年12月，因為電腦當機，剛好老闆出國，所以我們找電腦人員來重整，才發現 因為維修人員跟我們說因為資料有不見，所以才會當機，當機的原因是操作不當，他怕我們資料有毀損不見，所以要我們去核對資料，因為出貨及退貨的序號都是連續的。所以我們就核對之前所留的四聯單，有發現不見的東西，要電腦公司人員來幫我們還原。問：共差了幾

筆？答：十幾筆，但是正確數字不清楚，有留底的單據，但是電腦的紀錄不見。不見的都是林○澤的單子。」（參見偵查卷第158頁）。為此辯護人在第一審特別詰問陳○真，陳○真稱所留的回聯單即為出貨單存根聯（即白聯），是電腦記錄縱有刪除，告訴人仍有存根聯可資核對，並不須藉電腦重整修復始可發見有無領貨情形。證人陳○真於偵查中尚稱「我們都有四聯單，為什麼我們要留第一張，那就是以後單子如果不見以後，可以作一個稽查」（按：筆錄未記載）。足見告訴人之存根聯均有留存，而本件關鍵者在於如證人王○來在偵查中及第一審法院所述全部退貨時，在出貨單上註明，並簽伊姓名，再交會計人員（參見偵查卷第58頁、第一審卷第84頁），證人陳○真在第一審亦稱「如果是全部退貨，業務員會在出貨單上書寫全退，與貨品交倉管人員清點，核對無誤後，由倉管人員在三聯單上簽名，並將該三聯出貨單交給會計，……。」（參見第一審卷第80頁），是告訴人扣留出貨單不提出，故意藉此電腦資料回復之列印者為虛偽證據指訴，即可陷被告二人於犯罪，雖告訴人上訴理由以此係指遭刪除外之出貨單，因其出貨單之序號均為連續性，對照前後即可知悉遭刪除之出貨單云云，不僅不符證人陳○真上開證述「有留底的單據，但是電腦的紀錄不見」，且苟係如此，不必年底結算，亦不必電腦當機即可發現序號不連，可立即發見，是此應無理由。

綜上所述及第一審所提辯護，足證告訴人指述不合經驗法則，是被告應無侵占等罪。

又請依被告在第一審民國95年8月8日聲請調查證據狀傳訊證人蔡○文，並調民國95年2月20日偵查庭之錄音帶，因該日證人陳○真有上開陳述，筆錄未記載。

謹　狀

臺灣高等法院臺中分院　　公鑒

| 中 | 華 | 民 | 國 | 95 | 年 | 10 | 月 | 30 | 日 |

　　　　　具　　狀　　人　　林○澤

　　　　　　　　　　　　　　林○珊

　　　　共同選任辯護人　吳光陸律師　㊞

臺灣高等法院臺中分院檢察署檢察官聲請書

　　　　　　　　　　　　　　　95年度上蒞字第4116號

被　告　林○澤　年籍詳卷

　　　　林○珊　同上

上列被告等因業務侵占等案件，現由臺灣高等法院臺中分院以95年度上易字第1282號審理中，茲為聲請調查證據，提出聲請如下：

一、聲請傳喚下列證人：

　　　王○來　年籍詳卷

　　　洪○美　年籍詳卷

二、待證事項：證人王○來、洪○美二人任職於告訴人公司擔任倉管工作，且告訴人公司也只有其二人擔任上開工作。如被告林○澤果有將起訴書附表出貨單所示之貨品全部退貨的話，必由其二人經手。則甚二人究有無經手上開貨品之退貨手序？過程為何？即為本案之重要待證事實，故有詳加詰問之必要。

三、預計問時間：主詰問共約15分鐘。

　　　此致

臺灣高等法院臺中分院

| 中 | 華 | 民 | 國 | 95 | 年 | 10 | 月 | 30 | 日 |

　　　　　　　　檢察官　李斌　㊞

準備程序筆錄

上訴人　臺灣臺中地方法院檢察署檢察官

被　　告　林○澤等

上被告因95年上易字第1282號業務侵占等一案，於中華民國95年10月30日下午2時10分在本院刑事第二十二法庭公開行準備程序，出席職員如下：

　　　法　官　李平勳

　　　書記官　王麗珍

　　　通　譯　李英堯

當事人及訴訟關係人如後

檢察官　李斌

選任辯護人吳光陸律師

餘詳如報到單之記載

被告到庭身體未受拘束。

法官問受訊問人姓名、年籍、住居所等項。

被告答　林○澤　男　○○歲（民國○○年○○月○○日）

　　　　　　　　身分證統一編號：M○○○○

　　　　　　　　住南投縣埔里鎮○○號

　　　　　　　　居臺中市西屯區○○號

被告答　林○珊　女　○○歲（民國○○年○○月○○日生）

　　　　　　　　身分證統一編號：M○○○○

　　　　　　　　住臺中市北屯區○○號

法官請檢察官陳述上訴意旨。

檢察官陳述上訴意旨：本件起訴被告2人業務侵占，原審判決被告2人無罪應屬不當，餘如上訴理由書所載。

法官對被告告知其犯罪之嫌疑及所犯罪名（詳如起訴書所載），並所犯業務侵占等罪名。

法官並告知被告下列事項：

一、得保持緘默、無須違背自己之意思而為陳述。

二、得選任辯護人。

三、得請求調查有利之證據。

法官問

　　對於檢察官上訴有何答辯？

被告林○澤答

　　檢察官上訴無理由，我們是無罪的。

被告林○珊答

　　檢察官上訴無理由，我們是無罪的。

法官問

　　本件送貨的過程？

被告林○澤答

　　從倉管領貨，要簽託運單，簽完後倉管才會給我們貨，我們就送給客戶，客戶會送貨單，一份客戶留存，二份拿回來給倉管人員，至於倉管人員如何給會計我則不清楚。

法官問

　　倉管人員如何與你結帳？

被告林○珊答

　　業務拿回來的請款聯跟送貨聯會給倉管人員，倉管人員再給我，我再交給總會計，我只對上游、下游客戶而已。

法官問

　　退貨的情形？

被告林○澤答

　　有部分與全數對貨，如全數退回會在送貨單上寫全數退貨簽名，與貨品一起交給倉管人員。

法官問

　　如全數退貨倉管人員如何與你處理？

被告林○珊答

　　倉管人員有時會打電話給我，有時會拿單子退還給我，我就會將電腦資料刪除。

法官問

　　如果退貨時打電話給你的情形，所留的單子要如何處理？

被告林○珊答

　　當天的單子會把全部訂在一起放在箱子裡面，公司出貨單有四聯，存根聯不會與退回的單子訂在一起。

法官問

　　對檢察官所起訴之犯罪事實有何意見？（告以要旨）

被告林○澤答

　　檢察官所起訴的之犯罪事實不對。

被告林○珊答

　　檢察官所起訴的之犯罪事實不對。

法官問

　　尚有何證據提出或請求調查？

被告林○澤答

　　如辯護人所言。

被告林○珊答

　　如辯護人所言。

檢察官答

　　如庭呈調查證據聲請書。

辯護人答

　　如今日庭呈辯護意旨狀所載。另請求調閱95年2月20日偵訊證人陳○真之錄音帶。

法官問

　　對卷附證據之證據能力有何意見？（告以要旨）

被告林○澤答

　　如辯護人所言。
被告林○珊答
　　如辯護人所言。
辯護人答
　　偵查中之證人陳述未經具結無證據能力，另出貨單只是以電腦回復後再列印並非原本亦無證據能力。對託運單部分不爭執。主張同一審。
檢察官答
　　沒有。
法官問
　　對辯護人聲請傳訊的證人蔡○文有何意見？
檢察官答
　　證據關聯性的問題請　鈞院審酌。
法官問
　　對檢察官聲請傳訊之證人有何意見？
辯護人答
　　沒有。
法官問
　　對詰問證人之次序有何意見？
檢察官答
　　沒有。
辯護人答
　　沒有。
法官諭本案定於95年11月27日下午3時30分續行準備程序、被告等二人自到、被告二人均請回、退庭。
上列筆錄經當庭給閱予到庭之人，認為無誤始簽名於後
　　　　　　　　到庭之人　林○澤
　　　　　　　　　　　　　林○珊
　　　　　　　　　　　　　李　斌
　　　　　　　　　　　　　吳光陸律師　（均簽名）

準備程序筆錄

上訴人 臺灣臺中地方法院檢察署檢察官

被 告 林○澤等

上列被告因95年上易字第1282號業務侵占等一案，於中華民國95年11月27日下午3時30分在本院刑事第22法庭公開行準備程序，出席職員如下：

　　法 官 李平勳

　　書記官 王麗珍

　　通 譯 黃豫立

當事人及訴訟關係人如後

檢察官 李斌

選任辯護人吳光陸律師

告訴代理人何志揚律師

餘詳如報到單之記載

被告到庭身體未受拘束。

法官問受訊問人姓名、年籍、住居所等項。

被告林○澤、被告林○珊答 年籍等均同前。

法官問

　　退貨公司是否有存根聯？

告訴代理人答

　　正常應該是會將四聯單訂在一起。但本件客戶聯、出貨退回單也沒有退回公司。被告事後還匯款給告訴人，白聯並沒有在告訴人公司。本案希望被告能認錯，被侵占六萬多元已經還給告訴人公司。電腦工程師部分另再陳報姓名，請 鈞院依職權傳訊。

辯護人答

　　無證據證明被告有撕毀白聯部分，盤點及單據有問題應是公司制度的問題。

法官問

　　尚有何證據調查？

檢察官答

　　請求再傳訊二位倉管人員？

法官諭本案候核辦，被告2人均請回、退庭。

上列筆錄經當庭給閱予到庭之人，認為無誤始簽名於後

　　　　　　　　到庭之人　林○澤

　　　　　　　　　　　　　林○珊

　　　　　　　　　　　　　李　斌

　　　　　　　　　　　　　吳光陸律師

　　　　　　　　　　　　　何志揚律師（均簽名）

中　華　民　國　95　年　11　月　27　日

　　　　　臺灣高等法院臺中分院刑十庭

　　　　　　　　書記官　王麗珍

　　　　　　　　法　官　李平勳

審判筆錄

上訴人　臺灣臺中地方法院檢察署檢察官

被　告　林○澤等

上被告因95年上易字第1282號業務侵占等一案，於中華民國96年1月16日上午9時20分在本院刑事第23法庭公開行審判，出席職員如下：

　　審判長法官　林照明

　　　法　官　蔡名曜

　　　法　官　李平勳

　　　書記官　王麗珍

　　　通　譯　趙項

當事人及訴訟關係人如後：

檢察官　李斌

告訴代理人何志揚律師

選任辯護人吳光陸律師

餘詳如報到單之記載

被告到庭身體未受拘束。

朗讀案由。

審判長問受訊人姓名、年籍、住居所等項。

被告答

　　　林○澤　男○○歲（民國○○年○○月○○日）

　　　　　　　身分證統一編號：M○○○○

　　　　　　　住南投縣埔里鎮○○號

　　　　　　　居臺中市西屯區○○號

被告答

　　　林○珊　女○○歲（民國○○年○○月○○日）

　　　　　　　身分證統一編號：M○○○○

　　　　　　　住臺中市北屯區○○號

審判長請檢察官陳述上訴意旨。

檢察官起稱

　　　如上訴書所載。

審判長對被告告知其犯罪之嫌疑及所犯罪名（詳如起訴書及原審判決書所載）。

審判長告知被告下列事項：

一、得保持緘默、無須違背自己之意思而為陳述。

二、得選任辯護人。

三、得請求調查有利之證據。

審判長問

　　　對檢察官上訴有何答辯？

被告林〇澤答

　　檢察官上訴無理由。

被告林〇珊答

　　檢察官上訴無理由。

審判長問

　　對證人蔡〇文、王〇來、洪〇美、黃〇明未到庭有何意見？

檢察官答

　　證人洪〇美、王〇來部分對退貨的流程請求再傳訊到庭。

辯護人答

　　證人蔡〇文部分請　鈞院斟酌，王〇來、洪〇美於偵訊時已經到庭，洪〇美於檢察官偵訊時有說退貨情形王〇來比較清楚，王〇來也偵訊及原審都說的很清楚，應無再傳訊之必要。

諭知本案改定96年2月13日下午11時在本法庭續行審理，被告二人應自行到庭不另傳喚，如無正當理由不到庭得命拘提、被告二人均請回、退庭。

中　　華　　民　　國　　96　　年　　1　　月　　16　　日

　　　　　臺灣高等法院臺中分院刑十庭

　　　　　　　　書記官　王麗珍

審判筆錄

上訴人　臺灣臺中地方法院檢察署檢察官

被　　告　林〇澤等

上被告因95年上易字第1282號業務侵占等一案，於中華民國96年2月13日上午11時，在本院刑事第二十三法庭公開行審判，出席職員如下：

　　審判長法　官　林照明

　　　　法　官　蔡名曜

　　　　法　官　李平勳

　　　　書記官　許哲禎

　　　　通　譯　許秀麗

當事人與訴訟關係人如後：

檢察官　李斌

選任辯護人吳光陸律師

告訴代理人何志揚律師

餘詳如報到單之記載

被告到庭身體未受拘束。

朗讀案由。

審判長問受訊人姓名、年籍等項。

被告答

　　　林○澤　男○○歲（民國○○年○○月○○日）

　　　　　　　身分證統一編號：M○○○○

　　　　　　　住南投縣埔里鎮○○號

　　　　　　　居臺中市西屯區○○號

被告答

　　　林○珊　女○○歲（民國○○年○○月○○日）

　　　　　　　身分證統一編號：M○○○○

　　　　　　　住臺中市北屯區○○號

審判長請檢察官陳述上訴意旨。

檢察官陳述上訴意旨如上訴書所載。

審判長對被告告知其犯罪之嫌疑及所犯罪名（詳如起訴書所載）。

審判長告知被告下列事項：

一、得保持緘默、無須違背自己之意思而為陳述。

二、得選任辯護人。

三、得請求調查有利之證據。

審判長問

　　對於證人王○來未到庭有何意見？

檢察官答

　　捨棄對該證人傳訊之聲請。

點呼證人洪○美入庭，並問年籍等項。

證人答

　　洪○美　女　○○歲（民國○○年○○月○○日生）

　　　　　　　　　身分證統一編號：L○○○○

　　　　　　　　　住臺中縣大肚鄉○○號

審判長問

　　與被告有無親屬或僱傭關係？

證人答

　　無。

諭知證人具結之義務及偽證之處罰，朗讀結文後請具結。

審判長諭知本件開始交互詰問，請檢察官為主詰問。

檢察官問

　　你在賜○○企業社擔任何職務？

證人答

　　倉管。我並無擔任過其他職務。

檢察官問

　　92年10月至12月間，是否在賜○○企業社擔任倉管職務？

證人答

　　是。

檢察官問

　　當時擔任倉管者，除了你之外，尚有何人？

證人答

　　王○來及其他臨時人員。

檢察官問

　　（請提示94年發查字第215頁之託運單）這些託運單，何件是你經手？（審判長提示前開頁數之資料）

證人答

　　第5頁編號2489306688號託運單所列貨品不是我經手。編號2489306697號只有其中一筆大甲、廣元部分是我手，其餘二筆不是我經手。編號2489306701號全部是我經手。編號2489306720都是我經手。編號2489306775號均是我經手。編號2489306945號均是我經手。編號2489306978號均是我經手。編號2489306996號均是我經手。編號2494720014號均是我經手。編號2494720060號均是我經手。編號2494725070號為寄貨運，也是我經手。

檢察官問

　　由前開這些託運單上，如何得知是你所經手？

證人答

　　因為是我的筆跡。

檢察官問

　　方才核對是你經手之託運單上，在收貨人名稱後面，有寫類似字或符號，是何意？（提示前開發查卷第5頁背面託運單）

證人答

　　是指藥局，英文字母是R。

檢察官問

　　在R後面所寫之字，是何人所寫？

證人答

　　是林○澤所簽，但我不清楚是什麼字。

檢察官問

　　2489306675、2489306978號二張託運單上所寫之「○珊」，是何意？（提示前開發查卷第7頁背面、第8頁背面之託運單）

證人答

　　是自送人簽名，就是林○珊小姐所簽。

檢察官問

　　所經手之託運單上，所寫OK是否是你寫的？

證人答

　　是。

檢察官問

　　單子上所寫日期、OK是何意？

證人答

　　我們的單子有三聯，讓客戶簽名後，有一聯留在客戶處，另外二張會拿回來給我，我核對有收貨人店章或簽名，我就寫OK。

檢察官問

　　寫OK是在何時寫？

證人答

　　是在業務把單子送回來給我時，我才寫OK，在貨物交給業務時，尚未寫OK。

檢察官問

　　你所述「業務把單子送回來給我」，到底指何種單子？

證人答

　　是方才提示卷宗頁數上面的出貨單，至於託運單是拿來當筆記本，是倉管自己記錄用的。

檢察官問

　　託運單雖然是當筆記本，是否將貨物交給業務時，尚須業務在上面簽名？

證人答

　　是。

檢察官問

　　託運單上有寫OK，是否代表領貨出去的業務，有將出貨單拿回來給你？

證人答

　　是。是拿會計及請款這二聯出貨單回來給我，出貨單我再交給會計，我自己並沒有留存。
檢察官問
　　拿回之出貨單，在出貨單上有何記載，你才會在託運單上寫OK？
證人答
　　只要有店章或者是收貨人的簽名，我就寫OK，代表貨有送到。
檢察官問
　　為何其中有二筆會是交給林○珊？
證人答
　　有時員工家裡離貨物交貨地點較近，由其送貨較方便，就將貨物交給員工去自送。
檢察官問
　　在林○珊領貨的後面寫OK，出貨單是何人拿回？
證人答
　　是林○珊。
檢察官問
　　如果出貨單沒有蓋店章亦無收貨人簽名，你是否會寫OK？
證人答
　　不會。一定要有店章或簽名。
檢察官問
　　本件你經手過之貨品，這些貨品有無經林○珊或林○澤將貨物退回？
證人答
　　退貨不屬於我處理，這是王○來的業務。
檢察官問
　　你所經手之託運單，從這些託運單上是否看得出有退貨之情形？
證人答

看不出來。

檢察官問

　　本件你所經手之單子，事後有無退貨？

證人答

　　我不知道。

檢察官問

　　拿回給你之二聯出貨單，該二聯是否為複寫紙之形式？

證人答

　　是的，只簽一聯，其餘二聯就會寫，若是蓋章，就要逐張蓋印。

檢察官問

　　這幾張你經手之貨物，你寫OK時，是自送人自己拿出貨單二聯回來給你或委託他人拿回？

證人答

　　是自己拿回來。

檢察官問

　　倉管之盤點是否為你的業務？

證人答

　　大家一起盤點。

審判長請辯護人為反詰問。

辯護人問

　　你曾於偵查中證稱，託運單上之「澤」字是你的字跡，有何意見？（提示偵查卷第61頁筆錄、發查卷第6頁背面編號2489306720號託運單）

證人答

　　此託運單上的「澤」字是業務林○澤寫的，我在偵查中所說是我的字跡是指2494720014號託運單上面收貨人「吉○」後面圈圈裡面的字是我寫的。

辯護人問

方才所述林〇珊有簽名，是否林〇珊代理林〇澤去領貨的？

證人問

是林〇珊去領貨，至於是否其自己送或幫別人領，我並不清楚。

檢察官稱無詰問事項。

受命法官經徵得審判長同意後詢問證人。

受命法官問

領貨出去之人，如有退貨，出貨單上是否有收貨人簽名蓋章？

證人答

退貨簽名我不清楚，但如有退貨，我會在託運單背面註記退貨的時間，不會寫OK，若有寫OK就代表貨已送到。

審判長問

出貨單與託運單有何差別？

證人答

出貨單是會計所製作出來，會有品名、件數等記載，我們再按照出貨單上之記載拿貨物給業務去送貨，而託運單是我們倉管人員自己記載的筆記本。

審判長問

收貨人是以出貨單或託運單為憑而收貨？

證人答

收貨人是以出貨單為憑，且收貨人必須在收貨單上簽章。

辯護人請求再詰問證人。

辯護人問

方才所述退貨時，你會在託運單上註記退貨，但又稱退貨並不是你處理，為何你會在託運單上註記？

證人答

如果有退貨，我會在託運單註記退貨時間，此為我所假設，實際上我並無發生過此情形，因退貨是王〇來在處理。

審判長問

你在偵查中（59頁）所述「……但有時業務員送貨物回來，我會在隔日向他取單……」，為何你會在隔日向業務取單，而不是在當日取單？（朗讀偵查卷第59頁筆錄並告以要旨）

證人答

因業務員沒有每天上班，單子不一定當日回來。

審判長問

偵查卷第162頁所示之2張「出貨退回單」上面蓋有林○珊的印章，此部分情形，你是否清楚？（提示）

證人答

我不清楚。

告訴代理人起稱

偵查卷第162頁之2張出貨退貨單，是我們所提出，我們是以別件退貨之情形來佐證並無被告林○珊所述退貨之情況。

辯護人請求再詰問證人。

辯護人問

你於偵查卷第59頁最後一行之筆錄證稱，2489306697號、2489306775號二張託運單上的OK不是你寫的，有何意見？（審判長提示前開筆錄）

證人答

2489306697號單子上有寫二個OK，其中下面的OK是我寫的，上面的OK是王○來寫的。2489306775號單子上收貨人萬○後面的OK是王○來寫的，其餘二個OK是我寫的。

檢察官請求再詰問證人。

檢察官問

就本件起訴書附表所列之託運單，你寫OK，是你去問會計以後所寫，或是業務把出貨單拿回給你，你看到上面有蓋店章或簽名後，你才寫OK？（提示起訴書附表）

證人答

　　我記不起來了。

被告林○澤請求詰問證人。

被告林○澤問

　　2494720014號託運單上有寫「澤」之記號，此貨物是否是我領？

證人答

　　該號託運單上「澤」是我做的記號，表示是林○澤自送，後來因為單子有回來，我就寫OK，只是後來我忘記拿給林○澤親自簽名。

辯護人、檢察官均稱無詰問事項。

審判長問

　　對於何○揚、潘○美、王○來、洪○美、陳○真、何○靜，施○芳、王○如、張○彰，陳○銘、潘○任，張○雲、黃○明、蔡○文等人所述之筆錄有何意見？（逐一提示並告以要旨）

被告林○澤答

　　王○來、洪○美、陳○真、張○彰、陳○建銘、黃○明、蔡○文等人所述不實在。

被告林○珊答

　　對於陳○真、黃○明之證述有所存疑。

審判長問

　　對於卷附出貨單、託運單、證明書、存款憑條、協議書、離職單、黑函等有何意見？（逐一提示並告以要旨）

被告林○澤答

　　出貨單還原列印的真實性，稍具電腦知識的人，就可知道其是真是假。證明書也有疑問，因為藥師並無將出貨單看清楚。

被告林○珊答

　　因我們每天出貨單數量相當大，有時因偷懶，若有整筆退貨的情形，會在沒有見到出貨單的情形，在電腦上將整筆資料刪除，但不能因此即認有我有本案之犯行。

審判長就被訴犯罪事實訊問被告

審判長問

　　林○澤原擔任臺中市南屯區工業二十一路○○號張○倖為負責人之賜○○企業社業務員，負責招攬客戶及送貨業務；其妹即被告林○珊則擔任該企業社會計人員，負責登錄進出貨、退貨之電腦紀錄。詎二人竟基於意圖為自己不法之所有之概括犯意聯絡，連續於民國92年10月23日、27日、31日、11月7日、12月1日、4日、9日、12日，以客戶欲訂購貨物為由，由被告林○珊在電腦上虛偽註記如起訴書附表之出貨紀錄，列印出貨單，而由被告林○澤持出貨單以業務自送貨物之方式，向倉管人員提領貨物，變易持有為所有之意思，將貨物侵占入己，其後被告林○珊再將出貨之電腦紀錄刪除。嗣因賜○○企業社之電腦資料重整回復，發現上開出貨紀錄未入帳，經向客戶詢問，始查悉上情。對以上本件事實有何意見？

被告林○澤答

　　起訴書所認定之事實不對。

被告林○珊答

　　此並非事實。

審判長問

　　對自己及同案被告於偵訊、原審，本審之筆錄有何意見？（告以要旨）

被告林○澤答

　　沒意見。

被告林○珊答

　　沒意見。

審判長問

　　檢察官、辯護人對於本院方才所提示證言、證物等證據資料有何意見？

檢察官答

　　沒意見。

辯護人答

　　在偵查中之筆錄與證物並無證據能力。

審判長問

　　尚有何證據請求調查？

被告林○澤答

　　無。

被告林○珊答

　　無。

辯護人答

　　無。

檢察官答

　　無。

諭知本案調查證據完畢開始辯論，請檢察官論告。

檢察官起稱

　　被告林○澤於原審準備程序中自承除2494720014號託運單不是其簽名外，其於八筆貨物均是其領取，且其並無將貨物送給客户，但依證人洪○美所述其一定要看到出貨單上收貨人有簽章，其才會在託運單上寫OK，但本件既然被告林○澤沒有將貨物送給收貨人，則出貨單必無收貨人之簽章，而洪○美為何會在託運單上寫OK，此其中必有被告動了手腳，後來事情爆發後，被告始以已將全部貨品退回來搪塞，以推卸其責任，因此會有本件之告訴情形，本件雖然所侵占之金額不多，但被告所辯與企業經營常理及相關退貨程序不合。其餘引用上訴書意旨所載，請撤銷原判決，另為有罪之諭知。

審判長問

　　有何辯解？

被告林○澤答

　　我們公司的程序就是如此，不知檢察官為何會如此説。

被告林○珊答

請辯護人代為辯護。

審判長問

　　告訴代理人對本案有何意見？

告訴代理人答

　　由被告於事後將侵占之款項匯回給告訴人公司之情況證據而言，被告如無侵占，其為何同意匯回款項，且其自認告訴人公司有欠其薪資，則其為何不主張抵銷即可，卻還匯回款項，足見被告有本案之犯行，其餘援引檢察官之論告。

審判長請選任辯護人為被告辯護。

選任辯護人吳光陸律師起稱

　　當初係因告訴人公司要被告匯回款項即將薪水發給他，被告才會將款項匯回給公司，且被告並非是學法律之人，怎會懂得主張抵銷，因此，不能因為被告事後將款項匯回給公司，即認為被告有本案之犯行，其餘辯護內容引用95年10月30日刑事辯護狀所載。

審判長問

　　對於被告全國前案紀錄表有何意見？（提示並告以要旨）

被告林○澤答

　　沒意見。

被告林○珊答

　　沒意見。

審判長問

　　就被告之科刑範圍有無意見？

被告林○澤答

　　我並無犯罪。

被告林○珊答

　　我並無犯罪。

審判長問

　　有何最後陳述？

被告林○澤答

　　我在辦理離職時，公司副理叫我去講話，其稱只要我離職，公司會把我告到身敗名裂，事後還以黑函中傷我，我是冤枉的，請庭上明察。

被告林○珊答

　　無。

諭知本案辯論終結，定96年4月18日上午10時宣判，可自行到庭聆判，被告、證人等均請回，退庭。

中　華　民　國　96　年　4　月　4　日

臺灣高等法院臺中分院刑十庭
書記官　許哲禎
審判長法　官　林照明

臺灣高等法院臺中分院刑事判決

95年度上易字第1282號

上訴人　臺灣臺中地方法院檢察署檢察官

被　告　林○澤　男○○歲（民國○○年○○月○○日）

　　　　　　　　身分證統一編號：M○○○○

　　　　　　　　住南投縣埔里鎮○○號

　　　　　　　　居臺中市西屯區○○號

　　　　林○珊　女○○歲（民國○○年○○月○○日）

　　　　　　　　身分證統一編號：M○○○○

　　　　　　　　住南投縣埔里鎮○○號

　　　　　　　　居臺中市北屯區○○號

上列二人共同選任辯護人　吳光陸律師

　　　　　　　　　　　　廖瑞鍠律師

上列上訴人因業務侵占等案件，不服臺灣臺中地方法院95年度易字第1113號中華民國95年8月22日第一審判決（起訴案號：臺灣臺中地方法院檢察署94年度偵字第5847號），提起上訴，本院判決如下：

　　主　文

上訴駁回。

　　理　由

一、公訴意旨略以：被告林○澤原擔任臺中市南屯區○○號張○倖為負責人之賜○○企業社業務員，負責招攬客戶及送貨業務；其妹即被告林○珊則擔任該企業社會計人員，負責登錄進出貨、退貨之電腦紀錄。詎二人竟基於意圖為自己不法之所有之概括犯意聯絡，連續於民國92年10月23日、27日、31日、11月7日、12月1日、4日、9日、12日，以客戶欲訂購貨物為由，由被告林○珊在電腦上虛偽註記如附表之出貨紀錄，列印出貨單，而由被告林○澤持出貨單以業務員自送貨物之方式，向倉管人員提領貨物，變易持有為所有之意思，將貨物侵占入己，其後被告林○珊再將出貨之電腦紀錄刪除。嗣因賜○○企業社之電腦資料重整回復，發現上開出貨紀錄未入帳，經向客戶詢問，始查悉上情，案經張○倖訴請偵辦，因認被告林○澤、林○珊涉有刑法第216條、第215條之行使業務登載不實文書罪及同法第336條第2項之業務侵占罪嫌等語。

二、原審以罪證不足判決被告等無罪，檢察官不服，以「本件依證人王○來、洪○美、陳○真及王○如等人所證述之退貨流程，並無被告林○澤所辯稱之全數退貨時不另行填寫退貨單之情形。且起訴書附表所示之貨品託運單並無證人王○來之簽名，顯示該等貨物出貨後未有退貨情形。再證人張○彰、陳○銘、潘○任等人亦明確證稱未曾訂購及收受如起訴書附表所示之貨物。是被告林○澤既自認有提領如起訴書附表所示貨物之事實，上開貨物既未經客戶收受，復無退貨紀錄，足認被告林○澤、林○珊確有侵占如

起訴書附表所示貨物甚明。」提起上訴。

三、查本件被告林○澤、王○珊均堅決否認有行使業務登載不實
　　文書及業務侵占之犯行，被告林○澤辯稱：伊係自90年5、6月
　　間起擔任賜○○企業社業務員，起訴書所指9筆貨品，除編號
　　2494720014號託運單非伊領取，其餘8筆皆伊領取，伊領取該8筆
　　貨品後，因未送給客戶，而整批退回給倉庫，並無侵占等語；被
　　告林○珊辯稱伊係自92年4月間起擔任賜○○企業社會計，一般
　　整批退貨的流程，是由業務員將貨品及出貨單退予倉管人員，倉
　　管人員核對無誤，再通知伊將電腦內之出貨資料消除（即所謂消
　　單），如部分退貨，業務員要製作退貨單，將退貨單及貨品交予
　　倉管人員核對無誤，將退貨單交予伊，伊再依退貨單製作商品退
　　貨憑據等語。經查：

　　(1)告訴人於告訴狀雖指稱本件被告林○澤、林○珊涉嫌業務侵
占犯行，係因告訴人商號之電腦資料重整回復，發現曾有12張出貨單
之出貨紀錄，卻未曾入帳，而向出貨單上客戶一一詢問，客戶均稱並
未訂貨，亦未收受該等貨品，也無支付貨款，告訴人始查悉上情云
云；證人陳○真於偵查中亦供稱伊係告訴人之會計，於92年5月間受
僱，92年12月間，因電腦當機，找電腦維修人員重整，維修人員表示
係因有資料不見才當機，當機原因係操作不當，怕資料不見，要伊等
核對資料，伊等核對先前所留四聯單，發現資料不見，要求電腦維修
人員還原，有留底的單據，但電腦紀錄不見，共有十幾筆，均係林
○澤的單子云云；復在原審審理時證稱：告訴狀所附12張出貨單係黃
○明自賜○○企業社電腦重整修復列印出來，當時伊在場云云。然證
人即明○資訊公司電腦維修人員黃○明於偵查中卻稱賜○○企業社
係於2年前，因會計說比如1至10號之單據為何缺3、6，要伊檢查軟體
有無問題，經伊檢查，確實有打3、6之出貨單，但有刪除，伊不知為
何刪除，伊印象中由軟體資源回收筒找出3張刪除單據，會計要伊將
資料救回來，伊就將資料救回來，所以對內容沒什麼印象，伊記得

救回3張單據，會計是陳○真，聽會計說是林○澤的居多等語。就所謂遭刪除找回之出貨單據數量究竟係3張或12張，證人陳○真與黃○明之證述已有不一；且證人陳○真所證「因電腦當機，找電腦維修人員重整」才發現出貨單遭刪除之事，與證人黃○明所證「因會計說比如1至10號之單據為何缺3、6，要伊檢查軟體有無問題，經伊檢查」才發現出貨單遭刪除之事，該二證人就告訴人公司究係因發現單據不連貫或因電腦當機始查悉出貨單遭刪除，彼此所證已有矛盾。尤其不論依照證人黃○明或陳○真所證，發現出貨單遭刪除之時間均在92年12月間，當時被告林○澤尚未離職（被告林○澤係於93年9月1日離職），則出貨單如確係證人黃○明從資源回收筒中找出再救回，9210270021號、9210230009號出貨單上為何有「拆封與過期品均不得退貨，業務林○澤於9月1日離職」之文字記載？告訴人公司既然得以在9210270021號、9210230009號出貨單上附記「拆封與過期品均不得退貨，業務林○澤於9月1日離職」，其所提出之9210270021號、9210230009號出貨單即非忠實救回資料之列印，是自足以令本院合理懷疑所有出貨單之真實性。

(2)證人陳○真在原審審理時證稱：電腦資料回復當天即以電話向老闆報告，老闆知道出貨單被刪情形，該12張出貨單均未收到貨款，客戶亦皆未承認收到貨品等語，則告訴人既於92年12月間即知被告林○澤、林○珊負責之出貨單存有被刪情形，乃竟未即時向被告林○澤、林○珊查詢質問，且於93年8月19日，被告林○澤以其能力不足，為免成為公司成長絆腳石及擔誤同儕發展為由，提出離職單辭職，亦僅在離職單備註欄註明「不長進」等語，竟未就上揭出貨單被刪一節表示隻字片語之意見；迨被告林○珊、林○澤分別於93年8月25日、9月1日離職，從事與告訴人公司相同業務之行業後，始於93年12月30日提起本件告訴，則被告等果真有侵占告訴人公司貨品之事實，告訴人公司豈有自發現時起超過8個月以上之時間始再追究之理？其告訴內容是否屬實亦有可疑之處。至於被告林○澤辭職書上所

寫「欲加之罪，何患無詞，欲辭之患，何患無由」，是否即指告訴人警告被告2人不得再犯（指侵占公司貨品之事），通觀該辭職書係提及公司業務壓力大、收入不穩定恐無法負擔家庭經濟，及為免成為公司成長之絆腳石、耽誤同儕之發展，顯與是否有侵占公司貨品之事無關。另倘若如告訴人代理人請求檢察官上訴狀中所指告訴人於案發後（92年12月間）即警告被告2人不得再犯，並給予被告自新之機會，被告林○澤於93年8月19日提出辭職單時所寫「欲加之罪，何患無詞」，亦難謂即係指遭告訴人指控侵占公司貨品之事。

(3)證人即客戶張○彰、陳○銘、潘○任於95年1月4日偵查中作證時，已逾事發時間2年，二年期間所經手之進出貨何其多，彼等竟於2年後猶能記得未訂購出貨單所載貨品一節，顯與一般之經驗法則相悖，所證尚無足採信。告訴人代理人請求檢察官上訴狀中指摘原審未傳訊上開證人究明渠等何以能記得，經核無再予傳訊上開證人之必要。

(4)證人即告訴人之前會計潘○美（92年5月中旬離職）於原審審理時亦證稱：全部退貨由業務員在其餘三聯出貨單上書寫全部退貨，連同貨品交給倉管人員，倉管人員清點後在三聯單上簽名，將三聯單交給會計，會計依據三聯單，利用電腦製作正式退貨單簽名後，連同三聯單送給老闆，老闆簽名後由會計歸檔，伊剛任職時因不會使用公司電腦，遇整筆退貨之情形老闆曾要伊將整筆出貨資料刪掉，這樣可以不用打正式退貨單，約有一個多月時間等語，證人潘○美所證固係其任職第一個月期間處理退貨之流程，但亦足以證明告訴人公司有可能以將整筆出貨資料刪掉之方式處理整筆退貨。又證人即告訴人之倉管洪○美於偵查中供稱告訴狀所附其中編號2494725070號託運單上所載貨品，應是由貨運公司運送等語，即該由貨運公司運送之出貨單亦遭刪除等情，益徵賜○○企業社並非不可能以刪除電腦中之出貨資料，處理客戶全部退貨之情形。另證人即告訴人之業務員王○如（92年12月間離職）於偵查中證稱：退貨不一定有退貨單，如果送到客戶那邊，客戶不收，就將貨及出貨單一起交回倉庫等語；則被告2人辯

稱林○澤因客戶退貨，而由林○珊將整筆出貨資料刪掉等情，即非全無可信。

(5)被告林○澤於94年1月6日，依告訴狀所附12張出貨單記載之貨品價格匯款六萬五千八百四十元予告訴人，係因告訴人向被告林○澤表示將該款項匯入，即支付被告林○澤、林○珊未領之薪資五萬餘元，適逢被告林○澤之妻張○雲待產中，且告訴人及其業務員在外揚言六個月要讓被告林○澤成立之濰○公司倒閉，張○雲害怕，才自郵局提領現金，硬要被告林○澤同至彰化商業銀行水湳分行匯款，業經證人張○雲在原審審理時供明；且被告匯款之原因不一而足，或係因出於賠償被害人之意，或係因出於息事寧人之心，或係出於錯誤等等，尚不足以之作為推斷被告是否犯罪之證據。告訴人代理人請求檢察官上訴狀中指被告未主張以薪資抵銷，竟匯款六萬五千八百四十元予告訴人，而推論被告確有侵占犯行，亦無足採。

(6)至於告訴狀所附託運單除送貨人簽名外，另經倉管人員註記「OK」，而送貨人員送貨後，拿會計聯及請款聯出貨單回來，倉管人員核對有收貨人店章或簽名，表示貨有送到，才寫OK，事後再將出貨單交給會計，此雖經證人洪○美於本院審理時證述明確；惟其另證稱：「94年發查字第215頁之託運單中第五頁編號2489306688號託運單所列貨品不是伊經手。編號2489306697號只有其中大○、廣○部分是伊經手，另二筆不是伊經手、2489306775號單子上收貨人萬○是王○來寫的；其餘編號2489306701號、編號2489306720、編號2489306945號、編號2489306978號、編號2489306996、2494720014號、編號2494720060號、編號2494725070號都是伊經手。」、「（檢察官問）本件你經手過之貨品，這些貨品有無經林○珊或林○澤將貨物退回？（答）退貨不屬於我處理，這是王○來的業務。（檢察官問）你所經手之託運單，從這些託運單上是否看得出有退貨之情形？（答）看不出來。（檢察官問）本件你所經手之單子，事後有無退貨？（答）我不知道。」、「（受命法官問）領貨出去

之人,如有退貨,出貨單上是否有收貨人簽名蓋章?(答)退貨簽名我不清楚,但如有退貨,我會在託運單背面註記退貨的時間,不會寫OK,若有寫OK就代表貨已送到。」、「(辯護人問)方才所述退貨時,你會在託運單上註記退貨,但又稱退貨並不是你處理,為何你會在託運單上註記?(答)如果有退貨,我會在託運單註記退貨時間,此為我所假設,實際上我並無發生過此情形,因退貨是王○來在處理。」。證人洪○美既證稱退貨是王○來的業務,且有部分託運單係由王○來註記OK(王○來經本院於94年2月13日、96年4月4日傳訊均未到庭,經檢察官捨棄該證人),再參酌上開證人潘○美於原審、王○如、洪○美於偵查中之證述(詳見上述(4)),則被告2人辯稱因客戶退貨,而由林○珊將整筆出貨資料刪掉,即非全無可能。

四、綜上所述,本案告訴人之指訴既有令人質疑之處,且本件起訴,仍無法達到令通常一般之人均不致於有所懷疑而得確信被告觸犯行使業務登載不實文書及業務侵占犯行,或說服本院形成被告有罪之心證,即難以上開罪責相繩。原審判決被告等無罪,核無不合,檢察官猶執陳詞指摘原判決不當,非有理由,應駁回其上訴。

據上論結,應依刑事訴訟法第368條,判決如主文。

本案經檢察官李斌到庭執行職務。

中　華　民　國　96　年　4　月　18　日

　　　　　　刑事第十庭審判長法　官　林照明
　　　　　　　　　　　　　　法　官　蔡名曜
　　　　　　　　　　　　　　法　官　李平勳

上列正本證明與原本無異。

不得上訴。

　　　　　　　書記官　許哲禎

中　華　民　國　96　年　4　月　23　日

參、檢討與分析

一、本件被告是否有侵占？關鍵在於領貨後，是否確有退回倉管人員？雖其辯稱有退回，但何以匯款還給告訴人指稱之侵占藥品價款，至為不利。但告訴人所述發見未退貨情形，亦與常理不合，尤其在民國92年12月間發見，竟未對被告二人為任何處置，嗣後於民國93年9月離職，仍未就此指責，本件辯護重點即在使法院認定確有不合理處，可以證據不足判決無罪。

二、偵查程序，本人未參與，既經起訴，本人即本於上開意旨辯護，在第一、二審之交互詰問證人，重點放在於如何發見出貨單遭刪除，何時發見，告訴人是否知悉，何以盤點時未發見，迨至被告離職後始提起本件告訴。尤其發見過程，證人陳○真所述與電腦工程師黃○明所述不一，則是否如告訴人所述之發見過程，即有疑問。又告訴人既於民國92年12月間發見，未立刻處理，不合常情，再盤點多次亦未發見，凡此使法院就此不合情理處，認定告訴人係因被告離職，在外另組公司營業，因業務競爭始為此不實告訴，在罪疑惟輕及在未判決有罪確定前，被告應為無罪，使法院肯定被告無罪。

三、至於被告另組公司是否涉及競業禁止，非本案範圍，併此敘明。

第四節　傷害罪

壹、背景說明

本件與前章第九節之（三）實為同一日發生之事實，但告訴人為不同告訴，本件告訴人係指遭保全人員毆傷，經檢察官提起公訴，本人就此辯護。

貳、書狀及裁判

一、檢察官起訴書：詳如辯護狀之公訴意旨。

二、辯護狀：如下

刑事辯護狀

案號：83年度易字第457號

被　　　告　梁○麟　詳卷

選任辯護人　吳光陸律師

為被訴傷害罪嫌，謹具辯護狀事：

　　公訴意旨略以：梁○麟為鴻泰保全公司之保全員，於82年6月5日上午10時許，受武○珍之託，與羅○盛及不詳姓名之保全人員多人，至臺中市臺中榮總醫院住院醫師宿舍增建工程辦理積留建材之勘估，因負責現場施工之王○威未將工地鐵門打開，不詳姓名之保全員竟逕自剪開工地鐵門之鍊條，梁○麟進入工地後，與王○威發生肢體之衝突，即夥同羅○盛與不詳姓名之保全人員多人，分持瓦斯槍等物，共同毆打王○威受傷，因認被告有傷害罪嫌云云。

　　按犯罪事實應依證據認定之，無證據不得推定其犯罪事實，刑事訴訟法第156條定有明文。而認定不利於被告之事實，須依積極證據，苟積極證據不足為不利於被告事實之認定時，即應為有利於被告之認定，更不必有何有利之證據，最高法院30年上字第816號判例揭有要旨。又告訴人之告訴，係以使被告受刑事訴追為目的，是其陳述是否與事實相符，仍應調查其他證據以資審認，最高法院52年臺上字第1300號判例著有明文。本件告訴人認被告有傷害罪嫌，除依告訴人之指訴及診斷書為證外，並採信證人黃○桐、馬○京之證言。惟查該證人即告訴人王○威所僱用之黃○桐於82年7月5日之偵訊中證稱：「誰拿瓦斯槍噴王○威，我不清楚」，再另一證人即王○威所僱用在工地工作之馬○京於同日偵訊中亦證稱：「誰打他（即王○威），我沒看清楚，誰拿瓦斯槍噴王○威我也沒看清楚」。由上述證詞可知除告訴人之指訴外，並無確實證據證明被告有持瓦斯槍傷害告訴人之犯行。至持瓦斯槍噴人其噴出的是氣體，依經驗法則可知其所造成之傷害應非如告訴人所提診斷書上所列之情形，告訴人之指訴顯然與經驗法則不符，故其指訴被告傷害，因與事實不符，至難採信。況證人即

當日到場之警員廖忠智於上述期日亦到庭證稱:「因王○威說有另一位保全人員打他,其中有一位保全人員叫他們的保全人員回到臺中分公司拿打人的那位保全人員資料。後來據查打人的保全人員姓羅。」由此可知告訴人王○威當日於現場即曾對警員指證,而其指證之人非被告若當日被告,果曾傷害告訴人,告訴人當場為何未對警員指明,足見其指訴顯有矛盾,當不可作為認定被告有罪之證據。

另查武○珍與告訴人發生爭執當日,曾到現場之警員李文明於82年自字第510號妨害自由案件於82年7月21日曾至 鈞院到庭描述當日之情景,證稱:「當時人很多,推來推去就推進去了,我沒看見剪斷鐵鍊之事。」由上述可知當時雙方人員眾多彼此推擠進入工地,告訴人之傷是否如如訴人所言為他人所傷,或因彼此推擠所意外造成,亦難以論斷。且查被告乃係鴻泰保全公司之保全人員,於當日雖亦在工地,但其僅係在旁維持秩序,並未接近告訴人,此有證人林○治、陳○良、陳○富可證,並無持瓦斯槍噴告訴人之情事。告訴人之指訴與事實並不相符,且有矛盾,而證人之證詞又難以證明被告有傷害之罪行,復查無其他積極證據可證被告有傷害之犯行,揆諸首開說明,即應對被告為無罪之諭知,以免冤抑。

　　謹　呈

　　　　臺灣臺中地方法院　　公鑒

　　　　證人:

　　　　　　林○治　住臺中縣神岡鄉

　　　　　　陳○良　住臺中市

　　　　　　陳○富　住同上

中　華　民　國　83　年　2　月　16　日

　　　　　具　狀　人　梁○麟

　　　　　選任辯護人　吳光陸律師

三、法院判決

臺灣臺中地方法院刑事判決

83年度易字第457號

公　訴　人　臺灣臺中地方法院檢察署檢察官
被　　　告　梁○麟　男43歲業商
　　　　　　住臺北市
　　　　　　身分證：○○○○○○
選任辯護人　吳光陸律師
上列被告因傷害案件，經檢察官提起公訴（82年度偵字第11004號），本院判決如下：
　　主　文
梁○麟無罪。
　　理　由
一、公訴意旨略以：梁○麟為鴻泰保全公司之保全員，於82年6月5日上午10時許，受武○珍（另案審結）之託，與羅○盛（另案審結）及不詳姓名之保全人員多人，至臺中市臺中榮總醫院住院醫師宿舍增建工程工地辦理積留建材之勘估，因負責現場施工之王○威未將工地鐵門打開，不詳姓名之保全員竟逕自剪開工地鐵門之鍊條，梁○麟進入工地之後，與王○威發生肢體之衝突，即夥同羅○盛與不詳姓名之保全人員多人，分持瓦斯槍等物，共同毆打王○威，致王○威受有前胸擦傷四×○‧二公分、右上肢擦傷八×三公分、左上肢擦傷三×二公分、頸部擦傷三處十五×○‧二公分、六×○‧二公分二處，背部瘀傷四×二公分二處、擦傷四×五公分一處等傷害。
二、按犯罪事實應依證據認定之，無證據不得推定其犯罪事實，刑事訴訟法第154條定有明文。訊據被告矢口否認有傷害王○威之犯

行，並辯稱伊當日係負責維持交通等語。並經本院訊據證人陳順
○證稱：「我看到很多人在小門前爭吵，爭吵約三十分鐘才進
去。」「當天梁○麟在指揮交通，他等我們進去之後才進去。」
是被告辯稱其當時係指揮交通等語，尚非無據，堪以採信。雖王
○威於前揭衝突事件中身體受有傷害一節，業據提出驗傷證明書
及相片等附於前開偵查卷內可證，應堪採信，然依黃○桐、馬○
京等證稱：「大約十一點鐘時保全人員就進來，王○威跟他們在
談話，羅○盛就抓住王○威的衣服，誰拿瓦斯槍噴王○威我不清
楚。」「當天十一點左右，是穿著黃色雨衣、戴安全帽的人打
的，我沒有看清楚。但是羅○盛、梁○麟二人帶頭的，誰拿瓦斯
槍噴王○威我沒看清楚。」等語，尚難證明梁○麟等有何傷害之
犯行。再王○威於警員廖忠智到場處理時表示「係有另一位保全
人員打他，並其中有一位保全人員叫他們的保全人員回臺中分
公司拿打人的那位保全人員資料，後來據查打人的保全人員姓
羅。」等語。然查前揭事件衝突中，先後由多位警員處理，倘王
○威得以確認係遭梁○麟傷害，自應於警員到場時報請處理，惟
其並未於警員至現場時明確指訴，顯見其亦無法確認係遭何人毆
打，尚難遽以其受有傷害之事實，即認被告梁○麟有傷害之犯行。
此外查無其他證據足以證明被告犯罪，自應為無罪之諭知。
據上論斷，應依刑事訴訟法第301條，判決如主文。
本案經檢察官謝錫和到庭執行職務。

中　華　民　國　83　年　3　月　23　日

臺中地方法院刑事第一庭　法　官張升星
右正本證明與原本無異。
如不服本判決，應於收受本判決後10日內向本院提出上訴狀，上訴於
臺灣高等法院臺中分院（須附繕本）。

書記官　蔡永興

中　華　民　國　83　年　3　月　26　日

臺灣高等法院臺中分院刑事判決

民國83年度上易字第1213號

上訴人　臺灣臺中地方法院檢察署檢察官
被　告　梁○麟　男43歲（○○年○○月○○日生）業商
　　　　　　　住中壢市中山東路○○號
　　　　　　　身分證：F○○○○
選任辯護人　何孟育律師
右列上訴人因被告傷害案件，不服臺灣臺中地方法院中華民國83年
3月23日第一審判決（民國83年易字第457號，起訴案號：臺灣臺中
地方法院檢察署民國82年度偵字第11004號）提起上訴，本院判決如
下：
　　　主　文
上訴駁回。
　　　理　由
一、公訴意旨略以：梁○麟為鴻○保全公司之保全員，於82年6月5日
　　上午10時許，受武○珍（另案審結）之託，與羅○盛（另案審
　　結）及不詳姓名之保全人員多人，至臺中市臺中榮總醫院住院醫
　　師宿舍增建工程工地辦理積留建材之勘估，因負責現場施工之王
　　○威未將工地鐵門打開，不詳姓名之保全員竟逕自剪開工地鐵門
　　之鍊條，梁○麟進入工地之後，與王○威發生肢體之衝突，即夥
　　同羅○盛與不詳姓名之保全人員多人，分持瓦斯槍等物，共同毆
　　打王○威，致王○威受有前胸擦傷四×○‧二公分、右上肢擦傷
　　八×三公分、左上肢擦傷三×二公分、頸部擦傷三處十五×○‧

二公分、六×〇·二公分二處,背部瘀傷四×二公分二處、擦傷四×五公分一處等傷害。

二、按犯罪事實應依證據認定之,無證據不得推定其犯罪事實,刑事訴訟法第154條定有明文。訊據被告矢口否認有傷害王〇威之犯行,並辯稱伊當日係在工地入口處負責維持交通交通,工地內發生何事伊不知情等語。經查證人陳〇富在原審證稱:「我看到很多人在小日前爭吵,爭吵約三十分鐘才進去。」「當天梁〇麟在指揮交通,他等我們進去之後才進去。」,又稱:「他們在那裡拉扯、推擠、沒有看到毆打情形。」是被告辯稱其當係指揮交通等語,尚非無據,堪以採信。雖王〇威於前揭衝突事件中身體受有傷害一節,業據提出驗傷證明書及相片等附於前開偵查卷內可證,固堪採信,然依黃〇桐、馬〇京等證稱:「大約十一點鐘時保全人員就進來,王〇威跟他們在談話,羅〇盛就抓住王〇威的衣服,誰拿瓦斯槍噴王〇威我不清楚。」「當天十一點左右,是穿著黃色雨衣、戴安全帽的人打的,我沒有看清楚。但是羅〇盛、梁〇麟二人帶頭的,誰拿瓦斯槍噴王〇威我沒看清楚」等語,尚難證明梁〇麟等有何傷害之犯行。再王〇威亦供明於警員廖〇智到場處理時表示「係有另一位保全人員打他,並其中有一位保全人員叫他們的保全人員回臺中分公司拿打人的那位保全人員資料,後來據查打人的保全人員姓羅。」等語,並未指明被害人確為被告所毆打,又查前揭事件衝突中,先後由多位警員處理,依證人廖〇智在本院證述:「……他(指被害人)說被保全人員打的,何位保全員打的我不清楚,王某沒正式提出告訴」等情,倘王〇威得以確認係遭梁〇麟傷害,理當於警員到場時報請處理而正式提出告訴,惟其並未於警員至現場時明確指訴,顯見其亦無法確認係遭何人毆打,尚難遽以其有傷害之事實,即認被告梁〇麟有傷害之犯行。此外查無其他證據足以證明被告犯罪,原審為無罪之諭知,核無不當。公訴人仍認被告犯罪而提起上訴

　　指摘原判決不當，非有理由，應予駁回。

三、據上論斷，應依刑事訴訟法第368條，判決如主文。

本案經檢察官柯良彥到庭執行職務。

中　華　民　國　　83　年　　8　月　　10　日

　　　　　　　　臺灣高等法院臺中分院刑事第三庭

　　　　　　　　　　審判長法　官　劉叡輝

　　　　　　　　　　法　　官　洪明輝

　　　　　　　　　　法　　官　李文雄

右正本證明與原本無異。

不得上訴。

　　　　　　　　　　　　書記官　陳曉青

中　華　民　國　　83　年　　8　月　　13　日

參、檢討與分析

一、在實務上，常有因同一事實，同一爭執，延伸為不同訴訟案件，包括民、刑事訴訟，被告不同之民事或刑事訴訟。故不論在攻擊或防禦，均可援用在他案件之證據，包括證物、人證，為有利之主張。本件亦同，因告訴人分別提出不同訴訟，筆者遂就此不同案件之證述援用，法院亦以為證據判決。

二、一般言之，在傷害訴訟，法院多以告訴人之指訴及診斷書即予認定有傷害犯行，但本件就有關證述，即如有傷害事實，何以告訴人未於第一時間警察到場時未提出，相關在場人士無法指明是否確為被告所為，使法院為有利被告之認定，判決無罪。

第五節　詐欺罪

壹、背景說明

　　告訴人因持有被告之子支票不獲兌現，以被告在支票背面有背書保證，分別提起民事訴訟及刑事告訴，本人分別代理及辯護，嗣其所提民事訴訟遭敗訴判決確定後，檢察官始為不起訴處分。

貳、書狀及裁判

一、告訴人告訴狀：詳如不起訴處分。

二、辯護狀：書告訴意旨欄。

　　本人陸續分別撰狀如下：

刑事辯護狀

案號：81年度偵字第11010號

股別：宇

被　　　　告　李○○　　住臺北縣

選任辯護人　吳光陸律師

為被告涉嫌詐欺辯護如下：

　　本件告訴人以被告於其子姚○義向其借錢時，在姚某所簽發之支票上背書並應允保證，嗣支票退票，姚某未還錢，即認被告有詐欺罪嫌云云。

　　惟查告訴人於民國81年6月15日在臺灣臺北地方法院民事庭審理返還借款一案（81年重訴字第245號），自承姚某借款時，被告坐在車上沒有說話，有筆錄一紙可證，並請調卷核對。茲被告既未說話，何有應允保證之舉。事實上，被告亦未背書，根本不知姚某借款之事。況詐欺罪須於交付財物時有為自己或第三人不法所有之意圖，始克成立。縱退萬步言，被告因其子借款無力償還，因告訴人到其辦公室騷擾，有與告訴人協談之事，亦非告訴人交付財物時，被告有何不

法所有意圖，尤其與告訴人借錢者為姚某，非被告，被告果有背書、保證、亦屬民事問題，尚難論以刑責，請明查為不起訴處分。

　　謹　呈

臺灣臺北地方法院檢察署　　公鑒

證據：

　　　證物：筆錄影本一紙。

中　華　民　國　　81　年　　6　月　　24　　日

　　　　　具　狀　人　李○○

　　　　　選任辯護人　吳光陸律師　印

刑事辯護(二)狀

案號：81年度偵字第11010號

股別：宇

被　　　　告　李○○　年籍在卷

選任辯護人　吳光陸律師

為被告涉嫌詐欺辯護如下：

　　本件告訴人以被告於其子姚○義向其借錢時，在姚某所簽發之支票上背書並應允作保，嗣因支票退票未還錢，即認被告有詐欺罪嫌云云。

　　惟查：(一)該支票後之背書、印文並非真正，告訴人於臺灣臺北地方法院81年重訴字第245號返還借款一案，就此背書印文之真正，迄未能舉證以實其說。況告訴人聲請假扣押時，所提支票影本背面並無背書，此可調閱該院80年全字第3490號卷核對。(二)告訴人於聲請假扣押時，係主張被告為借款（證二）。苟被告確為保證，何以告訴

人竟於聲請假扣押時主張為借款,其先後主張不一,顯見情虛不實。
(三)告訴人於民國81年6月15日在該院審理時,自承姚某借款時,被告
坐在車上未說話(按:被告實際未去,並未坐在車上),有筆錄一紙
附於民國81年6月24日答辯狀可證。果被告未說話,何來對告訴人應
允做保之事。(四)告訴人在偵查及上開民事案件審理中自稱被告事後
還一百五十萬元給伊,足證有做保。苟此為真,何以告訴人在上開民
事案件起訴時,仍請求全部金額六百六十九萬元(證三),未予扣除
一百五十萬元(按:告訴人主張被告背書做保之支票為六張金額共為
六百六十九萬元),益證所言不實(按:參照最高法院72年臺上字第
4246號刑事判決:「原判決之認定若果無誤,此項明知債權已因清償
而不存在,竟聲請准予拍賣抵押物,進而為執行及領取分配金額之行
為,乃以欺罔之手段,利用法院不正確之裁定,達其使張○○於已全
部清償外,另又交付款項之目的,自係施用詐術使人將第三人之物交
付,應成立詐欺罪。」果被告有作保,並已清償一百五十萬元,而告
訴人仍包括在所起訴請求六百六十萬元之內,尚應成立詐欺罪。)

　　被告實未做保,自無詐欺可言,請明察,賜予不起訴處分。
　　謹　呈
臺灣臺北地方法院檢察署　　公鑒
證據:
　　　證二:聲請狀影本一紙。
　　　證三:起訴狀影本一件。

中　華　民　國　81　年　9　月　10　日

　　　　　具　狀　人　李○○
　　　　　選任辯護人　吳光陸律師　印

刑事辯護㈢狀

案號：81年度偵字第11010號

股別：宇

被　　　告　李○○　年籍在卷

選任辯護人　吳光陸律師

為被告涉嫌詐欺續為辯護事：

　　本件被告實未如告訴人指陳有做保一事，告訴人之指訴，前後不一，茲再次陳明如下：

一、告訴人在　鈞署指訴之事實，皆與聲請假扣押時主張不符，此有證二之聲請狀可茲比較。至於法院准予假扣押，並不表示被告一定有作保，應負保證責任，此觀最高法院61年臺上字第589號判例：「假扣押為保全程序而非確定私權之訴訟程序，請求及假扣押之原因雖應釋明，或由債權人就債務人所應受之損害，供法院所定之擔保以代釋明，但債權人本案債權是否確實存在，則非保全程序所應審認之事項，此觀民事訴訟法第526條之規定自明。」可明，故不能以有假扣押裁定，即認被告一定有背書保證。另懇請　鈞長調假扣押卷查明告訴人所提支票確無被告背書，以明告訴人指訴非實。

二、告訴人於民國81年9月10日在　鈞署稱，姚○義共開12張支票向伊錢，其中九張，被告有背書保證，該九張中之二張，因被告還錢已寄回給被告，另一張遺失一節，純係告訴人為搪塞其指訴不合理而粉飾之詞，蓋：(一)民國81年8月14日民事庭開庭時，辯護人已指明如果被告有保證，並如告訴人所稱還已一百五十萬元，為何告訴人仍起訴請求給付六百六十九萬元，未扣除一百五十萬元。茲為掩飾此不合理，而改稱另有3張支票一事。(二)告訴人於民事起訴狀載明姚○義在被告保證之下，借得六百六十九萬元，並簽發六張支票，民國81年5月4日及7月27日之準備書狀仍

如此記載（證四），而告訴人在民國81年7月27日庭訊時，亦稱六百六十九萬元一次拿來（筆錄誤載為六百九十九萬元），只此六紙支票，足見告訴人現稱九張支票一事為虛偽。(三)如因被告還一百五十萬元，告訴人返還二紙支票，依理、依情、依法亦應當場返還同額之支票，焉有以郵寄，甚且不用存證信函掛號寄出。(四)支票為重要之債權證明文件，何以告訴人竟無緣由遺失，毫無憑藉。足見告訴人指訴非真。

三、被告雖為姚○義之母，但姚○義已成年立業，其自行與告訴人間借貸一事，應由姚○義自行負責，被告自無責任。如強令被告負責，自不合法，尤其被告撫養孩子長大，在此晚年之際，仍須如此奔波於法庭，情何以堪。而被告次子即姚○義之弟姚○正已為其兄姚○義代償一百五十萬元，此款項雖非被告代償，但姚○正之代償，多少已為姚家略盡社會道義責任，非全部不顧，而告訴人為追償其債務，至無關之被告服務單位電力公司吵鬧，實屬非是，被告不願陳明住處，而以服務單位為 鈞署傳票送達地，亦係怕告訴人吵鬧，甚且發生不當之行為，情非得已，請 鈞長明鑒，為不起訴處分，以保權益。

　　謹　呈

臺灣臺北地方法院檢察署　　公鑒

證據：

　　證四：準備書狀影本一紙。

中　華　民　國　81　年　9　月　17　日

　　　　具　狀　人　李○○

　　　　選任辯護人　吳光陸律師　印

刑事辯護㈣狀

案號：81年度偵字第11010號

股別：宇

被　　　告　李○○　年籍在卷

選任辯護人　吳光陸律師

為被告涉嫌詐欺續為辯護事：

　　本件被告實未如告訴人指訴有做保一事，除已答辯如前之答辯狀外，業經　鈞院民事判決認定被告非保證人，此有判決書一件可供參考。茲被告既未做保，即無詐欺可言。

　　請　鈞長明察，賜予不起訴處分，以免冤抑。

　　謹　呈

臺灣臺北地方法院檢察署　　公鑒

證據：

　　　證五：臺灣臺北地方法院81年度重訴字第245號民事判決影本
　　　　　　一件。

中　華　民　國　82　年　3　月　3　日

　　　　　　具　狀　人　李○○

　　　　　　選任辯護人　吳光陸律師　㊞

刑事辯護㈤狀

案號：81年度偵字第11010號

股別：宇

被　　　告　李○○　年籍在卷

選任辯護人　吳光陸律師

為被告涉嫌詐欺續提辯護事：

　　本案告訴人指訴被告做保一事，業經臺灣臺北地方法院民事判決認定被告非保證人確定，告訴人未上訴，茲被告既未做保自無詐欺可言。

　　惟被告遲遲未獲偵察結果，請　鈞長鑑核，惠予通知偵察結果，實感德便！

　　謹　狀

臺灣臺北地方法院檢察署　　公鑒

中　華　民　國　82　年　4　月　21　日

　　　　　　　　具　狀　人　李○○

　　　　　　　　選任辯護人　吳光陸律師　　印

三、不起訴處分書

臺灣臺北地方法院檢察署檢察官不起訴處分書

82年偵字第11943號

告訴人　陳○池　男住臺北市

代理人　姜志俊律師

被　告　李○蕙　女63歲

　　　　　　　江蘇省人　身分證：　業公　住臺北市

選任辯護人　吳光陸律師

右被告因詐欺案件，已經偵查終結，認為應該為不起訴之處分，茲將理由敘述於後：

一、告訴意旨略以：被告李○蕙之子姚○義（另行提起公訴）係電視節目製作人，79年9月11日，被告與姚○義造訪告訴人陳○

池，由姚○義對告訴人佯稱渠所製作節目賽車風雲會收視率漸入佳境，勢必有大筆收入，惟須資金以充實製作內容云云，而向告訴人借貸款項，告訴人不知有詐，而陸續借予姚○義新臺幣（下同）一千零八十萬元，其中姚○義曾簽發六張支票面額計六百九十萬元，被告並有背書，惟告訴人於票載期日提示該六張支票，均遭退票，姚○義又潛逃美國，而被告始終不清償借款，因認被告涉有詐欺之罪嫌。

二、訊據被告矢口否認有前揭犯行，辯稱：伊並未偕同伊子姚○義向告訴人借錢，亦未於伊子所開支票背書情事，伊係於告訴人到辦公室來，始知伊子向其借款事，伊無詐欺云云。

三、按犯罪事實應依證據認定之，無證據不得推定其犯罪事實，刑事訴訟法定有明文。本件被告既否認有出面向告訴人借款情事，告訴人雖供稱：被告與姚○義一同借錢云云，惟未舉證以實其說，果被告有借錢情事，何以告訴人無法提出借據或被告所簽發之票據以供查證。另告訴人所提姚○義所簽發六紙支票背面固有被告之印文，但被告已否認係其所蓋，而告訴人對被告提起請求返還借款之民事訴訟（臺灣臺北地方法院81年度重訴字第245號）亦經判決告訴人敗訴確定，有該案判決書及確定證明書可稽，足見被告並未向借款甚明。況告訴人係將借貸款項交付姚○義收受，於借貸之初姚○義對告訴人佯稱其製作之賽車風雲會電視節目收視率漸入佳境，惟須資金充實內容云云，借錢時被告係坐在巷口車上等情，為告訴人所不否認，據此以觀向告訴人施用詐術借款者，顯係被告一人，並無積極事證足認被告有共同施詐之行為，另證人謝○振、何○立僅證稱被告與其子姚○正（姚○義之弟）有出面與告訴人談解決債務之事，但無法確認被告有出面借錢等語，查被告係姚○義之母，姚○義騙款潛逃，被告事後與其另子出面與告訴人洽談解決系爭債務事，亦屬人情之常，尚難以此事推定被告與其子姚○義有共同詐騙告訴人金錢之行為，此外又查

無其他積極事證足認被告有詐欺之行為，應認其犯罪嫌疑不足。

四、依刑事訴訟法第252條第10款處分不起訴。

中　　華　　民　　國　　82　　年　　6　　月　　10　　日

檢察官　沈世箴

右正本證明與原本無異。

告訴人接受本件不起訴處分書後得於7日內以書狀敘述不服之理由，經原檢察官向臺灣高等法院檢察署檢察長聲請再議。

中　　華　　民　　國　　83　　年　　3　　月　　26　　日

書記官　曾美琴

參、檢討與分析

一、本件被告係因兒子以支票向告訴人借款未還，告訴人竟以被告在支票有背書保證，認被告有一同借錢，並為詐欺，分別提起民事訴訟，請求履行保證責任及本件詐欺告訴，因被告否認有背書，故本案爭點在於有無背書及有無與人向告訴人借款，民事判決認定被告未背書保證，判決告訴人敗訴，刑事始為不起訴處分。

二、在偵查中筆者一再陳明無詐欺情事，蓋縱有背書，如未參與借貸，自無詐欺，況借錢不還，亦非一定為詐欺。惟檢察官均未採用，甚至先前一位女性檢察官（以偵辦某交通部長聞名，號稱公正之女檢察官），當庭責怪被告如何教育子女，實有不當。蓋子女已成年，其在外行為，如何能苛責父母教育不當，實涉人身攻擊。

第六節　損害債權罪

壹、背景說明

本件係自訴人之債務人為逃避強制執行，將其財產即對第三人之債權轉讓他人，但因自訴人認為該讓與不實在，為行使民法第244條之撤銷權，先提起本件刑事訴訟。

本件重點在於如何證明讓與不實，此不僅須以書狀說明，且須隔別訊問相關人員，故將開庭筆錄均附錄之，被告之選任辯護人甘大律師所撰辯護狀極具參考價值，獲其同意，亦附錄之，在此併為感謝。

貳、審判程序、書狀及裁判

一、第一審

刑事自訴狀

自訴人	保證責任臺中市	設臺中市○○號
	第○信用合作社	
代表人	王○明	住同上
代理人	吳光陸律師	
被　告	廖○珠	住臺中縣○○號
	陳○英	住臺中縣○○號
	孟陳○娥	住臺中市○○號
	陳○女	住臺中市○○號

為毀損債權依法自訴事：

緣自訴人對被告廖○珠有債權存在，此有　鈞院核發之債權憑證三件可稽（自證一），而被告廖○珠對第三人富○證券股份有限公司執有確之　鈞院81年度促字第11334號支付命令（自證二），謂有

一千萬元之債權存在，詎竟於自訴人於取得執行名義將對之強制執行之際，在民國87年6月20日分別將其對富○公司之債權讓與被告陳○英八百萬元、孟陳○娥一百六十萬元、陳○女一百二十萬元債權，此有債權讓與契約書影本三件為證（自證三），共同意圖損害自訴人之債權而處分上開財產。

按依上開債權讓與契約，謂被告廖○珠與該其他被告間有債權存在，始為上開讓與，但查此項債權是否實在，殊有疑問，其讓與目的無非在損害自訴人債權。核其所為，應犯刑法第356條之罪，被告廖○珠與其他被告間有犯意聯絡，行為分擔，應屬共同正犯。被告廖○珠三次讓與行為，應屬連續犯，應從一重處斷。又縱其他被告三人非共犯，被告廖○珠個人仍成立上開犯罪，併此敘明。

為正法紀，請依法審判。

　　　　謹　　狀

臺灣臺中地方法院　　公鑒

證物：

　　　　自證一：債權憑證影本三件。

　　　　自證二：鈞院81年度促字第11334號支付命令及確定證明書影本各一件。

　　　　自證三：債權讓與契約書影本三件。

中　　華　　民　　國　　87　　年　　7　　月　　30　　日

　　　　　　　　具狀人　　保證責任臺中市第○信用合作社

　　　　　　　　代表人　　王○明　印

　　　　　　　　代理人　　吳光陸律師　印

自證一：

臺灣臺中地方法院債權憑證

受文者：債權人　保證責任臺中市　　說臺中市○○號
　　　　　　　　第○信用合作社
代　表　人　王○明住同上
送達代收人　劉○謀住同上

一、本院84年民執五字第8918號債權人保證責任臺中市第○信用合作
　　社與債務人廖○珠等三人間因給付票款強制執行事件，經執行結
　　果，因債務人現無財產可供執行，致未能執行。

二、茲依強制執行法第27條第2項規定發給債權憑證，以後發現其有
　　可供強制執行之財產時，得提出本憑證聲請強制執行。

三、附債務人姓名住址及執行名義有關事項如下：
　　　債務人　廖○珠　住臺北市○○號
　　　　　　　林○珍　住臺中市○○號
　　　　　　　林○輝　住臺中市○○號

執行名義之名稱：臺灣臺中地方法院81年民執五字第9268號債權憑證
正本乙件。

執行名義內容及聲請執行金額：

債務人於民國79年3月9日共同簽發之本票，內載憑票交付債權人新臺
幣壹仟萬元，其中之新臺幣玖佰伍拾萬元及自79年8月21日起至清償
日止，按年利率14.5%計算之利息，得為強制執行。

執行費用：新臺幣貳萬肆仟肆佰陸拾參元。

執行受償情形：

全未受償。

「以下空白」。

　　　　　　　　法官　陳賢慧

自證二：

臺灣臺中地方法院支付命令

81年度促字11334號

債權人　林○訓　　　　　　　　住臺中市○○號

債權人　林○輝　　　　　　　　住臺中市○○號

債權人　謝○上　　　　　　　　住臺中市○○號

債權人　廖○珠　　　　　　　　住臺中市○○號

債務人　富○證券股份有限公司　住臺中市○○號

代表人　白○清　　　　　　　　住臺中市○○號

一、債務人應於本命令送達後二個月不變期間內，清償債權人林○訓新臺幣（下同）壹仟萬元，債權人林○輝新臺幣壹仟萬元，債權人謝○上新臺幣壹仟萬元，債權人廖○珠新臺幣壹仟萬元，並賠償督促程序費用壹佰捌拾伍元。

二、如債務人不於期間內提出異議，本命令與確定判決有同一之效力。

中　　華　　民　　國　　81　　年　　12　　月　　4　　日

臺灣臺中地方法院民事庭

法　官　翁芳靜

右正本證明與原本無異。

中　　華　　民　　國　　81　　年　　12　　月　　4　　日

書記官　賴瓊珠

支付命令確定證明書

81年度促字第11334號

債權人　林○訓　　　　　住臺中市○○號

債權人　林○輝　　　　　住臺中市○○號

債權人　謝○上　　　　　住臺中市○○號

債權人　廖○珠　　　　　住臺中市○○號

債務人　富○證券股份有限公司　住臺中市○○號

代表人　白○清　　　　　住臺中市○○號

臺灣臺中地方法院就右當事人間聲請發支付命令事件於民國81年12月4日所發之支付命令，業已確定。

中　華　民　國　81　年　12　月　31　日

臺灣臺中地方法院民事庭

自證三：

債權讓與契約書

廖○珠（甲方）積欠陳○女（乙方）債款計新臺幣壹佰貳拾萬元，茲為清償該項債務，雙方約定由甲方就其對第三人富○證券股份有限公司之債權（共新臺幣壹仟萬元，如臺灣臺中地方法院81年促字第11334號支付命令所載）在新臺幣壹佰貳拾萬元之範圍內讓與乙方，特簽訂本契約書為憑。

立契約書人：

甲方：廖○珠　[印]

住址：臺中縣霧峰鄉○○號

身分證字號：A○○○○○○○○○○

乙方：陳○女　印

住所：臺中市○○號

身分證字號：Q○○○○○○○○○

中　華　民　國　87　年　6　月　20　日

債權讓與契約書

廖○珠（甲方）積欠陳○英（乙方）債款計新臺幣捌佰元，茲為清償該項債務，雙方約定由甲方就其對第三人富○證券股份有限公司之債權（共新臺幣壹仟萬元，如臺灣臺中地方法院81年促字第11334號支付命令所載）在新臺幣捌佰萬元之範圍內讓與乙方，特簽訂本契約書為憑。

立契約書人：

甲方：廖○珠　印

住址：臺中縣霧峰鄉○○號

身分證字號：A○○○○○○○○○

乙方：陳○英　印

住所：臺中市霧峰鄉○○號

身分證字號：V○○○○○○○○○

中　華　民　國　87　年　6　月　20　日

債權讓與契約書

廖○珠（甲方）積欠孟陳○娥（乙方）債款計新臺幣壹佰陸拾萬元，茲為清償該項債務，雙方約定由甲方就其對第三人富○證券股份有限公司之債權（共新臺幣壹仟萬元，如臺灣臺中地方法院81年促字第11334號支付命令所載）在新臺幣壹佰陸拾萬元之範圍內讓與乙方，特簽訂本契約書為憑。

立契約書人：

　　甲方：廖○珠　印

　　住址：臺中縣霧峰鄉○○號

　　身分證字號：A○○○○○○○○○

　　乙方：孟陳○娥　印

　　住所：臺中市四維街○○號

　　身分證字號：A○○○○○○○○○

中　華　民　國　87　年　6　月　20　日

刑事辯護狀

案號：87年自字第691號

股別：宙股

被　　　　告　廖○珠　均詳卷

　　　　　　　陳○英

　　　　　　　孟陳○娥

　　　　　　　陳○女

共　　同　甘　龍　強律師

選任辯護人

為就被告等被訴損害債權案件依法提出辯護意旨事：

一、按刑法第356條之損害債權罪，以債務人於將受強制執行之際，意圖損害債權人之債權，而毀壞、處分或隱匿其財產，為其構成要件。

二、本件被告廖○珠為自訴人之債務人，固然屬實；但富○證券股份有限公司亦為自訴人之債務人，富○公司進行特別清算多年，由吳光陸大律師擔任清算人；關於廖○珠對於富○公司之債權，雖經 鈞院於81年12月4日核發支付命令並確定在案，（請參閱自訴人所提證二），但自訴人卻不承認該項債權，迄今尚在訴訟（確認債權不存在）。自訴人明知廖○珠有上開債權存在，卻不予查封執行，而於84年以廖○珠無財產可供執行，聲請 鈞院發債權憑證（請參閱自訴人所提證一）。

三、廖○珠對於富○公司之債權，自訴人既不予承認，而不願查封執行，則廖○珠因對其他債權人負債迄未清償，遂將對於富○公司之債權讓與各該債權人（即其他同案被告三人），豈能指為意圖損害自訴人之債權？而債權憑證既經核發，其執行程序即屬終結，廖○珠讓與上開債權，既在法院核發債權憑證予自訴人之後多年為之，是與刑法第356條「將受強制執行之際」之構成要件，亦不相當，自無成立該條犯罪之餘地（最高法院23年上字第3329號判例參照）。

四、被告等確無自訴人所指訴之犯罪，請 鈞院賜為被告無罪之判決，以還其清白，至感德便。

　　謹　狀

臺灣臺中地方法院刑事庭　　公鑒

中　華　民　國　　87　年　　7　月　　15　日

　　　　　具狀人
　　　　　辯護人　甘龍強律師　印

審判筆錄（自訴第一次）

被　告　廖○珠等

右被告因損害債權一案於中華民國87年8月24日上午9時40分在本院刑事第八法庭公開審判出席職員如下：

法　官　楊國精

書記官　楊榮男

通　譯

到庭當事人及訴訟關係人如後

自訴人（代理人）　吳光陸律師到庭

被　　　　　告　到庭　身體未受拘束

辯　護　人　甘龍強律師到庭

書記官朗讀案由

法官問被告姓名年齡出生地職業住居所等項

答　廖○珠　女　住霧峰鄉○○號　Ａ○○○○○○○○○

　　陳○女　女　住臺中市○○號　Ｑ○○○○○○○○○

法官請自訴人（代理人）陳述自訴要旨

自訴人（代理人）陳述自訴之要旨如自訴狀所載

法官：有無前科

被告：均答沒有

法官：你們對自訴之事實對否？

被告：均答不實在。

法官：（廖）87年6月20日將第三人富○公司之債權讓與陳○英、孟陳○娥、陳○女等。

廖：有的

法官：你讓與金額陳○英八百萬元、孟陳○娥一百六十萬元、陳○女一百二十萬元否？

廖：是的。

法官：你有欠臺中市第○信用合作社新臺幣三筆債務？

廖：有的。

法官：你既然有債務，為何將債權讓與？

廖：臺中市第○信用合作社不承認我對富○公司這筆債權。

法官：（陳）你有承受一百二十萬元否？

陳：有的。

法官：你有何意見陳述？

陳：沒有。

法官：廖○珠有欠你一百二十萬元否？

陳：有的。

法官：還你錢否？

陳：沒有。

法官：（廖）孟陳○娥與你有什麼關係？

廖：他是我小孩的保姆。

諭本案改於9月7日上午9時40分審理，到庭當事人不另通知，無故不到庭得拘提之，被告等飭回。

中　華　民　國　87　年　8　月　24　日

臺灣臺中地方法院刑事第一庭

　　書記官　楊榮男

　　法　官　楊國精

審判筆錄

被　告　廖○珠　等

右被告因損害債權一案於中華民國87年9月7日上午9時40分在本院刑事第八法庭公開審判出席職員如下：

> 法　官　楊國精
>
> 書記官　楊榮男
>
> 通　譯

到庭當事人及訴訟關係人如後

自訴人（代理人）吳光陸律師到庭

被告到庭身體未受拘束

辯護人甘龍強律師到庭

書記官朗讀案由

法官問被告姓名年齡出生地職業住居所等項

答　　廖○珠　年籍詳卷

　　　孟陳○娥　女　住臺北市○○號　A○○○○○○○○○○

　　　陳○女　年籍詳卷

法官請自訴人（代理人）陳述自訴要旨

自訴人（代理人）陳述自訴之要旨如自訴狀所載

法官：前科？

被告：均無。

法官：（孟）廖○珠有將富○證券債權讓與你否？

孟：有，87年6月20日轉讓債權一百六十萬元給我。

法官：你還有簽何契約否？（提示告以要旨）

孟：沒有。

法官：何以要將債權轉讓與你？

孟：他欠我錢。

法官：欠你多少錢？

孟：四百多萬元。

法官：債權有存證否？

孟：有。

法官：何以不向廖○珠催討現金？

孟：他沒有錢。

法官：（廖）你以前所言實在否？

廖：實在。

法官：你債權於81年7月已確定，何以不催討，並採取法律行動？

孟：我欠他們債權一道沒有處理。

法官：諭被告孟陳○娥及陳○女暫時退庭，隔離訊問。

法官：（廖）你與孟陳○娥債權、債務有多少？

廖：四百萬多元，我們在20年前就陸續金錢往來，有借有還，81年間就欠他債務，83年向他再借二百多萬元，我因蓋房子陷下去，又向他借一百六十萬元，建商不讓我融資。陳○女知道我蓋房子有困難，為救我也借我錢幫我，我自有土地蓋十幾棟房子。蓋了五年，欠建商三千二百萬元，房子價值僅二千多萬元，不足清償建商，將房子過給建商，陳○英部分也是在83年間陸續向他借錢。

法官：你向陳○女及孟陳○娥貸款，他們知道你在蓋房子否？

廖：知道

法官：是你把土地給建商興建房子否？

廖：不是，房子是蓋在霧峰鄉，房子名義不是我的，

法官：你向陳○英借多少錢？

廖：八百萬元，房地都沒有被告名義所有，建商原不要房子，只要錢，83年房子是陳○英名義，因建築欠六千二百萬元，無法清償，才轉登記給建商。

法官：你向他們借錢付息否？

廖：有，二分利息，陳○英在房子建好登記二棟給她，付息一次，陳○女付二個月利息，也是二分利，孟陳○娥有匯單，陳○英有寫

借據，陳○女也有寫借據，孟陳○娥沒有寫借據。

法官：分期幾次借款？

廖：忘了。

法官：臺中市四維街房子何人所有？

廖：我兒子名義所有。

法官：孟陳○娥何以設籍在臺中市四維街？

廖：通訊方便。

點呼被告陳⊙女、孟陳○娥入庭。

陳○女、孟陳○娥　年籍詳卷

法官：（陳）廖○珠向你借多少錢？

陳：86年間借給他一百二十萬元，他說要蓋房子，利息二分，付二個月，我曾向他催討，他沒錢，都投資在房子，我們是好友，他還不了錢，也沒有辦法。

法官：（孟）你借多少錢給廖○珠？

孟：我們已認識25年，我是他小孩保母，他陸續借錢，86年我借給一百六十萬元，他說要蓋房子，他以前就向我借二百多萬元，我曾向他催討，他說有錢就還我，我借錢有匯單，付一次利息二分。

法官：通訊處何以設在臺中市四維街？

孟：通訊方便，我沒有住過四維街過。

法官：何以讓與書要寫臺中市四維街地址？親自簽章否？

孟：有的，我也不知道住址寫的四維街。

自訴代理人起稱請求傳訊建商到庭，說明興建房屋資金情形。

法官：（廖）你還有其他財產否？

廖：沒有。

法官：建商姓名？

廖：另陳報。

諭本案改於10月14日上午10時審理，到庭當事人不另傳喚，無故不到

庭得拘提之，被告飭回。

中　華　民　國　87　年　9　月　6　日

臺灣臺中地方法院第一庭
法　官　楊國精
書記官　楊榮男

刑事聲請調查證據狀

案號：87年自字第691號

股別：宙股

自訴人　保證責任臺中市　設臺中市○○號
　　　　第○信用合作社

代表人　王○明　住同上

代理人　吳光陸律師

被　告　廖○珠　　住臺中縣○○號

　　　　陳○英　　住臺中縣○○號

　　　　孟陳○娥　住臺中市○○號

　　　　陳○女　　住臺中市○○號

為損害債權案件聲請調查證據事：

　　本件被告廖○珠以其在霧峰建屋需款而向其他被告調借現款使用，認其間債權存在。惟查其所述情形不符經驗法則，蓋既係催工建築，房屋所有權應仍為被告廖○珠所有，並為原始取得，焉有可能如其所述房屋及土地均登記給建商，甚至建商不讓其融資？而其他被告在被告廖○珠履履未還錢之際，無任何保障情況下，仍繼續借款？故其間債權應非實在，為此調查下列證據：

一、向財政部財稅資料中心調閱各被告民國83年至86年申報所得稅資
　　料，查明其有無資力借款或需借款？
二、令被告廖○珠提出建築執照及與建商訂立之契約，並詢問建商，
　　其欠款情形。

　　苟被告廖○珠並無建屋或積欠款項，甚至依申報所得稅資料，
其財力足夠，即無借款必要。另就其他被告申報所得稅資料，苟無資
力，不可能借款，則本件主張因欠債而讓與債權即非實在。

　　謹　狀．
臺灣臺中地方法院　　公鑒
中　華　民　國　　87　　年　　9　　月　　10　　日

　　　　　　　　　具狀人　保證責任臺中市第○信用合作社
　　　　　　　　　代表人　王○明
　　　　　　　　　代理人　吳光陸律師　㊞

刑事補充自訴理由㈠狀

案號：87年自字第691號
股別：宙股
自訴人　保證責任臺中市　　設臺中市○○號
　　　　第○信用合作社
代表人　王○明　住同上
代理人　吳光陸律師
被　告　廖○珠　　住臺中縣○○號
　　　　陳○英　　住臺中縣○○號
　　　　孟陳○娥　住臺中市○○號
　　　　陳○女　　住臺中市○○號

為毀損債權罪補充自訴理由事：

　　本件就被告廖○珠所述，係因在霧峰鄉建屋，始向其他被告借款共一千萬元，但查其所述不合經驗法則，應非實在：

一、苟有借款，何以還欠建商三千二百萬元。

二、何有可能房屋價值二千多萬元，建築費用為三千二百萬元？一般房屋價值均以造價計算，苟造價為三千二百萬元之房屋，其價值應不只此數。

三、既係僱工建屋，建商有法定抵押權，被告廖○珠焉有可能將房屋、土地均過戶給建商，尤其依被告廖○珠所述，房屋本登記陳○英名義，此應係保障其權利之措施，何有可能變更為建商。事實上，被告廖○珠既有土地，土地價值一定高於房屋價值，如廖○珠無資力建屋，可以合建方式，與建商合建，朋分房屋，實無必要房屋土地過戶給建商，尚欠其工程款三千二百萬元。

四、其被告焉有可能只收一次利息即不再收取。

五、被告孟陳○娥明明住在臺北市木柵區，何以通訊處為臺中市四維街被告廖○珠兒子住處，凡此足見被告辯稱之借貸應非實在。

　　謹　　呈

臺灣臺中地方法院　　公鑒

中　　華　　民　　國　　87　　年　　9　　月　　17　　日

　　　　　　　　具狀人　保證責任臺中市第○信用合作社
　　　　　　　　代表人　王○明
　　　　　　　　代理人　吳光陸律師　　印

審判筆錄

被　　告　廖○珠等

右被告因損害債權一案於中華民國87年10月14日上午10時在本院刑事第八法庭公開審判出席職員如下：

法　官　楊國精

書記官　楊榮男

到庭當事人及訴訟關係人如後

自訴人代理人吳光陸律師到庭

被告到庭身體未受拘束

辯護人甘龍強律師到庭

書記官朗讀案由

法官問被告姓名年齡籍貫職業住居所等項

廖○珠　年籍詳卷

陳○英　男　住臺北市○○路

孟陳○娥、陳○女　年籍詳卷

法官：（英）前科？

英：無。

法官：（廖）你對富○公司債權何時發生？

廖：時間忘了，已取得執行名義。

法官：為何不向富○公司聲請強制執行。

廖：富○公司在清算中。

點呼證人入庭

胡○馨　男　住臺中市○○路

法官：你在何處工作？

胡：臺中市第○信用合作社擔任襄理工作。

法官：廖○珠欠你合作社多少錢？

胡：不含保證部分，欠一千多萬元，廖○珠曾委託柯○龍、吳○明與

　　　合作社商談和解事宜。

法官：諭證人胡○馨暫時退庭，隔離訊問。

點呼證人到庭

吳○明　男　住臺中市○○路

柯○龍　男　住大里市○○路

法官：你是富○公司債權人否？

吳：是的。

法官：你是富○公司債權人否？

柯：不是，是我女兒。

法官：廖○珠有委託你們二人與臺中市第○信用合作社商談和解事宜
　　　否？

柯：沒有，二信與富○公司商談，我是代表富○公司董監事去與二信
　　談。

吳：我是代表小股東與二信商談的。

點呼證人胡○馨入庭

胡○馨　年籍在卷

法官：你對證人等之證詞有何意見（提示）？

胡：沒有講過。

法官：（英）你與廖○珠是何關係？

陳○英：我們是軍中同事。

法官：廖○珠何時將富○公司債權讓度給你？

陳○英：87年6月間。

法官：是這張讓渡書否？（提示告以要旨）

陳○英：是的。

法官：讓渡金總多少？

陳○英：八百萬元。

法官諭被告廖○珠暫時退庭隔離訊問

法官：（英）何以廖○珠欲讓渡八百萬元給你？

陳○英：86年間廖○珠蓋房子時，我向他訂購二戶，繳五百萬元給
　　　　他，嗣建商倒閉，我與廖○珠找尋建商，不獲見面，為完成
　　　　房子，再於86年6月間陸續借給廖○珠二百萬元。

法官：何以廖○珠要將富○公司債權讓與你八百萬元？

陳○英：是我向他催討，他沒有錢，才讓渡給我債權的。

法官：何以知道廖○珠對富○公司有債權存在？

陳○英：廖○珠告訴我的。

點呼被告廖○珠入庭

法官：（廖）何以要將富○公司債權一千多萬元內讓渡債權與陳○英
　　　八百萬元？

廖：我向他借五百萬元，是他父親匯給我的，嗣後再向他借二百萬
元，是劃撥的，有匯款資料，部分是貸款，存摺放在我處，由我使
用。

諭本案改於11月23日上午9時審理，到庭當事人不另傳喚，無故不到
庭得拘提之，被告飭回。

　　　　　　　　臺灣臺中地方法院刑事第一庭
　　　　　　　　　　法　官　楊國精
　　　　　　　　　　書記官　楊榮男

刑事檢呈證物狀

案號：87年自字第691號

股別：宙股

被　　　告　廖○珠　均詳卷
　　　　　　陳○英
　　　　　　陳○女

共　　同　甘　龍　強律師

選任辯護人

為檢呈證物事：

一、被告廖○珠確有向其他同案被告借款，謹呈有關證物，請　鈞院
　　審酌。

二、孟陳○娥貸款予廖○珠，均以郵政劃撥方式為之，茲提出郵政劃
　　撥收據八張、通知單四張（證一）為證。

三、陳○英貸款予廖○珠，以郵政劃撥，或自銀行領款交付，或將銀
　　行存摺交由廖○珠提領。陳○英或則由其本人處理，或則由其父
　　陳○三代為處理。其存摺有為其本人名義者，亦有其父陳○三名義
　　者。此部分有郵政劃撥存款通知單四張、存摺三件（證二）為證。

四、陳○女部分，係自郵局存摺領款交付廖○珠，謹提出存摺二件
　　（證三）為證。

　　　謹　　狀

臺灣臺中地方法院刑事庭　　　公鑒

中　　華　　民　　國　　87　　年　　10　　月　　14　　日

　　　　　　具狀人

　　　　　　辯護人　甘龍強律師　　㊞

刑事聲請調查證據狀

案號：87年自字第691號

股別：宙股

自訴人　保證責任臺中市　設臺中市○○號
　　　　第○信用合作社

代表人　王○明　住同上

代理人　吳光陸律師

被　告　廖○珠　　住臺中縣○○號

　　　　陳○英　　住臺中縣○○號

　　　　孟陳○娥　住臺中市○○號

　　　　陳○女　　住臺中市○○號

為毀損債權罪聲請調查證據事：

一、請向財政部財稅資料中心或臺灣省國稅局中區辦事處調廖○珠民
　　國83年、84年、85年、86年申報所得稅之申報書影本。

二、請向財政部財稅資料中心或臺北市國稅局文山稽徵所調孟陳○娥
　　民國83年度所得稅申報書影本。

三、請向臺北市郵局木柵第三支局查明廖○珠選任辯護人甘龍強律師
　　民國87年10月14日狀所提證一郵政劃撥儲金存款收據八紙係何人
　　存入？

　　　謹　呈

臺灣臺中地方法院　　公鑒

中　華　民　國　87　年　10　月　26　日

　　　　　　　　具狀人　保證責任臺中市第○信用合作社

　　　　　　　　代表人　王○明

　　　　　　　　代理人　吳光陸律師　印

刑事補充自訴理由㈡狀

案號：87年自字第691號

股別：宙股

自訴人　保證責任臺中市　設臺中市○○號

　　　　　第○信用合作社

代表人　王○明　住同上

代理人　吳光陸律師

被　告　廖○珠　　住臺中縣○○號

　　　　陳○英　　　住臺中縣○○號

　　　　孟陳○娥　住臺中市○○號

　　　　陳○女　　　住臺中市○○號

為毀損債權罪補充自訴理由事：

　　本件被告廖○珠雖稱：因蓋房子在民國83年間向被告孟陳○娥借二百多萬元，又借一百六十萬元，建商不讓伊融資，被告陳○女知道其蓋房子有困難，為救伊也借錢，伊在自有土地蓋十幾棟房子，蓋了五年，欠建商三千二百萬元，房子價值僅二千多萬元，不足清償建商，將房子過給建商，被告陳○英也是在83年陸續借錢。四維街之房子是伊兒子所有，被告孟陳○娥設籍在此為通訊方便。被告陳○女辯稱86年間借一百二十萬元，說要蓋房子，被告孟陳○娥辯稱86年我借他一百六十萬元，他說要蓋房子，以前就向我借二百多萬元，通訊處設在臺中市四維街因通訊方便，沒住過該處（參見鈞院卷9月7日筆錄）。被告陳○英辯稱83年廖○珠蓋房子，我向他訂購兩戶，繳五百萬元，嗣建商倒閉，為完成房子，再於86年6月間陸續借二百萬元（參見鈞院卷10月14日筆錄）。

　　惟查：

一、被告廖○珠所稱在自有土地上蓋房子，因而借錢一節，不僅迄未提出建築房屋等一切證據，則其果否有建屋一事，實有疑問。請令其提出土地登記簿謄本、建築執照、建物登記簿謄本以為證明，並陳明建商姓名住所，以便傳訊調查。且按諸經驗法則，定造人苟有積欠工程款，融資貸款正足以還錢，何以建商「不讓」？又俗言「虧本生意無人做」，被告廖○珠並非至愚，豈有花用建築費三千二百萬元，所建房屋價值僅二千多萬元？又土地

既為被告廖○珠所有，果以房屋過戶抵債，豈不計算土地價值？甚至依被告廖○珠所稱將房屋均給建商，則被告廖○珠建此房屋，有何得利？果無得利，反而積欠大筆債務，何必多此一舉建屋？況以三千二百萬元扣除二千多萬元，尚差一千萬元，正為其他被告三人之債權，則被告廖○珠豈非一毛錢均未支出？其以何資力建屋？凡此不合情理處，益見所辯不實。

二、依被告廖○珠所提被告孟陳○娥之匯款存單等文件，金額共係一百四十九萬三千一百元，與所稱之一百六十萬元不合。且其所述，有下列不合情理處：(一)依一般情形借錢均為整數，焉有尾數有零頭者？(二)經調被告孟陳○娥申報所得稅資料僅85年有利息所得及薪資所得，其他則無，則民國83年間應無資力借款給被告廖○珠。(三)苟被告孟陳○娥之借款尚有二百多萬元，焉有此一部分不一併受讓債權？(四)債權讓與契約書被告孟陳○娥所使用之通訊地址，不僅非其住所，經鈞院另案送達亦被退回，足見所稱通訊方便不實。此應係被告廖○珠利用被告孟陳○娥為人頭，實際仍欲掌控該款項，故以該址為通訊處，俾收受富○公司之分配通知，以免真被被告孟陳○娥領走。

三、被告陳○女部分，不僅所提郵政存簿儲金之儲金簿有一本係他人邱○資者，非其所有，且所指一筆五十三萬元及另一筆七十一萬元提款，金額合計為一百二十四萬元，超過本件借款一百二十萬元，苟為借一百二十萬元，何以提領超過，不合情理。又被告廖○珠稱係83年間借款，但被告陳○女係民國86年提款，時間亦不相符，足見該借貸不實。

四、被告陳○英部分，不僅其與被告廖○珠所述不符，一稱購屋，一稱借款，且被告陳○英所提存款及領款單有他人陳○三者，亦非均係被告陳○英。又其金額合計為七百萬元，並非被告廖○珠所稱讓與及讓與契約書所載之八百萬元，足見不實。

綜上所述，被告間之債權應屬虛偽，其讓與自為不實，應有共同

毀損債權。

　　謹　呈

臺灣臺中地方法院　　公鑒

中　華　民　國　87　年　10　月　27　日

　　　　　　　　具狀人　保證責任臺中市第○信用合作社
　　　　　　　　代表人　王○明
　　　　　　　　代理人　吳光陸律師　印

刑事聲請調查證據狀

案號：87年自字第691號

股別：宙股

自訴人　保證責任臺中市　設臺中市○○號
　　　　第○信用合作社

代表人　王○明　住同上

代理人　吳光陸律師

被　　告　廖○珠　　住臺中縣○○號

　　　　　陳○英　　住臺中縣○○號

　　　　　孟陳○娥　住臺中市○○號

　　　　　陳○女　　住臺中市○○號

為毀損債權罪聲請調查證據事：

　　本件被告主張債權之真實性，自訴人迭次具狀指明其虛偽不實可疑處，為明事實，請於下次庭期時，就下列事實訊問各該被告，並依刑事訴訟法第97條第1項前段規定「被告有數人時，應分別訊問之，其未經訊問者，不得在場。」隔別為之：

一、簽立債權讓與契約書之經過。

二、被告陳○英在金門服務，居所在金門，戶籍設在臺北市，何以讓與契約書所示之住所為霧峰鄉○○號？

三、被告陳○女、陳○英有無借據（如有，請令提出）？

四、房屋起造人名義有無用被告陳○英？有無變更？為何變更？變更給何人？

五、被告孟陳○娥等三人債權合計共一千零八十萬元，但被告廖○珠對富○之借款僅一千萬元，如何讓與？

　　謹　呈

臺灣臺中地方法院刑事庭　　公鑒

中　華　民　國　87　年　11　月　18　日

　　　　　　　　具狀人　保證責任臺中市第○信用合作社

　　　　　　　　代表人　王○明

　　　　　　　　代理人　吳光陸律師　㊞

審判筆錄

被　告　廖○珠

右被告因損害債權一案於中華民國87年11月23日上午9時40分在本院刑事第八法庭公開審判出席職員如下：

　　　　　　　　法　官　楊國精

　　　　　　　　書記官　楊榮男

　　　　　　　　通　譯

到庭當事人及訴訟關係人如後

自訴人吳光陸律師到庭

被告到庭身體未受拘束

辯護人甘龍強律師到庭

書記官朗讀案由

法官問被告姓名年齡籍貫職業住居所等項

廖○珠

陳○英　　　　　均詳卷

孟陳○娥

陳○女

諭本案更新審判程序書記官朗讀前審理筆錄

法官：你們以前說的實在否？

被告：均答實在。

法官：（孟）你當時何以要將地址設在臺中市四維街？

孟：收取信件方便。

法官：（陳）你提出郵局存摺什麼意思？

陳○女：證明借錢給廖○珠的錢是從我女兒及我的存摺中提領的。

法官：你借予廖○珠多少錢？

陳○女：新臺幣一百二十萬元，從存摺領取的。

法官：（英）陳○三是你什麼人？

陳○英：我父親。

法官：你錢借給廖○珠幹什麼？

陳○英：她蓋房子缺資金，向我借錢，以二棟房子為我起造人名義，
　　　　房子蓋好後，再登記予我名下。

法官：（孟）你匯給廖○珠多少錢？

孟：借他一百五十萬元，借四年，利息先扣除，交給一百四十一萬
　　八千八百元。

法官：錢何處來？

孟：六十萬元是向我朋友張太太轉借，利息二分，每月支付，好久才
　　還他，其餘的錢，是我多年縮衣節食，儲蓄下來的，張太太住臺

北市〇〇路,詳細不知道。

法官:何以要設籍臺中市四維街?

孟:收取信件,我借一百四十多萬元給廖〇珠,家人都知道。

法官諭被告等暫時退庭,隔離訊問

自訴人代理人起稱:請詢問報告廖〇珠簽訂讓渡契約之先後,又廖〇珠對第三人僅有一千萬元之債權,何以會讓渡債權一千零八萬元,再陳〇英人在金門服務,何以設籍霧峰鄉〇〇路一號三年,該房子實為空屋,與廖〇珠住所鄰近,法院送達證書係由李佳昌簽收,陳〇女之郵局帳戶存款足以提領借款,何須取領伊女兒帳戶,其金額又不相符,顯不近情理。

點呼被告入庭

廖〇珠 年籍詳卷

法官:你將債權讓渡被告有無先後次序?如何讓與?

廖:我先以電話與他們協調,是在同一天打的,讓渡契約是經他們同意的,他們有空就來蓋章,沒有先後之別,我沒有告訴他們有多少債權。

法官:何以借一千萬元讓渡書之金額寫一千零八萬元?

廖:他們希望整數,不足部分我再補還。

法官:霧峰鄉四德路與你住所相距多遠?

廖:很近,我給陳〇英二戶房子,一棟一號,另一棟是三號,房子沒有人居住,李佳昌是我兒子,

法官:一千萬元債權何以讓渡一千零八萬元?你如何處理?

廖:我是事後補足債權。

點呼被告入庭。

陳〇英 年籍在卷

法官:何以讓渡書寫霧峰鄉四德路?

陳〇英:二戶起造人名都是登記我,房子沒有住過,是我自己要寫住址在四德路的。

法官：李佳昌你認識否？

陳○英：認識，他是廖○珠兒子。

法官：何以讓渡書蓋你印章？

陳○英：我寄一枚印章，在廖○珠處使用。

法官：你知道房子要蓋幾樓？

陳○英：六樓，二樓一左一右是以我為起造人，一號是右邊，三號是
　　　　左邊。

自訴人代理人起稱陳○英在契約書所蓋印章與送達證書所蓋印章是同
一顆印章。

法官：（廖）匯票八張何人所有？（提示告以要旨）

廖：孟陳○娥。

法官諭當庭勘驗83年10月10日證一匯單影本與原本相符，當庭發還孟
陳○娥。

法官：匯單是匯寄給廖○珠？

孟：是的。

法官：你所說83年向陳○女借款？陳○女說是86年借的？

廖：是86年向他借的，我記錯說83年，是錯的。

法官：你們還有何證據要調查否？

均答沒有。

法官：有何補充陳述否？

均答沒有。

法官諭本案調查證據完畢，開始辯論，請自訴人及代理人論告。

自訴代理人起稱：請依法論科。

法官：有何辯解？

被告：均答沒有。

請辯護人為被告廖○珠等人辯護

辯護人起稱：辯護意旨，請引用前提書面答辯狀及辯護書狀所載。

法官：最後陳述。

均答沒有。

法官宣示本案辯論終結定87年12月7日下午4時宣判被告等飭回。

中　華　民　國　87　年　11　月　23　日

臺灣臺中地方法院刑事第一庭
　　　　　法　官　楊國精
　　　　　書記官　楊榮男

臺灣臺中地方法院刑事判決

87年自字第691號

自　訴　人　保證責任臺中市　住臺中市○○號
　　　　　　第○信用合作社
代　表　人　王○明　住同上
自訴代理人　吳光陸律師
被　　　告　廖○珠　住臺中縣霧峰鄉○○號
　　　　　　陳○英　住臺北市松山區○○號
　　　　　　陳○女　住臺中市南區○○號
共　　　同　甘龍強律師
選任辯護人
被　　　告　孟陳○娥　住臺北市文山區○○號

右列被告因損害債權案件，經自訴人提起自訴，本院判決如下：
　　主　文
廖○珠、陳○英、陳○女、孟陳○娥均無罪。
　　理　由
一、自訴意旨略以：自訴人保證責任臺中市第○信用合作社對被告廖

○珠有新臺幣（下同）一千萬元之債權存在，因被告廖○珠無財產可供執行，並經　鈞院核發債權憑證，而廖○珠對第三人富○證券股份有限公司（下稱富○公司）有一千萬元債權存在，詎廖○珠竟於自訴人取得債權憑證將對之強制執行之際，與被告陳○英、孟陳○娥、陳○女基於共同意圖損害自訴人之債權，製造不實之債權債務關係，即陳○英對廖○珠有八百萬元之債權，孟陳○娥對廖○珠有一百六十萬元之債權，陳○女對廖○珠有一百二十萬元之債權，並在民國87年6月20日廖○珠將其對富○公司之上開債權分別讓與陳○英八百萬元、孟陳○娥一百六十萬元、陳○女一百二十萬元，而廖○珠對富○公司之債權係廖○珠唯一之財產，是被告四人所為足以損害自訴人對廖○珠之債權，因認被告廖○珠、陳○英、孟陳○娥、陳○女共同涉犯刑法第356條之損害債權罪云云。

二、按刑法第356條之損害債權罪，必須行為人即債務人將受強制執行之際，於主觀上意圖害債權人之債權，而於客觀上毀壞處分或隱匿其財產，其犯罪構成要件始足相當，苟債務人於主觀上並無損害債權人債權之意圖，自與上開損害債權犯罪構成要件有間，而不為罪。而刑事被告依法不負自證無罪之責任，若未發現相當證據，或證據不足以證明，自不能以推測或擬制之方法，以為裁判基礎。又認定不利於被告之事實，須依積極證據，苟積極證據不足為不利於被告事實之認定時，即應為有利於被告之認定，更不必有何有利之證據。最高法院分別著有40年臺上字第86號、30年上字第816號判例可稽。本院隔離訊問被告廖○珠、陳○英、孟陳○娥、陳○女固不諱言有前揭債權讓與之事實，而被告廖○珠對其積欠自訴人之一千萬元債務，自訴人並已取得債權憑證等情亦承認在卷，惟均堅決否認有何共同損害債權之犯行，被告廖○珠辯稱：伊對富○公司之債權早在81年12月4日即經由法院確定在案，而自訴人卻不承認該項債權，明知伊有該項債權，卻不

予查封執行，伊只得將該債權轉讓與他債權人即另外三位被告，又在20年前即曾向被告孟陳○娥陸續借貸，累積之債務為四百多萬元，其中83年間因在臺中縣霧峰鄉建屋需款，又向孟陳○娥、陳○英陸續借貸一百六十萬元、七百萬元使用，於86年間再向陳○女借一百二十萬元，後因經濟困難，致未能清償等語。被告孟陳○娥則辯稱：廖○珠曾多次向伊借錢，迄今尚欠四百萬元，其中在83年間曾匯款一百四十一萬元八千八百元予廖○珠，經催討後，廖○珠同意將其對富○公司之之一百六十萬元債權讓與伊。被告陳○英則辯稱：83年間廖○珠投資建屋，伊向廖○珠訂購二戶，繳五百萬元，之後再陸續借二百萬元予被告，經催討後，廖○珠同意將其對富○公司之八百萬元債權讓與伊等語。被告陳○女則辯稱：於86年10月間，分別自伊及伊女兒邱○資之郵局儲金簿提領一百二十萬元借廖○珠，經催討後，廖○珠同意將其對富○公司之一百二十萬債權讓與伊等語。經查，就被告間之借貸情形，經隔離訊問結果，被告彼此之供述情形大致相符，並有郵政劃撥收據十一張、通知單影本八張、存摺影本五份在卷足稽，本件自訴人又（按：漏載未）提陳任何足可證明被告間之債權債務係虛偽之證據以憑調查，則被告四人所辯渠等間上開之債權債務確係存在，尚屬可信。再者，自訴人亦自承其於84年10月間向法院聲請核發債權憑證時，即知廖○珠對富○公司之債權在81年12月4日業經由法院確定在案，則自訴人明知有該項債權存在，卻不予查封執行，甚而不承認廖○珠對富○公司之該項債權，而另提起確認債權不存在之訴訟，亦有本院85年度重訴字第336號判決書在卷可稽，則迄87年6月20日被告廖○珠始將該債權讓與其他債權人即另外三位被告，自難認廖○珠主觀上有損害自訴人債權之意圖，又債務人對於任何到期之債務，本即有清償之義務，不得以其對其中一債權人清償，即認對其他債權人構成毀損債權，是被告廖○珠將其對富○公司之債權讓與被告陳○英、孟陳

○娥、陳○女以為清償,縱有造成自訴人損害,自無毀損自訴人之債權可言。綜上,被告廖○珠於主觀上既無損害自訴人債權之意圖,揆諸首揭說明,其所為自與刑法損害債權犯罪構成要件有間。被告廖○珠上開所為,既不能繩以損害債權罪責,而被告陳○英、孟陳○娥、陳○女所辯渠等並無損害自訴人債權之意圖,應堪採信。此外,復查無其他積極確切證據足證被告四人有何自訴人所指共同損害其債權之犯行,則被告四人被訴共同損害債權罪,應均屬不能證明,均應依法諭知被告廖○珠、陳○英、孟陳○娥、陳○女無罪之判決。

三、據上論斷,應依刑事訴訟法第343條、第301條第1項,判決如主文。

中　華　民　國　87　年　12　月　7　日

臺灣臺中地方法院刑事第一庭

法　官　楊國精

右正本證明與原本無異

如不服本判決應於送達後10日內向本院提出上訴狀

書記官　楊榮男　印

中　華　民　國　87　年　12　月　7　日

二、第二審

刑事上訴狀

原審案號：臺灣臺中地方法院

案號：87年自字第691號

股別：宙股

上 訴 人　保證責任臺中市　　　設臺中市○○號

即自訴人　第○信用合作社

代 表 人　王○明　　　住同上

被　　 告　廖○珠　　　住臺中縣○○號

　　　　　陳○英　　　住臺中縣○○號

　　　　　孟陳○娥　　住臺中市○○號

　　　　　陳○女　　　住臺中市○○號

為毀損債權罪案件，不服臺灣臺中地方法院民國87年12月7日87年度自字第691號刑事判決依法上訴事：

　　頃接本件刑事判決，該判決認事用法有誤，上訴人認難甘服，依法提起上訴。

　　上訴理由容后補呈。

　　謹　　狀

臺灣臺中地方法院轉呈

臺灣高等法院臺中分院　　公鑒

中　華　民　國　87　年　12　月　19　日

　　　　　　　具狀人　保證責任臺中市第○信用合作社　㊞

　　　　　　　代表人　王○明　㊞

刑事上訴理由狀

案號：88年上易字第254號

股別：華股

上訴人　保證責任臺中市　　　設臺中市○○號
　　　　第○信用合作社

代表人　王○明　住同上

代理人　吳光陸律師

被　告　廖○珠　　住臺中縣○○號

　　　　陳○英　　住臺中縣○○號

　　　　孟陳○娥　住臺中市○○號

　　　　陳○女　　住臺中市○○號

為損害債權案件提出上訴理由事：

　　按證據之證明力，由法院自由判斷，刑事訴訟法第155條第1項定有明文，參照最高法院25年上字第2053號判例「證據力之強弱，事實審法院有自由判斷之權，故判斷證據力如不違背一般經驗之法則，即不得指為違法。」、28年上字第2595號判例「證據之證明力如何，依刑事訴訟法第269條規定，事實審法院有自由判斷之權，苟其判斷之論據，按諸通常經驗，並非事理之所無，即不能指為違背經驗法則。」、48年臺上字第475號判例「證據之證明力，固屬於法院判斷之自由，但不得違背經驗法則，如證據之本身依照吾人日常生活經驗所得之定則觀察，尚非無疑竇時，則遽難採為判決之基礎。」、53年臺上字第2067號判例「證據之證明力如何，雖屬於事實審法院自由判斷職權，而其所為判斷，仍應受經驗法則與論理法則之支配。」、75年臺上字第1822號判例「間接事實之本身，雖非證據，然因其具有判斷直接事實存在之作用，故亦有證據之機能，但其如何由間接事實推論直接事實之存在，則仍應為必要之說明，始足以斷定其所為推論是否合理，而可認為適法。」、76年臺上字第4986號判例「認定犯罪事

實所憑之證據，雖不以直接證據為限，間接證據亦包括在內；然而無論直接或間接證據，其為訴訟上之證明，須於通常一般之人均不致有所懷疑，而得確信其為真實之程度者，始得據為有罪之認定，倘其證明尚未達到此一程度，而有合理之懷疑存在時，事實審法院復已就其心證上理由予以闡述，敘明其如何無從為有罪之確信，因而為無罪之判決，尚不得任意指為違法。」，故認定犯罪事實，不以直接證據為必要，凡間接證據，依經驗法則及論理法則足以認定犯罪事實，亦可採信，尤其在本件被告間究有無債權存在？其債權讓與是否真正？如其彼此所述有異，甚至與所提證據不符，並有未提出證據證明者，參互以觀，應仍可為犯罪事實之認定。

　　本件上訴人提起自訴，係以對被告廖○珠有債權存在，此有臺中地方法院核發之債權憑證三件可稽（參見原審卷自證一），而被告廖○珠對第三人富○證券股份有限公司（以下簡稱富○公司）執有確定之鈞院81年度促字第11334號支付命令（參見原審卷自證二），謂有一千萬元之債權存在，詎竟於上訴人於取得執行名義將對之強制執行之際，在民國87年6月20日分別將其對上開富○公司之債權讓與被告陳○英八百萬元、孟陳○娥一百六十萬元、陳○女一百二十萬元，此有債權讓與契約書影本三件為證（參見原審卷自證三），共同意圖損害上訴人之債權而處分上開財產，雖被告等否認債權虛偽，並以確有讓與抵債一事云云為辯，但查：

一、依被告廖○珠在原審所稱係因在臺中縣霧峰鄉自有土地上蓋房子，因建商不讓伊融資，因而向其他被告借錢一節（參見原審卷9月7日筆錄），不僅迄未提出建築房屋之證據，其果否有建屋一事，實有疑問。上訴人在原審請法院令其提出土地登記簿謄本、建築執照、建物登記簿謄本以為證明，並陳明建商姓名住所，以便傳訊調查，然均未提出，則是否有此事實，應有疑問。按諸經驗法則，定造人苟有積欠工程款，融資貸款正足以還錢，金融機關均有辦理建築融資？何以建商「不讓」？尤其既為自有土地，

本有權以為擔保借款，何須建商同意？故被告廖○珠就此所辯，尚非可信。

二、又依被告廖○珠所稱，上開房屋蓋了五年，欠建商三千二百萬元，房子價值僅二千多萬元，不足清償建商（參見上開9月7日筆錄），更不合情理。蓋俗言「虧本生意無人做」，被告廖○珠並非至愚，豈有花用建築費三千二百萬元，所建房屋價值僅二千多萬元？最後又將房屋均過給建商，自己分文未得，則被告廖○珠建此房屋，有何得利？果無得利，反而積欠大筆債務，何必多此一舉建屋？況以三千二百萬元扣除二千多萬元，尚差一千萬元，正為其他被告三人之債權，則被告廖○珠豈非一毛錢均未支出？其以何資力建屋？凡此不合情理處，足見所辯不實。

三、再依廖○珠所稱，在民國83年間向被告孟陳○娥借二百多萬元，又借一百六十萬元，被告陳○女知道其蓋房子有困難，為救伊也借錢，被告陳○英也是在83年陸續借錢（參見上開9月7日筆錄），然此所述核與：被告陳○女稱係民國86年間借一百二十萬元；被告孟陳○娥稱係民國86年借一百六十萬元（參見上開9月7日筆錄）；被告陳○英稱係83年被告廖○珠蓋房子，向其訂購兩戶，繳五百萬元，嗣建商倒閉，為完成房子，再於86年6月間陸續借二百萬元（參見原審卷10月14日筆錄）不符，即：

(一)就被告陳○女部分，被告廖○珠自稱民國83年間借，被告陳○女稱係民國86年借，依被告陳○女所提存摺，其係民國86年12月10日及同年10月28日提款，二人所述借款時間不一。

(二)被告陳○英稱係購買二戶而繳五百萬元，與被告廖○珠所述為借款不一，雖嗣後被告陳○英又改稱為借（參見原審卷民國87年11月23日筆錄），然案重初供，應以先前所述為準，況借與買不同，豈有先稱買，嗣為配合被告廖○珠又改稱為借者？

四、依被告廖○珠所提被告孟陳○娥之郵政劃撥儲金存款收據等文

件（參見原審卷被告民國87年10月14日狀證一），金額共計為一百四十九萬三千一百元，核與被告孟陳○娥所提郵政劃撥儲金存款收據之金額為一百四十一萬八千八百元不符，更與被告孟陳○娥於民國87年11月23日庭訊改稱借一百五十萬元，借四年，利息先扣，交一百四十一萬八千八百元有異，並與被告廖○珠所稱之借一百六十萬元不合。而此尚有下列不合情理處：(一)依一般情形借錢均為整數，焉有尾數有零頭者？(二)經調被告孟陳○娥申報所得稅資料僅85年有利息所得及薪資所得，其他則無，則民國83年間應無資力借款給被告廖○珠。雖被告孟陳○娥稱三十多萬元是向朋友借，每月付利息，但依被告孟陳○娥在原審法院9月7日庭訊稱付一次利息，何有可能自己付息向他人借款以給被告廖○珠，迄不向被告廖○珠討錢之理？(三)苟被告孟陳○娥之借款尚有二百多萬元，焉有此一部分不一併受讓債權？尤其依被告廖○珠及陳○英所稱被告陳○英僅為七百萬元債權，但債權讓與竟為八百萬元，何以對被告孟陳○娥借款四百餘萬元，僅讓一百六十萬元？(四)上開之通知單及收據，有民國82年、84年、85年者，並非均係民國83年，足見所言不實。(五)依上開9月7日筆錄被告孟陳○娥稱付息一次，既係一次焉有利息先扣？尤其如何可能先扣四年利息？

五、被告陳○女部分，不僅所提郵政存簿儲金之儲金簿有一本係他人邱○資者，非其所有，且所指一筆五十三萬元及另一筆七十一萬元提款，金額合計為一百二十四萬元，超過本件借款一百二十萬元，苟為借一百二十萬元，何以提領超過，不合情理。況此二筆款項期間相隔二個月，苟係借款，當係同一時間，何以有此差異？又被告廖○珠稱係83年間借款，但被告陳○女係民國86年提款，時間亦不相符，足見該借貸不實。

六、被告陳○英部分，不僅其與被告廖○珠所述不符，一稱購屋，一稱借款，且被告陳○英所提存款及領款單有他人陳○三者，亦非

均係被告陳○英。又其金額合計為七百萬元，並非被告廖○珠所稱讓與及讓與契約書所載之八百萬元，足見不實。

七、既係催工建屋，建商有法定抵押權，被告廖○珠焉有可能將房屋、土地均過戶給建商？尤其依被告廖○珠所述，房屋本登記被告陳○英名義，此應係保障其權利之措施，何有可能變更為建商？事實上，被告廖○珠既有土地，土地價值一定高於房屋價值，如被告廖○珠無資力建屋，儘可以合建方式與建商合建，分配房屋，實無必要將全部房屋土地過戶給建商後，尚欠其款項。

八、被告孟陳○娥住在臺北市木柵區，但債權讓與契約書之住所寫為臺中市四維街被告廖○珠兒子住處，此不僅非其住所，且經臺中地方法院另案送達亦為寄存送達（上證一），足見所稱通訊方便不實。至被告陳○英住臺北市，在金門服務，債權讓與契約書之住所為霧峰鄉○○路○○號，而此實為空屋，無人住居，與被告廖○珠住處相鄰，依被告廖○珠及陳○英所稱，被告陳○英留一印章交被告廖○珠之子李佳昌使用（參見原審卷民國87年11月23日筆錄），臺中地方法院另案送達證書即係蓋用被告陳○英、李佳昌印章，李佳昌並簽名註記為同居人（上證二），而此被告陳○英印章與債權讓與契約書者相同，凡此均不合情理，蓋苟如被告所稱因無法還債，始讓與本件債權，受讓人之被告陳○英、孟陳○娥依情理必甚關心，隨時須掌握資訊，例如富○公司之通知，何以住所均為被告廖○珠者，甚至重要之印章仍交被告廖○珠之子李佳昌使用，足見此應係被告廖○珠利用被告孟陳○娥及陳○英為人頭，實際仍係自行掌控該款項，故以自己之住址為通訊處，俾收受富○公司之分配通知，以免真被被告孟陳○娥及被告陳○英領走，足見被告辯稱之借貸應非實在。

九、上開三人之債權讓與契約書讓與之債權額合計為一千零八十萬元，超過被告廖○珠對富○公司之債權為一千萬元，苟係讓與，金額應相符合否則受讓與之三人必有先後，最後受讓者即無法全

部受讓，雖被告廖○珠辯稱不足者以現金給付，但此不合情理，尤其參酌前述，被告陳○英全部債權為七百萬元，竟讓八百萬元，被告孟陳○娥四百多萬元債權，僅受讓一百六十萬元，但合計仍超過八十萬元，不合情理，足見所言不實。

雖原審判決以：「本院隔離訊問被告廖○珠、陳○英、孟陳○娥、陳○女固不諱言有前揭債權讓與之事實，而被告廖○珠對其積欠自訴人之一千萬元債務，自訴人並已取得債權憑證等情亦承認在卷，惟均堅決否認有何共同損害債權之犯行，被告廖○珠辯稱：伊對富○公司之債權早在81年12月4日即經由法院確定在案，而自訴人卻不承認該項債權，明知伊有該項債權，卻不予查封執行，伊只得將該債權轉讓與其他債權人即另外三位被告，又在20年前即曾向被告孟陳○娥陸續借貸，累積之債務為四百多萬元，其中83年間因在臺中縣霧峰鄉建屋需款，又向孟陳○娥、陳○英陸續借貸一百六十萬元、七百萬元使用，於86年間再向陳○女借一百二十萬元，後因經濟困難，致未能清償等語，被告孟陳○娥則辯稱：廖○珠曾多次向伊借錢，迄今尚欠四百多萬元，其中在83年間曾匯款一百四十一萬八千八百元予廖○珠，經催討後，廖○珠同意將其對富○公司之一百六十萬債權讓與伊。被告陳○英則辯稱：83年間廖○珠投資建屋，伊向廖○珠訂購二戶，繳五百萬元，之後再陸續借二百萬元予被告，經催討後，廖○珠同意將其對富○公司之八百萬債權讓與伊等語。被告陳○女則辯稱：於86年10月間，分別自伊及伊女兒邱○資之郵局儲金簿提領一百二十萬元借廖○珠，經催討後，廖○珠同意將其對富○公司之一百二十萬債權讓與伊等語。經查，就被告間之借貸情形，經隔離訊問結果，被告彼此之供述情形大致相符，並有郵政劃撥收據十一張、通知單影本八張、存摺影本五份在卷足稽，本件自訴人又未提陳任何足可證明被告間之債權債務係虛偽不實之證據以憑調，則被告四人所辯渠等間上開之債權債務確係存在，尚屬可信。再者，自訴人亦自承其於84年10月間向法院聲請核發債權憑證時，即知廖○珠對富○公司之債權在81

年12月4日業經由法院確定在案,則自訴人明知有該項債權存在,卻不予查封執行,甚而不承認廖○珠對富○公司之該項債權,而另提起確認債權不存在之訴訟,亦有本院85年度重訴字第336號判決書在卷可稽,則迨87年6月20日被告廖○珠始將該債權轉讓與其他債權人即另外三位被告,自難認廖○珠主觀上有損害自訴人債權之意圖,又債務人對於任何到期之債務,本即有清償之義務,不得以其對其中一債權人清償,即認對其他債權人構成毀損債權,是被告廖○珠將其對富○公司之債權讓與被告陳○英、孟陳○娥、陳○女以為清償,縱有造成自訴人損害,自無毀損自訴人之債權可言。」為由判決被告無罪。

但查:

一、上開隔別訊問結果,被告間所述並非一致,已如上述,與所提證據,亦不相符,豈可採信。

二、上訴人固因被告廖○珠對富○公司之債權是否真正而有爭執致生訴訟,此有臺中地方法院85年度重訴字第336號判決可明,但此與被告自認確有債權,在其對上訴人尚有債務,上訴人並持有執行名義之際,竟予轉讓處分該財產,焉無毀損債權之故意,尤其其他被告均無執行名義,其債權亦非真正,竟為此讓與行為,而上訴人亦正與債權人洽商和解中,正欲撤回上開訴訟,此有證人柯○龍、吳○明證言可稽,而被告廖○珠本為富○公司之董事(上證三),正係柯○龍所稱之代表董事洽商,雖其否認有告知被告廖○珠,但此和解洽商,已歷經時間甚久,在此將有結果之際,被告廖○珠忽將債權讓與,足見其有犯罪故意。

三、按債務人之財產為其債務之總擔保,如不足清償全部債務,應比例分配,被告廖○珠何可厚於其他被告,而薄上訴人及其他債權人於不顧,故其讓與應有刑法第356條毀損債權犯行。

　　　謹　呈

臺灣高等法院臺中分院　　公鑒

證物:

上證一：被告孟陳○女娥之送達證書影本一件
上證二：被告陳○英之送達證書影本一件
上證三：變更登記事項卡影本一件

中　華　民　國　88　年　2　月　5　日

具狀人　保證責任臺中市第○信用合作社
代表人　王○明
代理人　吳光陸律師　印

訊問筆錄

被　告　廖○珠、陳○英、陳○女、孟陳○娥
右被告因88年度上易字第254號損害債權一案，於中華民國88年2月9日下午3時0分，在本院第六法庭訊問，出席職員如下：

法　官　張祺祥
書記官　顏子良
通　譯　邱招勳

到庭被告與訴訟關係人如下：

被　告　廖○珠　　　辯　護　人　甘龍強律師
　　　　陳○英　　　自訴代理人　吳光陸律師
　　　　陳○女
　　　　孟陳○娥
輔佐人　孟○中
被告在庭身體未受拘束。
法官問被告姓名年齡職業住居所等項：
廖○珠：女，30.2.20生，住臺中縣霧峰鄉○○號，身分證字號A○○

○○○○○○○

陳○英：男，31.6.5，住臺北市松山區○○號，身分證字號V○○○
　　　　○○○○○

陳○女：女，41.1.13，住臺中市南區○○號，身分證字號Q○○○○
　　　　○○○○○

孟陳○娥：女，30.9.17，住臺北市文山區○○號，身分證字號A○○
　　　　　○○○○○○○

審判長法官先對被告告知其犯罪之嫌疑及所犯所有罪名（詳如起訴書
所載）。並告知被告下列事項：

一、得保持緘默，無須違背自己之意思而為陳述。

二、得選任辯護人。

三、得請求調查有利之證據。

法官：前科？

珠：無

英：無

女：無

娥：無

點呼輔佐人立庭並訊問年籍住居所等項

孟○中：男，52.12.29生，住臺北市木柵區○○號，身分證字號：A
　　　　○○○○○○○○○

法官：你與孟陳○娥是何關係？

孟：母子。（提出陳明狀附卷）

法官：上訴要旨？

代理人：陳述如88年2月5日上訴理由狀所載。（繕本送被告四人簽
　　　　收）

諭本案隔別訊問，命被告陳○英、陳○女、孟陳○娥及輔佐人孟○中
暫退庭。

法官：（珠）你到底在霧峰是與何建商合建？

珠：曾騰安。我有資料提供，下次再提供出來，是泰○建設公司。

法官：合建何以後來會全部過戶給曾騰安？

珠：曾騰安在興建過程中，因侵害到鄰地，蓋到地下室就無法續蓋，耗費很多資金，後來由林○森接手，我與他的條件是我將土地及房子過戶給他，而他融資給我，而他也無法融資給我，房地產也不景氣，一直沒有解決，就拖到現在。

法官：陳○英何時，你開始向他借錢？

珠：共是七百八十餘萬元，我從83年陸續向她借的。

法官：總共大約借了幾次？

珠：五百萬元部分是分二次借，一次是三百萬元，一次是二百萬元，其他的是陸續一直匯給我，直到七百八十餘萬元。

法官：利息是怎麼算？

珠：沒有算利息，但我有說蓋好後會撥二戶給他自己去處理。

法官：就是要抵償之意思？

珠：是的。

法官：到底是買房子或是借錢？

珠：借錢。

法官：何時七百八十萬元全部借完之後，才說要二戶給他處理？

珠：沒有辦法還的時候，我是有說等蓋好後要二戶給他。

法官：三張債權讓與契約書是同時製作的？（提示並告要旨）。

珠：是同時製作的，在臺中市四維街○○號之一3樓寫的。

法官：是何時？

珠：契約書所載之日期。在下午2、3點之時製作，陳○英沒在場，是我自己做好之後，才請他回來簽名，他是在87年6月底某天，陳○英由金門回來蓋章的。

點呼被告陳○英入庭

法官：（英）廖○珠與何人合建，細節你知否？

英：我不知道。

法官：廖○珠共欠你多少錢？

英：七百八十萬元。

法官：他是從何時開始向你借的。

英：前一段是向我父親借共是五百萬元，我再陸續借給他，總共二百八十萬元，合計是七百八十萬元。

法官：利息如何付給你？

英：沒有算利息。

法官：為何沒算利息？

英：借給他蓋房子，都沒有談到利息。

法官：在地院你有時說借，有時說是買房子，何者才是？

英：是借，到後來無法還我錢，才說要用二棟房子給我，實際是借的。

法官：三張債權讓與契約格式相同，有一張是你的，是同時製作的？（提示）

英：87年6月底，我從金門回來才蓋章。

法官：之前有談論過嗎？

英：有以電話談過。

法官：（廖）孟陳○娥對你有多少債權？

珠：我向她借了一百四十幾萬元。

法官：何時借，分幾次借？

珠：全部都是83年陸續借的，累積起來有一百四十幾萬元。

法官：有無算利息？

珠：二分利。

法官：孟陳○娥之債權讓與契約，是何時來填的？

珠：我填好後（之前有連繫過）約過了一星期，她才到四維街處來蓋章。

點呼被告孟陳○娥、輔佐人孟○中入庭

法官：（娥）廖○珠欠你多少錢？

娥：一百四十一萬八千八百元。

法官：你何時借給他的？

娥：83年到85年間，一直累積到一百四十餘萬元。

法官：利息如何算？

娥：二分利。

法官：這張債權讓與契約書是何時製作，你有無印象？

娥：好像是6月底。

法官：過程如何？

娥：他打電話跟我連絡，事後我才到臺中市四維街去蓋章。

法官：（珠）陳○女你是向他借多少錢？

珠：86年間一次借七十萬元，一次借五十萬元。

法官：利息如何算？

珠：也是二分利。

法官：這張債權讓與契約書是何時作的？（提示並告要旨。）

珠：情形也是跟前述情形相同，他也是在87年6月底時，他才過來蓋
　　章的，事先也有以電話跟我連繫好。

點呼被告陳○女入庭

法官：（女）廖○珠是欠你多少錢？

女：一百二十萬元。

法官：是何時向你借的？

女：86年10月及12月，分二次借給她。

法官：10月時借多少？

女：七十萬元。

法官：12月呢？

女：借五十萬元。

法官：利息如何算？

女：算二分利。

法官：利息拿了嗎？

女：起先是拿了，錢我送去就扣起來。

法官：你的債權讓與契約書是何時與廖○珠簽訂的？

女：87年6月底簽的。

法官：過程如何？

女：她先跟我連繫，說有債權要讓與我，我說好，後來再過去跟他簽這一張契約的。

法官：有何意見？

辯護人：原審判決正確，並無違誤。

諭：本案改於88年3月2日下午2時35分在本院刑事第六法庭調查被告應自行到庭如無正當理由不到庭得命拘提。被告、輔佐人等均飭回。

右筆錄經當庭交閱受訊人認為無訛簽名於后

> 受訊人：陳○女
> 孟陳○娥
> 陳○英
> 廖○珠
> 孟○中

中　華　民　國　88　年　2　月　9　日

臺灣高等法院臺中分院刑六庭
書記官　顏子良
受命法　官　張祺祥（均簽名）

刑事聲請調查證據狀

案號：88年上易字第254號

股別：華股

上訴人　保證責任臺中市　　　設臺中市○○號
　　　　第○信用合作社

代表人　王○明　住同上

代理人　吳光陸律師

被　告　廖○珠　　住臺中縣○○號

　　　　陳○英　　住臺中縣○○號

　　　　孟陳○娥　住臺中市○○號

　　　　陳○女　　住臺中市○○號

為損害債權案件聲請調查證據事：

　　請令被告廖○珠提出建照執照或陳報建照號碼以便向臺中縣政府調閱建造執照卷，以查明營造商為何人，房屋起造人名義為何人？

待證事實：

一、究有無欠營造商建屋工程款。

二、依被告廖○珠在第一審法院民國87年9月7日庭稱：83年房子是陳○英名義，因建築費三千二百萬元無法清償，才轉登記給建商。陳○英登記二棟。足見有以陳○英名義為起造人，是陳○英不僅非借貸，且非如被告廖○珠及陳○英稱無法清償始要過戶以抵債。

　　又上訴人民國88年2月5日上訴理由狀有下列二處筆誤：

一、第3頁背面末行第十二字「相」應更正為「不」。

二、第8頁第一行第十九字「般」應更正為「致」。

　　謹　狀

　　　　　　　臺灣高等法院臺中分院　　公鑒

中　華　民　國　88　年　3　月　2　日

```
            具狀人  保證責任臺中市第○信用合作社
            代表人  王○明
            代理人  吳光陸律師  [印]
```

訊問筆錄

被　告　廖○珠、陳○英、陳○女、孟陳○娥

右被告因88年度上易字第254號損害債權一案，於中華民國88年3月2日下午2時35分，在本院第六法庭訊問，出席職員如下：

法　官　張祺祥

書記官　顏子良

通　譯　趙懷陸

到庭被告與訴訟關係人如下：

被　告　廖○珠　　辯　護　人　　甘龍強律師
　　　　陳○英　　輔　佐　人　　孟○中
　　　　陳○女　　自訴代理人　　吳光陸律師
　　　　孟陳○娥

被告在庭身體未受拘束。

法官問被告、輔佐人姓名年齡職業住居所等項：

廖○珠　年籍詳卷

陳○英　年籍詳卷

陳○女　年籍詳卷

孟陳○娥　年籍詳卷

孟○中　年籍詳卷

法官：有無意見。

代理人：請求再調查證據，如聲請調查證據狀所載（提示聲請調查證據狀一件附呈）

法官：（珠）上次開庭之相關資料，你有無整理？

珠：有的，整理後再以書狀補陳。

法官：其他有何意見？

珠：我說的都是事實。

法官：其他有何補充？

代理人：請求調查被告是否有資力，調查其科刑之資料。

法官：（英）有何意見。

珠：80年有無申報已記不清楚了。

法官：（女）有何意見？

女：無。

法官：（娥）有何意見？

娥：無。

諭本案候核辦，被告、輔佐人等均飭回，退庭。

上筆錄經當庭交閱受訊人認為無訛簽名於後。

受訊人：廖○珠

陳○英

陳○女

孟陳○娥

孟○中

中　華　民　國　88　年　3　月　2　日

臺灣高等法院臺中分院刑六庭

書記官　顏子良

受命法　官　張祺祥（均簽名）

刑事聲請狀

案號：88年上易字第254號

股別：華股

上訴人　保證責任臺中市　　　設臺中市○○號
　　　　第○信用合作社

代表人　王○明　住同上

代理人　吳光陸律師

被　告　廖○珠　　住臺中縣○○號

　　　　陳○英　　住臺中縣○○號

　　　　孟陳○娥　住臺中市○○號

　　　　陳○女　　住臺中市○○號

為損害債權案件，謹具聲請狀事：

　　鈞院日前庭諭被告廖○珠提出有關建屋資料，惟迄今尚未提出，致上訴人無從閱卷提出書狀，爰請　鈞院限期命其提出，以利訴訟程序進行。

　　　　謹　狀

臺灣高等法院臺中分院　　　　公鑒

中　華　民　國　88　年　3　月　24　日

　　　　　　具狀人　保證責任臺中市第○信用合作社

　　　　　　代表人　王○明

　　　　　　代理人　吳光陸律師　㊞

刑事聲請狀

案號：88年上易字第254號

股別：華股

上訴人　保證責任臺中市　　設臺中市○○號
　　　　第○信用合作社

代表人　王○明住同上

代理人　吳光陸律師

被　告　廖○珠　　住臺中縣○○號

　　　　陳○英　　住臺中縣○○號

　　　　孟陳○娥　住臺中市○○號

　　　　陳○女　　住臺中市○○號

為損害債權案件，謹具聲請狀事：

　　鈞院日前庭諭被告廖○珠提出有關建屋資料，惟迄今尚未提出，致上訴人無從閱卷提出書狀，爰請　鈞院限期命其提出，以利訴訟程序進行。

　　謹　狀

臺灣高等法院臺中分院　　公鑒

中　華　民　國　88　年　4　月　12　日

　　　　　　　　　具狀人　保證責任臺中市第○信用合作社

　　　　　　　　　代表人　王○明

　　　　　　　　　代理人　吳光陸律師　㊞

訊問筆錄

被　　告　廖○珠、陳○英、陳○女、孟陳○娥

右被告因88年度上易字第254號損害債權一案，於中華民國88年5月6日下午2時40分，在本院第六法庭訊問，出席職員如下：

法　官　張祺祥

書記官　顏子良

通　譯　趙懷陸

到庭被告與訴訟關係人如下：

被　　告　廖○珠　　　辯　護　人　甘龍強律師

　　　　　陳○英　　　輔　佐　人　孟○中

　　　　　陳○女　　　自訴代理人　吳光陸律師

　　　　　孟陳○娥

被告在庭身體未受拘束。

法官問被告、輔佐人姓名年齡職業住居所等項：

廖○珠　年籍詳卷

陳○英　年籍詳卷

陳○女　年籍詳卷

孟陳○娥　年籍詳卷

孟○中　年籍詳卷

法官：上次所說之資料有無整理出來？

辯護人：有的（提出辯護狀一件附呈，繕本送代理人吳律師簽收）

法官：（珠）你在霧峰興建房屋之事實就如辯護人提出之書狀所載。

珠：是的。

法官：你是何時向陳○女借錢？

珠：是在86年時。

法官：為何你以前說是83年？

珠：是86年才對。

法官：她是拿多少錢給你？

珠：他是有分二次拿給我，一次是七十萬元，一次是五十萬元。

法官：（女）你在何時借錢給廖○珠？

女：86年10月28日及86年12月10日。

法官：為何你錢不用匯的，而是拿給她呢？

女：我們是好朋友，直接拿給她。

法官：（英）你借錢給廖○珠是你父親的名義，何以是你的債權？

英：我父親過世了，我繼承。

法官：你在地院提出之證據與數額差距很大，其他有何證明？

英：我個人是二百八十萬元，我父親是五百萬元，數額沒有差距。

法官：其他有何證據？

英：無。

法官：（娥）你確實有借錢給廖○珠嗎？

娥：有的。

法官：相關證據與在地院提出之資料相同。

娥：是的。

法官：有何意見？

代理人：被告說其父親過世，請其提出相關資料，另再閱辯護人之資
　　　　料後，再提出說明，並請斟酌調建築執照參辦。

法官：（英）有何意見補充？

英：我父親確實已過世，而且我本身有在銀行貸過款，有此能力付這
　　個錢。

諭本案候核辦，被告、輔佐人等均飭回退庭

右筆錄經當庭交閱受訊人認為無訛簽名於后

　　　　　　　　受訊人：廖○珠

　　　　　　　　　　　　陳○英

　　　　　　　　　　　　陳○女

　　　　　　　　　　　　孟陳○娥

孟○中

中　華　民　國　88　年　5　月　6　日

臺灣高等法院臺中分院刑六庭

書記官　顏子良

受命法　官　張祺祥（均簽名）

刑事聲請調查證據狀

案號：88年上易字第254號

股別：華股

上訴人　保證責任臺中市　　設臺中市○○號

第○信用合作社

代表人　王○明住同上

代理人　吳光陸律師

被　　告　廖○珠　　住臺中縣○○號

陳○英　　住臺中縣○○號

孟陳○娥　住臺中市○○號

陳○女　　住臺中市○○號

為損害債權案件，謹具聲請調查證據事：

　　茲依被告所提臺中縣政府工務局函二件，就其所載建築執照一稱（83）工建建字第2868號，一稱（83）建都營字第2866號，二者不同，被告具狀稱為（83）工建建字第2868號，為明二者是否同一及當初起造人為何人？起造人名義變更情形，請向臺中縣政府調該二建造執照卷。

待證事實：

　　被告陳○英先稱購屋，嗣附合被告廖○珠說詞改為借款，並稱無

法清償始給房屋，苟該建照一開始即以被告陳○英為起造人，足見被告所言不實

　　謹　呈

臺灣高等法院臺中分院　　公鑒

中　華　民　國　88　年　5　月　7　日

　　　　　　　具狀人　保證責任臺中市第○信用合作社
　　　　　　　代表人　王○明
　　　　　　　代理人　吳光陸律師　　印

刑事辯護狀

案號：88年上易字第254號

股別：華股

被　告　廖○珠均詳卷
　　　　陳○英
　　　　陳○女

共同辯護人　甘龍強律師

為就被告等被訴損害債權案件依法提出辯護意旨事：

一、關於被告廖○珠在霧峰興建房屋乙事

　　(一)被告於83年年初與泰堡營造有限公司（負責人為曾騰安）簽約合建，因被告向陳○英借款，故以陳○英名義為起造人申請建造執照（臺中縣政府（83）工建建字第2868號），此有臺中縣政府工務局函（證一）可稽。（其他有關文件則未能找到）

　　(二)前開合建土地上，原有舊房屋，為合建須先拆除，泰堡營造有限公司於拆除舊有房屋，並建地下室後，其負責人因債務糾紛遭人綁架，而該公司復以牌照轉讓他人，於是該公司不能繼續興建。

先前拆除舊有房屋之拆除費、建築設計費，及嗣後次承攬人（小包）之工程費、鄰屋損害之賠償，均由被告支付以收拾殘局。

(三)迨85年1月，被告另與林○森簽訂「同意切結書」（證二）而合建，林○森先付土地款一千三百萬元予被告，被告則將土地移轉登記為林○森名義，並將房屋之起造人名義變更為林○森。被告應按月給付林○森土地款及工程款利息。

上開「同意切結書」並約定，被告於徵求林○森同意後，得以合建土地向銀行抵押借款，但因林○森當時未同意而未向銀行抵押借款，嗣因房地產價格一再滑落，林○森縱使同意以土地向銀行抵押借款，可貸額數微薄，已無濟於事，合建糾紛因而迄今懸而未決。

(四)被告霧峰之土地提供合建，乃千真萬確，自訴人質疑是否確有其事，自非可採。

被告因將合建土地及房屋之起造人名義移轉為承攬建築商名義，因此以該土地向銀行抵押借款，自須取得該承攬建築商之同意。自訴人指稱被告所陳建築商不同意抵押借款為不合情理云云，自屬誤會。

而被告積欠建築商之款項，如經清償，建築商即應將合建之土地、房屋移轉登記為被告所有，前揭「同意切結書」第5款約定甚明。自訴人指稱被告所陳合建為無利可圖多此一舉云云，亦屬誤會。

(五)其實，被告廖○珠與承攬建築商間之債務糾葛，與其餘被告借款，乃屬二事，前者未理清，並不能據而論斷後者之借貸為不實在。被告既已舉證證明其借貸屬實，則自訴人質疑被告廖○珠合建之情形，即失其意義，因此，查證上開合建之細節，實無助於被告間是否有借貸金錢真相之發現，徒然浪費寶貴司法資源而已。

二、被告陳○英借錢予廖○珠，廖○珠原先將興建房屋以其名義申請為起造人，作為擔保，此即信託讓與擔保，但嗣因營造商不能續建，廖○珠復為之負債不少，經與林○森簽約合建，而將起造人變更為林○森，以為擔保，廖○珠向陳○英表明所借款如未能清償，願以二間房屋抵償，職是之故，陳○英在一審時曾供稱為買

房子云云，但實際上係金錢借貸，因有上開房屋為擔保之約定，而供稱為買賣房子，此據陳○英於 鈞院供明。自訴人指稱廖○珠供稱係借貸，陳○英供稱係買賣房屋，兩不相符云云，自非可採。

三、被告孟陳○娥借錢予廖○珠，有先扣利息之情形，因此匯款額數有百位數之零錢，自訴人指稱借貸應為整數，其借貸有零錢不合情理云云，自屬誤會。

而所得稅申報情形，不能作為申報人是否有資力貸款予他人之認定依據，自訴人據孟陳○娥之所得稅申報資料，而認其無資力貸款予廖○珠云云，並非可採。

四、邱惠資為被告陳○女之女兒，其郵局帳戶由被告陳○女使用，陳○女自該帳戶提款貸與廖○珠，於情理自無所違背；而提款金額超過貸款予廖○珠之金額，超過部分留供己供，亦為情理之常。此部分自訴人之指摘亦非可採。

五、被告廖○珠將其對富○證券公司之債權讓與其餘被告，當時廖○珠誤以為除支付命令所載金額，尚可計付利息，因此，讓與之債權總額超過其享有之債權額。此種情形，其債權讓與後，受讓人間如何分配債權，固有疑義，但不得據而認其讓與行為係虛偽。

而廖○珠為債權讓與之結果，三位債權人（其餘被告）受讓金額占其債權之比例，雖不相同，但此為廖○珠因交情不同而異其處理，是為情理之常，自不得據而認其讓與行為係虛偽不實。

六、綜上所陳，被告廖○珠向其餘被告借錢，及將對富○公司之債權讓與其餘被告，均屬實在，被告等並無自訴人所指之毀損債權罪行，原審為被告無罪之判決，並無違誤，自訴人之上訴為無理由，請 鈞院判決駁回上訴，不勝感激。

　　謹　狀

臺灣高等法院臺中分院刑事庭　　公鑒

證物：

一、臺中縣政府工務局函影本一件。

二、「同意切結書」影本一件、函影本一件。

中　華　民　國　88　年　5　月　7　日

具狀人　甘龍強律師　㊞

刑事聲請狀

案號：88年上易字第254號

股別：華股

上訴人　保證責任臺中市　　　設臺中市○○號
　　　　第○信用合作社

代表人　王○明住同上

代理人　吳光陸律師

被　告　廖○珠　　　住臺中縣○○號

　　　　陳○英　　　住臺中縣○○號

　　　　孟陳　○娥　住臺中市○○號

　　　　陳○女　　　住臺中市○○號

為損害債權案件聲請定期審理事：

　　本件自民國88年5月6日訊問後，迄今尚未定期，請惠予定期審理，並准依上訴人民國88年5月7日聲請調查證據狀調查證據。

　　謹　呈

臺灣高等法院臺中分院　　公鑒

中　華　民　國　88　年　11　月　18　日

具狀人　保證責任臺中市第○信用合作社
代表人　王○明
代理人　吳光陸律師　印

刑事上訴理由㈡狀

案號：88年上易字第254號

股別：華股

上訴人　保證責任臺中市　　　設臺中市○○號
　　　　第○信用合作社

代表人　王○明住同上

代理人　吳光陸律師

被　告　廖○珠　　住臺中縣○○號

　　　　陳○英　　住臺中縣○○號

　　　　孟陳○娥　住臺中市○○號

　　　　陳○女　　住臺中市○○號

為損害債權案件，續具上訴理由狀事：

　　按債務人於將受強制執行之際，意圖損害債權人之債權，而毀壞、處分或隱匿其財產者，處二年以下有期徒刑，拘役或五百元以下罰金，刑法第356條定有明文。參照臺灣高等法院臺中分院75年法律座談會之研究結果「某甲如有損害某乙債權之故意，甲說尚無不合。（註：甲說：某甲積欠某乙借款二十萬元，經某乙訴請法院民事判決取得執行名義，某甲係債務人將受強制執行之際，竟將其所有價值二十萬元之自用小貨車一輛，用以抵償其所欠某丙之貨款三十萬元，倘某甲無其他財產可供執行，其有損害某乙之債權故意甚明，若經某乙合法告訴，某甲應負刑法第356條之損害債權罪。）」及臺灣屏東地方法院75年法律座談會研究結果「刑法第356條所謂『將受強制執

行之際』，係指債務人所負債務，經債權人取得強制執行名義後，強制執行程序尚未終結前之期間而言（最高法院30年6月10日刑庭庭長會議決議及53年度第五次民刑庭總會決議(四)參照）。本題執行法院發給債權憑證交債權人收執後，債權人即重新取得強制執行法第4條第1項第6款之強制執行名義，債務人之財產仍處於隨時得受強制執行之狀態，自與刑法第356條所謂「債務人於將受強制執行之際」相當，如債務人某甲具有損害債權人債權之意圖而處分其財產，且經合法告訴時，即應負該條之損害債權罪責，臺灣高等法院審核意見採乙說，並無不合。（註：乙說：按刑法第356條損害債權罪所謂「債務人於將受強制執行之際」，係指債權人已取得執行名義以後，強制執行程序未曾終結以前之期間而言。至強制執行程序何時終結，固應依個別情況認定之，而此處所謂「執行程序終結」，應指執行名義所載債權已全部滿足獲償而言，若債務人無財產可供強制執行或雖有財產經強制執行後所得之數額仍不足清償債務，經命債權人查報而到期故意不為報告而發給債權憑證，雖強制執行至此暫告段落，惟執行名義所載債權尚未全部獲償，祇能謂為部分終結，而非全部終結。又債權人取得具有執行名義之確定終局判決時，其因起訴而中斷之時效亦重行起算，且取得債權憑證，債務人仍處於隨時得受強制執行之狀態，初與取得確定終局判決，毫無一致，且債權人取得確定終局判決，其是否發動強制執行，提出請求，固屬操諸債權人之意思，仍為不確定，何以取得確定終局判決得視為「將受強制執行之際」，而取得債權憑證則否，是某甲既有處分其財產之行為，即應依刑法第356條之罪處斷。）」（附件一），則在債權人取得執行法院所核發之債權憑證後，債務人將其財產讓與他人，致債權人無其他財產可供執行，即應成立損害債權罪，至其讓與之原因如何不論，縱係抵債，所抵債權是否真正，均不影響其犯罪之成立。本案不僅被告陳○英、孟陳○娥、陳○女三人對被告廖○珠究竟有無債權？實有疑問，縱屬實在，被告廖○珠將其財產一對富○公司之一千萬元債權讓與該等三人，致

已取得債權憑證之上訴人無從強制執行，有損債權人平等原則，依上開說明，即應成立損害債權罪。經查被告陳○英等三人對被告廖○珠應無債權存在，理由如下：

一、關於被告陳○英部分：

（一）依被告陳○英在原審法院稱「83年間，廖○珠蓋房子時，我向他訂購二戶，繳五百萬元給他，嗣建商倒閉，我與廖○珠找尋建商不獲見面。為完成房子，再於86年6月間繼續借給廖○珠二百萬元。」「是我向他催討，他沒有錢，才讓渡給我債權的。」，核與同日被告廖○珠陳稱「我向他借五百萬元，是他父親匯給我的，嗣後再向他借二百萬元，是劃撥的，……」（參見原審卷民國87年10月14日筆錄）及另稱向被告陳○英借八百萬元（參見原審卷民國87年9月7日筆錄）所述不一，更與被告陳○英在　鈞院民國88年2月9日稱其父借五百萬元，伊再陸續借共二百八十萬元，合計七百八十萬元不符，亦與被告廖○珠同日在　鈞院稱共借七百八十萬元，自83年陸續向陳○英借，五百萬元分兩次借，一次是三百萬元，一次是二百萬元，其他是陸續匯的皆不符。按諸經驗法則，如確有其事，二人所述應相符合，茲竟有如此大差異，足見二人所述不實。

（二）依被告廖○珠及陳○英在原審法院所提郵政劃撥儲金存款通知單等，其金額合計為二百二十二萬元，並非被告廖○珠及陳○英二人所稱上開合計金額七百萬元，亦非渠二人借款讓與契約書所載之債權八百萬元（參見自證三），而上開存款通知單除其中一紙二百萬元係被告陳○英之父陳○三匯出外，其他三筆均為被告陳○英者，且均係民國83年1、2月間，亦均與被告陳○英及廖○珠上開所述不合。

（三）依　鈞院調得之被告陳○英扣繳資料，其民國80年起至民國85年止，除民國83年度有申報三筆所得，其他皆無，而該三筆分別為臺灣銀行松江分行三萬一千一百四十元之利息、該行一百六十八元之利息、臺灣省合作金庫西門支庫一千二百六十四元之利息，顯無資力出借七百萬元或七百八十萬元，縱認其中五百萬元為其父陳○三者，

在被告廖○珠讓與時，陳○三尚未死亡，即非被告陳○英債權，如何可由被告陳○英抵債？

(四)依被告二人於民國88年2月9日在　鈞院庭稱借款無利息核與被告廖○珠在原審法院稱利息二分，付息一次不符。

(五)不論被告二人所述之債權為七百萬元或七百八十萬元，何以被告廖○珠竟讓與其對富○公司之八百萬元債權？

(六)依被告廖○珠在原審法院民國87年9月7日稱「陳○英在房子建好登記二棟給他。」，既已登記二棟給他，何能尚有債權以抵債而受讓八百萬元債權？

(七)不論被告廖○珠有無在霧峰建屋，就其所提臺中縣政府民國83年11月21日八三工建字第273447號函所示，被告陳○英自始即為起造人，該二被告民國88年5月7日辯護狀稱「被告陳○英借錢予廖○珠，廖○珠原先將興建房屋以其名義申請為起造人，作為擔保，此即信託讓與擔保，但嗣因營造商不能續建，廖○珠復為之負債不少，經與林○森簽約合建，而將起造人變更為林○森，以為擔保，廖○珠向陳○英表明所借款如未能清償，願以二間房屋抵償，職是之故，陳○英在一審時曾供稱為買房子云云，但實際上係金錢借貸，因有上開房屋為擔保之約定，而供稱為買賣房子。」（參見　鈞院卷第84頁背面）。但查此不僅核與下列所述不符，且亦不合情理：

1.依同一辯護狀所載「(一)被告於83年年初與泰堡營造有限公司（負責人為曾騰安）簽約合建，因被告向陳○英借款，故以陳○英名義為起造人申請建造執照（臺中縣政府(83)工建建字第2868號）。(二)前開合建土地上，原有舊房屋，為合建須先拆除，泰堡營造有限公司於拆除舊有房屋，並建構地下室後，其負責人因債務糾紛遭人綁架，而該公司復以牌照轉讓他人，於是該公司不能繼續興建。先前拆除舊有房屋之拆除費、建築設計費及嗣後次承攬人（小包）之工程費、鄰屋損害之賠償，均由被告支付以收拾殘局。(三)迨85年1月，被告另與林○森簽訂『同意切結書』而合建，林○森先付土地款

一千三百萬元予被告，被告則將土地移轉登記為林○森名義，並將房屋之起造人名義變更為林○森，被告應按月給付林○森土地款及工程款利息。」（參見鈞院卷第83頁），則自始即以被告陳○英為起造人，非事後被告廖○珠不能還錢而改以兩棟房屋抵債之信託擔保。

　　2.起造人既登記被告陳○英名義為擔保，何以可由被告廖○珠將之變更為林○森名義？按諸情理，土地已移轉給林○森，林○森已有保障，將來所建房屋，尚有法定抵押權足為擔保，何以房屋起造人名義須變更為林○森？

　　3.被告廖○珠於　鈞院民國88年2月9日應訊稱沒辦法還被告陳○英錢時，才說要二戶給被告陳○英，參酌被告陳○英稱民國86年間尚借二百萬元，顯然不能還錢非民國83年之事，否則被告陳○英並非至愚，在民國83年未能還錢後，仍於民國86年再借二百萬元？況以被告陳○英為起造人係民國83年間建屋之始，並非沒辦法還錢之民國86年時，事實上，由被告陳○英變更起造人為林○森係民國84年9月7日申請，足見被告廖○珠就此所述，及被告陳○英附合之詞，均不足信。

二、被告孟陳○娥部分：

　　(一)依被告孟陳○娥於原審法院民國87年9月7日稱，被告廖○珠欠伊四百多萬元，並稱民國86年借一百六十萬元，說要蓋房子，以前借二百多萬元。又於民國87年11月18日具狀稱債權存在，有郵政劃撥儲金存款單十一件可證，因當初利息先扣，且單據保存不全，以致目前被告孟陳○娥保留郵政劃撥儲金存款收據總額合計一百四十一萬八千八百元，與債權讓與契約書中金額一百六十萬元有些微差別，惟雙方確於87年6月協議本金及利息以一百六十萬元解決（參見上開答辯狀說明二之(二)），核於伊在　鈞院民國88年2月9日庭訊稱被告廖○珠欠一百四十一萬八千八百元，係83年到85年間累積到一百四十餘萬元不一。

　　(二)被告廖○珠於原審法院民國87年9月7日稱：欠被告孟陳○娥四百多萬，民國81年間就欠，民國83年再借二百多萬，因蓋房子

陷下去，又借一百六十萬元，核與伊在　鈞院稱向被告孟陳○娥借一百四十幾萬元，都是83年陸續借不符。

(三)依被告廖○珠所提被告孟陳○娥之郵政劃撥儲金存款收據八紙、通知單四紙（參見原審卷被告民國87年10月14日狀證一），金額共計為一百四十九萬三千一百元，核與被告孟陳○娥所提郵政劃撥儲金存款收據十一紙之金額為一百四十一萬八千八百元不符，更與被告孟陳○娥在原審法院民國87年11月23日庭訊改稱借一百五十萬元，借四年，利息先扣，交一百四十一萬八千八百元有異，並與被告廖○珠在原審法院所稱之借一百六十萬元或欠四百多萬及在　鈞院所稱借一百四十幾萬元不合，亦與債權讓與契約書所載債權為一百六十萬元（參見自證三）不合。

(四)原審法院向財政部財稅資料中心查被告孟陳○娥83年至86年申報所得稅資料，僅有利息所得，足見並無資力。

三、被告陳○女部分：

被告陳○女於原審法院民國87年9月7日稱，86年間借被告廖○珠一百二十萬元，核與其在　鈞院稱民國86年10月及12月分兩次借，共一百二十萬元不符。

四、被告廖○珠部分：

被告廖○珠雖稱因在霧峰鄉自有土地上建屋，因建商不讓其融資而向其他被告借錢，上訴人除於民國88年2月5日上訴理由狀指除其不合情理處，且參諸其在　鈞院所提上開辯護狀所載及在原審法院所述，仍有下列不合情理處：

(一)原審法官問被告廖○珠「是妳提土地給建商興建房子否？」答稱「不是。……房子名義不是我的。」，又稱「建商不讓我融資，陳○女知道我蓋房子有困難，為救我也借我錢幫我，我自有土地蓋十幾棟房子，蓋了五年，欠建商三千二百萬元，房子價值二千多萬元，不足清償建商，將房子給建商，……」（參見原審卷民國87年9月7日筆錄），凡此均與上開辯護狀所稱與建商係合建，替泰堡營造有限公

司清償不合。

(二)民國83年既與泰堡營造有限公司合建，按諸商場慣例，合建係地主提供土地，建商負責興建，彼此再分房屋，地主不僅不需出資，且可向建商收保證金，則其何以需向被告陳○英、孟陳○娥借款？

(三)本件被告廖○珠迄今未提出與泰堡營造有限公司之合建契約，則其所稱有合建一事，實有疑問。況其在原審法院稱不是合建，益見不實。

(四)既為合建，房屋拆除等，均係泰堡營造有限公司之事，何以被告廖○珠要負擔費用？又被告廖○珠迄未提出證據，則是否有給付，尚有疑問。而被告廖○珠給付後，何以未向該建商求償？益見不實。

(五)依被告廖○珠所提與林○森間之買賣契約（按：被告廖○珠上開辯護狀證二之同意切結書外有不動產買賣租賃契約書封面）係民國85年1月20日訂立，被告廖○珠於上開辯護狀並稱係訂立此同意切結書而合建，則合建應給於此，但依其所提證二之臺中縣政府工務局民國84年9月7日八四工建字第227186號函，係民國84年9月7日申請變更起造人，則其與林○森間應係民國84年9月7日以前即有合建，何以上開買賣契約即同意切結書為民國85年1月20日訂立？依該契約第二款約定「乙方（按：指被告廖○珠）因財務原因，甲方同意暫行支付土地款壹仟參佰萬元整（含部分利息金額）予乙方使用，為確保甲方債權乙方暫將土地所有權過戶予甲方名下，並同意地上物承造人改由甲方名下承造。」，則變更起造人應係此時，何以早在民國84年9月7日即已變更起造人？況既為合建，林○森又付一千三百萬元給被告廖○珠，足以清償上開被告之債權，何以仍未清償？

(六)依上開切結書第4款約定「乙方基於償還甲方債務，應事先徵求甲方同意，全權授權乙方就右列標的，向銀行抵押借款，所得款項全部用於償還甲方債務，不足部分乙方應以地上物二至四樓部分樓

層做為償還甲方債務之用，或以現金支付。其向銀行借貸金額利息，乙方應予每月25日支付，申辦銀貸期限應以伍拾天為限。」，則被告廖○珠可以向銀行貸款，何以未予辦理？被告廖○珠雖辯稱建商不同意，顯不合情理。蓋貸款所得係要還該建商，建商豈有不同意之理？況依被告廖○珠所稱房屋均已登記為建商所有，何以尚欠該建商債務？故應無再向他人借錢必要，何以被告廖○珠民國85、86年尚向其他被告借錢。

(七)依第一審卷財政部財稅資料中心檢送之被告廖○珠之資料，其在民國85年有利息、營利、財產交易等所得甚多，而其所得超過其他被告，則其實無向其他被告借錢必要。

綜上所述，被告四人隔別訊問結果並不一致，甚至自己前後所述均不相同，核與經驗法則不符，上訴人一再指明被告廖○珠既係合建，不可能欠建商債務，且其自有資力較其他被告為強，實無必要借款，尤其依其所述，被告陳○英之債權不足八百萬元，卻讓與八百萬元，被告孟陳○娥債權為四百萬元，卻讓與一百六十萬元，三人共讓一千零八十萬元債權，但實際被告廖○珠對富○公司之債權僅一千萬元，如何讓與？又被告陳○女部分，不僅所提郵政存簿儲金之儲金簿有一本係他人邱○資者，非其所有，且所指一筆五十三萬元及另一筆七十一萬元提款，金額合計為一百二十四萬元，超過本件借款一百二十萬元，苟為借一百二十萬元，何以提領超過，不合情理　況此二筆款項期間相隔二個月，苟係借款，當係同一時間，何以有此差異？又被告廖○珠稱係83年間借款，但被告陳○女係民國86年提款，時間亦不相符，足見該借貸不實。被告陳○英部分，不僅其與被告廖○珠所述不符，一稱購屋，一稱借款，且被告陳○英所提存款及領款單有他人陳○三者，亦非均係被告陳○英。又其金額不論依何時陳稱，均非被告廖○珠所稱讓與契約書所載之八百萬元，足見不實。

按犯罪事實應依證據認定之，無證據不得推定其犯罪事實，刑事訴訟法第154條定有明文，又按證據之證明力，由法院自由判斷，刑

事訴訟法第155條第1項定有明文，參照最高法院25年上字第2053號判例「證據力之強弱，事實審法院有自由判斷之權，故判斷證據力如不違背一般經驗之法則，即不得指為違法。」、28年上字第2595號判例「證據之證明力如何，依刑事訴訟法第269條規定，事實審法院有自由判斷之權，苟其判斷之論據，按諸通常經驗，並非事理之所無，即不能指為違背經驗法則。」、48年臺上字第475號判例「證據之證明力，固屬於法院判斷之自由，但不得違背經驗法則，如證據之本身依照吾人日常生活經驗所得之定則觀察，尚非無疑竇時，則遽難採為判決之基礎。」、53年臺上字第2067號判例「證據之證明力如何，雖屬於事實審法院自由判斷職權，而其所為判斷，仍應受經驗法則與論理法則之支配。」、75年臺上字第1822號判例「間接事實之本身，雖非證據，然因其具有判斷直接事實存在之作用，故亦有證據之機能，但其如何由間接事實推論直接事實之存在，則仍應為必要之說明，始足以斷定其所為推論是否合理，而可認為適法。」、76年臺上字第4986號判例「認定犯罪事實所憑之證據，雖不以直接證據為限，間接證據亦包括在內；然而無論直接或間接證據，其為訴訟上之證明，須於通常一般之人均不致有所懷疑，而得確信其為真實之程度者，始得據為有罪之認定，倘其證明尚未達到此一程度，而有合理之懷疑存在時，事實審法院復已就其心證上理由予以闡述，敘明其如何無從為有罪之確信，因而為無罪之判決，尚不得任意指為違法。」，故認定犯罪事實，不以直接證據為必要，凡間接證據，依經驗法則及論理法則足以認定犯罪事實，亦可為認定犯罪事實憑據。前開被告等所述既不可信，且不符合情理，其間是否因有債權為抵債而由被告廖○珠讓與亦屬不實，縱讓與實在，其讓與將使被告廖○珠處分可供執行之財產，致上訴人無從強制執行以受償，仍有刑法第356條損害債權犯行，請依法判處應得之刑，以為適法。

　謹　呈

臺灣高等法院臺中分院　　公鑒

中　華　民　國　88　年　11　月　29　日

　　　　　　　　　具狀人　保證責任臺中市第○信用合作社
　　　　　　　　　代表人　王○明
　　　　　　　　　代理人　吳光陸律師　㊞

訊問筆錄

被　告　廖○珠

右被告88年度上易字第254號損害債權一案，於中華民國89年4月14日上午10時40分，在本院第三法庭訊問，出席職員如下：

法　官　廖柏基

書記官　江茂榮

通　譯　趙懷陸

到庭被告與訴訟關係人如下：

被　告　廖○珠　　　　辯　護　人　甘龍強律師

　　　　陳○英　　　　輔　佐　人　孟○中

　　　　陳○女　　　　自訴代理人　吳光陸律師

　　　　孟陳○娥

被告在庭身體未受拘束。

法官問被告、輔佐人姓名年齡職業住居所等項：

廖○珠　　年籍詳卷

陳○英　　年籍詳卷

陳○女　　年籍詳卷

孟陳○娥　年籍詳卷

孟○中　　年籍詳卷

審判長法官先對被告告知其犯罪之嫌疑及所犯所有罪名（詳如起訴書所載）並告知被告下列事項：

一、得保持緘默，無須違背自己之意思而為陳述。

二、得選任辯護人。

三、得請求調查有利之證據。

法官：（自訴代理人吳律師）臺中地方法院85年重訴字第336號確認債權不存在事件，一審判決已否確定。

自訴代吳律師：已確定，一審判決後上訴二審，撤回上訴確定。

法官：陳○英、孟陳○娥、陳○女受讓系爭債權後，富○證券股份有限公司對其等三人之清償情形如何？

自訴代吳律師：這筆款沒有還，目前還沒有分配。

法官：87年6月20日債權轉讓有無通知富○公司，如有通知是何時通知？

自訴代吳律師：回去查報。

法官：（被告）職業及收入？

英：公職，月入七、八萬元。

娥：家庭主婦，有時帶小孩一點收入，其他沒有，帶小孩一人每月一萬六千元。

法官：財產狀況？

英：目前住的房子，我個人的，房子一棟，一棟套房，共二棟。

法官：除卷附存摺外有無其他財產？

英：沒有。

法官：（女）職業、月入、財產狀況？

女：家庭主婦，沒有收入，目前房子一棟，存款進進出出不一定。

法官：有無其他財產。

娥：沒有。

法官：（被告）與廖○珠有無親戚關係？

英：沒有。

娥：褓母。

女：朋友。

法官：（珠）你除富○公司外，有無辦法清償本件債務？

珠：沒有辦法。

法官：（英）霧峰鄉峰西段○○地號土地及地上房屋80年10月22日就
　　　過戶給你？

英：是的。

法官：80年10月22日之後，系爭土地房屋有陸續借款及設定抵押向哪
　　　些銀行借款？

英：我不清楚。

法官：向○○銀行抵押借五百四十萬元，向謝桂蘭借一百二十萬元？

英：我記不清楚。

法官：（珠）是怎麼回事？

珠：貸款他與我去，他記不清楚。

法官：（自訴人代理人吳律師）對被告陳○英、陳○女、孟陳○娥損
　　　害債權有無證明？

吳律師：她們勾串製造不實之債權債務關係。

法官：（辯護人甘律師）有何意見？

辯護人甘律師：被告金錢往來很明確，自訴人認為被告間勾串並不實
　　　　　　　在。

法官：（自訴人代吳律師）對調來之建造執照有何意見？（提示）

自訴代：閱卷後表示意見。

法官：有無其他證據調查？

自訴代：被告廖○珠以陳○英、陳○女、孟陳○娥三人當人頭意圖損
　　　　害自訴人臺中市第○信用合作社對廖○珠之債權。

諭：本案改期於5月9日下午2時20分在第三法庭調查被告應自行到庭
　　無正當理由不到得命拘提。被告及輔佐人均請回。

右筆錄經交閱認無訛簽名於後

受訊人：廖○珠

陳○英

陳○女

孟陳○娥

孟○中

中　華　民　國　89　年　4　月　14　日

臺灣高等法院臺中分院刑六庭

書記官　江茂榮

受命法官　廖柏基

刑事上訴理由㈢狀

案號：88年上易字第254號

股別：華股

上訴人　保證責任臺中市　設臺中市○○號
第○信用合作社

代表人　王○明住同上

代理人　吳光陸律師

被　告　廖○珠　　住臺中縣○○號

陳○英　　住臺中縣○○號

孟陳○娥　住臺中市○○號

陳○女　　住臺中市○○號

為損害債權案件，續具上訴理由狀事：

一、原審法院85年重訴字第336號一案，上訴人已撤回上訴（上證四）

二、被告間之債權讓與，係民國87年7月9日通知富○證券股份有限公

司清算人（上證五）

三、臺中縣政府83年2868號建造執照卷內並無被告提出之臺中縣政府民國87年9月7日八四工建字第227186號函，是有無變更起造人，實有疑問。

四、依上開建造執照卷內附土地及建物登記簿謄本，被告陳○英向被告廖○珠買受而取得霧峰鄉峰西段1143號土地及該地上建號2829號建物所有權，經過三年後始由其為起造人申請建造執照，又為申請人申請拆除該28及29號建物。按一般經驗法則，此新建房屋及基地當為被告陳○英所有，否則此一移轉即屬虛偽，則本件被告陳○英有無向被告廖○珠購屋或借款給被告廖○珠，亦有疑問。足見其間應無債權。

五、被告陳○英對購得上開土地及房屋後向銀行貸款設定抵押權及向謝桂蘭等人設定抵押權情形，均稱不清楚，而被告廖○珠則稱銀行貸款是被告陳○英與其一起去，足見其間關係非必尋常，如確已出售上開房地給被告陳○英，何以被告陳○英竟不知貸款情形，反而被告廖○珠知悉，並稱一起去銀行，反之如此出售為虛偽，被告陳○英為被告廖○珠人頭，則該二人間究有無債權，甚有疑問。

　　謹　　呈

臺灣高等法院臺中分院　　公鑒

證物：

　　　　上證四：鈞院民事庭函影本一件。

　　　　上證五：存證信函影本三件。

中　華　民　國　89　年　4　月　21　日

　　　　　　　具狀人　保證責任臺中市第○信用合作社

　　　　　　　代表人　王○明

　　　　　　　代理人　吳光陸律師　[印]

訊問筆錄

被　　告　廖〇珠

右被告88年度上易字第254號損害債權一案，於中華民國89年5月9日下午2時20分，在本院第三法庭訊問，出席職員如下：

　　　法　官　廖柏基

　　　書記官　柯孟伶

　　　通　譯　廖欽賢

到庭被告與訴訟關係人如下：

被　告　廖〇珠　　　　　辯　護　人　甘龍強律師

　　　　陳〇英　　　　　輔　佐　人　孟〇中

　　　　陳〇女　　　　　自訴代理人　吳光陸律師

　　　　孟陳〇娥

被告在庭身體未受拘束。

法官問被告、輔佐人姓名年齡職業住居所等項：

廖〇珠　年籍詳卷

陳〇英　年籍詳卷

陳〇女　年籍詳卷

孟陳〇娥　年籍詳卷

孟〇中　年籍詳卷

諭知本件隔別訊問廖〇珠暫行退庭

法官：（孟）你借錢給廖〇珠利息預扣？

孟：是的，利息二分。

法官：你前後借多少給她？

孟：前後借很多，最多到四、五百萬元，只剩一百六十萬未還，這是
　　83年到85年間借的，分好多次借。

法官：約定何時還？

孟：沒有約定，利息只先扣一個月，其他都沒有拿。

法官：沒拿的原因？

孟：她沒有付，我也沒有催。

法官：借據有寫？

孟：沒有。

法官：沒借據，這一百六十萬元如何算出？

孟：本金一百一十四萬八千八千百元，其餘為利息。

法官：利息如何算才湊出一百六十萬元？

孟：沒說如何算，只是湊成一百六十萬元。

法官：這一百六十萬元在何處算？

孟：我自己到她家與她算的，只有我一人去。

法官：雙方讓渡書為何當時未蓋章？

孟：當時就有蓋章。

法官：寄給富○之存證信函之事你知否？

孟：我不知道。

法官：那章誰蓋的？

孟：時間久了我不記得。

法官：債權讓渡過，富○開債權會議你有參加？

孟：沒有，但我曉得有開過一次。

法官：（自訴代理人）還有何問孟陳○娥？

自訴代理人：存證信函是否她發的？

法官：（孟）這存證信函是你發的？（提示）

孟：不是。

法官：（女）你借多少給廖○珠？

女：一百二十萬元。

法官：你這錢從何郵局提領？

女：臺中市國光路與南門路口郵局。

法官：有寫借據？

女：她有開本票給我。

法官：本票在何處？

女：寫債權移轉時本票就還她了。

法官：這二次你錢直接拿給她？

女：是的。

法官：交錢之時間、地點？

女：地點在她四維街家中，時間均是下午。

法官：還有誰陪你一起去？

女：只我一人騎摩托車去。

法官：利息如何算？

女：利息二分。

法官：債權轉讓如何湊成整數？

女：那沒有利息，利息另外算。只付給我一次二分利。

法官：債權轉讓金錢，富○不足八十萬元部分如何協調？

女：當時沒研究如何處理，只拿我該拿的。

法官：給富○存證信函誰寄的？

女：那存證信函我知道，是廖○珠寄的，不知是廖○珠寫的，還是甘
　　律師寫的，內容我不清楚。

法官：你知道寫存證信函用意？

女：忘了。

法官：（提示存證信函）這與廖○珠無關為何讓她寄？

女：我忘了是否她寄的，也不是我寄的。

法官：孟陳○娥、陳○英受讓債權你知道？

女：我知道，因廖○珠有告訴我。

法官：（孟）陳○女及陳○英受讓債權你知道？

孟：我不知道。

法官：（女）你本票還借廖○珠是否債權結清？

女：沒有。

法官：你知道目前富○清算情形？

女：我不知道。

法官：你曾因向富○拿不到錢而找過廖○珠？

女：還沒找她。

法官：（英）孟陳○娥及陳○女受讓債權你知道？

英：知道。

法官：你父親何時過世？

英：85年11月，我只有一位妹妹沒有兄弟。

法官：存證信函誰寫？（提示）

英：廖○珠寫的。

法官：富○錢拿不到，你曾找廖○珠處理？

英：沒有，因法院還沒處理。

法官：霧峰鄉峰西段1143號土地建物拆除重建你知？

英：知道，建築師是廖○珠找的。

法官：酬金誰給的？

英：全部都是廖○珠在處理的，我父親借錢給廖○珠，所以有關事情
　　都她在處理，建築師酬金多少我不知道，地質探勘找誰我不知。

法官：為何土地登記予你。

英：我父親借錢給她，求予保障，沒有買賣

法官：向銀行貸款詳細數目多少？

英：這要問她，我不知道。

法官：廖○珠前前後後共借多少？

英：我父親借她五百萬元，我借她二百多萬元，都還沒有還過。

法官：讓渡書金額有否含利息？

英：多出來的就算是利息補償我。

法官：目前她轉讓之總金額不足八十萬元，有否找她談？

英：沒有。

命被告廖○珠入庭

法官：（珠）這三份存證信函你知道？（提示）

珠：我知道，這三份都是我請教律師寫的，印章陳○英是到我處蓋
　　的，陳○娥印章放在我處是我蓋的，陳○女是自己拿印章來蓋
　　的。

法官：你富○之債權一千萬元，而你轉讓債權是一千零八十萬元，你
　　　有與他們三人討論，這不足八十萬元如何解決？

珠：那張一千萬元在我這兒很久了，應該會有利息，後來發現沒利
　　息，我有對他們說不足的，我再與他們算。

法官：富○債權轉讓時間業已經二年，他們有找你？

珠：他們也曾催過我。

法官：孟陳○娥之一百六十萬元如何算？

珠：我要蓋房子時她寄給我一百四十幾萬元。

法官：本金多少，利息多少？

珠：一百四十幾萬元而已，就是本金，利息二分利。

法官：那時有詳細計算利息？

珠：沒有，但有會算過。

法官：在何處算的？

珠：她有下來我四維街辦公室算的，電話中亦有算過。

法官：借時有寫借據？

珠：沒寫借據，以匯款單來計算。

法官：陳○英關於霧峰鄉峰西段1143號土地建築是人頭而已？

珠：不是，她父親借錢給我，要求以陳○英為起造人為保障。

法官：建築師費用及地質鑽探錢誰付？

珠：都是我付的。

法官：關於陳○女部分有寫借據？

珠：有寫本票。

法官：她錢如何交給你？

珠：她親自拿到辦公室給我，只有她一人來。

法官：陳○英部分錢有還過？

珠：沒有還。

法官：孟陳○娥部分本金為何？

珠：她寄給我一百四十幾至一百三十萬元，利息部分到後來再算。

法官：（自訴代）債權憑證三張，是否為同一債權？

自訴人代理人：查明後再具狀陳報。

法官：尚有何證據待查。

自訴人代理人：無。

候核辦

受訊人：廖○珠

陳○英

陳○女

孟陳○娥

孟○中

中　華　民　國　89　年　5　月　9　日

臺灣高等法院臺中分院刑三庭

書記官　柯孟伶

受命法　官　廖柏基（均簽名）

刑事上訴理由㈣狀

案號：88年上易字第254號

股別：華股

上訴人　保證責任臺中市　　設臺中市○○號
　　　　第○信用合作社

代表人　王○明住同上

代理人　吳光陸律師

被　告　廖○珠　　住臺中縣○○號

　　　　陳○英　　住臺中縣○○號

　　　　孟陳○娥　　住臺中市○○號

　　　　陳○女　　住臺中市○○號

為損害債權案件，續具上訴理由狀事：

一、上訴人所提自證一債權憑證三件係不同之債權，此有本票三件可證（上證六），其中帳款一○○○三六之三者，被告廖○珠為借款人，其他兩紙，被告廖○珠則為連帶保證。

二、經　鈞院民國89年5月9日隔別訊問結果可知：

　　(一)關於被告孟陳○娥部分：

　　1.被告孟陳○娥所述債權本金為一百一十四萬八千八百元，核與被告廖○珠所述本金為一百四十幾萬元不符。

　　2.被告孟陳○娥稱讓與之一百六十萬元，除上開本金外其他為利息，利息未說如何算，而是湊成一百六十萬元，核與被告廖○珠所述未詳細計算，但有會算過不符。

　　3.依被告孟陳○娥所述，通知富○公司債權讓與之存證信函非伊所寫，被告廖○珠承認為伊所寫，而該信函上之印章本來即在被告廖○珠處，由伊所蓋，實不合情理，蓋為保障計，不可能債務人持有債權人印章。

　　(二)關於被告陳○女部分：

　　1.依被告陳○女所稱讓與債權不含利息，與被告廖○珠、陳○英者均稱包括利息不同，苟係一同轉讓，何以如此不同？況依被告陳○女所稱知被告廖○珠讓與債權給被告孟陳○娥及陳○英，被告陳○女並非至愚，在其二人均有利息，何以未要求利息？

　　2.依被告陳○女稱被告廖○珠簽發之本票在債權讓與時已還被告廖○珠，並稱債權讓與時並未結清，核與常情及民法第325條第3項規定：「債權證書已返者，推定其債之關係消滅。」不合。

　　3.被告陳○女稱，未向富○公司領到錢時未曾找到被告廖○珠，

核與被告廖○珠所述有找過不合。

(三)被告陳○英部分：

1.被告陳○英稱富○公司拿不到錢，未找被告廖○珠，核與被告廖○珠稱有催過不符。

2.被告陳○英稱轉讓之債權不足八十萬元，未找過被告廖○珠處理，核與被告廖○珠稱有對他們說不足者會與他們算不符。

　　謹　呈

臺灣高等法院臺中分院　　公鑒

證物：

　　　　上證六：本票影本三紙。

中　華　民　國　89　年　5　月　23　日

　　　　　　　具狀人　保證責任臺中市第○信用合作社

　　　　　　　代表人　王○明

　　　　　　　代理人　吳光陸律師　[印]

訊問筆錄

被　告　廖○珠

右被告88年度上易字第254號損害債權一案，於中華民國89年6月2日上午11時20分，在本院第三法庭訊問，出席職員如下：

　　法　官　廖柏基

　　書記官　柯孟伶

　　通　譯　簡芳明

到庭被告與訴訟關係人如下：

被　告　廖○珠　　　　辯　護　人　甘龍強律師

　　　　陳○英　　　　輔　佐　人　孟○中

　　　　陳○女　　　　　自訴代理人　吳光陸律師

　　　孟陳○娥

被告在庭身體未受拘束。

法官問被告、輔佐人姓名年齡職業住居所等項：

廖○珠　年籍詳卷

陳○英　年籍詳卷

陳○女　年籍詳卷

孟陳○娥　年籍詳卷

孟○中　年籍詳卷

法官：本件一審有否進行確認債權不存在之訴？

自訴人代理人：是的，目前裁定停止中。

法官：（女）邱惠資是你女兒，她的存款誰領？

女：是的，都是我領的。

法官：（英）你父親何時過世？

英：85年底，下次補陳戶籍謄本到院。

法官：（英、女）你們有無借據？

英：沒有

女：沒有，只有本票。

法官：（被告）在債權轉讓契約書及通知書上之印文，有做其他用
　　　途？

女：那印章現在我這裡。

娥、英：我們的都還在她那裡。

法官：誰刻的？何時刻？有否用到其他用途？

英：我刻的，放在她那邊用，何時刻的忘了，我也不記得有否用到其
　　他地方。

女：我不記得誰刻的，有無用到其他地方我不知道，須看一下印章。

娥：我請廖○珠刻的，一直放在她那裡。

當庭交付印文予陳○女

法官：是否你刻的？曾用到何處？

女：是的，是我刻的，用在一般生活或什麼的。

命廖○珠暫退

法官：借款經過如何？

女：她親自口頭告訴我，我到她家時她告訴我要蓋房子須錢，有時電話中亦有講。

英：剛開始是與我父親講，在電話中講，我很少介入，我是處理建商小包之付款，那建商倒掉了，她跟我講這有問題，電話中或我到臺中時她對我講過。

法官：她如何向你借？

娥：她都用電話向我借，我電話是九○○○○○○均是在匯款前幾天打電話告訴我的。

法官：你何時在她那任褓姆？

娥：我忘記了，她小孩四、五歲時我沒做的，她小孩現在二、三十歲了。

法官：債權轉讓契約書及存證信函你知道？

娥：我知道，我有同意她如此做

法官：你建商建屋之情形如何？

珠：第一個我與泰堡簽約，我有說要融資，後來他們蓋到隔壁時我已付了二百多萬元，他沒融資，但他牌已換了，我就與第二個定約，請他們先拿出多少錢來處理這些問題，房子先過他們的名字，我有帶他到二、三家銀行貸款，但他不要。

法官：目前施工情形。

珠：因地震後都沒處理。

法官：你有與他們說否？

珠：沒有。

法官：你向他們借的錢用至何處？

珠：第一次建商，第一次蓋房子均是我請人設計的，自己蓋的。

法官：他們三位之印章還在你處？

珠：印章還在我處。

法官：你如何與孟陳○娥、陳○英聯絡？

珠：均是用電話。

法官：與陳○女如何聯絡？

珠：也是用電話，有時會碰面，因她住臺中。

法官：你當時用何電話與她們聯繫？

珠：二二○○○○○，二二○○○○○號二支電話均有用，這二支均
　　是臺中的。

法官：她打哪支電話與你聯繫？

英：二二○○○○○號電話與我雲林○五三二○○○○辦公室電話。

法官：她以哪電話與你聯絡？

女：我不記得，我們常常見面。

法官：她用哪支電話與你聯絡？

娥：○二二九○○○○○。

法官：尚有何意見？

吳律師：沒有。

辯護人：沒有。

法官：尚有證物提出？

自訴人代理人：沒有。

法官：○二二九三○○○○○何人名義登記？

娥：孟書田名義，是景美電信局。

法官：你用誰電話聯絡？

珠：以我名義申請。

候核辦。

　　　　　　　　受訊人：廖○珠

　　　　　　　　　　　　陳○英

　　　　　　　　　　　　陳○女

孟陳○娥

孟○中

中　華　民　國　89　年　4　月　14　日

臺灣高等法院臺中分院刑六庭

書記官　廖柏基

受命法　官　柯孟伶（均簽名）

刑事辯護狀

案號：88年上易字第254號

股別：華股

被　　告　廖○珠均詳卷

　　　　　陳○英

　　　　　陳○女

共同辯護人　甘龍強律師

為續陳辯護意旨事：

一、被告廖○珠與其他被告間金錢借貸之事實，有借貸當時之匯款或
　　劃撥之物證為憑，且其就借貸情節所供相符。

被告等於借貸當時，根本不會料到數年後會因此事涉訟，前揭匯款、
劃撥等證物有可能事先勾串偽造嗎？

二、自訴人當時不承認被告廖○珠對於富○證券公司之債權，而提起
　　確認債權不存在之訴，既然自訴人否定此一債權之存在，則廖○
　　珠將此一債權讓與其他被告，豈有可能是為了損害自訴人之債權？

　　　廖○珠與其他被告間確有借貸情事，其債權債務關係屬實，則為
了清償該等債務，廖○珠將其對富○證券公司之債權讓與其他被告，
乃情理之常，尤其廖○珠另無其他財產，則此一讓與行為為情理之
常，自不待言。

三、被告廖〇珠將系爭債權讓與其他被告，係用以清償對其他被告之
借款債務，故屬有償行為。此種情形，廖〇珠之債權人欲撤銷此
一讓與行為時，依民法第244條第2項規定，必須讓與人廖〇珠與
受讓人其他被告雙方於讓與時均明知其讓與有損害於債權人之權
利，始得撤銷。

同樣道理，在刑事方面，必須其他被告均知廖〇珠係意圖為損害
自訴人之債權（實際上廖〇珠並無此意圖），而本於相同意圖受讓系
爭債權，其他被告始有與廖〇珠共犯刑法第355條之損害債權罪之可
能；惟其他被告均不知廖〇珠對自訴人負有債務，是豈有意圖損害自
訴人此項債權，而受讓系爭債權之理？

四、廖〇珠處理債權讓與，縱有瑕疵，不得據而推斷其讓與係出於損
害自訴人債權之意圖；而被告間就讓與行為之細節縱使所供略有
出入，亦因時隔久遠，記憶模糊所致，如因而臆測推斷被告等係
意圖損害自訴人之債權，則有違證據法則，自屬違誤。

五、綜上所陳，被告等確無自訴人指訴之損害債權罪行，原審為被告
無罪之判決，並無違誤，自訴人之上訴為無理由，請　鈞院明
鑒，判決駁回上訴，至感德便。

謹　狀

臺灣高等法院臺中分院　　公鑒

中　華　民　國　89　年　6　月　14　日

具狀人　甘龍強律師　印

刑事辯論狀

案號：88年上易字第254號

股別：華股

上訴人　保證責任臺中市　　　設臺中市○○號
　　　　第○信用合作社

代表人　王○明住同上

代理人　吳光陸律師

被　告　廖○珠　　住臺中縣○○號

　　　　陳○英　　住臺中縣○○號

　　　　孟陳○娥　住臺中市○○號

　　　　陳○女　　住臺中市○○號

為損害債權案件，提出辯論狀事：

　　犯罪事實

　　緣被告廖○珠為上訴人之債務人，上訴人早於民國84年10月間取得臺中地方法院核發之債權憑證為執行名義（參見自證一及上證一）

　　被告廖○珠對第三人富○證券股份有限公司（以下簡稱富○公司）執有確定之臺中地方法院81年度促字第11334號支付命令（參見自證二），有一千萬元之債權存在，因此債權是否真正，本有爭議，上訴人為富○公司股東，曾對其與張廖○能等他人起訴確認該債權不存在，臺中地方法院85年度重訴字第336號民事判決上訴人敗訴後（參見原審卷上訴人民國87年8月28日陳報狀），上訴第二審，因與其中部分人洽談和解，故於民國87年11月2日具狀撤回上訴及起訴（參見上證四）。在決定撤回前，上訴人因有上開執行名義可執行此一債權，詎被告廖○珠為逃避上訴人強制執行，意圖損害上訴人債權，與其他被告互相勾結，在民國87年6月20日立債權讓與契約書，由被告廖○珠分別將其對富○公司之一千萬元債權讓與被告陳○英八百萬元、被告孟陳○娥一百六十萬元、被告陳○女一百二十萬元，處分其

財產，並以被告陳○英、孟陳○娥、陳○女名義於民國87年7月8日通知富○公司清算人（參見上證五），共同損害上訴人債權。

理　由

按債務人於將受強制執行之際，意圖損害債權人之債權，而毀壞、處分或隱匿其財產者，處二年以下有期徒刑，拘役或五百元以下罰金，刑法第356條定有明文。參照臺灣高等法院臺中分院75年法律座談會之研究結果及臺灣屏東地方法院75年法律座談會研究結果（參見上訴理由狀附件一），在債權人取得執行法院所核發之債權憑證後，債務人將其財產讓與他人，致債權人無其他財產可供執行，即應成立損害債權罪，至其讓與之原因如何不論，縱係抵債，所抵債權是否真正，均不影響其犯罪之成立。

本案不僅被告陳○英、孟陳○娥、陳○女三人對被告廖○珠究竟有無債權？實有疑問。縱屬實在，被告廖○珠將其僅有之財產一對富○公司之一千萬元債權讓與該等三人，致已取得債權憑證之上訴人無從強制執行，依上開說明，即應成立損害債權罪。況被告陳○英等三人對被告廖○珠應無債權存在，理由如下：

一、關於被告陳○英部分：

(一)依被告陳○英在原審法院稱「84年間，廖○珠蓋房子時，我向她訂購二戶，繳五百萬元給她，嗣建商倒閉，我與廖○珠找尋建商不獲見面。為完成房子，再於86年6月間繼續借給廖○珠二百萬元。」「是我向她催討，她沒有錢，才讓渡給我債權的。」，核與同日被告廖○珠陳稱「我向她借五百萬元，是她父親匯給我的，嗣後再向她借二百萬元，是劃撥的，……」（參見原審卷民國87年10月14日筆錄）及另稱向被告陳○英借八百萬元（參見原審卷民國87年9月7日筆錄）所述不一，更與被告陳○英在　鈞院民國88年2月9日稱其父借五百萬元，伊再陸續借共二百八十萬元，合計七百八十萬元不符，亦與被告廖○珠同日在　鈞院稱共借七百八十萬元，自83年陸續向陳○英借，五百萬元分兩次借，一次是三百萬元，一次是二百萬元，其他

是陸續匯的皆不相符。按諸經驗法則，如確有其事，二人所述應相符合。茲關於係借款或購屋款，何人出借、借款次數、金額若干，二人所述竟有如此大差異，足見不實。尤其被告陳○英第一次庭訊稱係購屋（按：第一審法院第一、二次庭期，被告陳○英未到，故民國87年10月14日係其第一次庭訊），足見其事後改稱借款，係附合之詞，實不足採。

(二)依被告廖○珠及陳○英在原審法院所提郵政劃撥儲金存款通知單等，其金額合計為二百二十二萬元，並非被告廖○珠及陳○英二人所稱上開合計金額七百萬元，亦非渠二人借款讓與契約書所載之債權八百萬元（參見自證三），而上開存款通知單除其中一紙二百萬元係被告陳○英之父陳○三匯出外，其他三筆均為被告陳○英者，且均係民國83年1、2月間，亦均與被告陳○英及廖○珠上開所述不合。

(三)依被告陳○英報稅資料，其民國80年起至民國85年止，除民國83年度有三筆所得，其他皆無，而該三筆分別為臺灣銀行松江分行利息三萬一千一百四十元、利息一百六十八元、臺灣省合○金庫西門支庫利息一千二百六十四元，顯無資力出借七百萬元或七百八十萬元。縱認其中五百萬元為其父陳○三者，但在被告廖○珠讓與時。如陳○三尚未死亡，即非被告陳○英債權，如何可由被告陳○英抵債。如陳○三已死亡，則為繼承人全體之債權，亦不可僅由被告陳○英抵債。

(四)依被告陳○英於民國88年2月9日在　鈞院庭稱借款無利息，核與被告廖○珠在原審法院稱利息二分，付息一次不符。

(五)不論被告二人所述之債權為七百萬元或七百八十萬元，何以被告廖○珠竟讓與超過之八百萬元債權？

(六)依被告廖○珠在原審法院民國87年9月7日稱「陳○英在房子建好登記二棟給她。」，既已登記二棟給她，被告陳○英何能尚有債權以抵債而受讓八百萬元債權？

(七)不論被告廖○珠有無在霧峰建屋，就其所提臺中縣政府民國83年11月21日八三工建字第273447號函所示，被告陳○英自始即為起

造人，該二被告民國88年5月7日辯護狀稱「被告陳○英借錢予廖○珠，廖○珠原先將興建房屋以其名義申請為起造人，作為擔保，此即信託讓與擔保，但嗣因營造商不能續建，廖○珠復為之負債不少，經與林○森簽約合建，而將起造人變更為林○森，以為擔保，廖○珠向陳○英表明所借款如未能清償，願以二間房屋抵償，職是之故，陳○英在一審時曾供稱為買房子云云，但實際上係金錢借貸，因有上開房屋為擔保之約定，而供稱為買賣房子。」（參見　鈞院卷第84頁背面）。但查此不僅核與下列所述不符，且亦不合情理：

1.依同一辯護狀所載『(一)被告於83年年初與泰堡營造有限公司（負責人為曾騰安）簽約合建，因被告向陳○英借款，故以陳○英名義為起造人申請建造執照（臺中縣政府（83）工建建字第2868號）。(二)前開合建土地上，原有舊房屋，為合建須先拆除，泰堡營造有限公司於拆除舊有房屋，並建構地下室後，其負責人因債務糾紛遭人綁架，而該公司復以牌照轉讓他人，於是該公司不能繼續興建。先前拆除舊有房屋之拆除費、建築設計費及嗣後次承攬人（小包）之工程費、鄰屋損害之賠償，均由被告支付以收拾殘局。(三)迨85年一月，被告另與林○森簽訂「同意切結書」而合建，林○森先付土地款一千三百萬元予被告，被告則將土地移轉登記為林○森名義，並將房屋之起造人名義變更為林○森，被告應按月給付林○森土地款及工程款利息。』（參見　鈞院卷第83頁），則自始即以被告陳○英為起造人，非事後被告廖○珠不能還錢而改以兩棟房屋抵債之信託擔保。

2.起造人既登記被告陳○英名義為擔保，何以可由被告廖○珠將之變更為林○森名義？按諸情理，被告陳○英既要擔保何以又變更致為無擔保？況土地已移轉給林○森，林○森已有保障，將來所建房屋，尚有法定抵押權足為擔保，何以房屋起造人名義須變更為林○森？

3.被告廖○珠於　鈞院民國88年2月9日應訊先稱「沒有算利息，但我有說蓋好後會撥二戶給她自己去處理。」，又稱「沒有辦法還

（按：指被告陳○英）的時候，我是有說是蓋好後要二戶給她。」，前後已有不一，且參酌被告陳○英稱民國86年間尚借二百萬元，顯然不能還錢非民國83年之事，何以以被告陳○英為起造人係民國83年間建屋之始，並非沒辦法還錢之民國86年時。況係全部十戶均以被告陳○英為起造人而非兩戶，再由被告陳○英變更起造人為林○森係民國84年9月7日申請，在民國86年之前，足見被告廖○珠就此所述及被告陳○英附合之詞，均不足信。

(八)依臺中縣政府83年2868號建造執照卷內附土地及建物登記簿謄本，被告陳○英向被告廖○珠買受而取得霧峰鄉峰西段1143號土地及該地上建號2829號建物所有權，經過三年後始由其為起造人申請建造執照，又為申請人申請拆除該2829號建物，按一般經驗法則，此新建房屋及基地當為被告陳○英所有，否則此一移轉即屬虛偽，則本件被告陳○英有無向被告廖○珠購屋或借款給被告廖○珠，亦有疑問，足見其間應無債權。

(九)被告陳○英對購得上開土地及房屋後向銀行貸款設定抵押權及向謝桂蘭等人設定抵押權情形，均稱不清楚，而被告廖○珠則稱銀行貸款是被告陳○英與其一起去，足見其間關係非必尋常，如確已出售上開房地給被告陳○英，何以被告陳○英竟不知貸款情形，反而被告廖○珠知悉，並稱一起去銀行，足見其出售為虛偽，被告陳○英顯為被告廖○珠人頭，則該二人間究有無債權，甚有疑問。

(十)　鈞院民國89年5月9日隔別訊問被告廖○珠與被告陳○英，有下列不同：

1.被告陳○英稱富○公司拿不到錢，未找被告廖○珠，核與被告廖○珠稱有催過不符。

2.被告陳○英稱轉讓之債權不足八十萬元，未找過被告廖○珠處理，核與被告廖○珠稱有對他們說不足者會與他們算不符。

(十一)被告廖○珠於民國81年11月間讓與其持有富○公司之股權一萬股給被告陳○英（上證六），足見二人關係密切，苟有本件借

款，何以早不辦理本件債權讓與？

二、被告孟陳○娥部分：

　　(一)依被告孟陳○娥於原審法院民國87年9月7日稱，被告廖○珠欠伊四百多萬元，並稱民國86年借一百六十萬元，說要蓋房子，以前借二百多萬元，又於民國87年11月18日具狀稱債權存在，有郵政劃撥儲金存款單十一件可證，因當初利息先扣，且單據保存不全，以致目前被告孟陳○娥保留郵政劃撥儲金存款收據總額合計一百四十一萬八千八百元，與債權讓與契約書中金額一百六十萬元有些微差別，惟雙方確於87年6月協議本金及利息以一百六十萬元解決（參見上開答辯狀說明二之(二)），核與伊在　鈞院民國88年2月9日庭訊稱被告廖○珠欠一百四十一萬八千八百元，係83年到85年間累積到一百四十餘萬元不同及民國89年5月9日庭訊稱「前後借很多，最多到四、五百萬元，只剩一百六十萬元未還。」均不相同。

　　(二)被告廖○珠於原審法院民國87年9月7日稱：欠被告孟陳○娥四百多萬，民國81年間就欠，民國83年再借二百多萬，因蓋房子陷下去，又借一百六十萬元，核與伊在　鈞院稱向被告孟陳○娥借一百四十幾萬元，都是83年陸續借不符。

　　(三)依被告廖○珠所提被告孟陳○娥之郵政劃撥儲金存款收據八紙、通知單四紙（參見原審卷被告民國87年10月14日狀證一），金額共計為一百四十九萬三千一百元，核與被告孟陳○娥所提郵政劃撥儲金存款收據十一紙之金額為一百四十一萬八千八百元不符，更與被告孟陳○娥在原審法院民國87年11月23日庭訊改稱借一百五十萬元，借四年，利息先扣，交一百四十一萬八千八百元有異，並與被告廖○珠在原審法院所稱之借一百六十萬元或欠四百多萬及在　鈞院所稱借一百四十幾萬元不合，亦與債權讓與契約書所載債權為一百六十萬元（參見自證三）不合。況上開之通知單及收據，有民國82年、84年、85年者，並非均係民國83年，足見所言不實。

　　(四)原審法院向財政部財稅資料中心查被告孟陳○娥83年至86年

申報所得稅資料，僅有利息所得，足見並無資力。雖被告孟陳○娥稱三十多萬元是向朋友借，每月付利息，但依被告孟陳○娥在原審法院9月7日庭訊稱付一次利息，何有可能自己付息向他人借款以給被告廖○珠，迄不向被告廖○珠討錢之理？

(五)鈞院民國89年5月9日隔別訊問被告廖○珠與被告孟陳○娥，二人所述，有如下不同：

1.被告孟陳○娥所述債權本金為一百一十四萬八千八百元，核與被告廖○珠所述本金為一百四十幾萬元不符。

2.被告孟陳○娥稱讓與之一百六十萬元，除上開本金外其他為利息，利息未說如何算，而是湊成一百六十萬元，核與被告廖○珠所述未詳計算，但有會算過不符。

3.依被告孟陳○娥所述，通知富○公司債權讓與之存證信函非伊所寫，被告廖○珠承認為伊所寫，而該信函上之印章本來即在被告廖○珠處，由伊所蓋，實不合情理，不可能債務人持有債權人印章。

三、被告陳○女部分：

(一)在原審被告廖○珠稱係民國83年間向被告陳○女借，與被告陳○如所稱係民國86年借不同（參見廖○珠民87年9月7日筆錄）。

(二)被告陳○女於原審法院民國87年9月7日稱，86年間借被告廖○珠一百二十萬元，核與其在　鈞院稱民國86年10月及12月分兩次借，共一百二十萬元不符。

(三)依被告陳○女所稱讓與債權不含利息（參見鈞院民國89年5月9日筆錄），與被告孟陳○娥、陳○英者均包括利息不同，苟係一同轉讓，何以如此不同？況依被告陳○女所稱知被告廖○珠讓與債權給被告孟陳○娥及陳○英，被告陳○女並非至愚，在其二人均有利息，何以未要求利息？

(四)依被告陳○女稱被告廖○珠簽發之本票在債權讓與時已還被告廖○珠，並稱債權讓與時並未結清，核與常情及民法第325條第3項規定：「債權證書已返還者，推定其債之關係消滅。」不合。

(五)鈞院民國89年5月9日隔別訊問被告廖○珠與被告陳○女二人，被告陳○女稱，未向富○公司領到錢時未曾找到被告廖○珠，核與被告廖○珠所述有找過不合。

四、被告廖○珠部分：

被告廖○珠雖稱因在霧峰鄉自有土地上建屋，因建商不讓其融資而向其他被告借錢，不僅未能提出契約等證據以明事實，且有下列不合情理處：

(一)按諸經驗法則，定造人苟有積欠工程款，融資貸款正足以還錢，金融機關均有辦理建築融資，何以建商「不讓」？尤其既為自有土地，本有權以為擔保借款，何須建商同意？故被告廖○珠就此所辯，尚非可信。

(二)原審法官問被告廖○珠「是妳提土地給建商興建房子否？」答稱「不是。……房子名義不是我的。」，又稱「建商不讓我融資，陳○女知道我蓋房子有困難，為救我也借我錢幫我，我自有土地蓋十幾棟房子，蓋了五年，欠建商三千二百萬元，房子價值二千多萬元，不足清償建商，將房子給建商，……」（參見原審卷民國87年9月7日筆錄），凡此均與其在 鈞院民國88年5月7日辯護狀所稱與建商係合建，替泰堡營造有限公司清償不合。

(三)民國83年既與泰堡營造有限公司合建，按諸商場慣例，合建係地主提供土地，建商負責興建，彼此再分房屋，地主不僅不須出資，且可向建商收保證金，則其何以須向被告陳○英、孟陳○娥借款？

(四)本件被告廖○珠迄今未提出與泰堡營造有限公司之合建契約，則其所稱有合建一事，實有疑問。況其在原審法院稱不是合建，益見不實。

(五)既為合建，房屋拆除等，均係泰堡營造有限公司之事，何以被告廖○珠要負擔費用？又被告廖○珠迄未提出證據，則是否有給付，尚有疑問。而被告廖○珠給付後，何以未向該建商求償？益見不實。

(六)依被告廖○珠所提與林○森間之買賣契約（按：被告廖○珠上開辯護狀證二係不動產買賣租賃契約書，非同意切結書），係民國85年1月20日訂立，被告廖○珠於上開辯護狀並稱係訂立此同意切結書而合建，則合建應給於此，但依其所提證二之臺中縣政府工務局民國84年9月7日八四工建字第2271876號函，係民國84年9月7日申請變更起造人，則其與被告林○森間應係民國84年9月7日以前即有合建，何以上開買賣契約即同意切結書為民國85年1月20日訂立？依該契約第二款約定「乙方（按：指被告廖○珠）因財務原因，甲方同意暫行支付土地款壹仟參佰萬元整（含部分利息金額）予乙方使用。為確保甲方債權乙方暫將土地所有權過戶予甲方名下，並同意地上物承造人改由甲方名下承造。」，則變更起造人應係此時，何以早在民國84年9月7日即已變更起造人？況既為合建，林○森又付一千三百萬元給被告廖○珠，足以清償上開被告之債權，何以仍未清償？

(七)依上開切結書第4款約定「乙方基於償還甲方債務，應事先徵求甲方同意，全權授權乙方就右列標的，向銀行抵押借款，所得款項全部用於償還甲方債務，不足部分乙方應以地上物二至四樓部分樓層做為償還甲方債務之用，或以現金支付。其向銀行借貸金額利息，乙方應予每月二十五日支付，申辦銀貸期限應以伍拾天為限。」，則被告廖○珠可以向銀行貸款，何以未予辦理？被告廖○珠雖辯稱建商不同意，顯不合情理。蓋貸款所得係要還該建商，建商豈有不同意之理？況依被告廖○珠所稱房屋均已登記為建商所有，何以尚欠該建商債務？故應無再向他人借錢必要，何以被告廖○珠民國85、86年尚向其他被告借錢？

(八)依上(六)、(七)所述，被告廖○珠在民國84年、85年已收到林○森一千三百萬元，何以仍須再如其所稱在民國85年、86年向其他被告借款？

(九)依財政部財稅資料中心檢送之被告廖○珠之資料，其在民國85年有利息、營利、財產交易等所得甚多，而其所得遠超過其他被

告，則其實無向其他被告借錢必要。

綜上所述，被告四人隔別訊問結果並不一致，甚至自己前後所述均不相同，與經驗法則不符，上訴人一再指明被告廖○珠既係合建，不可能欠建商債務，且其自有資力較其他被告為強，實無必要借款，尤其依其所述，被告陳○英之債權不足八百萬元，卻讓與八百萬元，被告孟陳○娥債權為四百萬元，卻讓與一百六十萬元，依被告孟陳○娥稱此一百六十萬元係連同利息湊成，三人共讓一千零八十萬元債權，但實際被告廖○珠對富○公司之債權僅一千萬元，如何讓與？再被告孟陳○娥住在臺北市木柵區，但債權讓與契約書及債權讓與通知存證信函之住所寫為臺中市四維街被告廖○珠兒子住處，此不僅非其住所，且經臺中地方法院另案送達亦為寄存送（參見上證一），足見辯稱通訊方便不實。至被告陳○英住臺北市，在金門服務，債權讓與契約書及債權讓與通知存證信函之住所為霧峰鄉四德路一三六巷五五弄一號，而此實為空屋，無人住居，與被告廖○珠住處相鄰，依被告廖○珠及陳○英所稱，被告陳○英留一印章交被告廖○珠之子李○昌使用（參見原審卷民國87年11月23日筆錄），臺中地方法院另案送達證書即係蓋用被告陳○英、李○昌印章，李○昌並簽名註記為同居人（參見上證二），而此被告陳○英印章與債權讓與契約書者相同，凡此均不合情理。蓋苟如被告所稱因無法還債，始讓與本件債權，受讓人之被告陳○英、孟陳○娥依情理必甚關心，隨時須掌握資訊，例如富○公司之通知，何以住所均為被告廖○珠者，甚至重要之被告陳○英印章仍交被告廖○珠之子李○昌使用，被告孟陳○娥之印章為被告廖○珠持有，足見此應係被告廖○珠利用被告孟陳○娥及陳○英為人頭，實際仍係自行掌控該款項，故以自己之住址為通訊處，俾收受富○公司之分配通知，以免真被被告孟陳○娥及被告陳○英領走，足見被告辯稱之借貸應非實在。又被告陳○女部分，不僅所提郵政存簿儲金之儲金簿有一本係他人邱惠資者，非其所有，且所指一筆五十三萬元及另一筆七十一萬元提款，金額合計為一百二十四萬元，超過本件

借款一百二十萬元，苟為借一百二十萬元，何以提領超過，不合情理。況此二筆款項期間相隔二個月，苟係借款，當係同一時間，何以有此差異？又被告廖○珠稱係83年間借款，但被告陳○女係民國86年提款，時間亦不相符，足見該借貸不實。被告陳○英部分，不僅其與被告廖○珠所述不符，一稱購屋，一稱借款，且被告陳○英所提存款及領款單有他人陳○三者，亦非均係被告陳○英，又其金額不論依何時陳稱，均非被告廖○珠所稱讓與契約書所載之八百萬元，足見不實。

　　按犯罪事實應依證據認定之，無證據不得推定其犯罪事實，刑事訴訟法第154條定有明文，又按證據之證明力，由法院自由判斷，刑事訴訟法第155條第1項定有明文，參照最高法院25年上字第2053號判例「證據力之強弱，事實審法院有自由判斷之權，故判斷證據力如不違背一般經驗之法則，即不得指為違法。」、75年臺上字第1822號判例「間接事實之本身，雖非證據，然因其具有判斷直接事實存在之作用，故亦有證據之機能，但其如何由間接事實推論直接事實之存在，則仍應為必要之說明，始足以斷定其所為推論是否合理，而可認為適法。」、76年臺上字第4986號判例「認定犯罪事實所憑之證據，雖不以直接證據為限，間接證據亦包括在內……」，故認定犯罪事實，不以直接證據為必要，凡間接證據依經驗法則及論理法則足以認定犯罪事實，亦可為認定犯罪事實憑據。前開被告等所述既不可信，且不符合情理，故主張因有債權為抵債而由被告廖○珠讓與應屬不實，縱讓與實在，其讓與將使被告廖○珠處分可供執行之財產，致上訴人無從強制執行以受償，仍有刑法第356條損害債權犯行，請依法判處應得之刑，以為適法。

　　謹　呈
臺灣高等法院臺中分院　　公鑒
證物：
　　　上證六：股份轉讓申請書影本一件。

中	華	民	國	89	年	7	月	26	日

具狀人　保證責任臺中市第○信用合作社

代表人　王○明

代理人　吳光陸律師　　印

臺灣高等法院臺中分院刑事判決

88年上易字第254號聲股

上　訴　人　保證責任臺中市　　　設臺中市中山路○○號

即自訴人　　第○信用合作社

代　表　人　王○明住同上

自訴代理人　吳光陸律師

被　　　　告　廖○珠　女　59歲（民國○○年○月○○日生）

　　　　　　　住臺中縣霧峰鄉○○路○○號

　　　　　　　居臺中市○○街○號

　　　　　　　身分證統一編號：A○○○○○○○○○

被　　　　告　陳○英　男　58歲（民國○○年○月○日生）

　　　　　　　住臺北市松山區○○路○○號

　　　　　　　身分證統一編號：V○○○○○○○○○

被　　　　告　陳○女　女　48歲（民國○○年○月○日生）

　　　　　　　住臺中市南區○○街○○號

　　　　　　　身分證統一編號：Q○○○○○○○○○

選任辯護人　甘龍強律師

被　　　　告　孟陳○娥　女　58歲（民國○○年○月○日生）

　　　　　　　住臺北市文山區○○街○○號

　　　　　　　身分證統一編號：A○○○○○○○○○

右一被告輔佐人　孟○中　男　36歲（民國○○年○○月○○日生）
　　　　　　　　　住臺北市文山區○○街○○號
　　　　　　　　　身分證統一編號：A○○○○○○○○○
右上訴人因自訴被告等損害債權案件，不服臺灣臺中地方法院87年度
自字第691號中華民國87年12月7日第一審判決，提起上訴，本院判決
如下：
　　主　文
原判決撤銷。
廖○珠、陳○英、陳○女、孟陳○娥共同債務人於將受強制執行之
際，意圖損害債權人之債權，而處分其財產，廖○珠處有期徒刑陸
月，陳○英處有期徒刑伍月，陳○女、孟陳○娥各處有期徒刑參月，
如易科罰金，均以參佰元折算壹日。
　　事　實
一、廖○珠於民國（下同）79年間，積欠保證責任臺中市第○信用合
　　作社（以下簡稱臺中市第○信用合作社）本票（三張）債務共計
　　新臺幣（下同）二千八百五十萬元及均自79年8月21日起至清償
　　日止，皆按年息14.5%計算之遲延利息。經債權人臺中市第○信
　　用合作社向臺灣臺中地方法院取得本票裁定之民事執行名義，於
　　81年間，聲請臺灣臺中地方法院民事執行處對廖○珠之財產為強
　　制執行。惟因執行無效果，經臺灣臺中地方法院民事執行處核發
　　81年度民執五字第9271號、81年度民執五字第9268號與81年度民
　　執五字第9260號債權憑證結案。嗣債權人臺中市第○信用合作社
　　於84年間，再向臺灣臺中地方法院民事執行處提出對廖○珠之財
　　產為強制執行之聲請，惟因廖○珠並無財產可供強制執行，再
　　經臺灣臺中地方法院民事執行處依序分別換發84年度民執五字第
　　8917號、84年度民執五字第8918號、84年度民執五字第8919號債
　　權憑證（每張債權憑證之債權本金均為九百五十萬元）結案。其
　　間，廖○珠曾於81年間，聲請臺灣臺中地方法院核發81年度促字

第11334號支付命令,因債務人不為異議,而對其債務人富○證券股份有限公司(以下簡稱富○證券公司,又廖○珠曾為富○證券公司之董事,富○證券公司現在清算中)取得一千萬元之支付命令執行名義。惟因亦為富○證券公司股東之臺中市第○信用合作社,認為上開債權(係因富○證券公司向該公司之董、監事借貸該公司之股票,收回自用)之法律關係是否存在、合法,均有疑問。另富○證券公司當時未對支付命令依法異議,亦有不當。又認此支付命令債權之存在,影響其向富○證券公司取回股款之權利。乃於85年間,以廖○珠等十七人為民事被告,向臺灣臺中地方法院提起確認上開債權不存在之民事訴訟,並由該院以85年度重訴字第336號民事事件受理,嗣並由臺灣臺中地方法院於86年3月26日判決駁回原告(即臺中市第○信用合作社)之訴(嗣臺中市第○信用合作社雖再提起上訴,但至87年11月2日即具狀向本院撤回上訴與起訴,該案因而確定)。廖○珠明知其除上開對富○證券公司所有之一千萬元債權之外,已無其他財產足供清償其對臺中市第○信用合作社所積欠之前開債務,且知臺中市第○信用合作社於前開民事訴如果敗訴確定,應會轉而對其此部分(即對富○證券公司之債權)之財產為強制執行。且廖○珠與陳○女及孟陳○娥等人均知其等之間並無後列之債權債務關係,與陳○英亦知如併計陳○英之被繼承人(即陳○英之父)陳○三之借貸債權,廖○珠僅積欠二百二十二萬元,竟於87年6月間,與陳○英、陳○女及孟陳○娥基於共同犯罪之意思聯絡,意圖損害臺中市第○信用合作社之前開債權,先以電話聯絡之後,推由廖○珠在臺中市○○街○號之一三樓之住所,書寫87年6月20日期之「債權讓與契約書」三紙,分別將廖○珠對富○證券公司所有之一千萬元債權,轉讓八百萬元予陳○英,轉讓一百二十萬元予陳○女,另轉讓一百六十萬元予孟陳○娥,並於87年7月8日,再推由廖○珠分別以臺中郵局4910號(孟陳○娥部分)、4911號

（陳○女部分）、4912號（陳○英部分）存證信函，檢附上開「債權讓與契約書」，而將此債權轉讓之不實事項通知富○證券公司，經富○證券公司於87年7月9日收受，而發生債權讓與之效力，共同以此方式處分廖○珠之財產。

二、案經被害人臺中市第○信用合作社向臺灣臺中地方法院提起自訴。

理　由

一、訊據被告廖○珠、陳○英、陳○女及孟陳○娥對其等確有於前開時間，就廖○珠對富○證券公司所有之一千萬元債權，為前開債權讓與之合意，嗣並由廖○珠以前開存證信函將此債權轉讓之事實通知富○證券公司等情，已坦承不諱。另被告廖○珠亦承認其對本案自訴人臺中市第○信用合作社，確有積欠前開債務，且已無其他財產足供清償。就上開事實，並有臺灣臺中地方法院84年度民執五字第8917號、84年度民執五字第8918號、84年度民執五字第891號債權憑證各一件（見原審卷宗第6、7、8頁）、債權讓與契約書三紙（見原審卷宗第11、12、13頁）、及臺中郵局存證信函三紙（見本院卷宗第140、141、142頁）在卷可稽。另本案自訴人臺中市第○信用合作社起訴請求確認富○證券公司與被告廖○珠之間之債權不存在民事事件，已由臺灣臺中地方法院於86年3月26日判決駁回原告（即臺中市第○信用合作社）之訴，嗣臺中市第○信用合作社雖再提起上訴，但至87年11月2日已具狀向本院撤回其上訴與起訴，該案已因此確定，此亦有臺灣臺中地方法院85年度重訴字第336號民事判決書（見原審卷宗第75至85頁）及本院87年中分信民曠決字第17490號函（見本院卷第139頁）附卷足佐。惟被告四人均矢口否認伊等有何犯罪情事，一致辯稱：其等之債權債務關係確屬在等語。被告廖○珠並另辯稱：伊對富○公司之債權早在81年12月4日即經由法院確定在案，而自訴人卻不承認該項債權，明知伊有該項債權，卻不予查

封執行，伊只得將該債權讓與其他債權人即另外三位被告，又伊在二十年前即曾向被告孟陳○娥陸續借貸，累積之債務為四百多萬元，其中83年間因在臺中縣霧峰鄉建屋須款，又向孟陳○娥、陳○英陸續借貸一百六十萬元、七百萬元使用，於86年間再向陳○女借一百二十萬元，後因經濟困難，致未能清償，又因自訴人不承認伊對富○證券公司之債權，伊才將上開債權轉讓，又因伊誤以為支付命令所載之金額，另有利息，故轉讓之債權額才超過一千萬元，伊並無毀損自訴人債權之行為，與其餘被告，均應不為罪等情。

二、經查：本案被告陳○英、陳○女與孟陳○娥雖一致辯稱其等對被告廖○珠有前開債權存在，且就各該債權之由來，被告陳○英於原審審理時辯稱：83年間，廖○珠曾投資建屋，當時伊曾向廖○珠訂購二戶，繳交五百萬元，後來建商倒閉，為完成房子，伊於86年6月又陸續貸借二百萬元予廖○珠，但後來廖○珠亦無法續建房屋，經催討後，廖○珠才同意將其對富○證券公司之八百萬元債權讓與伊等語。被告陳○女則辯稱：伊於86年10月間，分別自伊及伊女兒邱○資之郵局儲金簿提領存款共計一百二十萬元貸借予廖○珠，經催討後，廖○珠無法清償，才同意將其對富○證券公司之一百二十萬元債權讓與伊等情。被告孟陳女娥則以：廖○珠曾多次向伊借錢，後因經濟困難，致未能清償，迄今尚欠四百多萬元，其中在83年間，伊曾匯款一百四十一萬八千八百元予廖○珠，經催討後，廖○珠無法清償，才同意將其對富○證券公司之一百六十萬元債權讓與伊等語置辯。惟查：(一)就被告陳○英部分，被告廖○珠與陳○英於原審雖提出郵政劃撥儲金存款通知單與銀行存款存摺（見原審卷第125頁至133頁）等件為證，以證明其等之間之債權債務關係。惟其中之銀行存款存摺係被告陳○英之父陳○三所有，縱其中有領款紀錄，亦不能因此即證明所領款項係貸借予被告廖○珠。另總計其郵政劃撥儲金存款通知

單,金額不過為二百二十二萬元,亦不能因此而證明其等之間有八百萬元之債權權務關係存在。且於原審訊問時,被告陳○英係稱「83年間,廖○珠蓋房子時,我向他訂購二戶,繳五百萬元給他,嗣建商倒閉,我與廖○珠找尋建商不獲見面,為完成房子,再於86年6月間繼續借給廖○珠二百萬元」,核與同日被告廖○珠供稱:「我是向她借五百萬元,是她父親匯給我,嗣後再向她借二百萬元,是劃撥的」(見原審卷第113、第114頁),二人所供,顯有不符。嗣於本院訊問時,廖○珠雖再供稱:五百萬元是借款,分兩次借,一次是三百萬元,一次是二百萬元,其他款項則陸續借,共借到七百八十萬元,沒有算利息,沒有辦法還的時候,才說蓋好要二戶給她(見本院卷第44頁、45頁)。被告陳○英亦改稱係借款,且其中之五百萬元係其父親所貸借,均未算利息,且於後來無法還錢時,才說要用二棟房子給伊抵債(見本院卷第46頁)。惟被告廖○珠既已無錢蓋房子,如何又能以房子抵債?且鉅額貸款未算利息,亦與常情不符。另就其中即於86年間貸款予被告廖○珠之金額,被告陳○英於原審訊問時供稱係二百萬元,於本院訊問時則供稱係二百八十萬元,而非八百萬元。復參酌本院訊問被告陳○英是否曾因迄今無法向富○證券公司領款而找過被告廖○珠研商如何處理,被告陳○英答稱沒有,此殊與情理有違,且與被告廖○珠答稱:被告陳○英有向其催促過(見本院卷宗第155至156頁)云云,亦有不符。而被告陳英亦坦承將私章均交由被告廖○珠蓋用(見本院卷宗第175頁),又未能提出其他有交付金錢予被告廖○珠之證明。此外,被告廖○珠就其所有座落臺中縣霧峰鄉峰西段1143號土地與地上舊建物,均於80年間以買賣為原因,辦理所有權移轉登記予被告陳○英所有,且於83年間,向臺中縣政府聲請拆除舊建物並建造新建物(見臺中縣政府83年2868號建造執照及拆除執照269號案卷),詎被告陳○英對各該不動產抵押權定情形(向臺中區中小企業銀行以被

告陳○英為債務人與義務人，設定五百四十萬元之本金最高限額抵押權），與如何拆除舊建物並建造新建物等相關事項均不知情，且答稱均由被告廖○珠處理（見本院卷宗第155頁），堪證被告陳○英應係提供其證件，經過被告廖○珠之安排，而擔任上開土地與建物之名義所有權人。被告陳○英辯稱係以此作為前開貸款之擔保，殊非可信。其與被告廖○珠辯稱其等之間，有前開債權債務關係，除前開郵政劃撥儲金存款通知單所載之金額即二百二十二萬元部分，因有前開郵政劃撥儲金存款通知單可資證明，而無法遽予否認外，所辯其餘借貸部分，本院認尚不可採信。(二)就被告陳○女部分，依其提出之郵政存簿儲金簿（見原審卷第134至137頁）之記載，其雖曾於86年10月28日現金提款七十一萬元，又於86年12月10日再現金提款五十三萬元，惟此僅能證明被告陳○女曾於前開時間提領各該金錢而已。尚不能憑此即可確認被告陳○女有將各該金錢其中之一百二十萬元貸借予被告廖○珠。又依各該郵政存簿金儲金簿之記載，各該帳號所存金錢不多，最多僅曾至七十五萬零九百八十元（且存入翌日即提領七十一萬元）及七十萬零九百三十四元（且存入翌日即提領五十三萬元），被告陳○女亦自承其為家庭主婦，並無收入（見本院卷第129頁）。被告陳○女既又自承伊與被告廖○珠係好友，則其自必知悉被告廖○珠積欠本案自訴人鉅額票款，迄今仍未能清償之事實。在此情形，如其確有貸借上開款項予被告廖○珠，應會留有借據或本票等債權證明，以供日後追索。惟自原審起，被告陳○女即無法提出此部分之債權證明。經本院訊問，被告陳○女雖稱有寫本票，但於債權轉讓時即還被告廖○珠（見本院卷宗第153頁）。惟為上開債權轉讓之時，自訴人尚未撤回前開確認債權不存在之訴訟。被告廖○珠該案之訴訟結果尚不可知。即便被告廖○珠於該案獲得勝訴確定，因富○證券公益司之清算結果亦不可知，被告陳○女所稱之債權能獲得多少清償，亦

屬未定。經本院訊問，被告陳○女亦坦承其並不知富○證券公司之清算情形（見本院卷宗第154頁）。在此情況，被告陳○女豈有將惟一之債權證據交還被告廖○珠之理。且經本院訊問被告陳○女是否曾因迄今無法向富○證券公司領款，而找過被告廖○珠研商如何處理，被告陳○女答稱沒有，此殊與情理有違，且與被告廖○珠答稱：被告陳○女有向其催促過云云，亦有不符。復經本院訊問以存證信函通知富○證券公司之目的及上開存證信函之內容，被告陳○女亦均答稱不知（見本院卷宗第153至156頁）。以被告陳○女對此債權能否清償漠不關心之情形，實難令人相信此項債權確為真正。(三)就被告孟陳○娥部分，被告廖○珠與被告孟陳○娥於原審訊問時，雖提出郵政劃撥收據八張與通知單四張（見原審卷第118頁至126頁），以證明其等之債權債務關係為真正。惟依各該收據與通知單之記載顯示，其存款劃撥之金額共為一百四十一萬八千八百元，另依其戳記所顯示之日期，存款劃撥之時間則係在82年至83年間。被告孟陳○娥於原審訊問時，先供稱被告廖○珠欠伊四百多萬元（見原審卷第90頁），繼稱：「86年我借給（她）一百六十萬元她說要蓋房子，她以前就向我借二百多萬元，我曾向她催討，她說有錢就還我」（見原審卷宗第92頁）。嗣於本院訊問時，再改稱：「（借的時間）是83年到85年間，一直累積到一百四十餘萬元」（見本院卷第47頁）、「前後借很多，最多到四、五百萬元，只剩一百六十萬元未還，這是83年到85年之間借的，分好多次借」（見本院卷宗第151頁），前後所供，已有不符。且既曾貸借四、五百萬元以上，只剩一百六十萬元未還，則其所清償之部分，自屬舊債。如另依被告廖○珠於原審所辯：其與被告孟陳○娥「於20年前就陸續金錢往來，有借有還，83年間向她借二百多萬元，後因蓋房子陷下去，又向她借一百六十萬元」（見原審卷第90頁）等情，亦可證明系爭之一百六十萬元債權債務，係發生在蓋房子陷下去之後。

本案被告廖○珠與孟陳○娥所提出之前開郵政劃撥收據八張與通知單四張，依其戳記所顯示之日期，存款劃撥之時間既係在82年至83年之間，自屬已被清償之舊債無疑。自亦不得以此作為被告廖○珠與被告孟陳○娥尚有系爭債權債務關係存在之證明。尤其被告孟陳○娥已自承資力不佳，並無財產（見本院卷宗第129頁），若有貸借鉅額金錢予被告廖○珠，理應請被告廖○珠立據或簽發本票證明。其未此之為，辯稱欲依郵政劃撥收據理算貸款，已不符常情。若被告孟陳○娥於83年以後有貸借金錢予被告廖○珠，何以就此部分又無法提出任何郵政劃撥收據以資證明？且經本院訊問時，對於債權讓與之後，有無以存證信函向富○證券公司為書面通知，尚屬不知（見本院卷宗第152頁），其辯稱系爭債權確為真正云云，本院認尚不能採信。

三、綜上所述，本案被告廖○珠與被告陳○英、陳○女及孟陳○娥所主張之前開債權債務關係，除被告廖○珠與被告陳○英所提出前開郵政劃撥儲金存款通知單上記載之二百二十萬元外，其餘部分，雖被告間就交付金錢等借貸細節，所述有部分相符，惟此並非不能臨訟串供。本院參諸前開說明，及本案被告陳○英、陳○女及孟陳○娥就其餘之債權債務關係，均未能提出憑證，且長期被積欠，竟亦無法提出訴訟上或訴訟外曾為催討之證明等情，認上開二百二十二萬元之外，本案其餘之債權債務關係應不存在。雖本案自訴人曾因認為被告廖○珠與富○證券公司之前開債權，其法律關係是否存在、合法，及富○證券公司當時對支付命令不為異議，似有不當等情，而質疑被告廖○珠與富○證券公司前開債權之存在，進而於85年間，以廖○珠等十七人為民事被告，向臺灣臺中地方法院提起確認債權不存在之民事訴訟。惟此訴訟是否勝訴，並非自訴人可以預料。如其敗訴，應會對被告廖○珠之此項財產為執行，當無疑義，此亦應為被告廖○珠所深知。而本案被告廖○珠與被告陳○英、陳○女及孟陳○娥之間，除被告

陳○英所提出前開郵政劃撥儲金存款通知單上記載之二百二十二
萬元外，其餘債權債務關係既非真正，詎其等仍於前開時、地，
為前開債權轉讓之行為，則被告四人間，有於被告廖○珠將受強
制執行之際，意圖損害自訴人之債權，而處分被告廖○珠之財產
之犯意與行為，彰彰甚明，就前開所犯，被告廖○珠、陳○英、
陳○女及孟陳○娥四人之間，有犯意之聯絡及行為分擔，均為共
同正犯。原審誤認被告四人犯罪嫌疑不足，而為其等均無罪之諭
知，尚有未合，是本案自訴人上訴，指摘原審判決不當，為有理
由，自應由本院將原審判決撤銷，並予以改判。爰審酌被告四人
之品行，犯罪所生危害程度（被告陳○英等人，均尚未向富○證
券公司領款），及犯後態度等一切犯罪情狀，量處被告廖○珠有
期徒刑六月，被告陳○英有期徒刑五月，被告陳○女與孟陳○娥
各有期徒刑三月，並均諭知有期徒刑易科罰金之折算標準。

四、本案被告陳○英經合法傳喚，無正當之理由於本院審判期日不到
　　庭，爰不得其陳述，逕行判決。

五、據上論斷，應依刑事訴訟法第369條第1項前段、第364條、第371
　　條、第343條、第299條第1項前段、刑法第28條、第356條、第41
　　條、罰金罰鍰提高標準條例第1條前段、第2條，判決如主文。

中　　華　　民　　國　　89　　年　　8　　月　　2　　日

　　　　　　　臺灣高等法臺中分院刑事第三庭
　　　　　　　　審判長法　官　方驤駐
　　　　　　　　法　　官　胡忠文
　　　　　　　　法　　官　廖柏基

右正本證明與原本無異。

不得上訴。

　　　　　　　書記官　柯孟伶

中　　華　　民　　國　　89　　年　　8　　月　　3　　日

附錄條文

刑法第356條：債務人於將受強制執行之際，意圖損害債權人之債權，而毀棄、處分或隱匿其財產者，處二年以下有期徒刑、拘役或五百元以下罰金。

參、檢討與分析

　　本件就債權讓與一事是否真正發生爭執，雖第一審判決無罪，但第二審就同一證據為不同認定，改判有罪，此涉及自由心證。

　　按此類訴訟，必須以隔別訊問方式，就事情發生經過分別訊問當事人，始能就其答覆不一及不合情理處，發動攻擊，使法院相信讓與一事為虛偽。此類案件，最終固然須以民事訴訟行使民法第244條之撤銷權，但只提民事訴訟，舉證責任在於原告，被告可以委任訴訟代理人出庭，避免接受隔別訊問，反之，如以刑事訴訟，則因被告必須到庭，可以隔別訊問方式查明事實。故此類案件，以先刑事訴訟再視訴訟中隔別訊問結果進行民事訴訟，始能順利。

　　本件在刑事判決勝訴後，另提民法第244條之撤銷訴訟，即獲有利判決。

　　上開審判程序缺第二審審判筆錄，併此說明。

第七節　違反就業服務法

壹、背景說明

　　本件係因僱用外勞，但因工作調配到負責人為同一之不同工廠所衍生之糾紛，事實單純，但因有刑事責任而被判刑。

貳、書狀及裁判

一、檢察官起訴書

臺灣臺中地方法院檢察署檢察官起訴書

82年度偵字第9130號

被　告　廖○臣　男　55歲（民國○○年○月○日生）

住臺中市○○號

身分證：○○○○○○○

右被告因違反就業服務法案件，業經偵查終結，認為應該提起公訴，茲將犯罪事實及證據並所犯法條分敘如下：

犯罪事實

一、廖○臣係全○印染廠股份有限公司（下稱全○公司，另分案偵辦）及大○股份有限公司（下稱大○公司，另分案偵辦）負責人，緣廖○臣以全成公司之名義，經行政院勞工委員會核准，自泰國引進印染及整燙之海外補充勞工五人，復以大○公司之名義，經行政院勞工委員會核准，自泰國引進油漆塗裝海外補充勞工九人，因大○公司適逢工作之淡季，廖○臣即於81年11月15日左右，調派受雇於大○公司工作之BUNMEE THUKASON、WICHAISONG SOMSRI等二名泰國籍勞工，至全○公司，由全○公司留用從事染整之工作，嗣於81年11月17日，於臺中市○○號全○公司，為警當場查獲。

二、案經臺中縣警察局豐原分局報請偵辦。

證據並所犯法條

一、右揭犯罪事實，業據被告廖○臣坦承不諱，並有行政院勞工委員會函等附卷可稽，是被告犯行堪以認定。

二、核被告所為係違反就業服務法第53條第2款、第3款之規定，其催用及留用之外國人數為二人以上，請依同法第58條第1項後段論

處。其一行為觸犯上開二罪名，為想像競合犯，請依刑法第55條前段從一重處斷。

三、依刑事訴訟法第251條第1項提起公訴。

　　此　　致

臺灣臺中地方法院

中　　華　　民　　國　　82　　年　　7　　月　　20　　日

　　　　　　檢察官　王　　銘

中　　華　　民　　國　　82　　年　　7　　月　　31　　日

　　　　　　書記官　黃福基

本件證明與原本無異

違反就業服務法

第53條雇主不得有下列行為：

第1款　聘僱或留用未經許可或許可失效之外國人。

第58條第1項：

違反第53條第1款、第2款或第3款規定，其聘僱或留用人數為一人者，處六月以下有期徒刑、拘役或科或併科新臺幣九萬元以下罰金；其聘僱或留用人數為二人以上者，處三年以下有期徒刑、拘役或科或併科新臺幣三十萬元以下罰金。

第58條第2項：

法人之代表人、法人或自然人之代理人、受雇人或其他從業人員，因執行業務犯前項之罪者，除處罰其行為人外，對該法人或自然人亦以前項之罰金。

二、辯護狀

刑事辯護狀

案號：82年度易字第5991號

被　　　告　廖○臣　年籍在卷

選任辯護人　吳光陸律師

為被訴違反就業服務法案件，依法辯護事：

一、本件公訴意旨略以：廖○臣係全○染廠股份有限公司（下稱全○公司）及大○股份有限公司（下稱大○公司）負責人，緣廖○臣以全○公司之名義，經行政院勞工委員會核准，自泰國引進印染及整燙之海外補充勞工五人，復以大○公司之名義，經行政院勞工委員會核准，自泰國引進油漆塗裝海外補充勞工九人，因大○公司適逢工作之淡季，被告即於81年11月15日左右，調派受僱於大○公司工作之BUNMEE THUAKSON、WICHAISONG SOMSRI等二名泰國籍勞工，至全○公司，由全○公司留用從事染整之工作，嗣於81年11月17日，於臺中市○○號全○公司，為警當場查獲，因認有違反就業服務法第53條第2款、第3款罪嫌。

二、按行為非出於故意或過失者不罰，刑法第12條第1項定有明文。經查大○公司及全○公司已分別依規定向行政院勞工委員會申請聘僱外籍勞工而經核准僱傭在案，若被告存有犯罪之故意，當初即無庸大費周章，由上述二家公司分別申請聘僱外籍勞工，而以不辦手續逕行僱傭或以一定公司──大○公司或全○公司之名義申請聘僱即可。被告將大○公司之外籍勞工調派往全○公司支援從事染整工作，實因二家公司均為其開設，一如往昔之受僱人為國人時，因應淡季之臨時性人員調派，以發揮人盡其才，避免閒置，為一種單純之事業內部人力調整而已。揆諸犯罪之成立，除須該當構成要件之客觀要素外，尚須具備構成要件之主觀要素，

始足當之。被告行為之際，根本欠缺構成要件之主觀要素，蓋：
(一)其本身既為大○公司之負責人且是全○公司之負責人，當可派其內部人力作互相支援工作，其對於大○公司與全○公司在法律上為二不同人格之獨立個體，並非如習法之人熟知，情理上仍認係一公司，以為自可互調。尤其受僱人為國人時，均可如此調配，故對於就業服務法所為迥異之規定，當更無認識之可能。
(二)就業服務法第53條及第58條之規定，係國家基於行政目的之考量所制定之行政刑罰，與倫理色彩濃厚之普通刑法，人應皆知，性質上尚屬有別，一般人本不易知其中規定。又該法規係於民國81年5月8日公布施行，而被告係於同年11月15日為本案之行為，短短數月，被告乃一介普通百姓並非法界人士，何能知有該法規之頒行，是對其行為欠缺違法性之認識，至為顯明。依上所述，被告既欠缺違法性之認識，當無犯罪故意可言，依首開說明，應不予處罰。

三、按僱主不得有下列行為：(二)以本人名義聘僱外國人為他人工作。(三)未經許可聘僱或留用他人所申請聘僱之外國人，就業服務法第53條第2款、第3款定有明文，其立法意旨當為符合同法第41條為保障國民工作權，聘請外國人工作，不得妨礙本國人之就業機會，勞動條件、國民經濟發展及社會安定及同法第42條外國人未經許可不得聘僱之目的。查大○公司及全○公司均經核准准予僱用外國人工作，且被告由大○公司調派至全○公司支援工作之二名外籍勞工均是合法受聘，被告於大○公司工作淡季時，將其中二名外國人調至全○公司工作，除可達到當初聘僱之目的外，對於上訴規定，應無違背，因其既不會妨礙本國人之就業機會，且亦符合外國人非經許可不得聘僱之目的，是被告之所為，應非違法。

四、退一步言，若　鈞院仍認被告所為仍違反就業服務法第53條之規定，則如前所述，被告主觀上認其行為僅係單純事業內部人力之

調整，並無惡性，應有正當理由足以自信其行為為法律所許可，依刑法第16條後段規定，應可邀獲免刑之寬典或從輕處罰，請斟酌處理，以啓自新。

　　謹　狀

臺灣臺中地方法院刑事庭

中　華　民　國　82　年　9　月　1　日

　　　　　　　具　狀　人　廖○臣

　　　　　　　選任辯護人　吳光陸律師　　印

三、第一審判決

臺灣臺中地方法院刑事判決

82年度易字第5991號

公　訴　人　　臺灣臺中地方法院檢察署檢察官

被　　　告　　廖○臣　男　55歲（民國○○年○月○日生）

　　　　　　　住臺中市○○號

　　　　　　　身分證：○○○○○○○

選任辯護人　吳光陸律師

右列被告因違反就業服務法案件經檢察官提起公訴（82年度偵字第9130號）本院判決如下：

　　主　文

廖○臣法人之代表人，因執行業務，違反僱主不得以本人名義聘僱外國人為他人工作之規定，其聘僱人數為二人以上，處拘役參拾日，併科罰金新臺幣參萬元，拘役如易科罰金，以參拾元折算壹日，罰金如易服勞役，以參佰元即新臺幣玖佰元折算壹日。又法人之代表人，因

執行業務，違反雇主不得未經許可留用他人所申請聘僱之外國人之規定，其留用人數為二人以上，處拘役參拾日，併科罰金新臺幣參萬元，拘役如易科罰金，以參拾元折算壹日，罰金如易服勞役，以參佰元即新臺幣玖佰元折算壹日。應執行拘役肆拾日，併科罰金新臺幣肆萬元，拘役如易科罰金，以參拾元折算壹日，罰金如易服勞役，以參佰元即新臺幣玖佰元折算壹日。

事　實

廖○臣係設於臺中市南屯○○號全○印染廠股份有限公司（以下稱全○公司，另由檢察官偵辦）之負責人，及設於臺中市○○號大○鋁業股份有限公司（以下稱大○公司，另由檢察官偵辦）負責人，為法人之代表人。大○公司於民國81年3月3日經行政院勞工委員會核准，聘僱泰籍勞工九人。詎大○公司代表人廖○臣，因執行業務，將大○公司聘之外國人WICHAISONG SOMSRI及BUNMEE THUAKSON等二人於81年11月15日調派至全○公司，為全○公司工作。全○公司代表人廖○臣亦未經許可，自同日起留用大○公司所申請聘僱之上開外國人二人在全○公司從事染整之工作。嗣於81年11月17日上午11時40分許，在臺中市○○號全○公司為警當場查獲。案經臺中縣警察局豐原分局報請臺灣臺中地方法院檢察署檢察官偵查起訴。

理　由

一、訊據被告廖○臣對於右揭犯罪事實坦承不諱，並有行政院勞工委員會函一紙、核准聘僱名國人證二張、經濟部工廠登記二紙附卷可憑，事證明確，被告犯行堪以認定。

二、按雇主不得以本人名義聘僱外國人為他人工作，就業服務法第53條第2款定有明文。又雇主不得未經許可留用他人所申請聘僱之外國人，同法第53條第3款定有明文。而被告廖○臣為大○公司負責人，為法人代表人，於執行業務，竟違同法第53條第2款之規定，核係犯同法第58條第1項後段、第2項之罪。又被告廖○臣為全○公司負責人，為法人之代表人，於執行業務，竟違反同

法第53條第3款之規定，亦係犯同法第58條第1項後段、第2項之罪。其所犯上開二罪，犯意各別，罪名不同，行為互殊（其為大○公司代表人之行為與為全○公司代表人之行為並非一行為，公訴人認係一行為觸犯上開二罪，尚有誤會），應分論併罰。審酌被告素行良好，犯後坦承犯行，態度亦佳，因一時失慮致罹刑章，犯罪情節非鉅等一切情狀，各量處如主文所示之刑及拘役諭知易科罰金、易服勞役之折算標準，並定應執行刑及諭知易科罰金及易服勞役之折算標準。又被告於本案犯罪後，其行為時之罰金罰鍰提高標準條例第2條所定之易科罰金或易服勞役折算標準，已於82年2月5日修正提高為一百倍折算一日，並於同月7日生效，比較新舊法律規定，易科罰金部分舊法對被告較有利，易服勞役部分則以新法對被告較有利，是易科罰金、易服勞役部分依刑法第2條第1項但書、前段規定，應分別適用行為時法、裁判時法之折算標準即三十元、三百元折算一日，併予敘明。

據上論斷，應以刑事訴訟法第299條第1項前段，就業服務法第58條第1項後段、第2項，刑法第11條前段、第2條第1項、第41條、第42條第2項、第51條第6款、第7款，罰金罰鍰提高標準條例第2條，修正前罰金罰鍰提高標準條例第2條第1項，判決如主文。

　　本案經檢察官李月治到庭執行職務。

中　　華　　民　　國　　82　　年　　9　　月　　8　　日

　　　　臺灣臺中地方法院刑事第四庭

　　　　　　　　法　官　饒鴻鵬

右正本證明與原本無異。

如不服判決，應於判決送達後10日內向本院提出上訴狀，上訴於臺灣高等法院臺中分院（須附繕本）

　　　　　　書記官　蔡永興　印

中　　華　　民　　國　　82　　年　　9　　月　　13　　日

違反就業服務法

第53條雇主不得有下列行為：

第1款 聘僱或留用未經許可失效之外國人。

第58條第1項：

違反第53條第1款、第2款或第3款規定，其聘僱或留用人數為一人者，處六月以下有期徒刑、拘役或併科新臺幣九萬元以下罰金；其聘僱或留用人數為二人以上者，處三年以下有期徒刑、拘役或併科新臺幣三十萬元以下罰金。

第58條第2項：

法人之代表人、法人或自然之代理人、受僱人或其他從業人員，因執行業務犯前項之罪者，除處罰其行為人外，對該法人或自然人亦以前項之罰金。

參、檢討與分析

目前法院案件負擔甚重，但此類違反行政法竟科予刑事責任，實有欠妥，蓋其並無惡性，僅國家政策不容許非法僱用外勞，本件如僱用的是本國勞工，僱主因為季節性或需要，將勞工調至不同廠區工作，並無任何責任，何以僱用外勞竟有如此差別。縱然違反行政規定，應由行政機關科處罰鍰即可，毋庸送法院依刑事程序判刑。實務上，法院判刑，亦多予易科罰金，與行政機關科處罰鍰結果並無不同，但因有判刑，留下不良記錄，實非妥適。

第八節 公共危險罪

壹、背景說明

本件係因政府不依都市計畫開闢道路，將私人土地任由他人行走，致土地所有權人只有繳稅之義務，完全無法行使土地所有權，所產生之糾紛。茲投資購買土地之人，為突顯行政行為不當，爭取權利，而觸

犯法律，第一審判處刑度較重，第二審就同一事實斟酌情節改判較輕之刑。

　　又土地所有權人不知陳○璋之行為，不起訴處分，併此敘明。

貳、書狀及裁判

一、檢察官起訴書

臺灣臺中地方法院檢察署檢察官起訴書

86年度偵字第22320號

被　　　告　陳○璋　男　45歲
　　　　　　國民身分證統一編號：
　　　　　　住：臺中縣大里市
選任辯護人　吳光陸律師
右被告因公共危險案件，已經查終結，認應該提起公訴，茲將犯罪事實及證據並所犯法條分述如下：
一、犯罪事實：
(一)陳○璋因不滿臺中市政府開闢道路導致其權益受損，竟不思正途，於民國（下同）86年10月27日凌晨5時許之天色未白之際，明知以貨櫃橫放道路必導致道路壅塞，致生公眾往來之危險，竟仍雇用不知情人以吊車將貨櫃橫放，在臺中市南區忠明○○○○○○交岔路口之崇○街道路上，導致臺中市南區崇○街人車壅塞，致生公眾之往來危險於不顧。
(二)案經陳○華訴由臺中市警察局第二分局報請偵辦。
二、證據：
(一)被告陳○璋於警訊及偵查時坦承雇工橫放貨櫃在崇○街口之事實，惟否認有公共危險之犯意。
(二)告訴人陳○華於訴指訴綦詳，核與證人張○義及盧○添於偵查時證述情節相符。

(三)復有現場照片附卷足佐。

(四)被告陳○璋雖辯稱其目的在行使民法第765條之所有權云云，惟權利之行使，不得違反公共利益或以損害他人為主要目的，為民法第146條第1項定有明文，被告陳○璋既明知其土地因開闢崇○街道路循舊使用部分，復又年久公眾通行結果，導致越走越寬之事實，其尋求救濟之途，自應慎重將事，然卻趁凌晨時分雇工吊放貨櫃橫放壅塞崇○街，自己超越違背公共利益，且依照片顯示，若貨櫃占據街道卸貨，造成公眾往來危險，已顯足易見，則以貨櫃壅塞街道，焉不致生公眾往來之危險，被告陳○璋所辯顯係卸責之詞，委無可採，犯行洵堪認定。

三、所犯法條：刑法第185條第1項之公共危險罪。

四、合依刑事訴訟法第251條第1項提起公訴。

此　致

臺灣臺中地方法院

中　華　民　國　86　年　11　月　25　日

檢察官　謝道明

中　華　民　國　86　年　12　月　4　日

書記官　黃浚童

刑法第185條：損壞或壅塞陸路、水路、橋樑或其他公眾往來之設備或以他法致生往來之危險者，處五年以下有期徒刑、拘役或五百元以下罰金。

二、不起訴處分書

臺灣臺中地方法院檢察署檢察官不起訴處分書

86年度偵字第22320號

告　訴　人　陳○華　女　35歲（民國○○年○月○日生）

　　　　　　苗栗縣人　業無

　　　　　　住臺中市南區

被　　　告　胡○章　男　51歲（民國○○年○月○日生）

　　　　　　臺中縣人　業金融

　　　　　　國民身分證統一號碼：

　　　　　　住：臺中市西屯區何南里

選任辯護人　吳光陸律師

右被告因公共危險案件，業經偵查終結，認為應該不起訴處分，茲敘述理由如下：

一、告訴及臺中市警察局第二分局報告意旨略以：陳○璋（已起訴）因不滿臺中市政府開闢道路導致其權益受損，竟不思正途，於民國（下同）86年10月27日凌晨5時許之天色未白之際，明知以貨櫃橫放道路必導致道路壅塞，致生公眾往來之危險，竟仍雇用不知情之人以吊車將貨櫃橫放，在臺中市南區○○路與崇○街交岔路口之崇○街道路上，導致臺中市南區崇○街人車壅塞，致生公眾之往來危險於不顧。而陳○璋所指之土地之所有權名義為被告胡○章所有，因為認被告胡○章涉有刑法第185條第1項之公共危險罪罪嫌云云。

二、按犯罪事實應依證據認定之，無證據不得推定其犯罪事實，刑事訴訟法第154條定有明文。次按認定不利於被告之事實，須依積極證據，苟積極證據不足為不利於被告事實之認定時，即應為有利於被告之認定，更不必有何有利之證據，最高法院30年上字第

816號判例著有明文。且按認定犯罪事實應依證據,故被告否認犯罪事實所持之辯解,縱屬不能成立,仍非有積極證據足以證明其犯罪行為,不能遽為有罪之認定,此經最高法院30年上字第1831號著成判例。又指訴是以被告受刑事訴追為目的,是其陳述是否與事實相符,仍應調查其他證據以資審認,不得僅憑告訴人指訴遽令被告入罪,最高法院52年臺上字第1300號判例揭示甚詳。

三、訊據被告胡○章堅決否認有公共危險之犯行,辯稱渠雖曾同意陳○璋使用土地,但渠根本不知陳○璋會以貨櫃橫放在街道上,當時渠未在場亦不知情或又無唆使陳○璋如此作為云云。經查,被告胡○章所辯上開無唆使或共犯知情一節,核與被告陳○璋於警訊及偵查時供述情節一致,復據處理員警證人盧○添於偵查時證述屬實,按刑事訴訟法上所謂認定犯罪事實之證據,係指足以認定被告確有犯罪行為之積極證據而言,如未發現相當證據不足以證明,自不能以推測或擬制之方法,以為裁判基礎,最高法院29年上字第3105號及40年臺上字第86號判例闡釋甚詳,本件被告胡○章既未唆使或夥同被告陳○璋共同為公共危險情事,其他又別無證據可供調查,揆諸上開法律規定及判例要旨,尚難遽對被告胡○章論以公共危險之罪責。此外,又查無積極確切之證據足認被告胡顯章有何犯行,應認其罪嫌顯有不足。

四、合依刑事訴訟法第252條第10款為不起訴之處分。

中　華　民　國　86　年　11　月　25　日

檢察官　謝道明

告訴人接受處分書後得於7日內以書狀敘述不服理由經由本署向臺灣高等法院臺中分院檢察署檢察長聲請再議。

中　華　民　國　86　年　12　月　4　日

書記官　黃美惠　㊞

本件證明與原本無異

三、辯護狀

刑事辯護狀

案號：87年度訴字第50號

股別：通

被　　　告　陳○璋　年籍在卷

選任辯護人　吳光陸律師

為公共危險罪依法辯護事：

　　公訴意旨略以：被告因為不滿臺中市政府開闢道路致其權益受損，竟於民國86年10月27日凌晨5時許之天色未白之際，明知以貨櫃橫放道路必導致道路壅塞，致生公眾往來之危險，竟仍僱用不知情之人以吊車將貨櫃橫放在臺中市○○路與崇○街交岔口之崇○街道路上，導致崇○街人車壅塞，致生公眾往來之危險於不顧，因認被告犯刑法第185條第1項之公共危險罪云云。

　　按損壞或壅塞陸路、水路、橋樑或其他公眾往來之設備或以他法致生往來之危險者，處五年以下有期徒刑、拘役或五百元以下罰金，刑法第185條第1項定有明文，參照最高法院28年上字第3547號判例「刑法第185條第1項之規定，係為保護公眾往來交通上之安全而設，故其所謂水路，當然指可供公眾往來之水道而言，其壅塞非供公眾往來之水道，尚難以本條論擬。」，必須係公眾往來之陸路，否則縱有人行走，亦不成立該罪。

　　經查被告固有於前開時地放置貨櫃，但該處本非道路，其土地

即臺中市南區半平厝段1101、1102、1103號等三筆土地係案外人胡○章所有，但因被告有出資參與購買，有權使用上開土地，業據證人胡○章於偵查中陳明綦詳，並有土地所有權狀及土地登記簿謄本在卷可稽，而其中1101號土地早於民國45年間經都市計畫編為住宅區（參見偵查卷被告86年11月24日辯護狀附被證二），計畫道路亦設在該土地旁（參見上開辯護狀附證三），不在上開三筆土地上，然因他人為圖使用方便，均循舊習使用上開土地之一部分約二米寬之步道為道路，並越走越寬，致被告上開土地一大部分由他人行走，自己反而無法行使，損及民法第765條規定「所有人於法令限制之範圍內，得自由使用、收益、處分其所有物，並排除他人之干涉。」之權利，卻仍須繳交地價稅、工程受益費等稅費。按上開土地既已編定為住宅區，附近亦有計畫道路，臺中市政府本應開闢，上開土地即非為道路，是被告放置貨櫃，依首開說明，自不成立犯罪。雖證人陳美華及盧再添證稱此處通行已有50年，但遍查全卷，並無證據證明，事實上，忠明南路開闢未逾十年，即以附卷之工程受益費單據係民國84年者，該路豈有可能開闢50年，此可向臺中市政府查詢何時鋪柏油，何時設紅綠燈，忠明南路何時開闢，是如未超過20年，應非既成道路，本屬私人所有土地，被告放置貨櫃，合於民法第765條規定，應無違反刑法第185條第1項可言。退一步言，縱認上開道路為既成道路，但查：(一)該土地既經都市計畫編為住宅區，參照司法院大法官會議釋字第255號解釋「在實施都市計畫範圍內，道路規劃應由主管機關依都市計畫法之規定辦理，已依法定程序有都市計畫並完成細部計畫之區域，其道路之設置，即應依其計畫實施，而在循法定程序規劃道路系統時，原即含有廢止非計畫道路之意……」及土地法第82條「凡編為某種使用地之土地，不得供其他用途之使用……」，該地之公用地役關係，亦因都市計畫之公告而當然廢止，是上開土地即非供公眾通行之通路，應非刑法第185條第1項之「陸路」，則被告放置貨櫃於上開土地，即不成立上開條項之犯罪。(二)因其旁之計畫道路臺中市政府迄不處理，

被告為保護自己之財產權，履次陳情均無回應，不得已乃自費將該都市計畫六米道路上之障礙排除，並舖妥柏油，供人車往來通行，並於民國86年10月22日向臺中市政府工務局陳明上情，請求工務局准予將被告1101號土地上之柏油除去，使人車改由上開計畫道路通行，以便被告使用所有之土地，則被告放置貨櫃後，人車本可通行該計畫道路，亦無造成壅塞可言，該日係因該計畫道路部分，被他人停車，以致通行不順，此有照片在偵查卷可稽，是縱有壅塞，應係他人非法停車之故，亦與被告無涉。(三)所謂「壅塞」，乃以有形障礙物堵塞，使無法往來，即須達到與損害同視之程度而遮斷陸路始足當之（被證一）。本件被告放置貨櫃於上開土地前，已將其旁計畫道路土地上之障礙排除並舖妥柏油，人車非不可通行，核其事實，並無遮斷以致無法往來，尚難謂為「壅塞」。是被告所為，與該條項規定構成要件不符，應不成立犯罪。

次查，上開犯罪之成立，在主觀上必須行為人有壅塞道路致生公共危險之故意，本件被告實係因市政府既已經都市計畫公告在案，卻遲未付諸施行，被告於繳稅後無法行使所有權，有違憲法第15條「人民之生存權、工作權及財產權，應予保障。」之本旨，為凸顯上開不合理情形，始以貨櫃置放於上開土地上，並懸掛布條「還我土地！榨稅兼占土」、「左鄰右舍，事非得已，敬請見諒！」，足見被告所為意在表彰所有權，並無壅塞陸路之故意，參酌其旁之計畫道路被告尚且自費開闢，益證被告仍注意交通通行，無壅塞之意，是被告應無犯罪故意，亦不成立犯罪。

綜上所述，被告所為在主客觀上皆與上開犯罪之要件不合，請諭知無罪。如 鈞院仍認有刑責，亦請體卹上情，斟酌其動機，並無惡意，從輕處罰。

　　謹　呈
臺灣臺中地方法院刑事庭
證據：

　　甘添貴著刑法各論（上）第251頁。

中　華　民　國　87　年　2　月　12　日

　　　　　具　狀　人　　陳○璋

　　　　　選任辯護人　　吳光陸律師　印

四、第一審判決

臺灣臺中地方法院刑事判決

87年度訴字第50號

公　訴　人　臺灣臺中地方法院檢察署檢察官
被　　　告　陳○璋　男　45歲
　　　　　　住臺中縣大里市
　　　　　　身分證統一編號：
選任辯護人　吳光陸律師
右列被告因公共危險案件，經檢察官起訴公訴（86年度偵字第22320
號），本院判決如下：
　　主　文
陳○璋壅塞陸路，致生往來之危險，處有期徒刑五月。
　　事　實
一、陳○璋因不滿臺中市政府將其與胡○章（業經檢察官不起訴處
　　分）合資所購買坐落臺中市南區半平厝段1101號土地，經年供作
　　公眾道路行走，致其權益受損，竟以壅塞既成陸路之犯意，於民
　　國86年10月27日凌晨5時許，將貨櫃一只橫放在臺中市南區忠○
　　路與崇○街交岔口之崇○街道路上（即上揭土地），且未設置任
　　何警告標誌，導致臺中市南區西川里居民無法由崇○街出入忠

○路，且致生公眾往來之危險，嗣經警據報於同日上午11時30分許，始排除該貨櫃之障礙。

二、案經臺中市南區西川里居民陳○華訴由臺中市警察局第二分局報告臺灣臺中地方法院檢察署檢察官偵查起訴。

　　理　由

一、訊據被告陳○璋固坦承其於上揭時、地置放該貨櫃等情無訛，惟矢口否認其有壅塞道路，致生公共危險之犯導，並辯稱：上開土地為伊與胡○章合夥購買，惟被人越走越寬，旁邊為市政府計畫之六米道路，行人應走該六米路出入才對，伊僅要凸顯問題，讓市政府計畫之六米道路，行人應走該六米路出入才對，伊僅要凸顯問題，讓市政府儘速解決伊私有土地使用問題云云。惟查(一)上揭土地為既成道路，平日供臺中市南區西川里居民出入，人車流量甚大一節，業據告訴人陳○華、張○義訴指訴在卷，又據證人即臺中市政府工務局技士何政傑、劉平義於本院審理中結證稱：該道自59年即通行迄今，旁邊之六米道路等有預算開闢之後，地主才可以申請廢道等語甚詳，足認上開道路雖為私有土地，但目前事實上為供公眾往來之道路，應堪認定。(二)又查被告置放上開貨櫃後，未設置任何警告標誌，且阻礙當地交通，造成人車出入不便，隨時有危險之發生等情，亦據證人即現場處理警員盧再添於偵查中證述綦詳，復有現場相片二十六幀及臺中市政府舉發違反道路交通管理事件通知單一紙在卷可資佐證，被告上揭行為已有妨礙當地交通往來，而生危險之虞，亦堪認定。(三)按權利之行使，不得違反公共利益或以損害他人為主要目的。民法第148條第1項定有明文。縱被告認其為上開土地所有權人，惟其亦明知該土地目前供公眾通行之用，如公眾之通行致其權利受損，應循正當合法之途徑解決，以行使權利，斷無以往來行人之生命、身體安全為賭注，以凸顯其目的之餘地，被告行為已明顯違反權利正當行使之法義。因之；被告上揭所辯，顯係卸

責之詞，委無可採。事證已臻明確，其犯行洵堪認定。

二、核被告所為，係犯刑法第185條第1項之妨害公眾往來安全罪。爰審酌被告犯罪之動機、手段、方法、目的、公眾所生危害之程度、及犯罪後之態度等一切情狀，量處如主文所示之刑。

據上論斷，應依刑事訴訟法第299條第1項前段，刑法第185條第1項罰金罰鍰提高標準條例第1條前段判決如主文。

中　華　民　國　　87　　年　　2　　月　　26　　日

法　官　張浴美

右正本證明與原本無異。

如不服本判決，應於送達後10日內向本院提出上訴狀（須附繕本），上訴於臺灣高等法院臺中分院。

書記官　林旭助

中　華　民　國　　87　　年　　2　　月　　27　　日

附錄論罪科刑法條

刑法第185條第1項：

損壞或壅塞陸路、水路、橋樑或其他公眾往來之設備或以他法致生往來之危險者，處五年以下有期徒刑，拘役或五百元以下罰金。

五、第二審

刑事上訴狀

案號：87年度訴字第50號

股別：通

被　告　陳○璋　年籍在卷

　　為被告因公共危險案件，不服臺灣臺中地方法院民國87年2月26日87年度訴字第50號刑事判決，依法提起上訴事：

　　頃接臺灣臺中地方法院87年度訴字第50號刑事判決，上訴人認難甘服，依法提起上訴。

　　　謹　狀

臺灣臺中地方法院　　轉呈

臺灣高等法院臺中分院　　公鑒

中　華　民　國　87　年　3　月　5　日

　　　　　　　具狀人　陳○璋　㊞

刑事上訴理由聲請調查證據狀

案號：87年度上訴字第776號

股別：遠

被　　　告　陳○璋　　　年籍在卷

選任辯護人　廖瑞鍠律師

　　　　　　吳光陸律師

為公共危險案件不服臺灣臺中地方法院民國87年2月26日87年度訴字第50號判決提出上訴理由事：

　　原審判決認定：陳○璋因不滿臺中市政府將其與胡○章（業經檢察官不起訴處分）合資所購買坐落臺中市南區半平厝段1101號土地，經年供作公眾道路行走，致其權益受損，竟以壅塞既成陸路之犯意，於民國86年10月27日凌晨5時許，將貨櫃一只橫放在臺中市南區忠明○路與崇○街交岔路口之崇○街道路上（即上揭土地），且未設置任何警告標誌，導致臺中市南區西川里居民無法由崇○街出入忠明○路，且致生公眾往來之危險，嗣經警據報於同日上午11時30分許，始排除該貨櫃之障礙，因認被告刑法第185條第1項之公共危險罪，判處罪刑。

　　按損壞或壅塞陸路、水路、橋樑或其他公眾往來之設備或以他法致生往來之危險者，處五年以下有期徒刑，拘役或五百元以下罰金，刑法第185條第1項定有明文，參照最高法院28年上字第3547號判例「刑法第185條第1項之規定，係為保護公眾往來交通上之安全而設，故其所謂水路，當然指可供公眾往來之水道而言，其壅塞非供公眾往來之水道，尚難以本條論擬。」，必須係供公眾往來之陸路，否則縱有人行走，亦不成立該罪。又壅塞之陸路，若未經編定為公共道路，而編為建宅用地，且居民尚有其他道路可供通行使用，則該道路所在之土地所有權人所為之壅塞，並不構成本罪，有實務見解可稽（參見第一審卷被證五）。

　　經查被告固有於前開時地放置貨櫃，但該處本非道路，其土地即臺中市南區半平厝段1101、1102、1103號等三筆土地係案外人胡○章所有，但因被告有出資參與購買，有權使用上開土地，業據證人胡○章於偵查中陳明綦詳，並有土地所有權狀及土地登記簿謄本在卷可稽，而其中1101號土地早於民國45年間經都市計畫編為住宅區（參見偵查卷被告86年11月24日辯護狀附被證二），計畫道路亦設在該土地旁（參見上開辯護狀附被證三），不在上開三筆土地上，然因他人為圖使用方便，均循舊習使用上開土地之一部分約二米寬之步道為道路，並越走越寬，致被告上開土地一大部分由他人行走，自己反而無

法行使，損及民法第765條規定「所有人於法令限制之範圍內，得自由使用、收益、處分其所有物，並排除他人之干涉。」之權利，卻仍需繳交地價稅、工程受益費等稅費。按上開土地既已編定為住宅區，附近亦有計畫道路，臺中市政府本應開闢，上開土地即非為道路，是被告放置貨櫃，依首開說明，自不成立犯罪。雖證人陳美華及盧再添證稱此處通行已有50年，證人臺中市政府工務局技士何政傑、劉平義證稱該路自民國58年通行迄今，但遍查全卷，並無任何文件證明。事實上，因該處為忠○路與崇○街口，而該崇○街係通行忠○路，不僅忠明南路開闢迄今未逾十年，此有附卷之工程受益費單據係民國84年者，該路豈有可能開闢50年，且崇○街亦係近年因有忠明南路始開闢，先前既無忠明南路可供連絡，豈有可能有崇○街？此可向臺中市政府查詢崇○街何時開闢？原來情況如何？何時設鋪柏油路？忠明南路何時開闢？如均未超過二十年，崇○街應非既成道路，本屬私人所有土地，被告放置貨櫃，合於民法第765條規定，應無違反刑法第185條第1項可言。退一步言，縱認上開道路為既成道路，但查：(一)該土地既經都市計畫編為住宅區，參照司法院大法官會議釋字第255號解釋「在實施都市計畫範圍內，道路規劃應由主管機關依都市計畫法之規定辦理，已依法定程序定有都市計畫並完成細部計畫之區域，其道路之設置，即應依其計畫實施，而在循法定程序規劃道路系統時，原即含有廢止非計畫道路之意……」及土地法第82條「凡編為某種使用地之土地，不得供其他用途之使用……」，該地之公用地役關係，亦因都市計畫之公告而當然廢止，是上開土地即非供公眾通行之通路，應非刑法第185條第1項之「陸路」，則被告放置貨櫃於上開土地，即不成立上開條項之犯罪。(二)因其旁之計畫道路臺中市政府迄不處理，被告為保護自己之財產權，履次陳情均無回應，不得已乃自費將該都市計畫六米道路上之障礙排除，並舖妥柏油，供人車往來通行，並於民國86年10月22日向臺中市政府工務局陳明上情，請求工務局准予將被告所有1101號土地上之柏油除去，使人車改由上開計畫道路通

行，以便被告使用所有之土地，則被告放置貨櫃後，人車本可通行該計畫道路，亦無造成壅塞可言，該日係因該計畫道路部分，被他人違規停車，以致通行不順，此有照片在偵查卷可稽，是縱有壅塞，應係他人非法停車之故，亦與被告無涉。(三)所謂「壅塞」，乃以有形障礙物堵塞，使無法往來，即須達到與損害同視之程度而遮斷陸路始足當之（參見第一審卷被證一）。本件被告放置貨櫃於上開土地前，不僅已將其旁計畫道路土地上之障礙排除並舖妥柏油，人車非不可通行，僅因其他車輛違規停放，致通行困難，且參照偵查卷所附照片，其旁仍有吊車吊開上開貨櫃，足見仍可通行車輛，亦無遮斷以致無法往來，尚難謂為「壅塞」。上開臺中市政府承辦人員何政傑、劉平義二人指稱之既成道路，究為多寬，是否全部均在上開胡顯章之所有土地上，未見證明，苟並非全部均在，則被告放置貨櫃，是否有占用既成道路，仍有疑問，並無證據證明，是被告所為，與該條項規定構成要件不符，應不成立犯罪。

次查，上開犯罪之成立，在主觀上必須行為人有壅塞道路致生公共危險之故意，本件被告實係因市政府既已經都市計畫公告在案，卻遲未付諸施行，被告於繳稅後無法行使所有權，有違憲法第15條「人民之生存權、工作權及財產權，應予保障。」之本旨，為凸顯上開不合理情形，始以貨櫃置放於上開土地上，並懸掛布條「還我土地！榨稅兼占土」、「左鄰右舍，事非得已，敬請見諒！」，足見被告所為意在表彰其所有權，並無壅塞陸路之故意，參酌其旁之計畫道路被告尚且自費開闢，益證被告仍注意交通通行，無壅塞之意，是被告應無犯罪故意，亦不成立犯罪。

綜上所述，被告所為在主客觀上皆與上開犯罪之要件不合，請諭知無罪。如　鈞院仍認有刑責，亦請體卹上情，斟酌其動機，並無惡意，從輕處罰。

　謹　呈

臺灣高等法院臺中分院　　公鑒

中　華　民　國　87　年　4　月　13　日

　　　　　　具　狀　人　陳○璋
　　　　　　選任辯護人　廖瑞鍠律師　㊞
　　　　　　　　　　　　吳光陸律師　㊞

刑事聲請調查證據狀

案號：87年度上訴字第776號

股別：遠

上　訴　人　陳○璋　年籍在卷

即　被　告

選任辯護人　吳光陸律師

為公共危險案件聲請調查證據事：

　　　請向臺中市政府查明下列事項：

一、光明六巷何時編定？何時開始鋪設柏油路面，當時寬度若干？

二、忠明南路（南屯路與復興路中間者）何時開闢？

三、光明六巷（現崇○街）在忠明南路口之計畫道路何時規劃？何以迄未開闢？又有此計畫道路，原有之光明六巷有無廢止，如未廢止，理由為何？以上事實，涉及該崇○街是否為既成道路，被告有無違反刑法第185條第1項之罪，請惠予查明。

　　　謹　呈

臺灣高等法院臺中分院　　公鑒

中　華　民　國　87　年　4　月　28　日

　　　　　　具　狀　人　陳○璋
　　　　　　選任辯護人　吳光陸律師　㊞

刑事陳報狀

案號：87年度上訴字第776號

股別：遠

陳報人　吳光陸律師

為陳報解除委任事：

　　鈞院87年度上訴字第776號公共危險案件，被告陳○璋曾委任吳光陸律師為選任辯護人，有刑事委任狀在卷可稽，茲經雙方解除上開委任，特此陳報。

　　謹　呈

臺灣高等法院臺中分院

中　華　民　國　87　年　6　月　7　日

　　　　　　具狀人　吳光陸律師　㊞

刑事辯護狀

案號：87年度上訴字第776號

股別：遠

被　　　告　陳○璋　年籍在卷

選任辯護人　廖瑞鍠律師

為公共危險案件依法辯護事：

　　按損壞或壅塞陸路、水路、橋樑或其他公眾往來之設備或以他法致生往來之危險者，處五年以下有期徒刑　拘役或五百元以下罰金，刑法第185條第1項定有明文，參照最高法院28年上字第3547號判例「刑法第185條第1項之規定，係為保護公眾往來交通上之安全而設，故其所謂水路，當然指可供公眾往來之水道而言，其壅塞非供公眾往

來之水道,尚難以本條論擬。」,必須係供公眾往來之陸路,否則縱有人行走,亦不成立該罪。又壅塞之陸路,若未經編定為公共道路,而編為建宅用地,且居民尚有其他道路可供通行使用,則該道路所在之土地所有權人所為之壅塞,並不構成本罪,有實務見解可稽(參見第一審卷被證五)。本案被告固有放置貨櫃於忠明南路與崇○街交岔路口之崇○街處,但該處是否為供公眾往來之陸路,為本案爭執點之一。

經查上開處所本非道路,亦非臺中市政府所有開闢為道路者,其坐落之臺中市南區半平厝段1101、1102、1103號等三筆土地係案外人胡○章所有,但因被告有出資參與購買,有權使用上開土地,業據證人胡○章於偵查中陳明甚詳,並有土地所有權狀及土地登記簿謄本在卷可稽,而其中1101號土地地目為田,早於民國45年間經都市計畫編為住宅區 其他之1102號土地地目為建,1103號土地地目為田(參見偵查卷被告86年11月24日辯護狀附被證一及被證二),地目均非「道」,足見應非公設道路,供公眾通行 而計畫道路設在該土地旁(參見上開辯護狀附被證三),不在上開三筆土地上,亦有臺中市政府函在卷可稽,僅因他人為圖使用方便,均循舊習使用上開土地之一部分約二米寬之步道為道路,並越走越寬,亦據證人張○義陳明在卷,致被告上開土地一大部分由他人行走,自己反而無法使用,損及民法第765條規定「所有人於法令限制之範圍內,得自由使用、收益、處分其所有物,並排除他人之干涉。」之權利,卻仍須繳交地價稅、工程受益費等稅費。按上開土地既已編定為住宅區,地目為建、田,並非道路,附近亦有計畫道路,臺中市政府本應開闢,是被告在自己土地上放置貨櫃,應屬所有權之正當行使,依首開說明,自不成立犯罪。雖原審判決依證人陳○華等人證言,認此為既成道路,判決有罪,但查依臺中市政府民國87年5月18日八七府工土字第67774號函說明三,無資料可查崇○街之柏油何時鋪設,則此路是否已通行達二十年以上,顯無證據足以證明,豈能遽認為既成道路?另依該函

説明五，該街所通行之忠明南路，即南屯路至復興路中間者，係74年度開闢，參照證人陳○槐證稱光明六巷係民國85年8月起改編為崇○路，則在民國74年以前，既無忠明南路以為通行，斯時何有可能有此光明六巷？縱或有之，因當時尚無忠明南路，該光明六巷在上開土地處，亦非當然有道路（即光明六巷並未通到上開土地），在無足夠之證據下，自不能遽認為既成道路。至所提航測圖，亦不足以證明為既成道路，此觀該圖所示之忠明南路以西之崇○街在該圖上亦有顯示，但依上開函說明四，此路係民國85年開闢，既係民國85年開闢，何以航測圖有此道路圖繪？甚至此處之圖繪有特別顯明劃線，不同其他處，足見此圖上之道路應為計畫道路之繪製，並非已存在之道路。

　　按法律係追求公平正義，而法律之規範，不僅包括人民，亦包括政府，以符法律之前人人平等及追求公平正義之本旨，茲依上開臺中市政府函所示，該處在民國64年即已公布劃定有計畫道路，但迄今已逾二十年該府迄未開闢，參見該府民國86年9月18日八六府工土字第128078號函（附第一審卷第36頁），已有建商及他人建議變更都市計畫之道路，透過省議員為之，足見臺中市政府未予開闢，實係一定壓力，並非財政問題，參照都市計畫法第21條及都市計畫法臺灣省施行細則第9條，臺中市政府本應於一定時間內實施該都市計畫，豈可拖延，甚至未經土地所有權人同意，強予鋪設柏油，占用人民土地？尤其上開1101號土地早於民國45年都市計畫已編為住宅區，1102號土地地目為建，均可建築使用，臺中市政府豈可忽視土地所有權人之正當權益，廢馳職務，不開闢應開闢之道路，強用被告土地？況依司法院大法官會議釋字第255號解釋「在實施都市計畫範圍內，道路規劃應由主管機關依都市計畫法之規定辦理，已依法定程序定有都市計畫並完成細部計畫之區域，其道路之設置，即應依其計畫實施，而在循法定程序規畫道路系統時，原即含有止廢止非計畫道路之意，於計畫道路開闢完成，可供公眾通行後，此項非計畫道路，無繼續供公眾通行必要時，主管機關自得本於職權或依申請廢止之。……及其解釋理

由書「按城市區域道路溝渠及其他公共使用之土地,依土地法第90條規定,應依都市計畫法預為規定之,都市計畫之市鎮計畫,應先擬定主要計畫書,表明主要道路及其他公眾運輸系統,主要計畫公布實施後,應繼續完成細部計畫,表明道路系統,其主要計畫及細部計畫,均應送由該管政府或鄉鎮(縣轄市)都市計畫委員會審議,在審議前應公開展覽,於公開展覽期間,任何公民或團體均得提出意見,由都市計畫委員會審議,審議結果並應報請上級政府核定後公布實施。此為都市計畫法第15條第1項第6款、第17條至第21條、第22條第1項第5款及第23條所明定。是在實施都市計畫範圍內道路之規劃,既應依上述法定程序確定,任何有關之公民或團體,亦均有機會知悉道路設置之狀況並提出意見,則在該計畫確定後,即應依其計畫實施,而在循法定程序規劃道路系統時,原即含有廢止非計畫道路之意,於計畫道路開闢完成可供公眾通行後,此項非計畫道路,無繼續供公眾通行必要時,主管機關本於職權或依申請廢止之,乃符合都市計畫法立法意旨之行政行為。」,則在有都市計畫道路時,即應開闢,並當然有廢止既成道路之意,是縱上開處所為既成道路,但在有都市計畫道路時,即當然有廢止該處為既成道路之效果,是上開土地應非既成道路,依首開說明,被告自不成立刑法第185條第1項之犯罪。

次查本案係因其旁之計畫道路臺中市政府迄不處理,被告為保護自己之財產權,屢次陳情均無回應,不得已乃自費將該都市計畫六米道路上之障礙排除,並鋪妥柏油,供人車往來通行,並於民國86年10月22日向臺中市政府工務局陳明上情,請求工務局准予將被告所有1101號土地上之柏油除去,使人車改由上開計畫道路通行,以便被告使用上開所有之土地,則被告放置貨櫃後,人車本可通行該計畫道路,亦無造成壅塞可言,該日係因該計畫道路部分,被他人違規停車,以致通行不順,此有照片在偵查卷及 鈞院卷可稽,是縱有壅塞,應係他人非法停車之故,亦與被告無涉。

末查上開犯罪之成立,在主觀上必須行為人有壅塞道路致生公共

危險之故意，本件被告實係因臺中市政府既已都市計畫公告在案，卻遲未付諸施行，被告於繳稅後無法行使所有權，有違憲法第15條「人民之生存權、工作權及財產權，應予保障。」之本旨，為凸顯上開不合理情形，始以貨櫃置放於上開土地上，並懸掛布條「還我土地！榨稅兼占土」、「左鄰右舍，事非得已，敬請見諒！」，足見被告所為意在表彰其所有權，凸顯上開不合理情形，希引起臺中市政府注意，促其守法，並無壅塞陸路之故意，參酌其旁之計畫道路被告尚且自費開闢，益證被告仍注意交通通行，無壅塞之意，是被告應無犯罪故意，亦不成立犯罪。

　　綜上所述，本件實係臺中市政府違法不處理應開闢之道路，再加上當日他人在該處違規停車，是有違法者，應非被告，被告所為在主客觀上皆與上開犯罪之要件不合，請諭知無罪。如　鈞院仍認有刑責，亦請體卹上情，斟酌其動機，並無惡意，從輕處罰

　　謹　呈
臺灣高等法院臺中分院　　公鑒

中　華　民　國　　87　年　　6　月　　12　日

　　　　具　狀　人　陳○璋
　　　　選任辯護人　廖瑞鍠律師　[印]

臺灣高等法院臺中分院刑事判決

87年度上訴字第776號

上　訴　人　陳○璋　男　46歲　（民國　）
即　被　告　　　　住臺中縣大里市
　　　　　　　　　身分證統一編號：

選任辯護人　廖瑞鍠律師

右上訴人因公共危險案件，不服臺灣臺中地方法院87年度訴字第50號中華民國87年2月26日第一審判決（起訴案號：臺灣臺中地方法院檢察署86年度偵字第22320號），提起上訴，本院判決如下：

　　主　文

原判決撤銷。

陳○璋壅塞陸路，致生往來之危險，處拘役肆拾日。

　　事　實

一、緣陳○璋與胡○章（另經檢察官不起訴處分）所合資購買之坐落臺中市南區半平厝段1101地號，其中部分土地係屬既成道路（該道路原名臺中市光明六巷，嗣經改路名為臺中市崇○街），陳○璋因認其權益受損，竟以壅塞既成道路之犯意，於民國（下同）86年10月27日凌晨5時許，囑不知情而已成年之貨櫃車司機，將貨櫃一只橫放在臺中市崇○街與忠明南路交岔口，且未設置任何警告標誌，導致民眾無法由崇○街出入忠明南路，致生公眾往來之危險，嗣經警據報於同（27）日上午11時30分許，始排除該貨櫃之障礙。

二、案經臺中市南區西川理居民陳○華告發由臺中市警察局第二分局報請臺灣臺中地方法院檢察署檢察官偵查起訴。

　　理　由

一、訊據上訴人即被告陳○璋（以下稱被告）對於其曾於前揭時間，囑貨櫃車司機，將貨櫃一只橫放在臺中市崇○街與忠明南路交岔

口等情固不諱言，惟否認有壅塞陸路情事，辯稱：該處所本非道路，亦非臺中市政府所開闢之道路，僅因他人為圖使用方便，均循舊習使用上開土地之一部分約二米寬之步道為道路，並越走越寬。按上開土地既已經編定為住宅區，地目並非道路，附近亦有計畫道路，臺中市政府本應開闢，但臺中市政府迄不處理，伊為保護自己之財產權，履次陳情均無回應，不得已乃自費將該都市計畫六米道路上之障礙排除，並鋪妥柏油，供人車往來通行，並於86年10月22日向臺中市政府工務局陳明上情，請求工局准予將系爭土地1101號土地上之柏油除去，使人車改由上開計畫道路通行，以使伊使用系爭土地。伊在自己土地放置貨櫃，應屬所有權之正當行使，且伊放置貨櫃後，人車本可通行該計畫道路，亦無造成壅塞情事，自不成立犯罪云云。惟查前揭臺中市南區半平厝段1101地號，其中部分土地係屬既成道路，該道路原名臺中市光明六巷，嗣經改路名為臺中市崇○街，業據告發人陳○華指陳甚詳（見偵查卷第11、36頁、原審卷第17、18頁、本院卷第29頁），並經證人即附近居民張○義、陳○槐及臺中市政府工務局支佐劉○義、技士何○傑證述甚詳（見偵查卷第36、37頁、原審卷第30、31頁、本院卷第29、30、31頁），並據臺中市政府87年5月18日八十府工土字第67774號函載述甚詳（見本院卷第42至44頁），且有現場廿五幀附卷可稽（見偵查卷第18、31、32、49至51頁）。足見上開道路雖為私有土地，但目前事實上為供公眾往來之既成道路，應堪認定。復查被告於前揭時間，囑貨櫃車司機，將貨櫃一只橫放在臺中市崇○街與忠明南路交岔口，且未設置任何警告標誌，導致民眾無法由崇○街出入忠明南路，且致生公眾往來之危險等情，亦據證人即現場處理警員盧再添於偵查中證述綦詳（見偵查卷第26、27頁），並有前揭現場照片及臺中市警察局舉發違反道路交通管理事件通知單一紙在卷可資佐證（見偵查卷第18頁），足徵被告上揭行為已有妨礙當地交通，致生往

來之危險。再按權利之行使，不得違反公共利益或以損害他人為主要目的，民法第148條第1項定有明文。本件被告明知前揭既成道路目前供公眾通行之用，如認公之通行致其權利受損，則應循正當合法之途徑解決，乃被告竟以往來民眾之生命、身體安全為賭注，顯見被告之行為已違反權利正當行使之規定。綜上各情，被告確有前揭壅塞陸路，致生往來危險情事要無疑義，其所為前述辯解，係屬事後卸責之詞，不足採信，職是，被告之犯行堪以認定。

二、核被告所為，係犯刑法第185條第1項之壅塞陸路，致生往來危險罪。被告係囑不知情而已成年之貨櫃車司機，將貨櫃一只橫放在臺中市崇○街與忠明南路交岔口，而壅塞陸路，為間接正犯。

三、原審認定被告罪證明確，予以論罪科刑，固非無見，然查被告係囑不知情而已成年之貨櫃車司機，將貨櫃一只橫放在臺中市崇○街與忠明南路交岔口，而壅塞陸路，為間接正犯，惟原審未為斯認定，容有未洽。被告上訴意旨否認犯罪，雖無可取，惟原判決既有可議，即無可維持，應由本院將原判決撤銷改判，爰審酌被告犯罪之動機、手段、所生危害及犯罪後態度等一切情狀，量處如主文第二項所示之刑。

據上論斷，應依刑事訴訟法第369條第1項前段、第364條、第299條第1項前段、刑法第185條第1項、罰金罰鍰提高標準條例第1條前段，判決如主文。

本案經檢察官蔡秀男到庭執行職務。

中　華　民　國　87　年　7　月　8　日

臺灣高等法院臺中分院刑事第七庭
審判長法　官　劉連星
法　官　林照明

　　　　　　　　　　法　官　吳三龍

右正本證明與原本無異。

如不服本判決應於收受送達後10日內向本院提出上訴書狀，其未敘述
上訴理由者並得提起上訴後10日內向本院補提理由書（均須按他造當
事人之人數附繕本）。

　　　　　　　書記官　鄭公元　印

中　華　民　國　　87　年　　7　月　　10　日

附錄論罪科刑法條：

刑法第185條第1項：

損壞或壅塞陸路、水路、橋樑或其他公往來之設備或以他法致生往來
之危險者，處五年以下有期徒刑、拘役或五百元以下罰金。

六、第三審

刑事上訴狀

原審案號：臺灣高等法院臺中分院87年度上訴字第776號

股別：遠

上訴人　陳○璋　男　年籍在卷

即被告

為公共危險案件，不服臺灣高等法院臺中分院民國87年7月8日87年度
上訴字第776號刑事判決，依法上訴事：

　　被告因公共危險案件，頃接臺灣高等法院臺中分院判處罪刑之判
決，因不服該判決，為此聲明上訴。

　　上訴理由容后補呈。

　　謹　狀

臺灣高等法院臺中分院　　轉呈
　　　最高法院　　公鑒

中　華　民　國　87　年　7　月
　　　　具狀人　陳○璋　印

刑事上訴理由狀

原審案號：臺灣高等法院臺中分院87年度上訴字第776號
股別：遠
上訴人　陳○璋　年籍在卷
即被告
為公共危險案件依法提出上訴理由事：

　　原審判決認定：陳○璋與胡○章（另經檢察官不起訴處分）所合資購買之坐落臺中市南區半平厝段1101地號，其中部分土地係屬既成道路（該道路原名臺中市光明六巷，嗣經改路名為臺中市崇○街），陳○璋因認其權益受損，竟以壅塞既成道路之犯意，於民國（下同）86年10月27日凌晨5時許，囑不知情而已成年之貨櫃車司機，將貨櫃一只橫放在臺中市崇○街與忠明南路交岔口，且未設置任何警告標誌，導致民眾無法由崇○街出入忠明南路，致生公眾往來之危險，嗣經警據報於同（二十七）日上午11時30分許，始排除該貨櫃之障礙，因認有犯刑法第185條第1項之罪。

　　參照最高法院28年上字第3547號判例「刑法第185條第1項之規定，係為保護公眾往來交通上之安全而設，故其所謂水路，當然指可供公眾往來之水道而言，其壅塞非供公眾往來之水道，尚難以本條論擬。」，刑法第185條第1項之道路必須係供公眾往來之陸路，否則縱有人行走，亦不成立該罪。又壅塞之陸路，若未經編定為公共道路，而編為建宅用地，且居民尚有其他道路可供通行使用，則該道路所在

之土地所有權人所為之壅塞，並不構成本罪，有實務見解可稽（參見第一審卷被證五）。本案被告固有囑司機放置貨櫃於忠明南路與崇○街交岔路口之崇○街處，但該處是否為供公眾往來之陸路，即是否如原審判決所認定之既成道路，為本案爭執點之一。

　　原審法院雖認定上開道路為既成道路，但查：(一)其中：1101號土地地目為田，早於民國45年間經都市計畫編為住宅區，其他之1102號土地地目為建，1103號土地地目為田（參見偵查卷被告86年11月24日辯護狀附被證一及被證二），地目均非「道」，足見應非公設道路，供公眾通行，而臺中市政府計畫道路設在該土地旁（參見上開辯護狀附被證三），不在上開三筆土地上，亦有臺中市政府函在卷可稽，僅因他人為圖使用方便，均循舊習使用上開土地之一部分約二米寬之步道為道路，並越走越寬，亦據證人張隆義在原審陳明在卷，致被告上開土地一大部分由他人行走，自己反而無法使用，損及民法第765條規定「所有人於法令限制之範圍內，得自由使用、收益、處分其所有物，並排除他人之干涉。」之權利，但仍須繳交地價稅、工程受益費等稅費。按上開土地既已編定為住宅區，地目為建、田，並非道路，附近亦有計畫道路，臺中市政府本應開闢，是此應非既成道路。(二)依臺中市政府民國87年5月18日八七府工土字第67774號函說明三，無資料可查崇○街之柏油何時鋪設，則此路是否已通行達二十年以上，顯無證據足以證明，豈能遽認為既成道路？另依該函說明五，該街所通行之忠明南路，即南屯路至復興路中間者，係74年度開闢，參照證人陳永槐證稱光明六巷係民國85年8月起改編為崇○路，則在民國74年以前，既無忠明南路以為通行，斯時何有可能有此光明六巷？縱或有之，因當時尚無忠明南路，該光明六巷在上開土地處，亦非當然有道路（即光明六巷並未通到上開土地），在無足夠之證據下，自不能遽認為既成道路。

　　退一步言，縱認該處為既成道路，但其旁在民國64年即已公布劃定有計畫道路，但迄今已逾二十年該府迄未開闢，參見該府民國86年

9月18日八六府工土字第128078號函（附第一審卷第36頁），已有建商及他人建議變更都市計畫之道路，並透過省議員為之，足見臺中市政府未予開闢，實係一定壓力，並非財政問題，參照都市計畫法第21條及都市計畫法臺灣省施行細則第9條，臺中市政府本應於一定時間內實施該都市計畫，豈可拖延，甚至未經土地所有權人同意，強予鋪設柏油，占用人民土地？尤其上開1101號土地早於民國45年都市計畫已編為住宅區，1102號土地地目為建，均可建築使用，臺中市政府豈可忽視土地所有權人之正當權益，廢弛職務，不開闢應開闢之道路，強用被告土地？況依司法院大法官會議釋字第255號解釋「在實施都市計畫範圍內，道路規劃應由主管機關依都市計畫法之規定辦理，已依法定程序定有都市計畫並完成細部計畫之區域，其道路之設置，即應依其計畫實施，而在循法定程序規劃道路系統時，原即含有止廢止非計畫道路之意，於計畫道路開闢完成，可供公眾通行後，此項非計畫道路，無繼續供公眾通行必要時，主管機關自得本於職權或依申請廢止之。」及其解釋理由書「按城市區域道路溝渠及其他公共使用之土地，依土地法第90條規定，應依都市計畫法預為規定之，都市計畫之市鎮計畫，應先擬定主要計畫書，表明主要道路及其他公眾運輸系統，主要計畫公布實施後，應繼續完成細部計畫，表明道路系統，其主要計畫及細部計畫，均應送由該管政府或鄉鎮（縣轄市）都市計畫委員會審議，在審議前應公開展覽，於公開展覽期間，任何公民或團體均得提出意見，由都市計畫委員會審議，審議結果並應報請上級政府核定後公布實施。此為都市計畫法第15條第1項第6款、第17條至第21條、第22條第1項第5款及第23條所明定。是在實施都市計畫範圍內道路之規劃，既應依上述法定程序確定，任何有關之公民或團體，亦均有機會知悉道路設置之狀況並提出意見，則在該計畫確定後，即應依其計畫實施，而在循法定程序規劃道路系統時，原即含有廢止非計畫道路之意，於計畫道路開闢完成可供公眾通行後，此項非計畫道路，無繼續供公眾通行必要時，主管機關本於職權或依申請廢止之，

乃符合都市計畫法立法意旨之行政行為。」，則在有都市計畫道路時，即應開闢，並當然有廢止既成道路之意，則上開道路亦非既成道路。

依上所述，上開土地應非既成道路，則依首開說明，被告自不成立刑法第185條第1項之罪。

次查本案事實發生係因其旁之計畫道路臺中市政府迄不處理，被告為保護自己之財產權，履次陳情均無回應，不得已乃自費將該都市計畫六米道路上之障礙排除，並鋪妥柏油，供人車往來通行，並於民國86年10月22日向臺中市政府工務局陳明上情，請求工務局准予將被告所有1101號土地上之柏油除去，使人車改由上開計畫道路通行，以便被告使用上開所有之土地，則被告放置貨櫃後，人車本可通行該計畫道路，亦無造成壅塞可言，該日係因該計畫道路部分，被他人違規停車，以致通行不順，此有照片在偵查卷及鈞院卷可稽，是縱有壅塞，應係他人非法停車之故，亦與被告無涉。

末查本件犯罪之成立，在主觀上必須行為人有壅塞道路致生公共危險之故意。被告實係因臺中市政府既已都市計畫公告在案，卻遲未付諸施行，被告於繳稅後無法行使所有權，有違憲法第15條「人民之生存權、工作權及財產權，應予保障。」之本旨，為凸顯上開不合理情形，始以貨櫃置放於上開土地上，並懸掛布條「還我土地！榨稅兼占土」、「左鄰右舍，事非得已，敬請見諒！」，足見被告所為意在表彰其所有權，凸顯上開不合理情形，希引起臺中市政府注意，促其守法，並無壅塞陸路之故意，參酌其旁之計畫道路被告尚且自費開闢，益證被告仍注意交通通行，無壅塞之意，是被告應無犯罪故意，亦不成立犯罪。

綜上所述，原審判決就被告於原審上開所指摘各情（參見原審卷民國87年6月12日辯護狀），均未說明何以不採之理由，且就其中刑法第185條第1項、最高法院28年上字第3547號判例、司法院大法官會議釋字第255號解釋均未妥適適用，應有刑事訴訟法第379條第14款之

判決不載理由及第378條不適用法則及適用不當之違背法令，請撤銷改判無罪，以免冤抑。

　　謹　呈

臺灣高等法院臺中分院　　轉呈

　　　　最高法院　　公鑒

中　華　民　國　87　年　7　月　23　日

　　　　　　具狀人　陳○璋　印

最高法院刑事判決

89年度臺上字第3954號

上訴人　陳○璋　男　民國

　　　　　身分證統一編號：

　　　　　住臺灣省臺中縣

右上訴人因公共危險案件，不服臺灣高等法院臺中分院中華民國87年7月8日第二審判決（87年度上訴字第776號，起訴案號：臺灣臺中地方法院檢察署86年度偵字第22320號），提起上訴，本院判決如下：

　　　主　文

上訴駁回。

　　　理　由

按刑事訴訟法第377條規定，上訴於第三審法院，非以判決違背法令為理由，不得為之。是提起第三審上訴，應以原判決違背法令為理由，係屬法定要件。如果上訴理由狀並未依據卷內訴訟資料，具體指摘原判決不適用何種法則或如何適用不當，或所指摘原判決違法情事，顯與法律規定得為第三審上訴理由之違法情形，不相適合時，均應認其上訴為違背法律上之程式，予以駁回。本件上訴人陳○璋上

訴意旨略稱：(一)坐臺中市南區半平厝段1101地號土地（下稱系爭土地）地目為田，早於民國45年間經都市計畫編為住宅區，足見該地應非公設道路。而臺中市政府計畫道路設在該土地旁，亦有臺中市政府函在卷可稽。系爭土地僅因他人為圖使用方便，均循舊習使用上開土地之一部分約二米寬之步道為道路，並越走越寬，亦據證人張隆義在原審陳明在卷，致損及上訴人依民法第765條規定之所有人權利。(二)依臺中市政府87年5月18日八七府工土字第67774號函說明三所示，既無資料可查崇○街之柏油何時鋪設，則此路是否已通行達二十年以上，顯無證據足以證明，豈能遽認為既成道路？(三)縱認該地為既成道路，但其旁之計畫道路在64年即已公布劃定，臺中市政府豈可忽視土地所有權人之正當權益，廢馳職務，不開闢應開闢之道路，強用上訴人之系爭土地？況依司法院大法官會議釋字第255號解釋，亦認在有都市計畫道路時，即應開闢，並當然有廢止既成道路之意，則上開道路亦非既成道路，而刑法第185條第1項之道路必須係供公眾往來之陸路，故上訴人自不成立該條之罪。(四)上訴人已自費將系爭土地旁之該都市計畫六米道路上之障礙排除，並舖妥柏油，供人車往來通行，且向臺中市政府工務局陳明上情，請求准予將系爭土地上之柏油除去，使人車改由上開計畫道路通行，案發日係因該計畫道路部分，被他人違規停車，以致通行不順，是縱有壅塞，亦與上訴人無涉。(五)上訴人實係因臺中市政府既已公告都市計畫在案，卻遲未付諸施行，開闢計畫道路，致影響上訴人行使系爭土地之所有權，為凸顯上開不合理情形，始以貨櫃置放於系爭土地上，並懸掛布條，足見上訴人並無壅塞陸路之犯罪故意。(六)原判決就上訴人於原審上開所指摘各情，均未說明何以不採之理由，自有判決不載理由、不適用法則及適用法則不當之違背法令云云。

惟查：原判決撤銷第一審判決，改判論處上訴人壅塞陸路，致生往來之危險罪刑，已說明所憑之證據及認定之理由。而(一)認定事實與證據取捨，乃事實審法院之職權，苟其事實之認定及證據之取

捨,並不違背經驗法則與論理法則,即不容任意指為違法而執為上訴第三審之理由。原判決依卷證資料,認上訴人與胡○章(另經檢察官不起訴處分)所合資購買之系爭土地,其中部分土地係屬既成道路(該道路原名臺中市光明六巷,嗣經改路名為臺中市崇○街),上訴人因認其權益受損,竟以壅塞既成道路之犯意,於86年10月27日凌晨5時許,囑不知情而已成年之貨櫃車司機,將貨櫃一只橫放在臺中市崇○街與忠明南路交岔口,且未設置任何警告標誌,導致民眾無法由崇○街出入忠明南路,致生公眾往來之危險,嗣經警據報於同日上午11時30分許,始排除該貨櫃之障礙等情。已敘明上訴人對於其曾於前揭時間,囑貨櫃車司機,將貨櫃一只橫放在臺中市崇○街與忠明南路交岔口等情,已不諱言,且系爭土地之部分土地係屬既成道路,該道路原名臺中市光明六巷,嗣經改路名為臺中市崇○街,業據告發人陳美華及證人即附近居民張○義、陳○槐暨臺中市政府工務局技佐劉○義、技士何○傑陳證甚詳,並有臺中市政府八七府工土字第67774號函及現場照片附卷可稽,堪認上開道路雖為私有土地,但事實上為供公眾往來之既成道路。又說明上訴人於前揭時間,囑貨櫃車司機,將貨櫃一只橫放在臺中市崇○街與忠明南路交岔口,且未設置任何警告標誌,導致民眾無法由崇○街出入忠明南路,且致生公眾往來之危險等情,亦據證人即至現場處理之警員盧再添於偵查中證述綦詳,並有前揭現場照片及臺中市警察局舉發違反道路交通管理事件通知單在卷可資佐證,足徵上訴人前揭行為已妨礙當地交通,致生往來之危險。再敘明權利之行使,不得違反公共利益或以損害他人為主要目的,民法第148條第1項定有明文。本件上訴人明知前揭既成道路目前供公眾通行之用,如其認公眾之通行致其權利受損,則應循正當合法之途徑解決,乃上訴人竟以往來民眾之生命、身體安全為賭注,顯見上訴人之行為已違反權利正當行使之規定等情。因認上訴人確有壅塞陸路,致生往來危險之行為,為其所憑之證據及認定之理由。而以上訴人否認犯罪,辯稱:該處所本非道路,亦非臺中市政府所開闢之道路,僅

因他人為圖使用方便，均循舊習使用上開土地之一部分約二米寬之步道為道路，並越走越寬。按上開土地既已經編定為住宅區，地目非道路，附近亦有計畫道路，臺中市政府本應開闢，但臺中市政府迄不處理，伊為保護自己之財產權，屢次陳情均無回應，不得已乃自費將該都市計畫六米道路上之障礙排除，並鋪妥柏油，供人車往來通行，並於86年10月22日向臺中市政府工務局陳明上情，請求工務局准予將系爭土地上之柏油除去，使人車改由上開計畫道路通行，以利伊使用系爭土地。伊在自己土地放置貨櫃，應屬所有權之正當行使，且伊放置貨櫃後，人車本可通行該計畫道路，亦無造成壅塞情事，自不成立犯罪云云，乃卸責之詞，不可採信，於理由詳加說明及指駁。經核所為論敘，均與卷內證據資料相符，從形式上觀察，並無認定事實不依證據或有何採證違背經驗法則、論理法則等違法情形存在。(二)司法院大法官會議釋字第255號解釋係謂：「在實施都市計畫範圍內，道路規劃應由主管機關依都市計畫法之規定辦理，已依法定程序定有都市計畫並完成細部計畫之區域，其道路之設置，即應依其計畫實施，而在循法定程序規劃道路系統時，原即含有廢止非計畫道路之意，於計畫道路開闢完成，可供公眾通行後，此項非計畫道路，無繼續供公眾通行必要時，主管機關自得本於職權或依申請廢止之。……」，是依該解釋意旨，如欲廢止非計畫道路，須於計畫道路開闢完成可供公眾通行後，且此項非計畫道路無繼續供公眾通行必要時，主管機關始得本於職權或依申請廢止之，非主管機關在循法定程序規劃道路系統時，此項非計畫道路即認已經廢止。而系爭土地旁之六米計畫道路，因臺中市政府尚未有預算，故迄未能開闢乙節，亦經證人劉○義於一審調查時結證無訛（見一審卷第31頁），是主管機關現尚不能本於職權或依申請廢止前開既成道路。原判決就此雖未於理由中說明上訴人此項辯解不足採之理由，稍嫌理由不備，但此既於原判決顯然無影響，依刑事訴訟法第380條規定，自不得為上訴第三審之理由。至於其餘之爭辯，則屬單純事實之爭執，亦非適法之第三審上訴理由。上

訴意旨,徒憑己見,就原判決已說明事項或屬原審採證認事職權之適法行使,任意指摘為違法,顯與法律規定得為第三審上訴理由之違法情形,不相適合。

其上訴違背法律上之程式,應予駁回。

據上論結,應依刑事訴訟法第395條前段,判決如主文。

中　華　民　國　89　年　8　月　17　日

最高法院刑事第十二庭
審判長法官　陳炳煌
法官　陳正庸
法官　陳世雄
法官　徐文亮
法官　吳信銘

右正本證明與原本無異

書記官　張廣文　印

中　華　民　國　89　年　8　月　24　日

參、檢討與分析

按土地所有權人依法本可使用、收益自己之土地,但因他人行走,導致自己無法使用,只有繳稅義務,政府在旁邊之計畫道路不開闢,如此導致人民爭取權利而觸犯法律,法院就此應從輕處罰,始為妥當,然就同一事實,一、二審判刑有如此不同,值得檢討。

第九節　過失致人於死罪

壹、背景說明

　　本件係一單純之過失致人於死罪，重點在於何人是肇事者，即在二人互推情形下，如何判斷肇事者，雖然被告在偵查中有自白，但是在審判中又否認，過程曲折。本件雖是由軍法單位處理，但軍法單位在審判中之認真，不因自白即草率判斷，令人佩服。

　　事實過程係A、B、C三人在軍中服役，假日休假時，三人出遊，A、B二人坐前座，C在後座，汽車係B之家人者，在行駛至臺中縣與彰化縣交界處之大肚橋，因超速不及轉彎，撞及電線桿，致坐在後座之C當場死亡，A、B受傷，A稱B駕駛，B稱A駕駛，由於B之家人事後將車出售他人已解體，無法比對駕駛盤之血跡為何人所有，警方開始偵辦時亦未注意，導致事後二人互推，最後軍事法庭以學理依法判決，但被告之家屬亦委託權威法醫提出不同之學理，有趣的是被告之測謊通過，是本案究何人開車，實撲朔迷離，一般稱科學辦案，本件可謂為一典範，值得參考。

　　筆者僅辦理第一審及事後之民事賠償訴訟，其他程序未參與，又偵查筆錄及審判資料不完全，茲就僅有之資料及不完全之筆錄附於本書，以為討論。

貳、偵查程序

　　偵查中分為兩部分，一為黃○良為主，一為陳○南為主，偵查結果後者起訴，前者不起訴。

陸軍步兵第二三四師司令部偵查筆錄

中華民國85年偵字第18號黃○良過失致死案於85年6月21日下午10時，在本部第二偵查庭訊問出席職員如下：

軍事檢察官　巫志偉

本日到庭者為：證人許○基

點呼許○基　　入庭

問：姓名、年齡、籍貫、職階、任職或服役之期間，單位名稱，或番號及駐地或住居所？

答：許○基，男（63年9月6日生）臺灣省彰化縣人，本部支指部本部連，中尉連長，兵號：地B○○○○號，身分證字號：N○○○○號，籍設：彰化縣田中鎮北路里○○號○○號，官預44期。

問：黃○良認識否？有無親戚關係？

答：是我連上弟兄，無前述關係。

諭證人作證義務及偽證罪處罰具結。

問：何時接任連長職務？

答：於85年5月2日接任連長職務，之前則擔任支指部本部連副連長職務。

問：黃○良何時出院返部？狀況如何？

答：黃員於85年6月稱因國軍803醫院要黃○良至精神科部分接受診治，但其家人不願意，故803醫院要求其返部，接受約診（每週五），目前狀況則對連上弟兄的姓名都已漸漸恢復記憶，有時聽他說：頭會痛，其他無特別狀況。

問：回到連上後其記憶恢復狀況？

答：回到連上後，各項記憶均已恢復，但偶而會想睡覺（白天），大致上，記憶恢復狀況良好。

問：黃○良知否曾於85年3月31日發生車禍之情事？

答：據其家人告知，黃員已知有車禍之事。

問：目前黃○良在連上是否繼續接受診治？

答：每週固定由其家人帶至803醫院接受診治。

問：有無補充？

答：無。

問：以上所言實在否？

答：實在。

庭諭：證人訊畢飭回，退庭。

上筆錄當庭交證人親閱無訛後始命簽捺。

證人　許○基（簽名）

中　華　民　國　85　年　6　月　21　日

軍事檢察官　巫志偉（自制）

按：此為檢察官自行訊問並製作之筆錄。

陸軍步兵第二三四師司令部偵查筆錄

中華民國85年偵字第18號黃○良過失致死案於85年6月21日下午10時15分，在本部軍法組偵查庭訊問出席職員如下：

軍事檢察官　巫志偉
書記官　方偉皓

本日到庭者為：被告黃○良

點呼黃○良　　入庭

問：姓名、年齡、籍貫、職階、任職或服役之期間，單位名稱，或番
　　號及駐地或住居所？

答：黃○良，61年12月31日生，臺灣省臺中縣人，本部支指部本部連
　　下士，兵號：地B○○○○，身分證字號：L○○○○，籍設，
　　臺中縣沙鹿鎮埔子里○○路○○號。

問：有無戰功績，直屬長官之姓名、職階、單位名稱或番號及其駐在地？

答：無，中尉連長許○基，臺中后里。

問：前科？

答：無。

問：役別？

答：84年9月6日嘉義崎頂入伍，2年義務役。

問：教育程度。

答：大學畢。

問：家況，目前身體狀況如何？

答：父、母、姐一、妹一、弟一。除了偶有頭疼行動遲緩外，餘無其他病痛。

問：85年3月30日你是否在營外。

答：我在85年3月28日18:00休假至85年3月31日21:00收假，在營外。

問：85年3月30日晚間之行程？

答：85年3月30日晚上我開車至臺中朝馬載由臺北南下之陳○南，之後由他開車至陳○志家中接陳○志後一起外出，我們一起去吃宵夜，之後我們至美術館附近之PUB聊天，其間認識兩名基督書院學生，黃○儀及黃○芬。大約凌晨3時許離開PUB至KTV（地點我忘記了）唱歌。大約5點左右離開，送前述二名女子回到臺中大里。

問：前述行程由何人開車。

答：我開車至朝馬站接陳○南之後，就由陳○南負責開車。

問：為何由陳○南開車？

答：因為我想有人會開車，我就圖個輕鬆，而且我們一出去玩時都是由他開車。

問：你們當天晚上有無喝酒？

答：僅在PUB時有喝了一些含有酒精之飲料及果汁。

提示證人筆錄（85年4月9日）並告以要旨。

答：我沒有印象。

問：從小吃店到PUB是否由你開車？

答：不是，是陳○南開的。

問：從KTV送二位黃女回大里時，是何人開車？

答：也是陳○南開車的。

問：當天是否曾聽陳○南提及次日有朋友要來找他？

答：沒有。

問：女孩子下車前是否有約，是何事？

答：因為次日我女友要來找我，所以我並未約他們再次見面，至於何人約再次見面時間，我沒有印象。

問：行經事故現場時狀況如何？

答：我記得當時行經事故現場時，因對向有車燈照過來，我們車速很快，故想閃避它，而撞上路旁之電線桿。

問：當天你坐在何位置？

答：我一直都坐在駕駛座旁之右前座。

問：有無補充？

答：有，現場處理之烏日派出所曾姓警員願出面作證。

問：以上證言是否實在？

答：實在。

庭諭：被告訊畢飭回，續行責付其連長。提供本庭曾姓證人資料，俾便傳訊。

右筆錄係當庭製作交被告親閱無訛，始命簽捺於後。

　　　　　　　　　被告　黃○良（簽名，捺指印）

中　華　民　國　85　年　6　月　21　日

　　　　　　　　書記官　方偉皓

　　　　　　軍事檢察官　巫志偉（均簽名）

陸軍步兵第二三四師司令部偵查筆錄

中華民國85年偵字第18號黃○良過失致死案於85年6月22日上午9時30分，在本部偵查庭訊問出席職員如下：

軍事檢察官　巫志偉

本日到庭者為：被告黃○良

點呼黃○良入庭

問：姓名、年齡、籍貫、職階、任職或服役之期間，單位名稱，或番號及駐或住居所？

答：黃○良，男，年籍等均詳在卷。

問：85年3月30日晚間外出你穿著何種服裝？是否記得？

答：灰色格子毛料長袖上衣、深藍色牛仔褲，因為那套衣服剛買的。

問：陳○南當晚衣著是否記得？

答：我只記得他穿淺色之牛仔褲，至於上衣顏色我沒有注意。

問：送黃女二人回到大里後至彰化時，當時你的精神如何？

答：從女孩下車後，便欲往陳○南彰化家途中，我們三個人就在車上閒聊，三個人精神都還不錯。

問：當時由何人開車？

答：由陳○南開車，因為我對他家不熟悉，所以由他開車。

問：有無補充？案發當晚陳○南是否有向你提及次日有當兵之朋友要來找他？

答：無，沒有聽到他說。

問：以上所言實在否？

答：實在。

庭諭：被告訊畢續行責付連長隨傳隨到，退庭。

右筆錄當庭交被告親閱無訛後始命簽捺。

被告　黃○良（簽名，捺指印）

中　華　民　國　85　年　6　月　22　日
軍事檢察官　巫志偉（自制）

按：此為檢察官自行訊問並製作之筆錄。

陸軍步兵第二三四師司令部偵查筆錄

中華民國85年偵字第18號黃○良過失致死案於85年6月25日上午10時，在本部偵查庭訊問出席職員如下：

軍事檢察官　巫志偉

本日到庭者為：被告陳○男、黃○良兩名

點呼陳○南先入庭

問：姓名、年齡、籍貫、職階、任職或服役之期間，單位名稱，或番號及駐或住居所？

答：陳○南，男，年籍等詳在卷。

問：家況？

答：父、母、兄一。

問：案發當晚你係穿著何種衣著？

答：我係穿著藍色上衣及淺藍色牛仔褲、咖啡色鞋子

問：詳述當晚經過情況？

答：我從臺北南下，由黃○良開車至朝馬站下車處接我後至陳○志家接他（由黃○良開車）後，由我開車至小吃店吃完東西後，再由黃○良開車至PUB，席間認識兩位女孩子，離開PUB至KTV，由我開車，離開KTV後，送女孩子回大里住處亦是由我開車，迨我把車退出巷子後，我就向黃○良說，早上有當兵的朋友要來看我，總要讓我睡一下，故換由黃○良開車，之後我就睡著，等我醒來時，人則在醫院了。

問：黃○良於前述時間內在何處開過車？

答：至朝馬站接我時及至PUB以及回彰化時（即事故時）。

問：至事故現場時是否確為黃○良開車？

答：是。

問：你受傷狀況如何？有無診斷證明？

答：我的腹部鈍傷合併脾臟破裂及後腹腔血腫，右側氣胸，有光田醫院診斷證明書影本。

庭諭：診斷證明書影本乙份附卷。

問：何時知悉陳○志死亡消息？由何人告知？

答：由光田醫院出院後始知悉陳○志死亡之消息。

問：有無補充。

答：無。

問：以上所言實在否？

答：實在。

中　華　民　國　85　年　6　月　25　日

軍事檢察官　巫志偉（自制）

按：此為檢察官自行訊問並製作之筆錄。

國民身分證統一編號N○○○○

軍人補給證號碼

光田綜合醫院

診斷證明書

(85)光醫診字第00079475號

姓名	陳○南		性別	男	職業	
年齡	歲	民國前後59年○月○出生	籍貫	臺灣省市 屏東 縣市		
住址	彰化市萬安里○○路○○號					
應診日期	85年3月30日		科別及病歷號碼	外科 NO. ○○○○		
病名	1.腹部鈍傷合併脾臟破裂及後腹腔血腫。 2.右側氣胸。以下空白					
醫師屬言	患者於85.3.30住院，經脾臟切除術治療，至85.11.15出院。以下空白					

以上病人經本院醫師診斷屬實特予證明

臺中縣沙鹿鎮沙田路　　　　　　醫　師：蔡永芳　　印

臺衛醫院字第1011號

執業執照號碼：中衛醫字第A○○○號

院長：王乃弘　　印醫院

中華民國85年4月15日

國民身分證統一編號L○○○○

軍人補給證號碼

<table>
<tr><td colspan="6" align="center">光田綜合醫院診</td></tr>
<tr><td colspan="6" align="center">斷 證 明 書</td></tr>
<tr><td colspan="6" align="right">(85)光醫診字第00079587號</td></tr>
<tr><td>姓名</td><td colspan="3">黃○良</td><td>性別 男</td><td>職業</td></tr>
<tr><td>年齡 歲</td><td colspan="3">民國^前_後61年○月○出生</td><td>籍貫</td><td>省 縣
市 市</td></tr>
<tr><td>住址</td><td colspan="5">沙鹿鎮埔子里○○路○○號</td></tr>
<tr><td>應診
日期</td><td colspan="2">85年3月31日</td><td colspan="2">科別及
病歷號碼</td><td>外科
NO. ○○○○</td></tr>
<tr><td>病名</td><td colspan="5">頭部外傷，腦挫傷，腦浮腫。以下空白</td></tr>
<tr><td>醫師
屬言</td><td colspan="5">病人於85.3.30入院，住院治療至85.4.18轉院，繼續治療。以下
空白</td></tr>
<tr><td colspan="6">以上病人經本院醫師診斷屬實特予證明</td></tr>
<tr><td colspan="6">臺中縣沙鹿鎮沙田路　　　　　　　醫　師：顏精華　　印</td></tr>
<tr><td colspan="6">臺衛醫院字第1011號</td></tr>
<tr><td colspan="6">　　　　　　　　　執業執照號碼：中衛醫字第A○○○號</td></tr>
<tr><td colspan="6">院長：王乃弘　　　印醫院</td></tr>
<tr><td colspan="6">中華民國85年4月18日</td></tr>
</table>

陸軍步兵第二三四師司令部偵查筆錄

中華民國85年偵字第18號黃○良過失致死案於85年6月27日上午10時，在本部偵查庭訊問出席職員如下：

軍事檢察官　巫志偉

書記官　方偉皓

本日到庭者為：證人莊○煙

點呼莊○煙警員入庭

問：姓名、年齡、籍貫、職階、任職或服役之期間，單位名稱，或番號及駐或住居所？

答：莊○煙，男，年籍詳卷。

問：黃○良、陳○南認識否？

答：不認識，他們是我處理車禍案件之當事人。

　　諭知證人有作證之義務及偽證之處罰並命具結。

問：85年3月31日凌晨你是否在大肚溪橋頭（烏日→彰化方向）處理一起車禍案件，肇事車輛車號NE-○○○○？

答：是的，我接到值班警員通知後即前往處理。

問：你到現場時狀況是否記得？

答：記得。當時車上有兩人，一個在右前座，另一個在後座。駕駛座無人，在車外見到一名男子，撫胸說全身很疼，並在地上打滾。

問：你是否記得他們的衣著？

答：我當時未注意他們衣著之顏色。

問：在傷患送往博川醫院時，你是否至醫院？

答：有，我有到醫院去看是否有清醒之傷患，我發現有一名可以說話的男子，我便問他車上有那些人，是由何人開車，他向我說車上有陳○志、黃○良，是由黃○良開車。

問：是否記得前述男子之長相？

答：對於長相因事隔已有一段時間，我已記不得。但在醫院與我說話

之語氣、音調，與前述在車外地上打滾並說身上很疼的男子很像。

問：當時在車外地上打滾與你說話之男子，病況如何？

答：他當時尚清醒，只是一直撫胸喊痛，並有胡言亂語之現象。

問：前述男子之髮型及是否戴眼鏡？

答：我已記不清楚，當時我只想查出死者之資料，並無特別注意。

問：右前座之傷患是否由你與救護人員送醫？

答：是的，因他身材較高大又很重，所以須兩人搬運。

問：右側傷患是否戴眼鏡？

答：我沒注意到。

問：如何得知死者陳○志單位之電話或番號？

答：就是在醫院說我車上有陳○志及黃○良的那一位身旁照顧他的一名年輕男子（姓名不詳）告訴我，他們部隊之番號，我便請同事查詢到他們單位之電話。

問：在右前座昏迷傷患是否繫上安全帶？

答：沒有。他的椅子還斜躺（向後約45。）。

問：有無補充？

答：當時搬運右前座傷患時門鎖是完好的，可正常開啓，但後座右側車門，則須用鐵棒始得開啓。

問：以上所言實在否？

答：實在。

右筆錄係當庭製作經交證人親閱確認無訛始命簽捺於後。

　　　　　　　警員證人　莊○煙（捺指印）

中　華　民　國　85　年　6　月　27　日

　　　　　　書記官　方偉皓
　　　　　軍事檢察官　巫志偉（均簽名）

陸軍步兵第二三四師司令部偵查筆錄

中華民國85年偵字第18號黃○良過失致死案於85年7月5日上午9時30分，在本部偵查庭訊問出席職員如下：

軍事檢察官　巫志偉

書記官　方偉皓

本日到庭者為：黃○良

點呼黃○良入庭

問：姓名、年齡、籍貫、職階、任職或服役之期間，單位名稱，或番號及駐或住居所？

答：黃○良，男，年籍詳卷。

問：案發時是否由你所開車？

答：不是。

問：身上除頭部受傷外，是否有其他外傷？

答：沒有，除頭部傷外，無其他外傷。

問：你受傷的消息是由何人通知你姐姐的。

答：由警方查詢車牌而通知我姐到醫院的。

問：陳○南當晚有無向你提及第二天他有朋友要來找他。

答：沒有。

問：目前身體恢復的狀況？

答：除了車禍頭部受傷部分自醒來這一段我沒有記憶，其他事情我都能記得。

問：據警方移送資料稱係由你開的車，你是否有有利於你的證據待調查？

答：我確實除了開車至朝馬接陳○南之後便未再開車。

問：有無補充？

答：我父親告訴我說在光田醫院時，聽陳○南的哥哥說：這是陳○南打電話回家。

點呼黃○良之父黃○世入庭。

問：年籍？

答：黃○世，男，年籍等詳在卷。

問：你是否在光田醫院時確實聽到陳○南之兄，車禍發生時，陳○南
　　曾打電話回家？

答：確實，我親耳聽到陳○南之兄說的。

問：當時醫院還有何人在場？

答：我、我太太及陳○南的哥哥在場。

問：你到光田醫院時，黃○良之狀況？

答：他當時已在昏迷中。

問：你是否有注意到陳○南之受傷狀況？

答：我還有過去問陳○南的受傷狀況，他告訴我，他腹部靠近肋骨的
　　部位很痛。

問：你是否有問他其他事？

答：我當時只關心他的傷勢，沒有再問其他的事。

問：有無補充？

答：無。

問：以上所言實在否？

答：均答實在。

庭諭黃○良續行責付，被告之父訊畢飭回，退庭。

右筆錄係當庭製作經交被告及被告之父親閱無訛始命簽捺於後。

　　　　　　　　　　　被告　黃○良（簽名並捺指印）

　　　　　　　　　　　被告之父　黃○世（簽名並捺指印）

中　華　民　國　　85　年　　7　月　　5　　日

　　　　　　　　書記官　方偉皓

　　　　　　　軍事檢察官　巫志偉（均簽名）

陸軍步兵第二三四師司令部偵查筆錄

中華民國85年偵字第18號黃〇良過失致死案於85年7月5日上午9時30分，在本部偵查庭訊問出席職員如下：

軍事檢察官　巫志偉

書記官　方偉皓

本日到庭者為：陳〇男

點呼陳〇男入庭

問：姓名、年齡、籍貫、職階、任職或服役之期間，單位名稱，或番號及駐或住居所？

答：陳〇男，男，年籍詳卷。

問：案發當時是由誰開的車？

答：不是我開的車，是由黃〇良開的。

問：在偵查中曾說案發當天早上有當兵的朋友，要來找你，是誰？如何聯絡？

答：他叫楊〇賢，聯絡電話：03-7〇〇〇〇

問：車禍送醫之後，是否有警員到醫院詢問？

答：有的。

問：以上所言實在否？

答：實在。

庭諭：訊畢飭回，退庭。

右筆錄係當庭製作經交被告親閱無訛，始命簽捺於後。

被告　陳〇南（簽名並捺指印）

中　華　民　國　85　年　7　月　5　日

書記官　方偉皓

軍事檢察官　巫志偉（均簽名）

陸軍步兵第二三四師司令部偵查筆錄

中華民國85年偵字第18號黃○良過失致死案於85年7月9日下午6時，在本部臨時偵查庭訊問出席職員如下：

軍事檢察官　巫志偉

本日到庭者為：證人楊○賢

點呼楊○賢入庭

問：姓名、年齡、籍貫、職階、任職或服役之期間，單位名稱，或番號及駐或住居所？

答：楊○賢，男（59○○○○○○），天津市人，海巡部第三指揮部第○中隊下士，兵號：宇○○○○號，身分證字號：F○○○○，籍設：臺北市○○路○○號。

問：陳○南認識否？有無親屬關係？

答：認識，是大學同學，無前述關係。

庭諭：證人作證義務及偽證罪處罰，並命具結。

問：平時與陳○南交往狀況？

答：偶爾休假時會在一起。

問：85年3月30日是否與陳○南約定見面？

答：有，以電話聯絡說85年3月30日我會去找他，但我並未確定時間。

問：85年3月30日你是否休假？

答：我當天是至臺中后里乙廠洽公，我就是利用洽公時間去找他。

問：龍港車站最早一班車是幾點？你當天坐幾點車？

答：凌晨五點多，我坐早上七點多的電聯車至彰化。

問：你何時得知陳○南車禍消息？

答：我到陳○南家，坐了一會兒，大約九點多，他家的護士告訴我車禍消息。

問：在陳○南家，是否認識他哥哥？當時是否在家？

答：認識，當時沒在家，但我到醫院時，他哥哥已經在醫院照顧他了。

問：醫院之陳○南當時之狀況？（光田醫院、博川醫院）。

答：眼睛睜開著，有時候會呻吟，在光田醫院。

問：是否曾經約定坐火車去彰化找他（在這次以前）？

答：這次是第一次。

問：是否有再度至光田醫院探視陳○南？

答：有一次。

問：在光田醫院時你與陳○南之哥哥是否有交談？

答：有，我問他車禍何時發生的，他告訴我，大概清晨時發生的。

問：有無補充？

答：無。

問：以上所言實在否？

答：實在。

庭諭：證人訊畢請回，退庭。

上筆錄當庭交證人親閱無訛後始命簽捺。

證人　楊○賢（簽名並捺指印）

中　華　民　國　85　年　7　月　9　日

軍事檢察官　巫志偉（自制）（簽名）

按：此為檢察官自己訊問並製作筆錄。

陸軍步兵第二三四師司令部偵查筆錄

中華民國85年偵字第18號陳○南過失致死案於85年7月25日下午14時，在本部臨時偵查庭訊問出席職員如下：

軍事檢察官　巫志偉

本日到庭者為：被告陳○南

點呼陳○南入庭

問：姓名、年齡、籍貫、職階、任職或服役之期間，單位名稱，或番號及駐或住居所？

答：陳○南，男，年籍等詳記在卷。

問：何以筆錄中提及在事故發生前曾換黃○良開車，又稱發生事故時，是黃○良開的車？

答：我印象中當晚曾向黃○良提過換人開車之事，但我不確定在黃女等下車後是否有換黃○良開車。至於我稱事故時是黃○良開的車，則是基於我曾向黃○良提出換人開車之印象。

問：確實有無於事故發生前換黃○良開車？

答：我印象中沒有換黃○良開車的記憶。

問：何以自大里停車（黃女等下車）至車禍現場，沒有明確之印象？

答：（未答）

問：事故發生時是否確實由你開車？時速？

答：是我開車沒有錯，沒注意到。

問：為何在偵查庭中，一再陳述不是你開車，而是黃○良開車的？

答：因為事故發生迄今，我的記憶曾經是片斷，經過這段時間調養後，且由傷勢部位回想，應是事故時是我開車，並不是由黃○良開的車。

問：敘述車禍發生經過？

答：自送黃女等返回大里住處，我隨將車子倒出巷子，將車開往彰化我家，但行經事故現場因路況一時失控而驚嚇撞到路邊，我就沒

　　有印象了。

問：有無補充？

答：希望庭上能給我自新機會。

問：以上所言實在否，有無與傷者、死者家人談和解？

答：實在，正在聯繫。

庭諭：被告訊畢，續行責付連長，隨傳隨到，退庭。

上筆錄當庭交被告親閱無訛後命簽捺。

被告　陳○南（簽名並捺指印）

中　華　民　國　85　年　7　月　9　日

軍事檢察官　巫志偉（自制）（簽名）

按：此為檢察官自行訊問並製作筆錄。

陸軍步兵第二三四師司令部軍事檢察官不起訴處分書

85年不訴字第10號

被　告：黃○良、男23歲（民國61年○○年○○日）、臺灣省臺中縣
　　　　人，本部支援指揮部本部連下士班長，第一七三四梯次，
　　　　兵籍號碼：地B○○○○號，身分證字號：L○○○○，籍
　　　　設：臺中縣沙鹿鎮埔子里○○路○○號。（責付）

右被告因過失致死嫌疑案件，業經偵查終結，認應予不起訴處分，茲
將理由敘述於後：

一、本件移送意旨略以：黃○良（84年9月6日入伍，義務役）係前開
　　　單位下士，於85年3月30日凌晨5時50分許，駕駛其姊黃○珠所有
　　　之豐田牌一千六百西西自小客車（車號：NZ-○○○○），車內
　　　搭載同連一兵陳○男、陳○志，由臺中往彰化方向行駛，行經臺

中縣烏日鄉榮泉村中山路三段一三五九號前，因車速過快失控不慎撞擊路旁之電線桿，致使該車左側嚴重凹陷，造成後座乘客同連一兵陳○志「閉鎖性顱骨骨折伴有顱內損傷」當場不治死亡，因認被告涉有刑法第276條第1項「過失致人於死」罪嫌，案經臺中縣警察局烏日分局烏日派出所移送到部偵辦。

二、按犯罪嫌疑不足者，應為不起訴處分，軍事審判法著有明文。訊據被告黃○良對駕駛自小客車肇事之行為矢口否認，並辯稱：「當日我至臺中朝馬站接陳○南後，即由陳○南開車」及「車禍發生時我坐在駕駛座旁之右前座，當時是由陳○南開的車」；案經傳訊同案被告陳○南到庭後對其開車肇事之行為業已坦承不諱（過失責任另案依法偵辦中）；並經傳訊肇事前（當日5時許）曾搭乘該車之證人黃○儀、黃○芬等到庭結證稱：「我們自PUB至KTV去唱歌時也是由陳○南開車，黃○良坐右前座、陳○志和我們坐後座；離開KTV送我們回臺中大里住處時也是由陳○南開車的；我們下車後他們隨即把車開走，沒有看見有換人開車」；且經傳訊車禍發生後為陳○南實施急救之沙鹿鎮光田綜合醫院之外科主任醫師蔡永芳到庭結證稱：「陳員係因腹部疼痛而入院，入院時意識清醒，經診斷結果為腹部鈍傷合併脾臟破裂及後腹腔血腫、右側氣胸等症狀」，並有該院85年4月5日(85)光醫診字第00979475號診斷證明書影本乙份，在卷可稽，被告黃○良所辯應屬可採，其犯罪證據不足，揭諸首旨，應予不起訴處分。

三、依軍事審判法第146條第1項第10款處分不起訴。

中　華　民　國　85　年　9　月　30　日

軍事檢察官　巫志偉

本件證明與原本無異。

被害人、告訴人及被告直屬長官接受不起訴處分書後，得於7日內以

書面敘述不服或不當之理由，向本部聲請再議。

中　華　民　國　85　年　10　月　4　日

書記官：方偉皓　印

陸軍步兵第二三四師司令部偵查筆錄

中華民國85年偵字第93號陳○南過失致死案於85年9月13日上午10時，在本部臨時偵查庭訊問出席職員如下：

軍事檢察官　巫志偉

本日到庭者為：被告陳○南、陳父陳○宗等二名

點呼陳○南入庭

問：姓名、年齡、籍貫、職階、任職或服役之期間，單位名稱，或番
　　號及駐或住居所？

答：陳○南，男，年籍等項詳在卷。

問：何時入伍？

答：我於84年7月20日於嘉義崎頂入伍，義務役。

問：有無駕照？

答：有。

庭諭：駕照影本附卷。

問：是否仍繼續在國軍一六醫院接受診治？

答：我於85年9月9日出院返家因病停役（胰臟割除）。

問：關於與黃○良之過失傷害部分是否已達成和解？

答：尚未達成和解。

庭諭：被告陳○南訊畢暫退。

點呼陳○南之父陳○宗入庭

問：年籍等項？

答：陳○宗，男（26○○○○○日生）臺灣省屏東縣，身分證字
　　號：T○○○○，籍設：彰化市○○路○○號，TEl：047○○○
　　○。

問：與陳○南是何關係？

答：父子關係。

問：現陳○南因病體退停役，然本案尚未偵查終結，另依法將被告責
　　付予你，並囑其應隨傳隨到，有無意見？

答：無。

庭諭：責付證書乙份附卷。

點呼：陳○南入庭。

問：對本案有無補充？

答（南）：無。

答（陳父）：希望黃○良能儘快出面和我們洽談。

問：以上所言實在否？

答（陳○南）：實在。

答（陳父）：實在。

庭諭：被告訊畢責付其父，退庭。

上筆錄當庭交被告、被告之父等親閱無訛始命簽捺如後。

　　　　　　　　　被告　　陳○南

　　　　　　　被告之父　　陳○宗（均簽名並捺指印）

中　華　民　國　85　年　9　月　13　日

　　　　　　　軍事檢察官　巫志偉（自制）（簽名）

按：檢察官自行訊問並製作筆錄。

陸軍步兵第二三四師司令部偵查筆錄

中華民國85年偵字第93號陳○南過失致死案於85年9月13日上午10時30分，在本部臨時偵查庭訊問出席職員如下：

軍事檢察官　巫志偉

本日到庭者為：黃○良

點呼黃○良入庭

問：姓名、年齡、籍貫、職階、任職或服役之期間，單位名稱，或番號及駐或住居所？

答：黃○良，男，年籍等項詳在卷。

問：現在身體狀況如何？

答：偶會有頭痛之現象，常感疲倦，餘無異狀。

問：對陳○南過失傷害部分，是否提出告訴？

答：我要提出告訴，因為對方不積極談和解。

問：有無補充？

答：無。

問：以上所言實在否？

答：實在。

庭諭：被害人訊畢飭回，退庭。

上筆錄當庭交被害人親閱無訛始命簽捺

被害人　黃○良（簽名並捺指印）

中　華　民　國　85　年　9　月　13　日

軍事檢察官　巫志偉（自制）（簽名）

按：此為檢察官訊問並自行製作筆錄。

陸軍步兵第二三四師司令部偵查筆錄

中華民國85年偵字第93號陳○南過失致死案於85年11月16日上午9時22分，在本部臨時偵查庭訊問出席職員如下：

軍事檢察官　巫志偉

書記官　林恩瑋

本日到庭者為：被告陳○南

點呼陳○南入庭

問：姓名、年齡、籍貫、職階、任職或服役之期間，單位名稱，或番號及駐或住居所？

答：陳○南，男，年籍等項詳在卷。

提示：本部85年7月25日被告偵查筆錄，並告以要旨。

問：在筆錄中曾提及車禍發生被嚇到而對事故無甚印象，為何在事故發生後及85年4月4日本部偵查筆錄中仍能對事故當晚行程有所交待？並且稱是黃○良開的車？

答：我之所以當時稱是黃○良開的車，是因為當晚有與黃○良交換駕駛之提議所致，但事實上並未有交換駕駛。

問：為何自大里到事故現場發生事故，沒有明確的印象？

答：那是因為開車的時候精神不濟而有打瞌睡。

問：敘述車禍發生的經過？

答：因為我開車時精神不是很好，剛好又是彎道，待我發現踩剎車時，車子已經無法控制了。

問：車禍發生後，如何處理？

答：車禍發生後，因為很痛，所以沒有印象。

問：精神不好是否因為酒醉之故？

答：我們當天只有喝少許的白葡萄酒，且我與黃○良當天要開車，而我又感冒，所以沒有多喝。

問：平日酒量如何？

答：大約半打啤酒沒問題。

問：與死者及傷者有無達成民事和解？

答：尚在與死者陳○志家屬於今日談和解，與傷者黃○良部分和解時間尚未決定。

庭諭：若能和解則將和解書乙份送交本庭。

問：有無補充？

答：我當天人在臺北市有曾服用感冒藥，所以精神不好，昏昏沈沈的想睡覺，而且當天晚上睡眠不足所以才會發生此次不幸的事件。

問：以上所言實在否？

答：實在。

庭諭：被告訊畢飭回，並囑其隨傳隨到，退庭。

上筆錄係當庭製作經交被告親閱確認無訛始命簽捺於後。

　　　　　　　　被告　陳○南（簽名並捺指印）

中　華　民　國　　85　年　　11　月　　16　日

　　　　　　軍事檢察官　巫志偉
　　　　　　　書記官　林恩瑋（均簽名）

陸軍步兵第二三四師司令部偵查筆錄

中華民國85年偵字第93號陳○南過失致死案於85年11月27日上午10時30分，在本部偵查庭訊問出席職員如下：
　　　　　　軍事檢察官　巫志偉
　　　　　　　書記官　林恩瑋

本日到庭者為：陳育男

點呼陳育男入庭

問：姓名、年齡、籍貫、職階、任職或服役之期間，單位名稱，或番號及駐或住居所？

答：陳育男，男，29年○○月○○日，身分證字號：F○○○○，臺灣省臺北縣人，籍設：臺中市北屯區○○路○○號。

問：與死者陳○志是何關係？

答：他是我第三個兒子。

提示：本部85年不訴字第10號不起訴處分書，並告以要旨。

問：有無意見？

答：無。

問：依本部之偵查認同車之陳○南涉嫌過失致死，你是否要對於此部分提出告訴？

答：要提告訴。

提示：本案黃○良85年9月16日與你簽具之和解書，是由誰出面？

答：由黃○良父親出面，因當時黃○良尚未清醒。

問：和解條件？

答：以新臺幣三十萬元達成和解。

問：本案對黃○良為不起訴處分後，改列陳○南為被告後，陳員是否有向你洽談和解事宜？

答：有找過一次，但未達成和解。

庭諭：若已達成和解，則將和解書乙份送部佐參。

問：有無補充？

答：陳○南犯行明確。

問：以上所言實在否？

答：實在。

上筆錄係當庭製作經交被害人之父親閱確認無訛始命簽捺於後

被害人之父　陳○男（簽名並捺指印）

中　華　民　國　85　年　11　月　27　日

書記官　林恩瑋
軍事檢察官　巫志偉（均簽名）

陸軍步兵第二三四師司令部軍事檢察官起訴書

86年訴字第27號

被　告：陳○南、男○○歲（民國○○年○○月○○日生）、臺灣省
　　　　屏東縣人，原本部支援指揮部本部連一兵，第一七三四梯
　　　　次，兵籍號碼：地B115080號，身分證字號：N○○○○，
　　　　籍設：彰化縣彰化市○○路○○號（責付）

右被告因過失致死嫌疑案件，業經偵查終結，認應提起公訴，茲將犯
罪事實及證據並所犯法條，分述於後：

　　犯罪事實

陳○南（84年7月25日入伍，義務役，業於○○年○○月○○日因病
停役）係前開單位一兵，領有汽車駕駛執照（駕照號碼：N○○○
○），與被害人同連下士黃○良、一兵陳○志均於85年3月28日至同
年月31日休假，休假期間於85年3月30日凌晨許，黃○良駕駛其姊黃
○珠所有之豐田牌自小客車（車號：NZ-○○○○）至臺中市中港路
接由臺北返回臺中之陳○南後，即換由陳○南駕車，前往陳○志家搭
載陳兵，三人一同至臺中市某PUB聊天，其間認識黃○儀及黃○芬二
女，約凌晨3時許，五人又一同搭載陳○南所駕車子至某KTV唱歌，
至當日凌晨5時許，始由陳○南開車，黃○良坐右前座，陳○志坐右
後座，黃○儀坐後座中間，黃○芬坐左後座，一起至臺中縣大里市，
送二女回住處後，仍由陳○南駕車，黃○良、陳○志二人仍坐原座
位，欲送陳○南回家，往彰化方向行駛，行經臺中縣烏日鄉榮泉村三
段一三五九號前之彎道時，被告應注意並能注意謹慎駕駛減速慢行，
惟其竟因徹夜未眠精神不濟打瞌睡而疏未注意車行及道路狀況超速行
駛，致失控煞車不及不慎撞擊右側路旁之電線桿，致後座乘客陳○志

因「閉鎖性顱骨骨折伴有顱內損傷」當場不治死亡，右側前座乘客黃
○良頭部外傷、腦挫傷、腦浮腫昏迷（傷害部分，業據告訴），案經
臺中縣警察局烏日分局烏日派出所派員處理後以黃○良駕車肇事案報
部，經軍事檢察官勘驗偵查後，認本案肇事被告應為陳○南，原移送
之被告黃○良犯罪嫌疑不足，經本部不起訴處分確定，認被告陳○南
涉有刑法第276條第1項「過失致死」罪嫌，依法主動偵辦。

　　證據並所犯法條

一、訊據被告陳○南初對前揭犯罪事實矢口否認，先則辯稱：「離
　　開PUB時是由黃○良開車，離開之後我便睡著了，醒來時就在醫
　　院，我當天確實沒有開車」，續則辯稱：「離開PUB後有與黃○
　　良、陳○志及二位在PUB認識之女孩子去KTV，由PUB至KTV
　　及從PUB送女孩子回住處均由我開車，她們下車我把車倒出巷口
　　後，就換黃○良開車，車禍發生時，確為黃○良開車」。惟案
　　經傳訊證人黃○儀、黃○芬二人到庭均結證稱：當日離開PUB至
　　KTV是由陳○南負責開車，大約凌晨5時許，離開KTV送我們回
　　大里住處時亦是由陳○南開車，當時黃○良坐右前座，我們坐左
　　後座及中間，陳○志坐右後座，我們下車後他們離開時仍由陳○
　　南開車，沒有看見有換人開車。黃○儀另證稱：曾聽黃○良說，
　　和陳○南在一起時，都會由陳○南開車，因他不喜歡開車。另經
　　傳訊處理本件車禍之警員莊○煙到庭結證稱：到達事故現場發現
　　車內有兩人昏迷，一名在右前座，另一名在後座，駕駛座無人，
　　另有一名傷患已自己爬出車外，此傷者尚清醒，只是一直撫胸喊
　　痛，隨經救護車到達現場後發現後座傷患已無心跳跡象，乃將右
　　前座及車外傷患送醫急救；到達醫院時有一名意識清醒之傷患告
　　訴我說同車內有三人，有陳○志、黃○良，當時有一名女子同時
　　答道旁邊昏迷的就是黃○良，我乃問此清醒之傷患，是何人開
　　車？他告訴我是黃○良開車的，該傷患說話之語氣、音調與前述
　　車禍現場清醒之傷患很像，可能是同一人。再經傳訊證人蔡○芳

（車禍後負責急救之醫師）到庭結證稱：陳○南於85年3月30日上午8時30分許，因腹部痛入院，意識清醒，經檢查結果為腹部鈍傷合併脾臟破裂及後腹腔血腫右側氣胸症狀，均係遭外力撞擊所致，頭僅輕微擦傷。此有光田綜合醫院85年4月15日(85)光醫診字第00079475號診斷證明書附卷可稽：另查黃○良車禍受傷狀況為頭部外傷、腦挫傷、腦浮腫，此外無其他外傷，此有光田綜合醫院85年4月18日(85)光醫診字第00079587號診斷證明書正本乙紙，附卷可稽，是黃○良車禍時頭部係受重創應已當場昏迷，故綜上證人證詞及依被告受傷部位及程度研判，其傷勢應係肇事時駕車，遭方向盤猛力撞擊所致，且被告所供前後不一，顯係卸責之詞，不足採信，被告後因其駕車肇事之事證明確，自知無法狡賴，始承認肇事當時係其駕車，因精神不濟打瞌睡而致行經該事故現場，因轉彎失控煞車不及撞擊路旁之電桿肇事，被告肇事之情形核與臺中縣警察局烏日分局派出所3月30日所製本案道路交通事故調查報告表所載車禍狀況相符，雖當時移部所載駕駛人為黃○良，惟其業經本部不起訴處分在案（85年不訴字第10號），又被害人陳○志因本件車禍意外致「閉鎖性顱骨骨折伴有顱內損傷」死亡，業經本部軍事檢察官相驗屬實，有本部85年3月30日(85)勘字第3號被害人陳○志死亡相驗證明書及法醫鑑定書等影本各乙份在卷可憑，是被告其犯罪事證明確，洵堪認定。

二、查被告於前述時、地駕駛自用小客車，應注意，並能注意，因精神不濟打瞌睡而疏未注意車行及道路狀況超速行駛致車輛失控煞車不及撞擊路旁電桿，造成乘客陳○志致死及黃○良受傷之行為，顯已觸犯刑法第276條第1項「過失致死」及同法第284條第1項「過失傷害」罪嫌，惟上開二罪係一行為所犯，為想像競合犯，應從一重依「過失致死」罪論處。另被告肇事後為脫免刑責，乃趁被害人黃○良昏迷狀況中，誣指係其肇事，冀圖誤導偵查，嫁禍於黃員，其居心叵測，又案發迄今逾年餘，被告仍未與

死者家屬及被害人達成和解,顯見其犯後態度不佳仍不知悔改,請從重量刑,以儆傚尤。

三、依軍事審判法第145條第1項提起公訴。

中　華　民　國　86　年　5　月　5　日

軍事檢察官　張景松　印

本件證明與原本無異。

中　華　民　國　86　年　5　月　6　日

書記官　林恩瑋　印

參、第一審程序及書狀、判決

訊問筆錄

被　告:陳○南

上開陳○南等因中華民國86年度審字第24號陳○南過失致死乙案於86年5月24日上午10時在中興嶺軍事法庭訊問,出席職員如下:

受命審判官　吳志成

書記官　林恩瑋

本案經選任辯護人　王能幸　　出庭

點呼陳○南　　入庭

問:姓名、性別、年齡、籍貫、任職或服役之期間、軍事機關、部隊或學校之單位名稱或番號及駐地或住所?

答:陳○南,年籍等詳在卷。

問:起訴書收到否?

答：收到。

問：85年3月28日黃○良駕駛豐田小客車（車號NZ-○○○○）至臺中市中港路接你，是否換你開車？至肇事時是否都由你開車？

答：不是。不是。

答：那是由何人開車？

答：黃○良開車。85年3月30日黃○良駕駛其姊黃○珠所有之豐田小客車（車號NZ-○○○○）至臺中市中港路接我，即換由我開車至臺中市某PUB聊天，其間認識黃○儀及黃○芬二女。聊天後至KTV，亦由我開車，KTV唱完載前二女回去時，亦由我開車。我是為方便黃○良與女孩談話，只要有女生在，均是由我開車的。

問：車禍受傷的部位在何處？

答：脾臟出血及氣胸。

提示：85年3月30日本部法醫鑑定書及本部陳○志死亡勘驗證明書、死者之父陳○另85年3月30日偵查筆錄各乙份，並告以要旨。

問：有無意見？

答：無。

提示：85年3月30日證人李王○市偵查筆錄85年3月30日證人林○霈偵查筆錄，85年3月31日證人莊○煙偵查筆錄各乙份並告以要旨。

問：有無意見？

答：無。

提示：被告85年4月4日偵查筆錄乙份並告以要旨。

問：有無意見？

答：無。

提示：證人蘇○政85年4月5日偵查筆錄、85年4月9日證人黃○儀、黃○芬偵查筆錄各乙份，並告以要旨。

問：有無意見？

答：無。

提示：被告85年4月10日偵查筆錄乙份，並告以要旨。

問：有無意見？

答：無。

提示：85年4月13日證人黃○世、黃○珠偵查筆錄乙份及臺中縣烏日
　　　分局烏日派出所85年3月30日相驗調查報告暨所附筆錄乙份，
　　　並告以要旨。

問：有無意見？

答：無。

提示：85年6月21日證人許○基偵查筆錄乙份，並告以要旨。

問：有無意見？

答：無。

提示：85年6月21日、85年6月22日被害人黃○良偵查筆錄各乙份，並
　　　告以要旨。

問：有無意見？

答：到陳○志家、PUB均是由黃○良開車，載女孩子回家是我開的，
　　　之後回家是黃○良開的。另我在肇事前有一次與同事陳○明、陳
　　　○志及黃○良休假，也是由黃○良載我們三人從臺中一直到彰
　　　化，所以黃○良說對我家不熟悉不是真的。

提示：85年6月28日被告偵查筆錄乙份，並告以要旨。

問：有無意見？

答：無。

提示：85年6月25日被害人黃○良偵查筆錄乙份，並告以要旨。

問：有無意見？

答：開車敘述部分不實在，他說對我家不熟悉我也認為不實在。

提示：證人莊○煙85年6月27日偵查筆錄，證人蔡○芳85年6月26日偵
　　　查筆錄各乙份，並告以要旨。

問：有無意見？

答：無。

提示：被害人黃○良、被告85年7月5日偵查筆錄乙份，並告以要旨。

問：有無意見？

答：開車部分不實在，電話也是護士打的，不是我打的。

提示：85年7月6日證人楊○賢偵查筆錄乙份，被告85年7月25日偵查筆錄乙份，85年9月13日偵查筆錄乙份，並告以要旨。

問：有無意見？

答：85年7月25日那份筆錄並不實在，那時我在八一六醫院，黃父來告訴我一些話，說他「去找了很多人，都說是我開的車」，我開庭當天仍不承認，但檢察官告訴我若不承認便抓去關，判緩刑要比抓去關好，要我自己衡量。黃父又勸我如果沒事的話，便可以扛下這個罪，加上我又考慮到黃○良是法律系畢業，以後要考法官，不好有案底，擔誤他的前途，所以我情理上才扛下這個責任說是我開的車，但沒想到事情會變那麼複雜。

辯護人：除呈庭陳述狀外尚有二重點，事後再呈庭補交一為雙方家長對話，二為光田醫院之會診。

庭諭：本案調查畢，被告責付其父陳○宗，退庭。

右筆錄係當庭製作經交被告親閱確認無訛始命簽捺於後。

被告　陳○南（簽名並捺指印）

中　華　民　國　86　年　5　月　24　日

書記官　林恩瑋

審判官　吳志成（均簽名）

刑事陳述狀

案號：86年度審字第24號

陳　述　人　陳○宗　彰化市○○里○○路○○號

即被告之父

被　　　告　陳○南　　　同上

為依法陳述事：

一、查85年3月31日即發生車禍之第二天，自由時報遂立即刊登車禍
　　之事實，該報明確記載係由黃○良駕駛NZ-○○○○號之小客
　　車，本人曾詢問洪○欽記者，洪記者表示確係第一手資料，的確
　　係黃○良駕駛。

二、當初黃○良之父與陳述人和解時，陳述人為顧及同胞之情誼，未
　　收受黃○良之賠償，而反觀為了與陳○志之家屬和解，陳述人與
　　黃○良之父先後至陳○志家有七、八次之多，嗣經陳○志之父同
　　意以三十萬元達成和解，陳述人為基於袍澤之愛，以其中十五萬
　　元由本人支付。

三、陳述人曾要檢察官將車子作DNA之鑑定，以便發現真實而明察秋
　　毫，詎黃○良之家屬明知該車尚須鑑定竟將該車出售住於草屯之
　　陳珠，顯有未當。

四、原檢察官以昏迷狀態之黃○良口供為依據，但並未以病情較輕之
　　陳○南口供為準據，但結果黃○良頭部沒有開刀，繼續服役中，
　　而反觀被告陳○南脾臟切除，並辦理停役，原檢察官竟認定被告
　　陳○南駕駛，不無重大違誤。

五、被告陳○南於檢察官偵查時要求作測謊檢查，但檢察官說不需
　　要，並未深入調查，凡此於採證法則難謂無違誤。

　　　謹　狀

陸軍第二三四師司令部　　公鑒

中 華 民 國 86 年 5 月 24 日

具狀人 陳○宗 印

刑事聲請調查證據狀

案號：86年度審字第24號

被 告 陳○南 住彰化市○○路○○號

為被訴過失致死一案，依法聲請調查證據事：

一、查黃○良曾提起與被告在一起必定由被告開車云云，惟查肇事之
日係被告第一次駕駛車號：NZ-○○○○號之自小客車，而且開
車時皆由黃○良與二位女生即黃○儀及黃○芬交談，（按係由黃
○良邀請二位女生）故只有二位女生在場時始由被告開車，而送
回二女住處後，只剩被告與黃○良，故由黃○良駕駛該車，要
之，在肇事前有一次被告與同事陳○明、陳○志及黃○良休假，
也是由黃○良載被告等三人從臺中一直至彰化，陳○明於檢訊於亦
證明黃○良曾謂被告之宅很容易走，駕駛一次即可尋找得到，陳
○明於檢察官曾證明其事，但遍查筆錄竟無此記載，顯有未當。

二、查黃○良車禍受傷狀況為頭部外傷、腦挫傷、腦浮腫，而被告之
傷為腹部鈍傷合併脾臟破裂及後腹腔血腫右側氣胸症狀，頭僅輕
微擦傷，是依兩人之傷勢，係肇事時有可能駕車遭車子前面破璃
猛力撞擊致駕駛人腦挫傷、腦浮腫等情，是駕駛人是否為黃○
良，即應深入調查，則卷內所呈卷之汽車照片被告可否申請一
張，以便深入研究而發現真實。

三、在本件車禍後，首位發現的婦人李王○市到場，發現車內有三
人，其中前座二人正在求救，並非如黃○良家屬所言，立即陷於
昏迷。

四、於檢察官偵訊中曾調問黃○良之家屬的言談，卻始終不見被告家
　　屬之供詞，即如黃○良之父所言，車禍後由被告打電話回家告知
　　發生車禍，此乃謊言，被告之兄告訴被告係醫院護士打電話來
　　的，卻連此事也能指證歷歷顯係一派胡言，足見黃○良之供詞不
　　足採信。

五、其餘證據引用被告之父陳○宗所提之陳述狀，爰狀請鑒核，准予
　　聲請調查證據。

　　謹　狀

陸軍第二三四師司令部　公鑒

中　華　民　國　86　年　5　月　24　日

　　　　　具狀人　陳○南　印

刑事陳述狀

案號：86年度審字第24號

陳　述　人　陳○宗　彰化市萬安里○○路○○號
即被告之父

為依法陳述事：

一、茲將陳述人之父與黃○良之父黃○世之協談經過。

　　(一)緣於85年3月30日至同年4月15日在沙鹿鎮光田醫院住院期間
向陳述人表示此次車禍黃○良之傷勢最為嚴重，不惟傷口處有玻璃碎
片，抑且時常喊頭暈、頭痛，不知何時始能痊癒，陳述人隨即替黃○
良看X光片、病歷，同時亦作了各種神經方面之物理檢查，其反應均
不錯。

　　(二)但黃○良始終喊頭暈、頭痛，有時會下意識爬起來走動，當
時陳述人曾詢問病房之醫師黃○良到底有無腦出血，要否開刀，但醫

師均表示無庸開刀。

(三)陳述人將上情轉告黃○良之父，其對陳述人至為感激，並堅稱汽車係其子所駕駛，並央求陳述人若要與被害人陳○志之父陳○男商談和解，助其一臂之力，當時陳述人目睹陳○志之慘狀，憐憫之情，油然而生，又基於與黃○良同袍之誼以及不同校友間的友愛，遂答應黃○良之父若能達成和解，每人分擔各半，陳述人遂與陳○志之父陳育男商談七、八次，終於獲得陳育男之同意以新臺幣三十萬元和解，陳○宗與黃○世各支出十五萬元。

(四)結果黃○良之父黃○世也拿了一張和解書與陳述人和解，並徵求陳述人要再支出多少錢始能與其和解，彼時陳述人亦基於孩子們同袍之誼，不同校支間之友情，陳述人即毅然決然之回答謂一文不取，隨即與其和解。

(五)嗣後於85年5月上旬黃○良之父黃○世突然至八一六醫院病床找陳○南，並威嚇陳○南謂車子是陳○南所駕駛，並揚言握有很多之證據，若不承認，一切結果由陳○南負責，接著黃○世再一次，仍然以同樣恐嚇之言語。

(六)數日之後，黃○世打電話與陳述人表示為陳○南所駕駛，速帶陳○南來和解，並承諾賠償事宜，否則一切後果由其負責云云，黃○世如此翻臉如翻書之態度，其原因為黃○世拿了二張和解書，若再認罪深怕影響其子黃○良將來報考司法官律師之資格。

(七)其間檢察官也打圓場只要一方承認，另一方再讓一步，可把事情由大化小，陳○南亦聽從檢察官善意之規勸，為了黃○良之前途，為了息事寧人以及委曲求全，但陳述人之美意卻得不到黃○良之父善意之回報。

(八)最先黃○世先生怕罵我們父子不老實，嫁罪於他，85年6月初我曾至黃○世之宅（按在八一六醫院正對面巷子裡），陳述人向黃○世表示由陳述人出錢請刑大作DNA鑑定，何人駕駛即可明瞭，詎黃○良之家屬明知該車須作鑑定卻將該車出售住於草屯之陳珠，顯有未

當。從此以後黃○良之父即不敢對陳述人再罵我們不老實,其源由可能係黃家心虛,深怕重新檢查車子露出破綻。

(九)陳述人與黃○良之父黃○世四次和解之經過。

1.第一次85年9月5日在后里餐廳招待所由政戰部葉主任向剛調解失敗。

2.第二次85年10月24日在豐原憲兵隊由司法組長王德凱調解失敗。

3.第三次85年10月28日在彰化富山日本餐廳由立委王顯明國會助理吳清林先生調解失敗。

4.第四次85年11月21日用盡各種努力在組長王德凱悉心調解下亦告失敗。

二、陳述人與被害人陳○志之父陳○男商談之經過。

陳述人於85年4月至10月間曾至陳○男宅與其商談,知悉陳○男住臺中市中清路○○號經營不銹鋼玻璃門及鋁門之生意。

三、綜上所述,特予陳述。狀請鑒核,特予陳述,實為德便。

　　謹　狀

陸軍第二三四師司令部　　公鑒

中　華　民　國　　86　年　　6　月　　18　日

　　　　具狀人　陳○宗　㊞

刑事聲請狀

案號：86年度審字第24號

被　告　陳○南　彰化市○○路○○號

為被告涉嫌過失致死乙案聲請事：

　　按我國刑事訴訟法第1條第2項、第3項規定，現役軍人之犯罪，除犯軍法應受軍事裁判者外，仍應依本法規定追訴、處罰。因受時間或地域之限制，依特別法所為之訴訟程序，於其原因消滅後，尚未判決確定者，應依本法追訴、處罰。另軍事審判法第1條規定現役軍人在戰時犯陸海空軍刑法或其特別法以外之罪者，依本法規定追訴審判之，非現役軍人不受軍事審判。同法第5條規定，犯罪任職服役前，發覺在任職服役中者，依本法追訴審判，但案件在追訴審判中而離職離役者，初審案件應移送該管第一審之法院，覆判案件應移送該管第二審之法院審判。犯罪在任職服役中，發覺在離職離役者，由法院審判。查，被告涉嫌過失致死乙案，依貴司令部85年訴字第27號軍事檢察官起訴書所載，本案之犯罪時間是85年3月30日凌晨許，被告涉嫌所觸犯之條文是刑法第276條第1項及第284條第1項之罪，均非屬陸海空軍刑法之罪名。當時被告陳○南雖具有現役軍人身分，然軍事檢察官偵查尚未終結前，被告陳○南已於民國85年9月1日因病停役，不再具有現役軍人身分，依上開我國刑事訴訟法第1條及軍事審判法第1條「非現役軍人不受軍事審判」、第5條第1項但書「案件在追訴審判中而離職離役者，初審案件應移送該管第一審之法院」之立法意旨，被告應依刑事訴訟法規定處罰，無適用軍事審判法之餘地，應移送第一審法院審理，故懇請貴部將本案移送有管轄權之第一審法院審理。

　　謹　狀

陸軍步兵第二三四師司令部　　公鑒

中　華　民　國　86　年　7　月　5　日

　　　　　　具狀人　陳○南　印

訊問筆錄

本案經軍事檢察官　巫志偉　蒞庭

本案經選任辯護人　吳光陸　出庭

　　　　　　　　　王能幸　出庭

點呼陳○明入庭

問：姓名、年齡、籍貫、職階、任職或服役之期間，單位名稱，或番
　　號及駐或住居所？

答：陳○明，男，67年○○月○○日生，臺灣省臺中縣人，本部支指
　　部支本連上兵（已退伍），職業：工程師。籍設：臺中縣大肚鄉
　　○○路○○號。身分證字號：L○○○○。

問：陳○南認識否？有無親怨關係？

答：他是以前我同連弟兄，我們同一梯次，無親怨關係。

庭諭：證人作證之義務及偽證之處罰並命其具結。

問：你於何時退伍？

答：86年6月5日退伍。

問：你與被告陳○志、黃○良有幾次開車至被告家？

答：只有一次。

問：由誰開車？

答：黃○良。

問：黃○良如何知道陳○南家？

答：陳○南告訴他的。

問：至陳○南家後如何返回臺中？

答：出來回臺中時，我記得陳○南有告訴我們怎麼回臺中。

問：辯護人有何意見？

答：請調查被告之住宅是否駕駛一次即可找到？

問：陳○南家是否能夠去一次就能再找到？（以你的標準）。

答：很難找到。不過印象中從大肚橋到彰化轉幾個彎就找到了，詳細

地址我不清楚。

問：你於何時與黃○良等至陳○南家？

答：過年前後（去年，即85年農曆年）去的。

問：辯護人有何意見？

答：請調查是否以當時檢察官詢問時所稱：「黃○良說陳○南家很好走，走一次就能找到」這句話確係屬實？

問：你對辯護人所提之問題有何意見？

答：印象中有的。黃○良有說這句話。

問：有無補充？

答：無。

問：軍事檢察官有何意見？

答：請調查黃○良開車陳○南有無一邊告知路線？當時係晚上或白天？

問：證人有何意見陳述？

答：陳○南在黃員開車時有一邊開車一邊告知路線，印象中是白天。

問：證人以上所述實在否？

答：實在。

庭諭：證人訊畢請回，退庭。

　　　　　　　　　證人　陳○明（簽名並捺指印）

中　華　民　國　86　年　7　月　5　日

　　　書記官　林恩瑋
　　　審判長　吳志成（均簽名）

1.85年6月底

　　陳○宗至我家，說車子如果是陳○南開的，車子會賠給我的，我告訴他先不要說這些，車子誰開的先確定。

2.地點：部隊的營站。

　人：陳○宗、陳○東及他朋友，我及我二哥。

　內容：陳○東說我們理虧，你們開個價錢。

3.地點：豐原憲兵隊。

　人：陳○宗、王○明的助理，我及我二哥、憲兵隊一位少尉。

　內容：叫我開價錢。

　時間：中秋節過後，巫檢察官叫我們趕快和解。

4.地點：彰化的日本料理。

　人：陳○宗、陳○東、王顯明的助理、本人。

　內容：叫我開價錢。

5.地點：豐原憲兵隊。

　人：陳○宗、王顯明的助理、本人。

　內容：陳○宗開價五十萬要和解。

6.法官開庭後，又和解一次。

7.86年的7月，律師又找我至事務所和解，有錄音存證。

　　　　　黃○良　臺中縣梧棲鎮○○路○○號　　印

刑事辯護暨聲請調查證據狀

案號：86年度審字第24號

被　　　告　陳○南　年籍在卷

選任辯護人　吳光陸律師

為過失致人於死案件，依法辯護暨聲請調查證據事：

　　本件公訴意旨略以：陳○南（84年7月20日入伍，義務役；業於85年9月1日因病停役）係前開單位一兵，領有汽車駕駛執照（駕照號碼：NZ-○○○○），與被害人同連下士黃○良、一兵陳○志均於85年3月28日至同年月31日休假，休假期間於85年3月30日凌晨許，黃○

良駕駛其姊黃○珠所有之豐田牌自小客車（車號：NZ-○○○○號）至臺中市中港路接由臺北返回臺中之陳○南後，即換由陳○南駕車，前往陳○志家中搭載陳兵，三人一同至臺中市某PUB店聊天，其間認識黃○儀及黃○芬二女，約凌晨3時許，五人又一同搭載陳○南所駕車子至某KTV唱歌，至當日凌晨5時許，始由陳○南開車，黃○良坐右前座，陳○志坐右後座，黃○儀坐後座中間，黃○芬坐左後座，一起至臺中縣大里市，送二女回住處後，仍由陳○南駕車；黃○良、陳○志二人仍坐原座位，欲送陳○南回家，往彰化方向行駛，行經臺中縣烏日鄉榮泉村三段一三五九號前之彎道時，被告應注意並能注意謹慎駕駛減速慢行，惟其竟因徹夜未眠精神不濟打瞌睡而疏未注意車行及道路狀況超速行駛，致失控煞車不及不慎撞擊右側路旁之電線桿，致後座乘客陳○志因「閉鎖性顱骨骨折伴有顱內損傷」當場不治死亡，右側前座乘客黃○良頭部外傷、腦挫傷、腦浮腫昏迷（傷害部分，業據告訴），因認被告陳○南涉有刑法第276條第1項「過失致死」罪嫌。

按犯罪事實應依證據認定之，無證據不得推定其犯罪事實，刑事訴訟法第154條定有明文，參照最高法院29年上字第3105號判例「刑事訴訟法上所謂認定犯罪事實之證據，係指足以認定被告確有犯罪行為之積極證據而言，該項證據自須適合於被告犯罪事實之認定，始得採為斷罪資料。」、30年上字第482號判例「事實審法院對於證據之取捨，依法雖有自由判斷之權，然積極證據不足證明犯罪事實時，被告之抗辯或反證縱屬虛偽，仍不能以此資為積極證據應予採信之理由。」，必須有積極證據，始可為犯罪事實認定。

本件依道路交通事故調查報告表(一)及現場照片所示，該小客車係左邊撞擊路邊電桿，致生事故，因係左邊撞擊，其門緊靠電桿，故衡諸情理，不僅坐於前座左側駕駛座位之駕駛不可能自左邊車門出去，且受傷者亦必係身體左邊受傷，此觀死者陳○志之法醫鑑定書所載，其係左側顳骨額骨顴骨交接處骨折，左側眉尖穿刺傷0.5×0.5公

分，左眼尾處穿刺傷0.5×0.3公分，左側顴骨外圍三處穿刺傷各為0.3×0.5公分，左耳道及右耳道出血，左手手背擦傷2×0.7公分，左腳內側腳踝挫傷2×2公分，均係左邊受傷可明。

經查該車固原由被告開車載黃○良及陳○志送黃女二人回大里市住家，但在到達該二女住處回頭往被告彰化住處時，已換由黃○良開車，迭據被告於偵查中陳明其緣由，並經證人楊○賢證稱屬實，核與證人黃○儀於偵查中稱「我曾聽到黃○良對我說，陳○南要我（黃○良）開車送他回家。」相符（參見民國85年4月9日筆錄），而警員莊○煙亦稱其到場時，該車右前座還斜躺（向後約45度）（參見民國85年6月27日筆錄），亦與被告陳述要睡覺休息相符，顯見該車並非係被告駕駛。雖被告於偵查中曾承認由其駕駛，但參諸刑事訴訟法第156條第2項規定「被告之自白，不得作為有罪判決之唯一證據，仍應調查其他必要之證據，以察其是否與事實相符。」及最高法院46年臺上字第809號判例「被告之自白為證據之一種，須非出於強暴、脅迫、利誘、詐欺或其他不正之方法，且與事實相符者，方得採為證據，故被告雖經自白，仍應調查其他必要之證據，以察其與事實是否相符，苟無法證明其與事實相符，根本即失其證據之證明力，不得採為判斷事實之根據。」，亦須與事實相符，始可採信。茲該車除死者外，前座為被告及黃○良，而事情發生時究竟為何人駕駛，因涉及責任，二人爭執甚烈，但就光田醫院診斷證明書所載，黃○良係頭部外傷，而被告則為腹部鈍傷，右側氣胸，顯見被告並無左邊身體碰及汽車駕駛座左側車身以致受傷，核與首開所述應係身體左邊受傷不符。即苟被告確坐於駕駛座駕駛該車，不僅因右邊無車門，不致右側氣胸，且左邊身體應有傷痕，參諸證人即醫生蔡永方證稱被告腹傷係因外部所致，脾臟破裂係因前遇外物撞擊，益見未碰及左邊車身，應係被告坐於右座，撞及座位前之駕駛檯右側。至黃○良頭部受傷係左右何處位置，因診斷證明書未予詳載不明，請函該院查明，苟其係左邊受傷，當係其坐於前座左側一駕駛座之故，必要時亦可函請臺中縣交

通事故鑑定委員會鑑定何人駕駛。

　　次查事故發生時，最先到者為李王阿市，依其證稱其發現前座二人在求救（參見民國85年3月30日筆錄），警員莊○煙稱其到場，在前座一人，駕駛座無人，車外一人，但如上所述，因左邊駕駛座緊靠電桿，不可能開門，故應係被告為求救先離開右座到車外，黃○良為求救，亦自駕駛座移至右邊，否則，苟係被告駕駛，黃○良坐右座，被告如何可能爬越黃○良而到車外？尤其小客車內空間不大，被告與黃○良均甚高大，不可能爬過？

　　又本件被告係民國85年9月1日停役，但　鈞組檢察官分案係同年9月2日，已在被告停役之後，依軍事審判法第5條第2項，似應由法院審判，請惠予移送管轄法院審理。

　　謹　呈

陸軍步兵第二三四師司令部軍事法庭　　公鑒

中　華　民　國　　86　　年　　7　　月　　5　　月

　　　　具　狀　人　陳○南

　　　　選任辯護人　吳光陸律師　[印]

光田綜合醫院函

受文者：陸軍步兵第二三四師司令部軍事法庭

日期：中華民國86年7月16日

字號：86光醫事歷字第8600594號

主旨：函覆本院患者陳○南（病歷號碼○○○○）及黃○良（病歷號碼○○○○）之病歷摘要。並附病歷之影本二份，各為陳○南二十張，黃○良十八張。請查照。

説明：

一、覆　貴部民國86年7月3日，(86)同大字第6535號函辦理。

二、患者黃○良先生於急診時之昏迷指數為10分。

　　　　　院長　王乃弘

陸軍步兵第二三四師司令部裁定

86年裁字第21號

聲請人即被告：陳○南、男、○○歲（民國59年○○月○○日生）、臺灣省屏東縣人，原本部支援指揮部本部連一兵，第1734梯次，兵籍號碼：地B○○○○號，身分證號碼：N○○○○，籍設：彰化縣彰化市○○路○○號。（責付）

右聲請人因被告過失致人於死案件，在本部審理中，聲請移轉審判權，本部裁定如下：

　　主　文

聲請駁回。

　　理　由

查軍事審判法第5條第1項、第2項規定：「犯罪在任職服役前，發覺在任職服役中者，依本法追訴審判；但案件在追訴審判中而離職離役，初審案件應移送該管第一審法院審判。犯罪在任職服役中，發覺在離職離役後者，由法院審判。」本件被告係於84年7月20日入伍服役，其犯罪時間係在85年3月30日，軍事檢察官於85年7月5日偵查庭訊問被告時即已發覺其犯罪，並在筆錄中改列其為被告，而其停役時間是85年9月1日，是其犯罪與發覺得均在任職服役中，依法仍應由本部審判，其既不合上述之規定，自應駁回其聲請，爰為裁定如主文。

中　華　民　國　86　年　7　月　15　日

　　　　　陸軍步兵第二三四師司令部簡易審判庭
　　　　　審判官　吳志成

本件證明與原本無異。

本件裁定不得抗告。

　　　　　書記官　林恩瑋　㊞

中　華　民　國　86　年　7　月　16　日

刑事辯護暨聲請調查證據㈡狀

案號：86年度審字第24號

被　　　告　陳○南　年籍在卷

選任辯護人　吳光陸律師

為過失致人於死案件，續為辯護暨聲請調查證據事：

　　本件爭執點在於肇事汽車是否為被告駕駛？抑或為黃○良駕駛，雙方各執一詞，爭執甚烈。雖被告於偵查中曾稱係己駕駛，但依軍事審判法第168條規定「被告雖經自白，仍應調查其他必要之證據，以察其是否與事實相符。」及刑事訴訟法第156條第2項規定「被告之自白，不得作為有罪判決之唯一證據，仍應調查其他必要之證據，以察是否與事實相符。」，仍須與事實相符，始可採為證據，認定犯罪事實。而證據之證明力，由軍事法庭自由判斷之。但不得以無反證為認定犯罪之主要依據，軍事審判法第167條定有明文，參照最高法院31年上字第1312號判例「法院依自由心證為證據判斷時，不得違背經驗法則，所謂經驗法則，係指吾人基於日常生活經驗所得之定則，並非個人主觀上之推測。」，48年臺上字第475號判例「證據之證明力，

固屬於法院判斷之自由，但不得違背經驗法則，如證據之本身依照吾人之日常生活經驗所得之定則觀察，尚非無疑竇時，即遽難採為判決之基礎。」及53年臺上字第2067號判例「證據之證明力如何，雖屬於事實審法院自由判斷職權，而其所為判斷，仍應受經驗法則與論理法則之支配。」，證據之證明力仍須符合經驗法則及論理法則，始可判斷事實。是本件被告究有無駕駛該車，不能僅憑其曾自白，遽予認定，仍應有證據證明與事實相符，且此證明之證明力尚應符合經驗法則及論理法則，始可採信。

經查被告固開車載黃○良及陳○志送黃女二人回大里市住家，但在到達該二女住處回頭往被告彰化市住處時，已換由黃○良開車，迭據被告於偵查中陳明其緣由，並經證人楊○賢證稱屬實，核與證人黃○儀於偵查中稱「我曾聽到黃○良對我說，陳○南要我（黃○良）開車送他回家。」相符（參見民國85年4月9日筆錄），而警員莊○煙亦稱其到場時，該車右前座還斜躺（向後約45度）（參見民國85年6月27日筆錄），亦與被告陳稱換由黃○良駕駛之緣由在於伊要睡覺休息相符，凡此證據足見該車非被告駕駛，應符合經驗法則及論理法則。況依證人陳○明證稱，以前曾由黃○良開車到被告家，黃○良於偵查中稱被告家很好走，走一次就能找到，再參酌彰化市地圖（被證一），自縱貫公路進入彰化市到被告家，道路明顯，除接近被告家時，道路有分歧外，均呈直線，是由黃○良開車到被告家，亦非絕無可能，被告所辯，應屬可信。

次查該車係自臺中市往彰化市沿縱貫公路行駛，行經大肚橋前之轉彎處，因轉彎不及，撞擊路旁電桿而肇事，此有道路交通事故調查報告表(二)在卷可稽（被證二）。就此表觀之，自該車行駛方向言，其在上開處所本應左轉行駛，但未及左轉，即直衝至路旁電桿，依該表所示煞車痕長達62.8公尺，衡諸經驗法則及論理法則，斯時駕駛者應已發現此情，故不僅踩煞車，且亦猛力左轉，冀希回復至公路行駛，此由該車撞擊電桿處之處，尚有一鐵架，但此架並無折損（被證

三），　鈞長可到場勘驗查明，足見該車在撞擊電線桿時，應未再向前行進，但因猛力左轉，故左邊撞擊電線桿力量甚大，因此衝擊力，致生本件事故。亦即因該車向左方猛力撞擊，衡諸經驗法則，在車上之乘員均應身體左方部位撞擊車身致傷。又因該車未再向前行進，故乘員不可能向前碰及車身而受傷。此觀死者陳○志之法醫鑑定書所載，其係左側顳骨額骨顴骨交接處骨折，左側骨尖穿刺傷0.5×0.5公分、左眼尾處穿刺傷0.5×0.3公分，左側顴骨外圍三處穿刺傷各為0.3×0.5公分，左耳道及右耳道出血，左手手背擦傷2×0.7公分，左腳內側腳踝挫傷2×2公分，均係左邊受傷，而被告及黃○良均無頭部正面受傷可證。同理本件可由被告及黃○良受傷位置以判斷何人駕駛。茲依附於偵查卷之光田醫院診斷證明書所載，被告係腹部受傷、脾臟破裂、後腹腔血腫、右側氣胸，其脾臟並因此切除。而脾臟在腹部左側，有人體正面圖一紙可證（被證四），苟係被告駕駛，依同型之該車前半部內部結構（被證五），其左側之腹部應不致受傷，有受傷應係撞及左邊車門上方玻璃之左側頭部，反之，因駕駛座右側有突出之排擋桿及置物箱，且當時駕駛座右側座椅為四十五度傾斜，則坐此座斜躺之人，因左方撞擊，其腹部脾臟因撞擊排擋桿等突出物（按：行駛中之排擋桿已置放於下方，非如照片所示停車時置於上方P之位置）而破裂。故苟如被告坐於駕駛座，其左側車門下半部並無突出，脾臟腹部不會受傷，雖前有方向盤，但方向盤應對準胸口，僅胸口可能受傷亦不致撞擊腹部，是就被告受傷位置觀之，被告應未坐於駕駛座，公訴人以被告腹部受傷係撞擊方向盤，應有誤會。但查黃○良之傷勢在頭部，依光田醫院函，其頭部左側額葉挫傷出血（被證六），顯見其頭左部因撞擊左側車門上方玻璃受傷，符合上情，且該車左邊車門上方之玻璃破裂，顯見有撞擊，但被告頭部並無任何傷痕，如認被告腹部受傷係因向前碰及方向盤，何以頭部未因此碰及車前之擋風玻璃而受傷，況此玻璃未破，是就被告及黃○良受傷情形，黃○良應係坐於駕駛座，被告並未駕駛該車。

　　上開被告及黃○良受傷位置與該車係左方撞擊電桿之關係，如
　鈞長認有疑問，可函製造該車之豐田汽車公司（按：肇事車為豐田
車）或汽車肇事鑑定委員會或光田醫院請其分析判斷，以明事實。
　　謹　狀
陸軍步兵第二三四師司令部軍事法庭　　公鑒
證物：
　　　　被證一：地圖影本件。
　　　　被證二：道路交通事故調查報告表(二)影本一件。
　　　　被證三：照片二張。
　　　　被證四：人體圖一件。
　　　　被證五：照片四張。
　　　　被證六：光田醫院函影本一件。

中　華　民　國　86　年　8　月　16　日

　　　　　具　狀　人　陳○南
　　　　　選任辯護人　吳光陸律師　印

被證六：

光田綜合醫院　　函

受文者：王能幸律師事務所
日期：中華民國86年7月31日
字號：(86)光醫事歷字第8600642號
主旨：函覆本院患者黃○良（病歷號碼○○○○）之病歷摘要，如說
　　　明，請查照。
說明：一、覆　貴所86年7月24日八十六律幸字第712號函辦理。

二、患者黃君電腦斷層報告1.左側額葉腦挫傷出血。2.瀰漫性腦水腫。3.此外無其他特殊發現。

院長　王乃弘

刑事聲請調查證據狀

案號：86年度審字第24號

被　　　告　陳○南　在卷

選任辯護人　吳光陸律師

為過失致人於死案件聲請調查證據事：

一、(一)請傳訊證人警員莊○煙（烏日分局烏日派出所）。

　　(二)待證事實：因該車左邊車門車窗破裂，其破碎之玻璃應散布在駕駛身上，而莊○煙於案發後到場，應知何人身上有玻璃，可藉此判斷何人駕駛該車。縱或不能知悉身上有玻璃者之姓名，亦可由係在車外者（按：即被告）或在車內者（按：即黃○良），以為判斷。

二、(一)請通知黃○良下次定期到場。

　　(二)待證事實：由被告提供同型車輛，放置　鈞庭門口，由被告及黃○良坐於車內，表演可否由駕駛座爬過右側車座以出車外。

　　謹　狀

陸軍步兵第二三四師司令部軍事法庭　　公鑒

中　華　民　國　86　年　8　月　29　日

具　狀　人　陳○南

選任辯護人　吳光陸律師　印

刑事聲請調查證據狀

案號：86年度審字第24號

聲請人即被告　陳○南　彰化市○○路○○號

選任辯護人　吳光陸律師

為過失致人於死案件聲請調查證據事：

　　請惠予將相驗卷、被告及黃○良診斷書、該車照片送國軍法醫中心（設臺北市○○路○○號），請其就被告及黃○良受傷部位以鑑定何以駕駛該車。

　　待證事實：該車究為何人駕駛，被告與黃○良爭執甚烈，而坐於駕駛座及其右側之人，因位置不同，受傷部位有異，可由死者陳○志傷勢及照片比對，顯示該車在左邊撞擊，故由此情形及受傷情形請專業之國軍法醫中心鑑定何人駕駛，以明事實。

　　謹　狀

陸軍步兵第二三四師司令部軍事法庭　　公鑒

中　華　民　國　86　年　9　月　15　日

　　　　　　具　狀　人　陳○南

　　　　　　選任辯護人　吳光陸律師　印

陸軍步兵第二三四師司令部　函

行文單位：

正本：博川綜合醫院（臺中縣烏日鄉）

副本：軍法組（續辦）

日期：中華民國86年8月29日

字號：(86)同大字8477號

主旨：請 貴院惠予提供陳○南及黃○良85年3月30日就醫診斷證明
　　　並檢附詳細中文病歷資料過部佐參，以利偵結，請參照！

說明：

一、陳○南、○○歲（○○年○○月○○日生），臺灣省屏東縣人，
　　身分證統一號碼：N○○○○；黃○良、○○歲（○○年○○月
　　○○日生），臺灣省臺中縣人，身分證統一號碼：L○○○○，
　　於85年3月30日因車禍受傷至 貴院急診後轉光田醫院。

二、本部偵辦陳○南過失致死罪嫌實有了解其上述二員至 貴院急診
　　時之傷勢及有無昏迷等狀況之必要，極須上開資料。

　　　　　　　　　　　　師長陸軍少將　何江海

烏日鄉博川醫院　　　函

博醫字第137號

受文者：陸軍步兵第二三四師司令部軍法組

主旨：回復 貴部調查黃○良及陳○南之資料

說明：

一、黃○良，男性○○歲（○○年○○月○○日生）於85年3月30日
　　上午6點15分因車禍被送至本院急診，意識欠清、昏迷指數9分
　　（E2V1M6）拒進一步檢查及治療而轉院。

二、陳○南，男性○○歲（○○年○○月○○日生）於民國85
　　年3月30日因車禍，胸部挫傷，意識欠清，昏迷指數14分
　　（E3V5M6），胸部X光發現左肋第8、9根骨折，經點滴加藥，
　　氧氣吸入而轉院。

　　　　　　　　　　　　院長　柯國銓

調查筆錄

被　　告：陳○南

證　　人：莊○煙

鑑定人：周百謙

上開陳○南、莊○煙、周百謙等因中華民國86年度審字第24號陳○南過失致死乙案於86年9月20日，上午9時在本部軍事法庭訊問，出席職員如下：

　　　　受命審判官　吳志成

　　　　書記官　林恩瑋

本案經選任辯護人　吳光陸　出庭

點呼證人莊○煙　被告陳○南　入庭

問：姓名、性別、年齡、籍貫、任職或服役之期間、軍事機關、部隊或學校之單位名稱或番號及駐地或住所？

答：莊○煙，男，年籍詳在卷。

問：85年3月30日清晨5時45分在臺中縣烏日鄉榮泉村中山路3段1359號前發生之車禍是否為你處理？現場狀況？

答：是的。民眾報案（於上述時地）有車禍發生，於是我趕去處理，當時車禍現場有三人在車內，一員在車外求救，一員在前座（右側），一員在後座，已無心跳，將右前座的及在外求救者送博川醫院急救，我前往博川醫院，問有一位清醒者，說駕駛是黃○良，回答我的這位是陳○南。

問：在博川醫院，你看黃○良的狀況如何？

答：黃員當時昏迷，無法答話，由其姊告訴我該三員均是現役軍人。

問：誰在車外求救？

答：我不確定。在車內前座者橫躺，身上均係玻璃碎片，在車外則不確定其有無玻璃碎片，只知道他不停在求救喊痛。

問：吳選任辯護人有何詰問？

吳詰問：當時車內該員身上玻璃碎片是否很多？玻璃碎片係來自何處
　　　　之玻璃？

答：是的，有很多，因他橫躺在右前座，故玻璃碎片可能係從後方飛
　　過來的。但正面的擋風玻璃僅裂開，而未破裂，駕駛座車門的玻
　　璃不確定有無破裂。

問：當時車禍時右前座之人是否昏迷？

答：完全昏迷，是由我及同事將之抬下車。

問：在外面求救之人意識狀況如何？

答：清醒，他還知道求救及自己何處疼痛。

問：清醒者喊痛，他說是那裡痛？

答：他是躺在地上，喊著我全身很痛，快送我至醫院，我則告訴他救
　　護車快來了，請他忍耐。

問：陳○南（被告）詰問，他喊痛有無能力自己行走或是爬行？

答：求救之人是用爬行的，無法站起來行走。他是抱著胸部爬著的，
　　可能胸部有受撞擊。

庭諭：證人作證之義務及偽證之罪責，並命具結。

被告詰問：請問車子在撞擊時，玻璃通常會飛向何處？

答：不一定。

庭諭：證人莊○煙訊畢請回，請鑑定人周百謙入庭。

周百謙，男○○年○○月○○日生，臺灣省臺中人，陸軍步兵第三○
二師衛生連少尉醫官，兵號：地B○○○○號，身分證字號：B○○
○○，籍設：臺中市北屯區○○路○○號。

庭諭：鑑定人偽證之處罰並命具結。

問：學歷？何時取得醫師資格？

答：臺北醫學院醫學系，去年10月取得資格。

問：你就陳○志車禍死亡乙案駕駛座與乘客座受傷可能部位是那些？

答：根據臺中榮總石開平醫師所提供之一篇日本論文（詳如附件）摘
　　要，其中第337頁第7圖中，作者依其所摸擬四種狀況附列出可能

造成司機與乘員之傷害。依其附圖，可發現駕駛座司機由於有方向盤、擋風玻璃及飾板，其所發生之傷可能有：1.因碰撞前擋風玻璃及擋板引起頭部外傷。2.因碰撞方向盤而有胸部傷及腹部傷。3.因碰觸其他物品而有腳手部擦傷等。就乘客部分可能傷勢有：1.因碰撞前擋風玻璃引起頭部外傷。2.因碰觸前飾板或車門板造成前視傷或他擦傷，另依據另一份資料由英國的「簡明骨科及創傷學」（詳如附件）由所提此部分摘錄亦以駕駛座為主。綜合書中所說，駕駛座所受傷，可能有：1.因座椅未有頭枕引起頸椎受傷。2.因方向盤碰撞或其他外力，而有胸椎傷、氣胸、血胸、動脈或心臟破裂、胸骨骨折、肋骨骨折。3.在腹部傷方面：因撞擊而可能有肝臟破裂、脾臟破裂、腸管破裂及其他相關大小傷勢。

提示：86年9月11日博醫字第137號博川醫院函，並告以要旨及光田醫院黃○良急診病歷、陳○南放射線科報告、陳○南診斷證明書（86光醫診字第000934150號）、陳○南急診病歷，並以告以要旨。

問：根據以上病歷資料，請以你鑑定人身分說明乘客座及駕駛座等有可能受傷部位是那些？

答：從法醫學理論來看「屍體自己會說話」，從死者狀況推判，其所受之左方及前方之撞擊力都非常之大，任何一個具物理學常識者均知道，向前之作用力一定要有物體加以抵擋，否則無法抵銷。相同地，坐在駕駛座的司機，往前一定會先行撞到方向盤，即令沒有撞到方向盤，往前之衝力依然會迫使身體向前撞擊方向盤，且向左之力無法予以抵銷，而乘客座因缺乏方向盤以為阻擋，勢必頭部於第一時間先行撞上前擋風玻璃。且前座乘客當時為熟睡，勢必難有手掌或手臂或其他物體阻擋其往前之衝力。以此學理論之，駕駛座應前胸傷較頭部傷為重，乘客座勢必頭部傷較胸腹部傷為重。當然，亦可能有特例的發生。

問：有無補充？

答：無。

選任辯護人詰問：請問鑑定人，黃○良電腦斷層是左側頭部出血，
　　　　　　　　若其係坐在右側，何以左側會受傷？

答：倘若以車禍為左前方撞擊情況模擬之，乘客席可能因身體偏左前
　　且胸部無方向盤阻擋，致頭部大力撞擊方向盤或前飾板或前擋風
　　玻璃。

問：以上所述實在否？

答：實在。

庭諭：鑑定人訊畢請回，退庭。

右筆錄係當庭製作經被告、證人、鑑定人親閱無訛始命簽捺於後。

　　　　　　　　　被　告　陳○南（簽名並捺指印）
　　　　　　　　　證　人　莊○煙（簽名）
　　　　　　　　　鑑定人　周百謙（簽名）

中　華　民　國　86　年　9　月　20　日

　　　　　　　　書記官　林恩瑋（簽名）
　　　　　　　　審判官　吳志成（簽名）

陸軍步兵第二三四師勘驗筆錄

一、時間：86年9月20日上午9時40分

二、地點：臺中中興嶺看守所

三、案由：陳○南過失致死案

四、在場人員

　　　　　　審判官　吳志成
　　　　　　書記官　林恩瑋

選任辯護人　吳光陸律師
被　　　告　陳○南
鑑　定　人　周百謙
證　　　人　黃○良、莊○煙

五、勘驗經過：

　　以陳○志車禍意外死亡案，同型車作各種模擬狀況詳如照片。

中　華　民　國　86　年　9　月　20　日

審判官　吳志成

刑事辯護聲請調查證據⟨三⟩狀

案號：86年度審字第24號

被　　　告　陳○南　年籍在卷

選任辯護人　吳光陸律師

為過失致死案件，依法辯護暨聲請調查證據事：

　　本件爭執點在於肇事汽車是否為被告駕駛？　鈞庭就此調查甚為詳細，並向臺中榮民總醫院石法醫洽詢，由石法醫提供資料，再由鑑定人周百謙為鑑定，認仍屬被告駕駛。惟查：

一、在日本及英國，因其駕駛座在右側，與我國駕駛坐在左側不同，故關於碰撞方向，所生受傷結果亦因此不同，是日本及英國有關撞擊所生受傷位置之文獻是否全部適用，似不無疑問。

二、上開文獻，就撞車均係在於車頭向前，與本件係向左方不儘相同，其結論於本件情形應不適用。

三、依警員莊○煙於民國86年9月20日庭訊時稱「車內前座者為橫躺，身上均係玻璃碎片──」「（按：問當時車內該員車上玻璃

碎片是否很多？）是的，有很多，因他橫躺在右前座，玻璃碎片可能係從後方飛過來，但正面的擋風玻璃僅裂開，而未破裂，駕駛座車門的玻璃不確定有無破裂。」。揆諸本件係因向左側撞擊電線桿致生事故，非在向前，且其撞擊力甚大，以致後座之陳○志當場死亡，故撞擊點之左方駕駛座車門玻璃應已破碎，是在車內身上玻璃者，應係駕駛座左方車門玻璃破碎所致，與後方玻璃無涉，參諸運動定律－慣性定律及反作用力定律，該車係在向左側撞擊，則後方玻璃應不致向前灑在坐於駕駛座者身上，否則何以死者陳○志身上皆無（參見相驗筆錄）。

四、按諸經驗法則，在駕駛座者受傷應較右方乘客座者為重，本件黃○良受傷情形較被告為重，故駕駛肇事汽車者應非被告。

五、茲經中國醫藥學院附設醫院鑑定（被證七），認本件並非被告駕駛。

　　茲因事關重大，為期毋枉毋縱，請將相驗卷及被告及黃○良全部病歷逕請一、光田醫院二、臺中榮民總醫院三、臺大醫院四、國軍法醫中心鑑定，以期責任明確。

　　謹　狀
陸軍步兵第二三四師司令部軍事法庭　　公鑒
證物：
　　被證七：鑑定報告一件。

中　華　民　國　86　年　10　月　9　日

　　　　具　狀　人　陳○南
　　　　選任辯護人　吳光陸律師　㊞

被證七：

鑑定意見書　　86年10月8日

　　依車禍現場照片及車子發生車禍之路線圖研判，此車子因突然轉彎撞到左側路旁之電線桿才停止，造成車子發生減速力量。因此車子裡面的人依慣性原理均會往左側呈「加速性」，「旋轉性」之移動撞擊到車門、車窗或車內突出物，因而可能造成身體傷害。如死者陳○志，死於左側顱骨骨折及左側肢體受傷。因車子照片前面右側車頭完好，左側玻璃破損，可推斷此車禍撞擊點為側面而非正面。判斷受傷人之機轉，若為車內之人呈加速性撞擊（相對於車子突然停止造成），依神經外科頭部受傷理論，出血應於撞擊處，如撞到左側前額葉，腦出血位置應於左側前額葉而非左側枕葉，若為撞到左側顳葉，出血應於左側顳葉，而非右側顳葉。簡單說，一個加速力量撞到頭部，若為左側撞擊，腦出血應於左側大腦前額葉。觀察照片看來，車子駕駛座左側車頂、車窗及車門上嚴重受損，左側撞擊力量很強，故駕駛者應很難避免左側頭部受傷。車子前座有人，頭部有受傷且腦內出血者應有高度可能性是駕駛者，同時應車子側撞停止，此時車子有向左側翻轉力量，所以駕駛者頭部左側不可避免向左斜上方去撞擊，恰好車子左上方因受電桿壓迫而變形，更可以推測駕駛者頭部受傷是免不了的。前座右側的非駕駛人，因以45度平躺姿勢休息，在突然發生側撞時，應會往駕駛者方向撞擊。因左側有排檔桿，所以撞擊部位可能是腹部，如脾臟位置。因45度平躺姿勢較低，頭部要撞到左側車頂太遠且中間以上有椅子及駕駛者隔開，不易造成非駕駛者頭部受傷。

　　氣胸可因胸壁受到撞擊所致，只要撞到車內任何硬物皆可造成，臨床上氣胸常見於咳嗽導致肺泡破裂。因車內人受傷主要在左側力量，故駕駛者若撞到方向盤之氣胸位置應偏重於左側而非右側。駕駛座旁之人，當車子有向左側翻轉時，此人身體右側，如同車子向左側

翻轉，因空間較大，右前胸就轉到前面撞到前飾板或方向盤均有可能造成右側氣胸。或者，因腹部撞擊導致氣促咳嗽也可能造成肺泡破裂產生氣胸。此原理乃是撞擊點在左車門，距左側車邊之駕駛者較近，翻轉力量較小，而非駕駛者，距撞擊點較遠，依力矩原理其翻轉力量較大，因此可以解釋非駕駛者，右側氣胸之原因。另外，駕駛人左側肩部或左側鎖骨區亦可能發生撞擊產生疼痛。

綜合判斷

　　1.駕駛者不可避免有左側頭部受傷及左側肩部、左側鎖骨區疼痛（因旁撞擊點太近，無法防範）。

　　2.非駕駛者於右側平躺姿勢，也是會有腹部受傷及氣胸之可能，若無頭部受傷應非駕駛人才是。

　　3.故黃君有頭部左側受傷且神智昏迷（昏迷指數10分，正常人滿分為15分）及左側肩部、左側鎖骨區疼痛（依光田醫院病歷記錄）應為駕駛者，而陳君身高175公分，若為駕駛人距離車頂不過10公分，很難沒有頭部受傷。

　　4.陳君無頭部受傷神智清楚（昏迷指數滿分15分）應是駕駛座旁邊之乘客。

中國醫藥學院附設醫院

神經外科主任　周德陽（簽名）

外科部　主任　楊美都（簽名）

刑事辯護聲請調查證據㈣狀

案號：86年度審字第24號

被　　　告　陳○南　年籍在卷

選任辯護人　吳光陸律師

為過失致死案件，依法辯護暨聲請調查證據事：

　　本件被告前呈送辯護(三)狀所附鑑定報告一件，經臺灣高等法院檢察署法醫中心顧問兼召集人方中民教授肯定其鑑定結果，有方教授函一件可稽（被證八），是本件肇事汽車應非被告駕駛。又臺中榮民總醫院石開平醫師未提供書面意見，如有必要，請傳訊方中民教授（通訊處：國立臺灣大學附設醫學病理科臺北市常德路1號）、石開平醫師（通訊處：臺中榮民總醫院臺中市中港路三段160號）、周德陽、楊美都（通訊處：中國醫藥學院附設醫院臺中市學士路九五號），以說明之。

　　謹　呈

陸軍步兵第二三四師司令部軍事法庭　　公鑒

證物：

　　被證八：方中民教授函一件。

中　華　民　國　86　年　10　月　15　日

　　　　具　狀　人　陳○南
　　　　選任辯護人　吳光陸律師　㊞

被證八：

為NZ-○○○○號車禍事件，兩前座之乘客與駕駛人在事故發生時所坐位置而有所爭執，經陳○宗醫師所提供之照片及資料研判該肇事車輛顯為超速失控致車輛左側撞於路面突出物──電線桿，左側車身凹陷、左前後玻璃窗均破碎、前擋風玻璃及左前車門變形時發生扭曲而致自左上角放射線形向中心裂開，前引擎蓋左前大燈未見損害，依此種力量所產生之力道後座乘客不免死亡，前座駕駛人可能重傷或死亡，右側乘客往往傷勢較輕，法國巴黎死亡之黛安娜王妃即是明顯例子，因此在爭論前座乘客與駕駛人之歸屬時，應依撞擊力所引起之傷

害為依歸,經參考中國醫藥學院附屬醫院所具之鑑定意見書後,認為論點可信度高,應予採信,否則令人感到科技之失效,為秉公平、公正立場,特此以書面內容表示意見,茲請參考。

提供意見人 方中民(簽名)

前臺大醫學院法醫科主任

法務部、國防部軍法局顧問

國軍法醫中心顧問

臺灣高等法院檢察署法醫中心顧問兼召集人

國防部軍法局國軍法醫中心鑑定意見書

主旨:敬復貴部軍法組86年10月3日(86)同大組字第0440號簡便行文表

說明:

一、陸軍步兵第二三四師令部85勘字第03號陳○志死亡案,承詢:肇事當時之駕駛為何人?

二、鑑定結論:駕駛者應為陳○南。

三、鑑定說明:

1.鑑定人同意本案第024號審理卷宗內,鑑定入周百謙少尉軍醫官之證詞及所提出之參考文獻。

2.法醫學之原理顯示:小汽車車禍事故當中,以右前座乘客傷亡程度最嚴重,一般傷及頭部(撞及前擋風玻璃)及膝部(撞及置物箱);駕駛者之傷亡嚴重程度次之,一般傷及胸、腹部(撞及方向盤)及下肢足踝部(撞及煞車、油門踏板);後座乘客傷亡嚴重程度最輕,因為後有行李廂緩衝,且前排椅背之硬度較擋風玻璃柔軟之故。又由於頭部傷害之拯救難度,遠大於胸、腹部之傷害,故一般而言,右前座乘客之死亡率,高於駕駛者。

3.本案勘驗卷宗內附卷之現場照片顯示,事故車輛之最大碰撞點在左側B樑柱之後方,可解釋何以本案之後座乘客,反而成為受傷程

度最嚴重者，係因為後座乘客陳○志之頭部直接撞及左後車窗玻璃所致。卷內何宗光少尉軍醫官所簽署之法醫鑑定書及繪製之受傷部位圖，可為佐證。

4.本案傷者黃○良之傷情有：左側額葉腦挫傷出血；瀰漫性腦水腫痛；及左側肩部疼痛。無胸、腹部之傷害。意識昏迷約兩星期。符合為右前座乘客。

5.本案傷者陳○南之傷情有：腹部鈍傷併脾臟破裂（手術切除）及後腹壁出血；右側氣胸；頭部擦傷。無意識昏迷。符合為駕駛者。

6.檢還偵卷二宗，勘驗卷乙宗，審理二宗及光田綜合醫院（影本）病歷兩本。

　　　國防部軍法局國軍法醫中心法醫師　　石臺平　印

中　華　民　國　86　年　10　月　10　日

刑事辯護聲請調查證據㈤狀

案號：86年度審字第24號

被　　　告　陳○南　年籍在卷

選任辯護人　吳光陸律師

為過失致人於死案件，續為辯護暨聲請調查證據事：

　　茲經石臺平法醫鑑定結果，同意周百謙少尉軍醫官之證詞，認本件事故確係被告駕駛一節，基於下列理由，認與事實不符，應不可採：

一、周百謙所提日本及英國文獻，其駕駛座在右側，此由其所提文獻之照片可明，與我國駕駛座在左側不同，不僅如此，英日兩國車行係靠左行駛，我國係靠右行駛，而上開文獻，係就正面撞擊判斷，與本件事故係行進間向左撞擊（按：石臺平之鑑定亦稱「事故車輛之最大碰撞點在左側B樑柱之後方。」），並非正面撞

擊，凡此不同處，周百謙及石臺平鑑定時均未提及，故其鑑定結論應不可採。

二、依石臺平法醫之鑑定，一般而言，右前座傷亡程度最嚴重，其次為駕駛，再次為後座乘客，但本件係後座乘客最嚴重，當場死亡，已不符合其鑑定之一般情形，故本件自不可以一般情形視之。

三、事實上本件之撞擊點在於車身左側樑柱之後方，此由死亡者陳○志之傷均在身體左側，並非後腦（頭）部可證，並為石臺平所認同「事故車輛之最大碰撞點在左側B樑柱之後方。」，故石臺平鑑定謂「陳○志之頭部直接擊及左後玻璃所致」，應係指撞擊車身左邊後車門之玻璃，蓋石臺平既認撞擊力在左側B樑柱，故陳○志所撞擊者當係左邊後車門之玻璃，而非車後行李箱上之玻璃。

四、依石臺平法醫鑑定，認右前座者傷及頭部及膝部，然黃○良受傷部位係左側額葉傷及左側肩部，不僅無膝部，且尚有左側肩部受傷，苟其非駕駛，而係坐於右側，何以如此。參酌陳○志既係身體左側受傷，而其受傷係因撞擊左側後車門，同理左側頭部及肩部受傷之黃○良亦應係身體左側撞及左邊前車門，故其應係坐於駕駛座，否則何以如此？苟其坐於駕駛座右側，左邊僅一排檔桿及置物箱（參見被證五），高度不高，不可能傷及其頭部及肩部，故就此觀之，應係黃○良駕駛。

五、左邊駕駛座者，因前有方向盤，故正面撞擊時，腹部固因碰及方向盤而受傷，但本件已非正面撞擊，已如上述，則駕駛者之腹部應不致受傷。況依人體圖所示（參見被證四），脾臟在腹部左邊，苟係被告坐於駕駛座，其應係胸部中央對準方向盤，則不僅因脾臟不在人體中央，不致撞及，且因向左撞擊，身體於撞擊時向左方移動，則受傷之腹部應為近右邊之腹部膽囊處，此與被告受傷之脾臟情形不符。

綜上所述，本件因非正面撞擊，與石臺平法醫係就一般情形鑑定不同，故其鑑定尚非可採，中國醫藥學院醫師周德陽、楊美都即有不

同意見（被證九），可供參考。

　　為明責任，請就全部資料再送國軍法醫中心、刑事警察局、中央警官學校、臺大醫院及彰化縣車輛事故肇事鑑定委員鑑定。

　　謹　狀

陸軍步兵第二三四師司令部軍事法庭　　公鑒

證物：

　　　被證九：周德陽及楊美都鑑定意見書影本一件。

中　華　民　國　86　年　11　月　13　日

　　　　　具　狀　人　陳○南

　　　　　選任辯護人　吳光陸律師　印

被證九：

鑑定意見書　　86年11月6日

一、一般汽車車禍事故中，右前座者可能是受傷之程度最嚴重者，後座者最輕。此次審理之車禍事故，後座乘客傷亡最慘重，造成當場死亡。此次車禍碰撞機轉，與一般案件似乎不同。

　　由肇事現場圖片判斷，車禍撞擊可能為左側撞，所以造成坐在前座之駕駛者（車子左側）及後座左側之乘客應是傷亡最嚴重。由現場照片看，駕駛座左上方之A樑凹陷，擋風玻璃龜裂，駕駛座旁車門毀損變形。故駕駛者頭部受傷情況應不可避免，故前座有頭部受傷腦出血者，如黃君應是駕駛者，而陳君沒有頭部受傷應非駕駛者。同時參考現場照片，車子左側有二支電線桿側面撞擊點應有二處，一左側後座、一處左側前座，剛好符合學理推斷。

二、右前座（假設為黃君）若為正面對撞，即可能傷及頭部（撞擊前

擋風玻璃），本案件右前座擋風玻璃及車頂皆無一點損傷痕跡。據神經外科醫師經驗，撞到腦出血，昏迷二星期，決非很小力量對撞造成。據此研判黃君應是駕駛者，受到側撞才產生頭部受傷。

三、車禍受傷因頭部傷害之拯救難度最高、死亡率也最高。若以頭部受傷角度來看車禍受傷嚴重度，後座乘客頭部受傷當場死亡最嚴重，其次嚴重者為黃君，也是頭部受傷，左額葉腦挫傷出血瀰漫性腦水腫，左側肩部疼痛，意識昏迷二星期。黃君受傷位置偏重左側。最不嚴重者為陳君，沒有頭部受傷只有左脾臟破裂、右氣胸。依嚴重度可依序排列死者：陳○志、駕駛者黃君、右前座陳○南，符合現場情形及學理判斷。乘客最接近撞擊點，所承受力量最大，受傷應是最嚴重。若是正面對撞，前座二人嚴重度即較後座為高，因前座二人較接近撞擊點原理一樣。

綜合判斷，此次車禍駕駛者應是黃君，而陳君為右前座乘客應是合理。

中國醫藥學院附設醫院

神經外科主任　周德陽　　㊞

外科部　主任　楊美都　　㊞

陸軍步兵第二三四師司令部判決

86年判字第079號

公　訴　人　本部軍事檢察官

被　　　告　陳○南　男，○○歲（民國○○年○○月○○日生），臺灣省屏東縣人，原本部支援指揮部本部連一兵，第一七三四梯次，兵籍號碼：B○○○○號，身分證字號：N○○○○，籍設：彰化縣彰化市萬安里○○路○○號。（責付）

選任辯護人　王能幸律師

選任辯護人　吳光陸律師

右被告因過失致死案件，經軍事檢察官提起公訴，本部判決如下：

　　主　文

陳○南因過失致人於死，處有期徒刑一年二月。

　　事　實

陳○南（84年7月20日入伍，義務役，業於85年9月1日因病停）係前開單位一兵，領有汽車駕駛執照（駕照號碼：N○○○○），與被害人同連下士黃○良、一兵陳○志均於85年3月28日至同年月31日休假，緣於85年3月30日凌晨，黃○良駕駛其姊黃○珠所有之豐田牌自小客車（車號：NZ-○○○○）至臺中市中港路接由臺北返回臺中之陳○南後，即換由陳○南駕車，前往陳○志家中搭載陳兵，三人一同至臺中市某PUB店聊天，其間認識黃○儀及黃○芬二女，約凌晨3時許，五人又一同搭載陳○南所駕車子至某KTV唱歌，至當日凌晨5時許，仍由陳○南開車，黃○良坐右前座，陳○志坐右後座，黃○儀坐後座中間，黃○芬坐左後座，一起至臺中縣大里市，送二女回住處後，仍由陳○南駕車，黃○良、陳○志二人仍坐原座位，往彰化方向行駛，行經臺中縣烏日鄉榮泉村三段一三五九號前之左轉彎道處，被告應注意並能注意謹慎駕駛減速慢行，惟竟因徹夜未眠精神不濟打瞌睡而未注意行車及道路狀況高速行駛，致失控煞車不及（煞車痕長達62.8公尺），失控撞擊右側路旁之電線桿，致後座乘客陳○志因「閉鎖性顱骨骨折伴有顱內損傷」當場死亡，黃○良頭部外傷、腦挫傷，腦浮腫昏迷於右前座（傷害部分，業據告訴），陳○南之傷有腹部鈍傷併脾臟破裂（手術切除）及後腹壁出血、右側氣胸及頭擦傷，惟因清醒自右側車門爬出於車外呼救，案經臺中縣警察局烏日分局派出所派員處理後，以黃○良駕車肇事案部，經軍事檢察官勘驗偵查後，認本案肇事被告應為陳○南，以移送之被告黃○良犯罪嫌疑不足，經本部不起訴處分確定後，認被告陳○南涉有刑法第226條第1項「過失致

死」罪嫌，依法主動偵辦，案經軍事檢察官偵結起訴，移付審理。
　　理　由
一、審據被告陳○南對前揭犯罪事實矢口否認，先則辯稱：「離開
　　PUB時是由黃○良開車，離開之後我便睡著了，醒來時就在醫
　　院，我當天確實沒有開車」（見偵一卷第28至29頁），續則辯
　　稱：「離開PUB後有與黃○良、陳○志及二位在PUB認識之女孩
　　子去KTV，由PUB至KTV及從PUB送女孩子回住處均由我開車，
　　她們下車我把車倒出巷口後，就換黃○良開車，之後我聊了一下
　　子就睡著了，一直到醒來時就已在醫院了；車禍發生時，確為黃
　　○良開車」（見偵一卷第67至第70頁），又選任辯護人亦辯稱：
　　「以被告176公分之身高，70公斤之體重在1800CC豐田牌自小客
　　車（COROLLA）狹窄座位下能在左前座爬過黃○良再打開右側
　　門之理？依上情形本件並非被告所駕駛」（審一卷第49、74頁）
　　「此輛車子經過彎道打滑，左側嚴重撞擊，其餘三面皆無損害，
　　此乃事發當時有一股強大之向左作用力，致造成陳○志左側顱內
　　出血導致死亡，黃○良腦部左側撞擊，以及腦浮腫等情，反觀陳
　　○南必受到中間扶手撞擊才導致左側脾臟破裂等情，足見駕駛者
　　係黃○良殊無疑義」（見審一卷第49頁）「苟如係被告駕駛，衡
　　情論理焉有被告腹部鈍傷合併脾臟破裂及後腹腔血腫，右側氣胸
　　症狀而頭部完好之理。」（見審一卷第58頁背面）「就光田醫院
　　診斷證明書所載，黃○良係頭部外傷，而被告則為腹部鈍傷，右
　　側氣胸，顯見被告並無左邊身體碰及汽車駕駛座左側車身以致受
　　傷，核與首開所述應係身體左邊受傷不符。苟被告確坐於駕駛座
　　駕駛該車，不僅因右邊無車門，不致右側氣胸，且左邊身體應有
　　傷痕」（見審一卷第73頁背面）「苟被告駕駛，依同型之該車前
　　半部內部結構，其左側之腹部應不致受傷，有受傷應係撞及左邊
　　車門上方玻璃之左側頭部，反之，因駕駛座右側有突出之排擋
　　桿及置物箱，且當時駕駛座右側座椅為45度傾斜，則此座斜躺之

人，因左方撞擊，其腹部脾臟因撞擊排擋桿等突出物而破裂」（見審一卷第124頁背面）「苟如被告坐於駕駛座，其左側車門下半部並無突出，脾臟腹部不會受傷，雖前有方向盤，但方向盤應對準胸口，僅胸口可能受傷亦不致撞擊腹部，是就被告受傷位置觀之，被告應未坐於駕駛座」（見審一卷第124頁背面）「查黃○良之傷勢在頭部，依光田醫院函，其頭部左側在額葉挫傷出血，顯見其頭左部因撞擊左側車門方玻璃受傷，符合上情，且該車左邊車門上方之玻璃破裂，顯見有撞擊，但被告頭部並無任何傷痕，如認被告腹部受傷係因向前碰係因向碰及方向盤，何以頭部未因此碰及車前之擋風玻璃而受傷，況此玻璃未破，是就被告及黃○良受傷情形，黃○良應係坐於駕駛座，被告並未駕駛該車」（見審一卷第124背面至第125頁）「本件係因向左側撞擊電線桿致生事故，非在向前，且其撞擊力甚大，以致後座之陳○志當場死亡，故撞擊點之左方駕駛座車門玻璃破碎所致，是在車內身上玻璃者，應係駕駛座左方車門玻璃破碎所致，與後方玻璃無涉，參諸運動定律─慣性定律及反作用力定律，該車係在向左側撞擊，則後方玻璃應不致向前灑在坐於駕駛座者身上，否則何以死者陳○志身上皆無。」（見審二卷第46頁）「按諸經驗法則，在駕駛座者受傷應較右方乘客者為重，本件黃○良受傷情形較被告為重，故駕駛肇事汽車者應非被告。」（見審二卷第46頁）「依石臺平法醫鑑定認左側B樑柱後方為最大撞擊點，並認右前座者傷及頭部及膝部，然黃○良受傷部位係左側額葉傷及左側肩部，不僅無膝部，且尚有左側肩部受傷。苟其非駕駛，而係坐於右側，何以如此？參酌陳○志既係身體左側受傷，而其受傷係因撞擊左側後車門，故其應係坐於駕駛座，否則何以如此？苟其坐於駕駛座右側，左邊僅一排擋桿及置物箱，高度不高，不可能傷及其頭部及肩部，故就此觀之，應係黃○良駕駛。」（見審二卷第111頁）「左邊駕駛座者，因前有方向盤，故正面撞擊時，腹

部固因碰及方向盤而受傷，但本件已非正面撞擊，已如上述，則駕駛者之腹部應不致受傷，況依人體圖所示，脾臟在腹部左邊，苟係被告坐於駕駛座，其應係胸部中央對準方向盤，則不僅因脾臟不在人體中央，不致撞及，且因向左撞擊，身體於撞擊時向左方移動，則受傷之腹部應為近右邊之腹部膽囊處，此與被告受傷之脾臟情形不符。」（見審二卷第111頁背面）等語云云，並提出中國醫藥學院附設醫院神經外科主任周德陽暨外科部主任楊美都86年10月8日所作之鑑定意見書「一、駕駛者不避免有左側頭部受傷及左側肩部、左側鎖骨區疼痛（因旁撞擊點太近，無法防範）。二、非駕駛者於右側平躺姿勢，也是會有腹部受傷及氣胸之可能，若無頭部受傷應非駕駛人才是。三、故黃君有頭部左側受傷且神智昏迷（昏迷指數10分，正常人滿分為15分）及左側肩部、左側鎖骨區疼痛（依光田醫院病歷記錄）應為駕駛者，而陳君身高175公分，若為駕駛人距離車頂不過10公分，很難沒有頭部受傷。四、陳君無頭部受傷神智清楚（昏迷指數滿分15分）應是駕駛座之乘客。」（見審二卷第51至52頁）；惟查本案被告係肇事後爬出車外求救意識清醒（詳見審二卷第99頁、第26頁至16之1頁即警員莊○煙筆錄），其辯稱肇事後，醒來就在醫院，並非屬實，又就其駕車肇事乙節，曾於85年7月25日及85年11月16日偵查庭曾坦承從肇事當時係其駕車，因精神不濟打瞌睡而致行經該事故現場，致轉彎失控煞車不及撞擊路旁之電線桿，亦經傳訊證人黃○儀、黃○芬二人於85年4月9日偵查庭均結證稱：「當日離開PUB及KTV是由陳○南負責開車，大約凌晨5時許，離開KTV送我們回大里住處時亦是由陳○南開車，當時黃○良坐右前座，我們坐左後座及中間，陳○志坐右後座，我們下車後他們離開時仍由陳○南開車，沒有看見有換人開車。」（見偵一卷第53至56頁）且被害人黃○良於偵查庭均稱：從我家至朝馬接陳○南時是我開車，其他時間都是他開的（見偵二卷第10頁、第

22頁），上述證人黃○儀、黃○芬及被害人黃○良與被告無恩怨關係，當無誣陷之理，渠等所述核與事實相符，故被告陳○南應為肇事車輛駕駛者。次查，就肇事當時情形，經傳訊處理本件車禍之警員莊○煙到庭結證稱：「到達事故現場發現車內有兩人昏迷，一名在右前座，另一名在後座，駕駛座無人，另有一名傷患已自己爬出車外，此傷者尚清醒，只是一直撫胸喊痛，隨經救護車到達現場後發現後座傷患已無心跳跡象，乃將右前座及車外傷患送醫急救；到達醫院時有一名意識清醒之傷患告訴我說同車內有三人，有陳○志、黃○良，當時有一名女子同時答道，旁邊昏迷的就是黃○良，我乃問此清醒之傷患，是何人開車？他告訴我是黃○良開車的，依傷患說話之語氣、音調與前述車禍現場清醒之傷患很像，可能是同一人」（偵一卷第32至第33頁、偵二卷第31至33頁）「當時車禍時右前座之人是完全昏迷，是由我及同事將他抬下車，該員身上玻璃很多；在外面求救之人意識清醒，他還知道求救及自己何處疼痛，且求救之人是用爬行的，無法站起來行走，他是抱著胸部爬著的，可能胸部有受撞擊」（見審二卷第26至26之1頁），被告亦坦承係該求救之人，黃○良若有從駕駛座移動至右前座，其身上玻璃應會掉落車內，不致在身上有很多玻璃，再者黃○良車禍時頭部受創當場應已昏迷須靠他人抬下車，應無自駕駛座移動身體至右前座之可能，綜合上情，黃○良係右前座乘客，而非駕車者；又被告意識清醒，四肢無骨折，其自駕駛座爬過黃○良身上，自右前門爬出車外求救本屬極易之事（見審二卷第49頁同型車輛照片），是以警員到場時，被告位於車外，而駕駛座無人，故被告應為駕駛者。再者就受傷部位，經傳訊證人蔡永芳（車禍後負責急救之醫師）於85年7月2日偵查庭結證稱：「陳○南於85年3月30日上午8時30分許，因腹部痛入院，意識清醒，經檢查結果為腹部鈍傷合併脾臟破裂及後腹腔血腫右側氣胸症狀，均係遭外力撞擊所致，頭僅輕微擦

傷。」（偵二卷第38至39頁），並經鑑定人少尉軍醫官周百謙就法醫學而論其受傷部位證稱：「從法醫學理論來看，『屍體自己會說話』，從死者狀況推判，其所受之左方及前方之撞擊力都非常之大，任何一個具物理學常識者均知道，向前之作用力一定要有物體加以抵擋，否則無法抵銷。相同地，坐在駕駛座的司機往前一定會先行撞到方向盤，即使沒有撞到方向盤，往前之衝力依然會迫使身體向前撞到方向盤，且向左之力無法予以抵銷，而乘客因缺乏方向盤以為阻擋，勢必頭部於第一時間先行撞上前擋風玻璃，且前座乘客當時為熟睡，勢必難有手掌或手臂或其他物阻擋其往前之衝力。以此學理論之駕駛座應前胸傷較頭部傷為重，乘客座勢必頭部傷較胸腹部傷為重。並提出DAVID J. DAHDY所著之ESSENTIAL OR THOPAEDICS AND TRAUMA（英譯中為骨科及創傷基礎學，第152至157頁，第166至第169頁）及上山勝所著之普通小型乘用車事故の運轉者の識別法に關する實驗的研究等文獻以資參考（審二卷第26至43頁），另經送國防部軍法局國軍法醫中心法醫師石臺平鑑定，其鑑定意見：「一、同意鑑定人周百謙少尉軍醫官之證詞及所提出之參考文獻。二、法醫學之原理顯示：小汽車車禍事故當中，以右前座乘客傷亡程度最嚴重，一般傷及頭部（撞及前擋風玻璃）及膝部（撞及置物物箱）；駕駛者之傷亡嚴重程度次之，一般傷及胸、腹部（撞及方向盤）及下肢足踝部（撞及煞車、油門踏板）；後座乘客傷亡嚴重程度最輕，因為後有行李廂緩衝，且前排椅背之硬度較擋風玻璃柔軟之故。又由於頭部受傷之拯救難度，遠大於胸、腹部之傷害，故一般而言，右前座乘客之死亡率，高於駕駛者。三、本案勘驗卷宗內附卷之現場照片顯示，事故車輛之最大碰撞點在左側B樑柱之後方，可解釋本案之後座乘客陳○志之頭部直接撞及左後車窗玻璃。四、本案傷者黃○良之傷情有：左側額葉腦挫傷出血，瀰漫性腦水腫；及左側肩部疼痛。無胸、腹部之傷害，意識昏迷約兩

星期，符合為右前座。五、本案傷者陳○南之傷情有：腹部鈍傷併脾臟破裂（手術切除）及後腹壁出血；右側氣胸；頭部擦傷，無意識昏迷，符合駕駛者。」其鑑定結論：「駕駛者應為陳○南」，此有國防部軍法局國軍法醫中心86年10月10日法醫石臺平鑑定意見書在卷可憑（見審二卷第70至71頁），揆諸上情，依車禍現場圖、證人，鑑定人證詞及依被告受傷部位及程度研判，被告駕車肇事前原應左彎行駛，因被告精神不濟，且高速行駛（煞車痕長達62.8公尺），致衝向右側大肚往彰化車道旁之電線桿前，造成車輛左側嚴重受損，足見本件並非單純左側撞擊，而係向前及向左之力量，故駕駛及乘客受創。選任辯護人所辯及提中國醫藥學院附設醫院神經外科主任周德陽暨外科部主任楊美都分別於86年10月8日暨86年11月6日各所作之鑑定意見書（見審二卷第51、52及113頁），只強調左側撞所受之傷害，其忽略行進中車子因撞擊電線桿仍有向前之力量，使被告撞及方向盤，致腹部鈍傷併脾臟破裂（手術切除）及後腹壁出血、右側氣胸及頭擦傷；又被告頭部亦因此車禍受傷，其所提之二份鑑定意見書，均稱被告頭部未受傷並非屬實，此有光田綜合醫院之病歷可資證明（審一卷第100頁）；再者中國醫藥學院非專司刑事鑑定機構且非依法定程序而為，綜上，渠等所辯顯有失偏頗。另查被告肇事之情形核與臺中縣警察局烏日分局烏日派出所3月30日所製本案道路交通事故調查報告表(一)(二)（見偵一卷第79至81頁）所載車禍狀況相符，而當時移部所載駕駛人為黃○良，顯係被告謊報所致，業經本部不起訴處分在案（85年不訴字第010號），又被害人陳○志因本件車禍意外致「閉鎖性顱骨骨折伴有顱內損傷」死亡，業經本部軍事檢察官相驗屬實，有本部85年3月30日(85)勘字第03號被害人陳○志死亡相驗證明書及法醫鑑定書等影本各乙份在卷可憑（見偵一卷第2至6頁），且致黃○良頭部外傷、腦挫傷、腦浮腫等傷情，此有光田綜合醫院診斷證明書影本（見偵二

卷第24頁背面），是被告選任辯護人所辯均不足採信，被告犯罪事證明確，足以認定。末查選任辯護人聲請「送請調查局測謊中心測謊，測謊結果後再向汽車肇事鑑定委員會予以鑑定」及「送請國軍法醫中心、刑事警察局、中央警官學核、臺大醫院、中國醫藥學院、臺中榮民總醫院及光田醫院等鑑定」（審一卷第49頁背面、審二卷第80頁、第111頁背面），因被告犯罪事證已臻明確，無庸再作上述等鑑定。

二、查被告於前述時地，駕駛自用小客車，應注意，並能注意，因精神不濟打瞌睡而疏未注意行車及道路狀況高速行駛致車輛失控煞車不及撞擊路旁電線桿，造成乘客陳○志致死及黃○良受傷之行為，已構成刑法第276條第1項「過失致人於死」及刑法第284條第1項「過失傷害」罪責，惟上開二罪係一行為所犯，為想像競合犯，應依刑法第55條前段從一重依「過失致人於死」罪論處。爰審酌被告犯罪於案後猶飾詞狡辯，又案發迄今逾年餘，被告仍未與死者家屬及被害人達成和解，其犯後仍不知悔悟等一切情狀，量處如主文所示之刑，以資懲儆。

三、另被告肇事後為脫免刑責，乃趁被害人黃○良昏迷狀況中，向莊○煙警員誣指黃○良肇事，意圖黃員受刑事處分，已涉嫌刑法第169條第1項「誣告」罪，其犯罪及發覺時均在任職服役中，依軍事審判法第5條規定，應由軍事審判機關追訴審判，待本案確定後，移由本部軍事檢察官偵辦。

四、依軍事審判法第173條前段，刑法第276條第1條、第284條第1項、第55條前段、第11條、罰金罰鍰提高標準條例第1條，判決如主文。

本案經軍事檢察官邱文宏到庭執行職務。

中　華　民　國　86　年　11　月　24　日

陸軍步兵第二三四師司令部簡易審判庭

審判官　吳志成

本件證明與原本無異

依軍事審判法第187條規定，具有聲請覆判權人得於本人或被告收受判決正本後10日內，具狀向本部聲請覆判。

告訴人及被害人如不服本判決，得向軍事檢察官陳述意見。

書記官　林恩瑋　印

中　華　民　國　86　年　11　月　26　日

附錄科刑法條：

刑法第276條第1項：因過失致人於死者，處二年以下有期徒刑、拘役或二千元以下罰金。

刑法第284條第1項：因過失傷害人者，處六月以下有期徒刑、拘役或五百元以下罰金，致重傷者，處一年以下有期徒刑、拘役或五百元以下罰金。

刑法第55條前段：一行為而觸犯數罪名者，從一重處斷。

刑法第11條：本法總則於其他法律有刑罰或保安處分之規定者，亦適用之。但其他法律有特別規定者，不在此限。

罰金罰鍰提高標準條例第1條：依法律應處罰金、罰鍰者，就其原定數額得提高為二倍至十倍。但法律已依一定比率規定罰金或罰鍰之數額或倍數者，依其規定。

肆、覆判判決

陸軍總司令部判決

87年覆判字第75號

聲請人即被告：陳○南、男、○○歲（民國○○年○○月○○日
　　　　　　生）、臺灣省屏東縣人，原陸軍步兵第二三四師支援
　　　　　　指揮部本部連一兵，第一七三四梯次，兵籍號碼：
　　　　　　地B○○○○號，國民身分證統一編號：N○○○○
　　　　　　號，籍設：彰化縣彰化市○○路○○號，責付。

選任辯護人　左自奎律師

右聲請人因過失致人於死等案件，不服陸軍步兵第二三四師司令部中
華民國86年11月24日86年判字第079號初審判決，聲請覆判，本部判
決如下：

　　主文

原判決撤銷，發交陸軍第十軍團司令部更為審理。

　　理　由

一、原判決依據請人即被告陳○南於偵查中之自白，證人黃○儀、黃
　　○芬、莊○煙、蔡○芳之證言，被害人黃○良之指述，鑑定人周
　　百謙之鑑定，國防部軍法局法醫中心86年10月10日法醫師石臺平
　　鑑定意見書，臺中縣警察局烏日分局烏日派出所85年3月30日繪
　　製之道路交通事故調查報告表(一)(二)，該部(85)勘字第03號被害
　　人陳○志死亡相驗證明書及法醫鑑定書，光田綜合醫院所開具聲
　　請人之病歷及被害人黃○良之診斷證明書影本等證據，認定聲請
　　人（領有汽車駕駛執照）與被害人即同連下士黃○良、一兵陳○
　　志休假時，於85年3月30日凌晨，由黃○良駕駛其姊黃○珠所有
　　豐田牌自用小客車（車號：NZ-○○○○號）至臺中市中港路接
　　由臺北返回臺中之陳○南後，即換由陳○南駕駛，前往陳○志家

中搭載陳兵,三人乃同往臺中市某PUB店聊天,於店內認識黃○儀、黃○芬二人,至當日凌晨5時許,即由陳○南開車,黃○良坐右前座,陳○志坐右後座載送黃○儀、黃○芬回臺中縣大里市住處,待渠二人下車後,仍由陳○南駕車,黃○良、陳○志坐原位,往彰化方向行駛,迫行經臺中縣烏日鄉榮泉村三段一三五九號前之左轉彎道時,應注意並能注意謹慎駕駛減速慢行,竟因徹夜未眠精神不濟打瞌睡而疏未注意行車及道路狀況高速行駛,致失控煞車不及(煞車痕長達62.8公尺),不慎撞擊右側路旁之電線桿,致後座乘客陳○志因閉鎖性顱骨骨折伴有顱內損傷當場死亡,黃○良頭部外傷、腦挫傷、腦浮腫昏迷於右前座(傷害部分業經告訴),陳○南則腹部鈍傷併脾臟破裂及後腹壁出血、右側氣胸及頭擦傷之事實,論以刑法第276條第1項之「過失致人於死」罪及同法第284條第1項前段之「過失傷害」罪,並以前揭二罪乃一行為所犯具想像競合關係,應從一重論以「過失致人於死」罪後,酌處有期徒刑一年二月。

二、聲請覆判意旨略以:(一)本件事故發生係因駕駛者駕車失控後,車身左側橫向撞及路邊電線桿所致,此由車輛受損情形可證,故車身橫向之撞擊力絕對大於車身向前直行之撞擊力,因此駕駛者必然身體左側承受重大撞擊而受傷,惟鑑諸聲請人左側身體無受傷,身體也無沾上左前方玻璃碎片,可知其非駕駛者,惟原審卻採信周百謙醫官、石臺平法醫所引與我國車輛方向盤在左側、並靠右行駛方式相異之英國、日本之文獻,作為鑑定依據,認定聲請人為駕駛,顯非允當。(二)、黃○儀、黃○芬雖證稱,下車後未見更換駕駛,然卻不能證明聲請人等離去後,於半路上有無更換駕駛,原審以渠等證言認駕駛未更換,亦有未洽。(三)、案發後最先到達現場之目擊證人李王阿市證稱,其發現車內有三人,前座二人在求救,足證事後數分鐘內黃○良尚未昏迷前,應極盡所能往外逃生,身上碎玻璃縱會掉落亦屬少數,原審卻以其身上

有玻璃碎片，應無自駕駛座移動至右前座之可能，認事不無違誤，原審對此未再訊問目擊證人，均有未當。(四)、原審對聲請人請求實施測謊、並行文國軍法醫中心、調查局、刑事警察局、車輛行車事故鑑定委員會鑑定肇事責任，並無不易或不能調查之情事，卻予駁回，而依不實之非正式鑑定為判決，實難甘服，請求發回更審。

三、按被告之自白，須非出於強暴、脅迫、利誘、詐欺、違法羈押或其他不正之方法，且與事實相符者，始得採為證據，故被告如抗辯其自白非出於自由意思時，苟非除去該項自白，另綜合衡酌案內其他證據，仍應為同一事實之認定者，自應先於其他證據而為調查，以明實情，方屬適法。卷查本件聲請人於原審審理時，曾多次辯稱其於偵查中之自白並非自由陳述，而係出於軍事檢察官之不當取供，且指明其父陳○宗、被害人黃○良與書記官方偉皓在場可證（審卷一第28、148、149頁，審卷二第102、103頁），則其所言是否屬實，攸關該項目自白有無證據能力之認定至鉅，原審卻未依法傳訊在場證人加以查明，即將該項自白採為認定事實之證據，已有未洽；又本案爭議，主要在確認肇事車輛之駕駛者是否為聲請人，對此原判雖據聲請人於偵查中之自白與鑑定人該部醫官周百謙及國防部軍法局法醫中心法醫師石臺平之鑑定並參考周醫官所提之英國、日本文獻及聲請人之傷勢，認定肇事車輛應為聲請人所駕駛，並以事證已明駁回當事人所提測謊及將全案送請車輛行車事故鑑定委員會鑑定之聲請，就此認定除採信聲請人自白部分，於法未合，已如前述外，對於原審選任辯護人所辯，鑑定人所為之鑑定意見，均係依據英、日二國文獻，然英、日二國不僅車輛駕駛座位在右，與我國駕駛在左之車輛結構迥異，且本件車禍係左方側撞，而周百謙醫官鑑定所引用之文獻，均屬正面撞擊，二者相差懸殊，故其採用該二國之文獻資料尚不得作為本案鑑定依據，且其鑑定亦非無疑義之辯護意旨，何以不

予採納之理由，未見於判決中詳加敘明，亦有疏漏，此外關於交通事故駕駛者身分確認之鑑定，因涉專門學識，且由卷附醫官周百謙與法醫師石臺平之鑑定意見（審卷第26至43、70至71頁）與聲請人及原審辯護人等所提出之中國醫藥學院醫師周德陽、楊美都與臺灣高等法院檢察署法醫中心顧問方中民之鑑定意見（審卷第51至54、67頁），均各有學理依據可資佐證，然結論卻截然不同，具徵全案情節仍非確切無疑，當事人於原審聲請測謊及再委由其他專業之鑑定機關實施鑑定，以提供專業意見供判斷審酌，當非全無理由，且此項證據之調查，事實上顯無滯礙難行之處，原審遽予駁回，並非允當。以上違失，或為聲請意旨所指摘，或為本部得依職權調查之事項，本件原判既有不當，依法自難予以維持，合將原判決撤銷。

四、本件原屬陸軍步兵第二三四師司令部管轄案件，惟陸軍初級軍事審判機關之組織，業於86年12月16日調整，爰依本部86年12月17日(86)健武字第2646號令規定，將本案發交陸軍第十軍團司令部更為審理，期臻翔適。

五、依軍事審判法第208條第1項但書前段判決如主文。

中　華　民　國　87　年　3　月　16　日

陸軍總司令部普通覆判庭
審判長　黃得嘉
審判官　陳進益
審判官　陳文喜

本件證明與原本無異。

書記官　潘欽一　㊞

中　華　民　國　87　年　3　月　20　日

國防部高等軍事法院判決

89年法仁判字第069號

上 訴 人：國防部中部地方軍事法院檢察署軍事檢察官

被 告：陳○南、男、○○歲（民國59年○○月○○日生）、臺
灣省屏東縣人，原陸軍步兵第二三四師支援指揮部本部
連一兵，兵籍號碼：N○○○○，籍設：彰化縣彰化市
○○路○○號，責付。

選任辯護人 左自奎律師

右上訴人因被告過失致死案件，不服陸軍步兵第十團司令部88年判
字第166號中華民國88年9月29日初審判決（起訴案號86年訴字第027
號），提起上訴，本院判決如下：

　　主　文

原判決撤銷。

陳○南因過失致死，處有期徒刑一年二月，緩刑二年。

　　事　實

一、陳○南係前開單位一兵（民國84年7月22日入伍、義務役，業於
85年9月1日因病停役），領有汽車駕駛執照，85年3月30日凌晨
休假期間從臺北返回臺中市中港路朝馬站，由同連下士黃○良駕
駛其姊黃○珠所有車號：NZ-○○○○號豐田牌自用小客車前往
朝馬站接載被告陳○南後，即換由陳○南駕駛，前往同一連一兵
陳○志家中載陳兵，三人先至陳○志住家附近吃消夜後，再同往
臺中市某PUB店聊天，於店內結識民女黃○儀、黃○芬，約凌晨
3時許，由陳○南駕駛該車搭載黃○良等五人至臺中市某KTV唱
歌，當日凌晨5時許，即由陳○南開車，黃○良坐右前座，陳○
志坐右後座，載送黃姓二女回臺中縣大里市住處，俟彼二人下車
後，仍由陳○南駕車，黃○良、陳○志坐原位，往彰化方向行
駛，行經臺中縣烏日鄉榮泉村三段一三五九號前之左轉彎道時，

應注意並未注意，因徹夜未眠，精神不濟打瞌睡，而疏未注意行車應減速慢行及道路狀況，高速行駛致失控煞車不及（煞車痕跡長達62.8公尺），不慎撞擊右側路旁之電線桿，致後座乘客陳○志因閉鎖性顱骨骨折伴有顱內損傷當場死亡，黃○良頭部外傷、腦挫傷、腦浮腫昏迷於右前座（傷害部分業經告訴），陳○南則腹部鈍傷併脾臟破裂及後腹壁出血、右側氣胸及頭部擦傷，惟仍清醒自右側車門爬出車外呼救，案經臺中縣警察局烏日派出所派員處理後，以黃○良涉嫌過失致死罪移送陸軍兵步二三四師令部偵辦。

二、案經該部軍事檢察官勘驗偵查後，認本案肇事被告應為陳○南，黃○良犯罪嫌疑不足，處分不起訴確定，則對陳○南所涉過失致死罪嫌部分，依法主動偵結起訴移付審理後，經該部判處有期徒刑一年二月，被告不服聲請覆判，經陸軍總部覆判撤銷原判決發交陸軍第十軍團司令部更為審理。

　　理　由

一、本案奉國防部88年10月11日(88)則創字第3728號令，因軍事審判機組織調整案於88年10月3日生效後，移由本院管轄，合先敘明。

二、訊之被告陳○南對右揭事實矢告否認，辯稱：「軍事檢察官恐嚇我，說不承認要羈押及承認後可判緩刑，我才承認」、「黃○良車禍發生時未昏迷」云云；選任辯護人則以：「(一)更審依臺灣大學醫學院法醫學科孫家棟之鑑定結果，認黃○良較似為駕駛，而陳○南為右前座乘客，及以周百謙醫官與石臺平醫師所提之意見，係建基於英國與日本之學術資料，該二國車輛之駕駛方式，與我國不同，本案車禍肇事係左側車身橫向撞擊，所提文獻資料均為正面撞擊，二者間有差異，不能混為一談，並對不採周、石二人之理由已詳述，且憲兵司令部刑事鑑識中心測謊鑑定結果，黃○良有明顯說謊反應，陳○南則無說謊反應等證據，判處陳○

南無罪，認事用法正確，上訴意旨尚有誤會，應予駁回。(二)本件車禍經臺灣省車輛行車故覆議鑑定結果為：「左車身橫向撞及路電桿，該車尚未撞及電桿前即已失控車身打橫，左側車身直接撞及路外電桿，如此位於左側之駕駛人，其左側身體受傷應較右座之乘員為重，衡之經驗法則，左側車身快速橫向撞及路外電線桿，車上乘員無論係駕駛或乘客依物理學之基本常識判斷，其身體移動之慣性在撞及電線桿之瞬間應是相同的，是時車上乘員瞬間受撞之方向應是大致相同的，證諸本件車禍發生時，前座兩位之傷勢黃○良為左側額葉腦挫傷出血、瀰漫性腦水腫、左鎖骨下部有擦傷；陳○南則為腹部鈍傷合併脾臟破裂及後腹空血腫、右側氣胸，死者陳○志左顳骨、額骨與顴骨交接處骨折、左側眉尖、左眼尾處穿刺傷、左手手背擦傷、左腳內腳踝挫傷，皆為身體左側部位」。(三)臺灣大學醫學院吳木榮教授僅以警員到達現場右前座昏迷為黃○良及當發生車輛左側側撞時，車內靠左側座位的人會發生腹腔內脾臟、左腎破裂出血等情之推論鑑定，與現況不符，其結論已為該醫學院法醫學科鑑定會議予以否決，不予採信。(四)肇事車輛未採集血液作DNA鑑定，家屬即將車輛轉讓，有逃避鑑定之嫌。(五)證人李王阿市所述：「我發現車內有三人，前座二人在求救，我拿一支鐵棒幫忙打開車門，然後救護車就來了，後座的人已無動靜了」，證明車禍發生最初數分鐘甚至數十秒鐘內，黃○良並未昏迷，足見被告陳○南非駕駛者為其辯護。經查：

(一)被告於肇事後爬出車外求救意識清醒（詳見原審第二卷第99頁、第16頁至26之1頁即警員莊○煙筆錄），其辯稱肇事後，醒來就在醫院，並非屬實，且於85年7月25日及85年11月16日偵查中，曾坦承肇事當時係其駕車，因精神不濟打瞌睡行經該事故現場，致轉彎失控煞車不及撞擊路旁之電線桿，並經證人黃○儀、黃○芬於偵查中均證稱：「當日離開是由陳○南負責開車，大約凌晨5時許，離開KTV

送我們回大里住處時亦是由陳○南開車，當時黃○良坐右前座，我（黃○芬）坐左後座、我（黃○儀）則坐中間、陳○志坐右後座，我們下車後，他們離開時仍由陳○南開車，沒有看見有換人開車。」（見偵查第一卷第53至56頁筆錄），被害人黃○良於本院稱：「從沙鹿由我開車至朝馬站後即由陳○南所開」（見本院89年1月24日訊問筆錄），上述證人黃○儀、黃○芬及被害人黃○良與被告素無恩怨關係，當無誣陷之理，渠等所述核與事實相符。次查處理本件車禍之警員莊○煙到庭結證稱：「到達事故現場發現車內有兩人昏迷，一名在右前座，另一名在後座，駕駛座無人，另一名傷患已自己爬出車外，此傷者尚清醒，只是一直撫胸喊痛，隨經救護車到達現場後，發現後座傷者已無心跳跡象，乃將右前座及車外傷患送醫急救；到達醫院時，有一名意識清醒之傷患告訴我說，同車內有三人，有陳○志、黃○良，當時有一名女子同時答道，旁邊昏傷患說話之語氣，音調與前述車禍現場清醒之傷患很像，可能是同一人。」（見偵查第一卷第32至33頁、偵查第二卷第31至32頁筆錄）「當時車禍時右前座的人是完全昏迷，是由我及同事將他抬下車，該員身上玻璃很多；在外面救救之人意識清醒，他還知道求救及自己何處疼痛，且求救之人是用爬行的，無法站起來行走，他是抱著胸部爬著的，可能胸部有受撞擊」（見原審第二卷第26至26之1頁筆錄），而被告已坦承，係爬出車外求救之人，若黃○良有從駕駛座移動至右前座，其身上玻璃會掉落車內，不致在身上有很多玻璃，再者黃○良車禍時，頭部受創當場應已昏迷，須靠他人抬下車，應無自駕駛座移動身體至右前座之可能；又被告意識清醒，四肢無骨折，其自駕駛座爬過黃○良身上，自右前門爬出車外求救係屬易事（見原審第二卷第49頁同型車輛照片），是以警員到場時，被告位於車外，而駕駛座無人觀之，被告應為駕駛者。再查證人蔡○芳（車禍後負責急救之醫師）於偵查中結證稱：「陳○南85年3月30日上午8時30分許，因腹部痛入院，意識清醒，經檢查結果為腹部鈍傷合脾臟破裂及後腹腔血腫，右側氣胸症狀，均係外力撞

擊所致，頭部輕微擦傷。」（見原審第二卷第38至39頁筆錄），另鑑定人少尉軍醫官周百謙就法醫學而論及受傷部位證稱：「從法醫學論理來看，『屍體自己會説話』，從死者狀況推判，其所受左方及前方撞擊力都非常之大，任何一個具物理學常識者均知道向前之作用力，一定要有物體加以抵擋，否則無法抵銷。相同地，坐在駕駛座的司機一定會先行撞到方向盤，且向左方之力無法予以抵銷，而乘客因缺乏方向盤以為阻擋，勢必頭部於第一時間先行撞上擋風玻璃，且前座乘客當時為熟睡，勢必難有手掌或手臂或其他物阻擋往前之衝力。以此物理論之駕駛座應前胸傷較頭部傷為重，乘客勢必頭部傷較胸腹部傷為嚴重。」並提出David J. Dandy所著ESSENTIAL ORTHOPAEDICS AND TRAUMA（英譯中為骨科及創傷基礎學，第152至157頁、第166至169頁）及上山勝所者之普通小型車乘用車事故運動者識別法相關實驗的研究等文獻以資參考（見原審第二卷第26至43頁），又本案經送請國防部軍法局國軍法醫中心法醫師石臺平鑑定，其鑑定意見：「一、同意鑑定人周百謙少尉軍醫官證詞及所提參考文獻。二、法醫學之原理顯示：小汽車車禍事故當中，以右前座乘客傷亡程度最嚴重，一般傷及頭部（撞及前擋風玻璃）及膝部（接及置物箱）；駕駛者之傷亡嚴重程度次之，一般傷及胸、腹部（撞及方向盤）及下肢足踝部（撞及煞車、油門踏板）；後座乘客傷亡嚴重程度最輕，因為後有行李廂緩衝，且前排椅背之硬度較擋風玻璃柔軟之故。又頭部傷害之拯救難度，遠大於胸、腹部之傷害，故一般而言，右前座乘客之死亡率，高於駕駛者。三、本案勘驗卷宗內附卷之現場照片顯示，事故車輛之最大碰撞點在左側B樑柱之後方，可解釋何以本案之後座乘客，反而成為受傷程度最嚴重者，係因為後座乘客陳○志之頭部直接撞及左後車窗玻璃所致。卷內何宗光少尉軍醫官所簽署之法醫鑑定書及繪製之受傷部位圖，可為佐證。四、本案受傷者黃○良之傷情有：左側額葉腦挫傷出血、瀰漫性腦水腫及左側肩部疼痛。無胸、腹部之傷害，意識昏迷約兩星期。符合為右前座乘客。五、本案傷者陳○南

之傷情有：腹部鈍傷併脾臟破裂（手術切除）及後腹壁出血；右側氣胸；頭部擦傷。無意識昏迷。符合駕駛者。鑑定結論：「陳○南應為駕駛者」，此有國防部軍法局國軍法醫中心86年10月10日法醫師石臺平鑑定意見書附卷可憑（見原審第二卷第70至71頁），揆諸上情，依車禍現場圖、證人、鑑定人證詞及被告受傷部位及程度研判，被告駕車肇事前原應左彎行駛，因被告精神不濟，且高速行駛（煞車痕長達62.8公尺）致衝向右側大肚往彰化車道旁之電線桿前，造成車輛左側嚴重受損，足見本件並非單純左側撞擊，而係向前及向左之力量，致駕駛及乘客受創，更審選任辯護人所辯及所提中國醫藥學院附設醫院神經外科主任周德陽暨外科主任楊美都分別於86年10月8日暨86年11月6日分別所作之鑑定意見書（見原審第二卷第51、52及113頁），祇強調左側撞擊所受之傷害，其忽略行進中車子因撞擊電線桿仍有向前之力量，致使被告撞及方向盤，造成腹部鈍傷併脾臟破裂（手術切除）及後腹部壁出血、右側氣胸及頭擦傷；又被告頭部亦因此車禍受傷，其所提之兩份鑑定意見書，均稱被告頭部未受傷並非屬實，此有臺中縣沙鹿鎮光田綜合醫院之病歷可資證明（原審第二卷第100頁）；再者中國醫藥學院非專司刑事鑑定機構，且非依法定程序所為，及被告之父為中國醫藥學院董事（見原審86年11月13日筆錄），該院所出具之證明，是否客觀？亦有可議。又被害人陳○志因本件車禍意外致「閉鎖性顱骨骨折伴有顱內損傷」死亡，業經陸軍步兵第二三四師司令部軍事檢察官相驗屬實，有該部85年3月30日(85)勘字第03號被害人陳○志死亡相驗證明書及法醫鑑定書等影本各乙份在卷可憑（見偵查第一卷第2至6頁），且黃○良因本案致頭部外傷、腦挫傷、腦浮腫等，亦有臺中縣沙鹿鎮光田綜合醫院診斷證明書影本可稽（見偵查第二卷第24頁背面），綜觀前述，更審以不能證明被告為駕駛判處無罪，難謂允當。

(二)被告於本院訊問時，自承於85年7月25日及11月16日接受軍事檢察官訊問時，其父親均在場（見本院89年6月15日筆錄），並經被

害人黃○良到庭證稱：「85年7月5日及7月25日訊問陳○南時，我在場，沒有聽到有威脅之語氣不當取供」(見原審第三卷第47頁筆錄)，另製作筆錄之書記官方偉皓亦證稱：「85年7月5日訊問時我在場，軍事檢察官沒有用恐嚇與威脅之語氣問案，只是因陳○南回答其問案時，多次以沒有印象回答，稍微大聲了一點，但一切都依照程序，陳父在85年7月5日開庭前後均多次打電話找軍事檢察官，希望能和解，他們在黃○良昏迷時（當時把他列為被告）有和解，後來在車禍後兩個多月清醒後，就否認涉案，所以陳父才在85年4月和解後，又再積極再行協調和解事宜。」等情屬實（見原審第三卷第64、65頁筆錄），何況軍事檢察官於85年7月25日及11月16日兩次訊問被告，間隔近三月之久，且訊問時其父均在場，被告又受過高等教育（大學畢業），熟悉法律責任，若非屬實，豈有自承為駕駛之理，足證被告所為之自白，係出於自由意識下所為至明。

(三)按測謊鑑定，係就受測人對相關事項之詢答，對其神經、呼吸、心跳等反應而判斷，其鑑驗結果，有時亦因受測人之生理、心理因素而影響，該鑑定結果，固可為審判參考，但非為判斷之唯一及絕對之依據，鑑定結果是否可採，應由法院斟酌取捨（85年臺上5791判決請參照）。次查，黃○良因車禍致頭部外傷、腦挫傷、腦浮腫，於85年3月30日經送光田醫院住院治療至同年4月18日出院後，仍因頭痛、頭暈等病症於85年4月19日至89年6月15日，陸續前往該醫院門診取藥服用，此有該醫院89年6月15日所立之診斷證明書在卷可稽，因之，陸軍第十軍團司令部於黃○良身體尚未完全康復前（見本院89年6月14日筆錄），函請憲兵司令部刑事鑑識中心於87年9月21日對之實施測謊鑑定時，其測謊鑑定顯已喪失正確性及客觀性，尚難以此作為有罪之判決之依據；至被告雖測謊鑑定無說謊反應，但依車禍現場圖、證人、鑑定人證詞及被告受傷部位及程度研判，足認被告為駕駛者，亦難以此推翻證據之認定。

(四)89年3月6日國立臺灣大學醫學院法醫學科吳木榮醫師依據黃

員頭部之傷害狀況,認其頭部左側有鈍力撞擊性傷害,有立即造成昏迷之可能,比較不可能有獲救或脫離座位之可能,反倒是陳○南傷勢較不易昏迷,可以獲救或脫離座位,且車輛左側撞擊後,不易發生由左側駕駛座彈至右前座昏迷而向後躺的現象。並就身體傷害之觀察及現場之觀察與記錄等詳細分析,以本件車禍碰撞模式為側撞模式,而非前撞或是後撞的模式,因此車內之所有人其傷害應多分布於身體左側,依據Brian D. Blackbourne之研究結果:當發生側面撞擊時,位於撞擊側座的人有較高的傷害危險性,當車輛撞擊到車左側時,位於撞擊左側座位人會造成腹腔內脾臟及腎破裂出血;而當車輛撞擊到右側時,位於撞擊側座位人則會造成腹腔內右肝葉及右腎破裂出血。因此當發生車輛左側側撞時,車內靠左側位的人會發生腹腔內脾臟及腎破裂出血,此一身體傷害模式的觀點,綜合鑑定認陳○南為駕駛。反觀該醫學院87年11月20日(89)醫秘字第2454號函所附孫家棟醫師鑑定意見,係依照片正本來看,左側側面撞擊屬害,加上駕駛座車門似不易開啓,所以駕駛人應有頭部外傷及由前座乘客車門爬出較屬可能,從而黃○良較似為駕駛,而陳○南為右前乘客,並未詳述其鑑定過程,且無法明確推定黃○良係駕駛,尚難以此作為被告非駕駛之證據。況國立臺灣大學醫學院89年5月26日(89)醫秘字第0157號函所附法鑑字第(89)－002號法醫鑑定報告之意見,為本案提供之相關資料研判,該案駕駛人為黃○良抑或為陳○南,兩人均難確切排除其可能性以觀,亦未完全否定吳木榮醫師之鑑定,自可採證。

(五)本案偵查期間被告並未請求DNA之鑑定(偵查卷證均無請求資料可查),且被告於軍事檢察官訊問時,已自承其為駕駛之情形下,是否有作DNA鑑定必要,並無明確律定,且該車早已整修轉售,已無法比對車內血跡、鑑定DNA,雖其事後翻異前供,並事隔數年始向本院提出鑑定此項證據,執行本有困難,矧縱未實施DNA之鑑定,依相關證人及法醫鑑定等證據綜合判斷,亦不影響犯罪之認定。

(六)本院89年1月24日以(89)法仁字第106號函請國立臺灣大學醫

學院法醫學科吳木榮醫師89年3月6日鑑定結果，認黃員傷害狀況，顯示其頭部左側有鈍力撞擊性傷害，有立即造成昏迷的可能等情。核與證人莊○煙證稱：「大約是85年3月30日上午5時40分由值班警員告知有路人報案，於大肚溪前有車禍發生，乃前往現場，到達現場時，大約5時45分許」、「我到現場時，駕駛座無人，但乘客前座及後乘客各有一人，但卡在裡面，我看到其中一人已爬出車外求救，前座右方平躺已昏迷，另右後乘客有一名，但已呈現昏迷狀態，我即將爬出馬路那一個人送上救護車，隨後將右前方的傷者跟同事一同抬上救護車，至右後方那個人因車門卡住打不開，鄰近的一個人拿鐵條撬開車門……。」（見85年3月31日偵查筆錄、本院88年12月31日調查筆錄、臺中縣警察局烏日分局烏日派出所相驗調查報告）等尚相符合。足證警方接獲報案後，於五分鐘內即到達現場處理時，被告已在車外求救，及依被告於本院調查中稱：「撞到後一陣才下車，下車並無異物擋著」（本院89年6月15日筆錄）等情觀之，何以處理之莊警員到達現場時，駕駛座無人，而黃○良昏迷，並往後躺於右前座之理。且由警員莊○煙之證述，可知李王阿市係警員到達現場後，再協助撬開後車門救人至明，故李王阿市所述前座有二人求救乙節，與莊警員之證述，似有矛盾，亦難以其證述認黃○良車禍發生後，尚未昏迷。

(七)綜上各節，足證被告及選任辯護人所辯均係卸責之詞，俱非可採，其犯行可以認定。

三、據上所述，更審以無法證明被告陳○南於事故發生時為車輛駕駛人，及無其他積極證據足證被告有過失致死罪嫌，而諭知被告無罪，其適用法律尚有未當，軍事檢察官上訴意旨指摘及此，核有理由，應由本院將原判決撤銷改判。核被告陳○南於前述時地駕駛自用小客車，應注意，並能注意，因精神不濟打瞌睡，而疏未注意行車及道路狀況，高速行駛車輛失控煞車不及撞擊路旁電線桿，造成乘客陳○志致死及黃○良受傷之行為，已構成刑法第276條第1項意「過失致人於死」及同法第284條第1項「過失傷

害」罪責,惟上開二罪係一行為所犯,依刑法第55條前段從一重以「過失致人於死」罪論處。爰審酌被告犯罪動機、犯後態度等一切情狀,量處如主文之刑。惟查被告前未曾受有期徒刑以上刑之宣告,此有臺灣高等法院檢察署資料科86年5月23日(86)檢刑資前字103號前科紀錄簡覆表乙份在卷可按,且被告因本次車禍辦理停役退伍,本院認經此科刑教訓,應足資警惕,料無再犯之虞,因認其宣告之刑以暫不執行為適當,併諭知緩刑二年,以啟自新。

四、依軍事審判法第198條前段、第206條、第165前段,刑法第276條第1項、第284條第1項、第74條第1款、第55條前段、第11條,罰金罰鍰提高標準條例第1條,判決如主文。

本案經軍事檢察官李正雄到庭執行職務。

中　華　民　國　89　年　7　月　4　日

國防部高等軍事法院第四庭

審　判　長　陳津隆

軍事審判官　李生財

軍事審判官　陳朝懷

本件證明與原本無異。

依軍事審判法第181條規定:被告不服本判決,得於收受判決正本後10日內,以判決違背法令為理由向臺灣高等法院提起上訴。

書記官:李春龍　印

中　華　民　國　8　9　年　7　月　1　5　日

附錄本案論罪科刑主要條文:

刑法第276條第1項:因過失致人於死者,處二年以下有期徒刑、拘役或二千元以下罰金。

刑法第284條第1項：因過失傷害人者，處六月以下有期徒刑、拘役或
　　　　　　　　　五百元以下罰金。致重傷者，處一年以下有期徒
　　　　　　　　　刑、拘役或五百元以下罰金。

刑法第74條第1款：受二年以下有期徒刑、拘役或罰金之宣告，而有
　　　　　　　　　下列情形之一，認為以暫不執行為適當者，得宣
　　　　　　　　　告二年以上五年以下之緩刑，其期間自裁判確定
　　　　　　　　　之日起算。

一、未曾受有期徒刑以上刑之宣告。

刑法第55條前段：一行為觸犯數罪名，……從一重處斷。

罰金罰鍰提高標準條例第1條：依法律應處罰金，罰鍰者，就其原定
　　　　　　　　　　　　　　數額得提高為二倍至十倍。但法律已
　　　　　　　　　　　　　　依一定比率規定罰金或罰鍰之數額或
　　　　　　　　　　　　　　倍數者，依其規定。

臺灣高等法院臺中分院刑事判決

89年軍上字第5號慶股

上訴人即被告　陳○南、男○○歲（民國○○年○○月○○日生）住
　　　　　　　彰化縣彰化市○○路○○號、身分證統一編號：N○
　　　　　　　○○○

選任辯護人　劉喜律師

右上訴因過失致死案件，不服國防部高等軍事法院中華民國89年7月
4日第二審判決（89年度法仁判字第69號），提起上訴，本院判決如
下：

　　主　文

上訴駁回。

　　理　由

一、按被告不服高等軍事法院宣告有期徒刑之上訴判決者,得以判決違背法令為理由,向高等法院提起上訴,為軍事審判法第181條第4項所規定。是依上開法條之規定,對於經高等軍事法院宣告有期徒刑之上訴判決,被告僅得以該判決違背法令為理由,向高等法院提起上訴。如果上訴理由狀並未依據卷內訴訟資料,具體指摘原判決不適用何種法則或如何適用不當,或所指原判決違法情事,顯與法律規定得為第三審上訴理由之違法情形,不相適合時,均應認其上訴為違背法律上之程式,予以駁回。

二、本件原判決綜合調查證據之結果,認上訴人即被告陳○南犯有刑法第276條第1項過失致死及第284條第1項過失傷害罪,而撤銷第一審判決,從一較重之過失致死罪,判處上訴人有期徒刑一年二月,並為緩刑二年之諭知。

原判決已詳述認定犯罪事實之依據,從形式上觀察,原判決並無違背法令之情形。

三、本件上訴意旨略稱:

　　(一)被告於偵查中先後兩次自白其駕車肇事云云,均非出於自由意志,被告非肇事車輛之實際駕駛人。

　　(二)由臺灣省車輛行車事故覆議鑑定委員會覆議結果可知,本件車禍造成車上乘員傷亡主要力量來自左側車身直接橫向撞擊路外電桿之瞬間撞擊力所產生,向前方之撞擊力量縱使有,亦微不足道,加以肇事車輛毀損情況亦足證明本件車禍造成嚴重傷亡之原因在整個車身橫向之撞擊力所造成,駕駛人向前撞及方向盤之所受傷害不及橫向之撞擊電線桿所受傷害。鑑定人少尉軍醫官周百謙鑑定意見,以死者狀況判斷,其所受左方及前方撞擊力都非常大,坐在駕駛座的司機一定會撞到方向盤,其鑑定意見顯然疏於注意本件車禍留下四道橫向輪胎痕,係左車身橫向撞擊路外電桿之確定積極事實。且其引用英、日著作均為正面撞擊,該兩國駕駛座均在右側,與我國不同,自有違誤。法醫石臺平雖同意其見解,唯亦確定死者陳○志係因頭部直接撞擊左

後車窗玻璃，係非屬向前之撞擊力造成，則與周百謙法醫鑑定意見相互矛盾，原審一併採為證據，即屬理由矛盾。

(三)黃○良於測謊時，出現說謊反應。原判決就不採用測謊結果所為推論之詞與事實不符。

(四)本件車禍如與死者陳○志傷勢比對，重點應在頭部左側及身體左側之傷害，而黃○良之受傷部位較似駕駛，且車禍後僅黃○良身上有大量玻璃，其餘二人則毫無玻璃碎片痕跡。原審依據周百謙及石臺平法醫不符事實之鑑定為認定之依據，顯有錯誤。

(五)原判決採納吳木榮醫師鑑定之意見，以為本案係側撞模式，而非前撞或後撞，就車禍碰撞模式及身體受創部位，與周百謙醫師鑑定意見大不相同。然又認定行進車車子因撞擊電線桿仍有向前力量，致被告撞擊方向盤造成腹部鈍傷等情，則與吳木榮醫師鑑定不同，判決先後理由矛盾。且吳木榮醫師認為位於撞擊側位的人會造成之傷害亦與被告實際所受傷勢不符。且未採信中國醫藥學院附設醫院神經外科周德陽及外科部主任楊美都提供之鑑定意見。

(六)原審以後到警員證詞否認先在現場目擊之目擊證人李王阿市之證詞，與事實不符。

(七)案發後未及一月黃○良家屬即肇事車輛過戶予其胞姊黃○珠，又速於85年6月22過戶其至親陳柄誠，再轉讓他人，逃避作DNA鑑定甚明，且放棄意外險及乘客險共計八百萬之理賠，逃避刑責目的昭然若揭。

原判決有如上違背法令，請予撤銷，另諭知被告無罪或發回更審之判決云云。

四、原判決綜合：(1)被告於85年7月25日、85年11月16日偵查中，自白其駕車肇事，核與證人黃○儀、黃○芬於偵查所證，彼等離開時，肇事車輛均由被告駕駛等情相符。(2)採納少尉軍官周百謙依肇事後，受傷部位所為證述意見及軍法局國軍法醫中心法醫師石臺平鑑定結果，參酌車禍處理警員莊○煙於偵查及審理中之證

詞,認定被告為肇事汽車駕駛人。並就如何不採:I中國醫藥學院神經外科主任周德陽暨外科部主任楊美都之鑑定意見。II黃○良及被告之測謊結果。III被告上開於偵查中之自白非出於自由意志。IV證人李王阿市之證詞等,均詳述其取捨理由,被告上述意旨就原判決已詳為論斷與說明之事項,再為事實上之爭執,殊非適法之第三審上訴理由,顯與法定上訴第三審之要件不符,自屬上訴違背法律上之程式,應予駁回。

五、據上論斷,應依軍事審判法第206條第1項、刑事訴訟法第395條前段,判決如主文。

中　華　民　國　90　年　3　月　12　日

臺灣高等法院臺中分院刑事第四庭
審判長法　官　洪耀宗
　　　　法　官　江德千
　　　　法　官　劉登俊

右正本證明與原本無異。

不得上訴。

書記官　吳麗慧

伍、檢討與分析

一、本件之爭執點為肇事汽車何人駕駛?雖然被告在偵查中有兩次自白係自己駕駛,但於審判中又否認,軍事法庭未遽以此自白為論罪依據,脫離以自白為中心,仍詳細調查,並囑託鑑定,於判決內詳述認定之依據,可謂科學辦案,令人佩服。

二、本件有趣的是㈠黃○良與陳○志家屬和解,由此判斷,黃○良應為駕駛者。㈡如被告坐於駕駛座,以其身體之高大,如何能自坐於

右座之黃○良身上爬出車外？㈢警員到場時，駕駛座無人，如為黃○良開車，如當場昏迷，如何可爬到右側？又如未當場昏迷，在陳○南自右側坐位開門外出，能否輕易爬到右側座位？㈣測謊結果，陳○南無說謊反應，黃○良卻有反應。㈤法醫鑑定結果互不相同，是本案可謂撲朔迷離，如偵查之始，即自方向盤採血跡鑑定血型或DNA比對黃○良及陳○南者即無問題。足見偵查之始甚為重要。至於陳○南提出之中國醫藥學院醫師及方中民等鑑定書未被採信，一方面涉及自由心證，一方面在國防部高等軍事法庭判決指出不可信之理由，可供參考。

三、本件進行中軍事審判法修正，有關救濟程序及軍事審判機關有變更，併此敘明。

國家圖書館出版品預行編目資料

擬制刑事司法書類:刑事案例研究／吳光
陸著.--初版.--臺北市:五南,2008.04
　　面；　公分
ISBN 978-957-11-5166-3（平裝）
1.書狀　2.刑事訴訟法
586.34　　　　　　　　　97004881

1S91
擬制刑事司法書類
－刑事案例研究

作　　　者 － 吳光陸(57)

發 行 人 － 楊榮川

總 編 輯 － 王翠華

主　　　編 － 劉靜芬

責任編輯 － 李奇蓁　張慧茵

封面設計 － 童安安

出 版 者 － 五南圖書出版股份有限公司

地　　　址：106台北市大安區和平東路二段339號4樓

電　　　話：(02)2705-5066　傳　　真：(02)2706-6100

網　　　址：http://www.wunan.com.tw

電子郵件：wunan@wunan.com.tw

劃撥帳號：01068953

戶　　　名：五南圖書出版股份有限公司

台中市駐區辦公室/台中市中區中山路6號

電　　　話：(04)2223-0891　傳　　真：(04)2223-3549

高雄市駐區辦公室/高雄市新興區中山一路290號

電　　　話：(07)2358-702　傳　　真：(07)2350-236

法律顧問　元貞聯合法律事務所　張澤平律師

出版日期　2009年4月初版一刷
　　　　　2013年3月初版二刷

定　　　價　新臺幣680元